Universo Convoluto

LIBRO QUATTRO

Dolores Cannon

Traduzione a cura di: Gabriele Orlandi

Library of Congress Cataloging-in-Publication Data
Cannon, Dolores, 1931-2014
The Convoluted Universe - Book Four, by Dolores Cannon
La serie in corso continua ad esplorare teorie e concetti metafisici sconosciuti.

1. Evoluzione della coscienza 2. Evoluzione della coscienza 3. Creazione di esseri umani 4. Cambiamento e colore del DNA 5. La vita dopo la morte 6. Metafisica
I. Cannon, Dolores, 1931-2014 II. Nuova Coscienza III. Metafisica IV. Title

Library of Congress Catalog Card Number: 2021944703
ISBN: 978-1-950608-45-4

Traduzione a cura di: Gabriele Orlandi
Cover Design: Victoria Cooper Art
Book set in: Times New Roman
Book Design: Nancy Vernon
Published by:

PO Box 754
Huntsville, AR 72740
WWW.OZARKMT.COM
Stampato negli Stati Uniti D' America

L'importante è non smettere di interrogarsi.
La curiosità ha la sua ragione di esistere.
non si può aiuta ma resta in soggezione
quando lui contempla i misteri di
dell'eternità, della vita, della meravigliosa
struttura della realtà. È sufficiente se si cerca
semplicemente di comprendere a poco di
questo mistero ogni giorno.
Non perdere mai una santa curiosità.

Albert Einstein, 1879-1955

DICHIARAZIONE

L'autore di questo libro non dispensa consigli medici né prescrive l'uso di alcuna tecnica come forma di trattamento per problemi fisici o medici. Le informazioni mediche incluse in questo libro sono stata prese dalle consulenze individuali e sessioni private di Dolores Cannon con i suoi clienti. Non sono destinate a diagnosi medica di alcun genere, né per sostituire la consulenza medica o i trattamenti del vostro dottore. Quindi, l'autore e l'editore non si assumono alcuna responsabilità per l'eventuale interpretazione di un individuo o per come vengano utilizzate le informazioni qui riportate.

Ogni sforzo è stato fatto per proteggere l'identità e la privacy dei clienti coinvolti in queste sessioni. La locazione dove le sedute si sono svolte è corretta, ma solo nomi propri di persona sono stati utilizzati, e questi sono stati cambiati.

NOTA DEL TRADUTTORE

Ci teniamo a ricordare che il presente libro è stato tradotto dalla lingua Inglese (USA) ed è composto dalla trascrizioni delle registrazioni originarie delle sedute terapeutiche che l'autrice conduceva con i suoi pazienti. Pertanto invitiamo il lettore a ricordare che non si trova di fronte ad un'opera di narrativa, né letteratura. In molte sezioni il testo può sembrare frammentario, astratto o incomprensibile. Questo è dovuto esclusivamente a due fenomeni:
a) cattiva qualità della registrazione che non permise all'autrice di trascrivere il testo parola per parola;
b) allo stato psico-emotivo del paziente che poteva ridurre i contenuti in chiarezza e coerenza.

Inoltre si noti la scelta di avvicinarsi il più possibile ad una traduzione letteraria (scorrevole e succinta) ed evitare, dove possibile, una traduzione letterale (ne sono eccezione i casi sopra citati).
Infine, si noti che l'autrice utilizza le ( ) in trascrizione per indicare gli stati emotivi e il linguaggio fisiologico del paziente, mentre il traduttore utilizza le [ ] per presentare chiarimenti di traduzione del testo.

Per ulteriori chiarimenti e domande il lettore si può rivolgere all'editore di Dolore Cannon www.ozarkmt.com

Table of Contents

PREFAZIONE

Un benvenuto a tutti! Benvenuti, i nuovi lettori di questa serie e ben tornati, gli altri che hanno seguite le mie avventure d'ipnoterapia degli anni passati. Quando ho iniziato l'Universo Convoluto, Libro Uno, erroneamente credevo che sarebbe stato un libro solo. Stavo lavorando sulle informazioni che divennero The Custodians [il libro, i Custodi]: venticinque anni di investigazioni sugli UFO e le abduzioni. Avevo raccolto una grande quantità d'informazioni e pensavo di aver descritto praticamente qualsiasi cosa ci sia da sapere a proposito del fenomeno. Poi le informazioni iniziarono a prendere una strana piega. Si stava spostando tutto agli extraterrestri, verso concetti metafisici e teorie che non avevo mai sentito prima. A quel punto sapevo che avrei dovuto finire quel libro ed iniziarne un altro. Non sapevo come sarebbe stato accettato perché era un allontanamento dai miei soliti scritti relativi all'ipnosi e la ricerca di conoscenze perdute. Anche se pure questa viene considerata conoscenza "perduta", stava andando in una diversa direzione. Ho descritto il primo libro come: "un libro che aveva lo scopo di piegare la mente come un pretzel [ciambella salata Americana]." Pensavo che avrebbe raccolto un certo interesse per coloro che hanno seguito e letto i miei libri degli ultimi trent'anni e che sarebbero stati in grado di vedere la mia evoluzione in questo campo. Tuttavia sono rimasta piacevolmente sorpresa quando ho scoperto che il primo libro di questa serie veniva letto anche da individui che non avevano mai letto nessuno dei miei lavori. Non sapevo se la gente sarebbe stata in grado di comprendere se avessero iniziato direttamente con questi libri. Suggerivo sempre di iniziare con i miei primi libri e risalire gradual-mente. Ma ho iniziato a ricevere posta che suggeriva come i lettori fossero più ricettivi di quanto non avessi immaginato. Alcuni mi scrissero: "Posso non aver capito, ma sicuramente mi da qualcosa a cui pensare." E questa era la mia intenzione. Nei libri, dico sempre di trattare i contenuti come "caramelle per la mente". Nuovi concetti e teorie da esplorare e contemplare, e poi metterle da parte così che il lettore possa continuare la sua vita. Solo un'interessante passatempo o detour dalla norma.

Mentre stavo preparando l'Universo Convoluto per la pubblicazione, improvvisamente decisi di aggiungere "Libro Uno" al titolo. In quel momento non avevo alcuna certezza della potenziale creazione di un altro libro in quella serie. Pensavo di aver scritto qualsiasi cosa possibile, immaginabile nel primo libro. Ma un'intuizione mi ha detto di chiamarlo Libro Uno. Avrei dovuto saperlo che "loro" erano dietro a questa intuizione. "Loro" sapevano che avevo appena sfiorato la superficie e che adesso mi stavo imbarcando per questo nuovo viaggio, ci sarebbero state tonnellate di nuove informazioni da condividere. E fu così. Ogni libro in questa serie ha introdotto concetti sempre più strani e nuovi a cui la gente avrebbe pensato. Alla fine di Universo Convoluto, Libro Tre, ero sicura che mi avessero dato ogni concetto possibile. Che non c'era nient'altro da imparare e a cui esporsi. Mi avevano detto ogni cosa. Ma mentre stavo completando il libro, ci fu un'ultima seduta a Montreal in cui mi presentarono un altro concetto strizza meningi. Alla fine di quel capitolo dissi: "Adesso so che non c'è nient'altro da scoprire." E loro mi risposero, nella loro infinita saggezza: "Oh, no! C'è altro! C'è altro!" E con quella risposta riuscii a completare quel libro da 700 pagine e pubblicarlo. A quel punto mi permisero di riposare per qualche mese, mentre il libro era in produzione. Tutte le mie sedute d'ipnosi erano "normali", solo semplici terapie per aiutare la gente con i loro problemi fisici e personali. Poi le informazioni iniziarono ad arrivare ancora una volta e io sapevo che ci sarebbe stato un quarto libro. Quando intitolai il primo libro: Libro Uno, risi perché pensavo, al massimo ci sarà un altro libro. Adesso non ho alcuna idea di quanti ce ne saranno. Mi limito a continuare a scrivere e loro continuano ad espormi nuove informazioni. Mentre sto raccogliendo il materiale di questo libro, mi rendo conto di avere abbastanza contenuti per tre sezioni di diversi argomenti. Quindi il viaggio continua.

Per coloro che si uniscono a noi per la prima volta, benvenuti in questa avventura e viaggio. Per coloro che hanno fatto parte dell'intero viaggio, ben tornati e spero che troverete altri concetti interessanti mentre continuiamo l'avventura. Quindi leggete con una mente aperta e preparate a strizzare i vostri neuroni ancora un po'. Dopo tutto, i pretzels hanno una forma interessante. Sembrano davvero il simbolo dell'infinito, non è vero?

PARTE PRIMA

OLTRE
AL
VELO

CAPITOLO 1

LE MIE VITE PASSATE

Quando offro un seminario, invariabilmente mi fanno le stesse domande: “Sai nulla delle tue vite passate?” Penso che sia impossibile lavorare in questo campo per più di quarant’anni e non cercare di scoprire qualcosa su se stessi. Durante i primi anni, ricevetti delle regressioni a vite passate da diversi ipnotisti. Ero curiosa come tutti gli altri. Scopri in questo modo, ciò che non volevo che sperimentassero i miei clienti. C’erano molte dettagli riguardo alle loro tecniche che mi lasciarono a disagio, dispiaciuta, disturbata, irritata. Non sempre era un’esperienza piacevole. Ottenevo informazioni, ma le sedute non erano sempre condotte in modo professionale. Realizzai che stavano solo facendo ciò che gli era stato insegnato e non avevano mai messo in discussione perché lo facessero in quel modo. Tuttavia io mi facevo sempre molte domande. Se ero a disagio durante o dopo una seduta cercavo di capire il perché. Poi con gli anni mentre sviluppavo la mia tecnica, creavo protezioni cosicché nessuno dei miei clienti dovesse sperimentare le stesse sensazioni spiacevoli. Questa è un’altra ragione per cui raccomando sempre ai miei studenti di sperimentare la regressione alle loro vite passate, per imparare come gestire i propri clienti. Come si fa a praticare qualcosa che non si è ma sperimentato?

Durante i primi anni scoprii almeno otto delle mie vite passate. Furono importanti perché mi permisero di scoprire le mie relazioni con i membri della mia famiglia e perché abbiamo dovuto tornare tutti assieme ancora una volta. Ho anche scoperto perché sto facendo il lavoro che sto facendo. Questo fu molto importante di per se. Adesso non ho più bisogno di ricercare le vite passate perché penso di aver scoperto tutto ciò che avevo bisogno di sapere. E' un mezzo utile, ma è tutto qua, un mezzo. Quando inizi ad evolvere e conosci te stesso non hai più bisogno di continuare a tornare al passato. Per alcune persone lo si fa più come una forma d'intrattenimento che per terapia. A quel punto non serve a molto e possono diventare "tossici delle vite passate," alla ricerca di un nuove "storie" per soddisfare la curiosità. Questo riduce l'intero valore della terapia di regressione alle vite passate, finché la persona non si trova a suo agio nella vita attuale. Le memorie passate sono informazioni ottime e di valore, ma bisogna metterle a buon uso nel corpo attuale, specialmente le relazioni familiari. Dobbiamo unirle allo stesso modo in cui abbiamo connesso i ricordi della nostra infanzia e di altre esperienze. Nel bene e nel male, sono la storia della nostra vita e devono essere gestire e riconciliate. Le altre vite sono solo memorie estese e dovrebbero essere incorporate nella nostra vita presente. Questo aiuto l'individuo a creare una personalità sana e bene sviluppata.

Per tornare alla nostra storia, ho scoperto il mio scopo (la domanda eterna) in questa vita. Quando ne sono venuta a conoscenza non sapevo che il resto della mia vita sarebbe stata dedicata ad aiutare la gente attraverso l'esplorazione del loro passato. Adoravo questo lavoro e avevo appena iniziato a scrivere il mio primo libro (Gesù e gli Esseni), ma non c'era modo che potessi predire quanto sarebbe diventato vasto il mio lavoro. Quando mi sottoposi a questa regressione a casa di un amico, non avevo alcuna idea di cosa sarebbe successo.

Sono regredita ai giorni dell'enorme Biblioteca in Alessandria d'Egitto. Per tutta la vita sono stata affascinata dai libri. Ero in grado di leggere prima ancora di andare a scuola e la grammatica mi era facile e spontanea. Durante la Depressione ero ancora una bambina quindi c'erano pochi soldi. Io e mia sorella non abbiamo goduto di alcun lusso. C'erano molti cosa usate che ci avevano passato e vestiti acquistati nei negozi d'usato. In quei giorni bisognava arrangiarsi con ciò che c'era. Se costava danaro, potevamo dimenticarcelo, non l'avremmo ricevuto. (eccetto a Natale quando c'era qualche giocattolo). Ecco perché ero così entusiasta in prima elementare, quando qualcuno venne in classe e ci parlò dell'enorme biblioteca non lontano dalla nostra scuola in St. Louis. Ci stavano incoraggiando a registrarci e ci diedero i documenti da portare a casa e firmare. Avevo già divorato tutti i libri disponibili in classe e la mia fame era arrivata al limite quando mi dissero che potevo andare in biblioteca dove centinaia di libri erano a disposizione. La parte assolutamente migliore è che erano GRATIS. Non potevo credere alle mie orecchie. Gratis. Corsi fino a casa col foglio in mano per mostrarlo a mia madre. Il mio entusiasmo dev'esser stato contagioso quando le ho mostrato il documento per ricevere una carta d'accesso e leggere qualsiasi libro che volessi gratuitamente. In poche parole, mia madre ottenne quella carta d'accesso ed ogni altro giorno prendeva la macchina per portarmi a qualche isolato di distanza dov'era quella gigantesca biblioteca che mi dava accesso libero ai libri. Ricordo che quando camminavo tra le file di libri, mi sentivo in paradiso perché sapevo che non c'erano limiti a quanto potessi leggere. Successivamente quando potevo andare da sola, ci passavo delle ore e tornavo sempre con le braccia piene di libri. Non ero mai senza libri e passavo ore immersa nel meraviglioso mondo dell'immaginazione che presentavano i libri. Alle Superiori se non ero a lezione, andavo nella biblioteca scolastica a risucchiavo le enciclopedie. Durante quello stesso periodo avevo sviluppato un'altra strana abitudine. Nel tempo libero passavo le ore copiando tutte le parole nel dizionario. Ogni volta lasciavo il segno nel dizionario, dove mi ero fermato la volta prima. Ogni volta lasciavo il segno e continuavo il giorno dopo, copiavo una parola dopo l'altra nel mio quaderno. Potrei dire che questo proveniva dal mio amore per i libri, ma ho scoperto più tardi attraverso le mie regressioni a vite passate che in una vita passata ero un monaco in un monastero, dove il mio lavoro era di copiare i manoscritti e testi a mano. Era una buona abitudine perché inculcò l'uso di parole e linguaggio nella mia psiche.

Leggevo qualsiasi cosa su cui potevo mettere le mani e questo amore dei libri e il desiderio d'imparare continuò per tutta la vita. Perfino oggi quando scrivo uno dei miei libri, faccio moltissima ricerca. Dopo la fine delle sedute, quando il vero lavoro di scrivere il libro ha inizio, passo delle ore (a volte giorni interi) in biblioteca a raccogliere i fatti. Ricercare per ore per me è il paradiso e alla fine me ne esco con il tesoro di un fatto elusivo. Quando scrissi i miei tre libri su Nostradamus: "Conversazioni con Nostradamus", lessi tutti i libri che fossero mai stati scritti sul grande maestro. Alcuni di loro erano fuori pubblicazione e l'unica copia era disponibile dalla Library of Congress [Biblioteca del Congresso], che riuscii a ricevere a prestito attraverso l'Università dell'Arkansas. Quando scrissi i miei libri su Gesù: Jesus and the Essenes e They Walked With Jesus [Gesù e gli Esseni e Camminarono con Gesù], lessi tutti i libri mai scritti sui Rotoli del Mar Morto. Quando scrissi il mio libro sulle origini della razza Indiana d'Amarica: Legend of Starcrash [Leggenda di un'incidente stellare], passai tre anni a fare ricerca su tutte le vecchie leggende Indiane e storie che potevo trovare. Tutta questa ricerca ha avuto i suoi frutti, perché quando offro dei seminari ho tutte queste nozioni nella mia mente e posso parlarne con confidenza. Il mio primo editore, una volta mi disse: "La ricerca è molto importante ed è ovvio che tu ne abbia fatta in abbondanza. Sarebbe stato altrettanto ovvio se tu non ne avessi fatta." Penso che sia una vergogna che adesso i giovani non sappiano come fare ricerca. Passano un po' di tempo su Internet raccogliendo qualche fatto, senza conoscere la gloria e meraviglia di spulciare pile di libri in biblioteca e trovare qualche testo dimenticato o perduto. Ecco perché mi definisco: "una reporter, investigatrice, ricercatrice di conoscenza perduta."

Presumo che non sarebbe dovuta essere una sorpresa troppo grande quando sono regredita ad una vita passata alla grande Biblioteca di Alessandria prima della sua distruzione nel quinto secolo. In quella vita ero un uomo che lavorava nella biblioteca. Non potevo leggere i preziosi rotoli sugli scaffali, ma sapevo qual erano i più vecchi e i più importanti. Molti studiosi venivano alla biblioteca e io trovavo i rotoli che volevano vedere. Osservavo invidiosamente mentre si sedevano ai tavoli, le aprivano e le leggevano. Sapevo che i rotoli più importanti erano tenuti in alto sugli scaffali più alti. C'era un uomo in particolare che indossava una veste nera, che si presentava spesso. Sapevo sempre in anticipo che rotoli volesse. Adoravo questo lavoro anche se non potevo leggere. Ero un curatore dei libri.

Poi arrivò il giorno fatidico della distruzione della biblioteca. Ero la tra i libri quando una grande orda d'uomini si precipito nella biblioteca distruggendo tutto. Pieno d'orrore guardavo mentre prendevano i rotoli dagli scaffali e li ammassavano nel centro della stanza. Sapevo di non poterli fermare, così presi più rotoli possibile e corsi fuori dall'edificio, nello stesso momento in cui gli diedero fuoco. La mie braccia ero piene di rotoli e i miei occhi erano pieni di lacrime.

Non vedevo dove stavo andando ed inciampai sulla strada, appena in tempo per essere travolto da un carro. Mentre uscivo dal corpo, mi guardai indietro e vidi che era schiacciato sulla strada con le mie braccia piene di rotoli. L'incendio nella biblioteca si era allargato e stava consumando l'edificio.

Vidi che questa vita spiegava il mio grande amore per i libri e il perché non riesco a sopportare di vedere i libri in cattive condizioni, così come il mio desiderio di riscoprire la conoscenza perduta. Ho condiviso questo storia durante una conferenza quando mi chiesero delle vie vite passate. Uno degli altri oratori scherzo dicendo: "Si, ma non c'era mica bisogno di riscrivere l'intera biblioteca?" I partecipanti esplosero a ridere perché sapevano che stava facendo riferimento a tutti i libri che avevo scritto. Si, questa probabilmente era la spiegazione e mi tranquillizzai. Ma non erano le uniche, ce ne erano altre che vennero alla luce negli anni 1990.

Mi invitarono ad andare in Bulgaria perché i miei libri erano stati accettati per essere tradotti dalla Zar Publishers, Ltd., un editore a Sophia. Drago aveva scoperto i miei libri ed era riuscito a convincere l'editore a tradurli nella sua lingua, così volevano che andassi a condurre dei seminari. Ho viaggiato in tutto il mondo, ma non ero mai stata in Bulgaria o alcuno degli altri paesi Sovietici. La guerra in Jugoslavia era appena iniziata. Mio figlio era preoccupato: "Mamma, non puoi andarci. Guarda la mappa! Sophia è dall'altra parte della confine con la Yugoslavia." Non mi sono mai sentita in pericolo ovunque io sia andata. Ho sempre sentito che era un privilegio essere invitata ad andare a parlare. Per qualche ragione sapevo che tutto sarebbe andato bene. Avevo ragione, è stata una delle esperienze più belle della mia vita.

Dal momento in cui sono scesa dall'aereo mi hanno trattato come una specie di rockstar o vip. C'era un'enorme folla di giornalisti che mi aspettava all'aeroporto quando siamo entrati nel terminale. Ero totalmente scioccata. Non sono mai stata ricevuta così da nessun'altra parte del mondo. Ricordo che un giornalista mi ha infilato un microfono in bocca, e mi ha chiesto parlando a malapena in Inglese: "Cosa ne pensa della Bulgaria?" In tutta onestà non potevo rispondere perché ero appena arrivata. I miei libri su Nostradamus avevano creato molta anticipazione e io non ero preparata. I giornalisti vennero al mio hotel per intervistarmi ed ero in TV ovunque mi spostassi. C'era perfino una conferenza stampa che sembrava fosse stata preparata per il Presidente. Mi assoggettarono ad un'ora di domande veloci tradotte da Drago. Poi ho partecipato ad un incontro in cui dottori e scienziati mi fecero molte domande. Tutti volevano saperne di più dell'ipnosi regressiva come una terapia. Non ne avevano mai sentito parlare prima. Dissero che quando erano sotto la dominazione Russa, non gli era permesso insegnare nulla che non avesse avuto origine in un università. Era contro la legge. Chiesi se sarei finita nei guai discutendo di tutto questo. Dissero di no perché ero una straniera. Ma il loro interesse era sincero e io mi sentivo come se avessi aperto il vaso di Pandora.

Durante quella settima rimasi molto impegnata dalle molte apparizioni, interviste e seminari. Quando offrii un seminario l'auditorium era completamente pieno e la folla era così grande che una volta mi hanno spinto contro il muro. Il loro entusiasmo mi aveva terrorizzato. Drago mi tirò in un ascensore e mi portò su un altro piano per aspettare che la folla si fosse calmata. Disse: "Ho dimenticato di dirtelo. I Bulgari sono persone piene di passione." Quando ebbe l'impressione che si fossero calmati, siamo scesi per il seminario. Successivamente quando cercai di andarmene c'erano persone in lacrime che indicavano altre persone vicine a loro. A quel punto vidi un uomo sulla carrozzina e un'altra donna che stava ovviamente ricevendo la chemioterapia per il cancro. Rispettosamente stavano cercando di aggrapparsi a me con le lacrime agli occhio. Chiesi a Drago cosa stesse succedendo. Disse che avevano portato questa gente fuori dall'ospedale per vedermi. Speravano in una cura o una guarigione. Volevo sapere perché avevano queste speranze. Era questo ciò che dicevano nei giornali dopo le interviste? Avevano forse frainteso ciò che faccio? Disse che non importava, erano disperati e pensavano che fossi un qualche tipo di guaritrice. L'unica cosa che riuscii a fare, fu guardarli con compassione e cercare di spiegargli che non li potevo aiutare. (Fu solo cinque anni dopo che scoprii come usare la mia tecnica per la guarigione.)

Per tutto il tempo che ho passato la ho dovuto affrontare questo tipo di situazione. Verso la fine del viaggio Drago venne al nostro hotel e disse che una produttrice cinematografico Russa voleva creare un documentario su di me e il mio lavoro. Voleva filmarmi mentre facevo una regressione ad una vita passata. Non importava il fatto che non capissero l'Inglese, tutto sarebbe stato tradotto successivamente. Gli dissi che avrei provato, ma chi sarebbe stato il soggetto volontario per la dimostrazione? Disse che lui era disposto ad offrirsi volontario. Disse che sarebbe andata bene perché capiva l'Inglese e ci conoscevamo, così saremmo stati a nostro agio. Ero d'accordo, anche se mi chiedevo cosa sarebbe successo. E se non avesse funzionato e non sarebbe finito in una vita passata? Queste erano senza dubbio circostanza insolite e non ci sono garanzie che sarebbe potuto succedere qualcosa. Perfino se avessimo avuto successo, il 90% delle regressioni riguardano vite piatte noiose e superficiali. Così non sapevo se saremmo stati in grado di fare qualcosa di utile per loro. Allo stesso tempo sentivo di non avere scelta dovevo solo provare.

Drago portò me e mia figlia Nancy all'hotel dove si sarebbero tenute l'intervista e la registrazione del film. Quando entrammo nella stanza i tecnici erano impegnati a preparare la luce e gli altri strumenti intorno al letto che volevano che utilizzassi. Poi la produttrice Russa portò fuori una bella ragazza bionda vestita sensualmente con un vestitino attillato e una minigonna e dichiarò che lei sarebbe stata la volontaria da regredire per lo show. Le dissi che doveva essere qualcuno che comprendeva l'Inglese e la ragazza rispose con una vocina naïve: "Io parla Inglese!" e sfoderò un sorriso. Sapevo che non avrebbe mai funzionato, ma sapevo anche la produttrice pensava che una ragazzina vestita sexy sdraiata sul letto avrebbe avuto più effetto. A quel punto dichiarai che avevamo deciso di usare Drago perché si fidava di me e il suo Inglese era eccellente. Drago era un bell'uomo dai capelli neri e la barba, ma certamente non sexy. Lei non ebbe alcuna scelta se non di accettare la nostra decisione. Visto che non sapevo cosa sarebbe successo, stavo cercando di massimizzare le mie opportunità di successo. Successivamente, dopo la seduta realizzai che avrebbero potuto pensare che ci eravamo inventati tutto, preparandoci in anticipo. Ma non avevamo la minima idea di ciò che sarebbe successo. Di sicuro non avevamo avuto neanche un minuto per ripassare o inventarci il tutto.

Drago si sdraiò sul letto con tutte le telecamere, microfoni e il resto dell'attrezzatura puntata su di lui. Se era nervoso, fu bravissimo a nasconderne i segni, mentre si rilassava ed io davo inizio alla seduta. Mia figlia Nancy, era seduta dietro di me, fuori dal campo della telecamera. Poi l'inaspettato ebbe luogo e io riuscii solo and ascoltare e condurre la seduta in pieno stupore. Lui ritornò ad una vita in cui era uno studioso ed insegnante che si era dedicato all'astrologia ed alla numerologia. Lui studiava costantemente e passò la maggior parte del tempo a – (Siete pronti??) – la Biblioteca di Alessandria. Non riuscivo a crederci, gli feci molte domande riguardo alla biblioteca per vedere se sembrava essere lo stesso edificio. Lo era. Stava parlando delle stesse scene che avevo visto io. Mentre ero impegnata a fare domande per verificare, mi girai per dare un'occhiata a Nancy. Sapevo che aveva sentito la mia storia, a giudicare dall'espressione sulla sua faccia, sapevo che aveva compreso ciò che stava succedendo e l'importanza di questa connessione.

Come un insegnante indossava una veste nera e di solito chiedeva di consultare i rotoli più importanti, poi si sedeva al tavolo e lì li studiava. Arrivammo al momento cruciale dell'attacco e distruzione della biblioteca. Anche lui era dentro alla biblioteca mentre quell'orda entrava ed iniziava a distruggere le pergamene col fuoco. Dopo mi disse che era straziato dall'emozione e che voleva piangere, ma che si tratteneva perché sapeva che c'erano altri nella stanza e le telecamere stavano registrando. Altrimenti, sarebbe esploso a piangere. Nella sua disperazione afferrò quanti più rotoli possibile e cercò di salvarli portandoli fuori dall'edificio. Ma la biblioteca era già in fiamme e mentre correva verso l'entrata, una parte del soffitto iniziò a collassare e venne colpito da detriti sulle spalle. E così morì anche lui aggrappato alle pergamene.

Alla fine non disse nulla. Aspettai finché non stavamo tornando all'hotel. Allora gli dissi: "Ragazzi, ho una storia da raccontarti!" Il mattino successivo quando venne a prenderci in hotel mi confessò: "non volevo dire nulla finché non ne ero sicuro. Ma per tutta la vita ho sempre avuto dolori alle spalle. Non sono mai riuscito a scoprire cosa li causasse. Sono spariti subito dopo la seduta." A quel punto gli dissi della mia esperienza nella biblioteca. Presunsi che fossimo là nello stesso momento, tuttavia, probabilmente non ci conoscevamo, visto che lui era un erudito ed io ero solo un guardiano dei rotoli. Potevamo solo meravigliarci delle similitudini.

Il resto del mio viaggio in Bulgaria fu altrettanto movimentato, ma non ne parleremo qui. Eccetto il fatto che prima di andarmene, l'organizzazione (Association of Phenomena) che mi aveva invitato, mi consegnò il Premio Orpheus durante un programma TV. Era dedicato al più alto avanzamento nella ricerca di fenomeni psichici. Fino ad qual momento era stato consegnato solo ad individui Bulgari. Io ero il primo straniero e il primo Americano ad averlo ricevuto: una grossa e pesante statuetta dalla forma stilizzata di una fiamma.

Quando Drago mi riportò all'aeroporto gli dissi: "Non è incredibile che abbiamo dovuto andare dall'altra parte del mondo per rincontrarci dopo quindici secoli." Mi sorrise e disse che entrambi stavamo cercando di riportare la conoscenza perduta. Io attraverso il mio lavoro di regressione e i miei libri, e lui portando la gente nel suo paese e traducendo i loro libri.

Dopo la prima visione del documentario Drago mi chiamò e disse che aveva creato una tale ondata d'interesse che la stazione televisiva era stata inondata dalle chiamate di persone, che volevano saperne di più di regressione e reincarnazione. Qualche anno dopo mi disse che la terapia delle vite passate era in uso ed insegnamento in Bulgaria. Presumo che utilizzarono la tecnica dimostrata nel film. Una strana storia della riunione di due anime attraverso spazio e tempo. Mi chiedo se sono stata responsabile dell'introduzione di un nuovo modo di pensare in un paese dall'altra parte del mondo. Queste sono le strane vie del fato.

Anche un'altra delle mie vite passate venne verificata, anche se non in modo così drammatico. Quella vita ebbe luogo in Atene, al Partenone. Anche se durante la regressione non sapevo dove mi trovavo ad eccezione del fatto che mi diede l'impressione d'essere in Grecia. Ero una donna, vivevo in una grande casa con un cortile nel centro, avevo un marito e dei figli, e abbastanza danaro da permettermi della servitù. Ho visto molte foto di antiche dimore Greche che erano esattamente come ciò che avevo ricordato. Mi sembravano così familiari quando le guardavo nelle foto. Ma quella non era la parte principale della regressione. Sono finita in una scena in cui stavo correndo per strada di notte ed avevo l'inconfondibile sensazione di assoluto terrore. Mentre correvo continuavo a guardarmi indietro perché sapevo che qualcuno mi stava inseguendo. Corsi su per la collina verso un grande tempio. Li mi fermai per un minuto per prendere fiato e perché vidi una scena panoramica davanti a me. Riuscivo a vedere una baia lontano sotto di me e potevo vedere dei velieri sull'acqua. Era molto buio e la luna si rifletteva sull'acqua. Poi mi sono girata verso il tempio. Corsi su per i gradini che portavano all'interno e vidi che non c'erano porte, solo pilastri enormi. Correndo tra le colonne, l'edificio mi diede l'impressione di essere spazioso e aperto. Su una piattaforma c'era un'enorme statua di una donna seduta. Aveva una mano estesa e teneva un'enorme lanterna che illuminava l'edificio. Mi lancia verso i gradini davanti alla statua e prostrai a faccia in giù. Piangevo istericamente mentre pregavo ed imploravo la sua protezione. Poi sentii un rumore e mi girai appena in tempo per vedere un soldato in piedi sopra di me. Morii all'istante dopo che mi trafisse con la spada.

Qualche altro dettaglio incominciò a tornare dopo la seduta. Sapevo che mio marito in quella vita era un uomo orgoglioso e dominatore che mi vedeva come un oggetto. Apparentemente avevo parlato troppo ed espresso le mie opinioni al punto da stizzirlo, e lui ordinò il mio assassinio. Inoltre sono molto frustrata con le religioni in questa vita. Presumo che provenga da quella vita perché ovviamente ero una seguace della dea di quel tempio. E tuttavia nel momento del bisogno non mi aiutò. Aveva la sensazione d'essere stata tradita. Questo mi turbò anche più del modo in cui morii.

Fu una regressione interessante ed occasionalmente ho detto di aver vissuto in Grecia durante l'era antica. Ma non era nient'altro... finché... durante gli anni '90 grazie agli inviti a viaggiare in tutto il mondo mi avevano invitato ad Atene in Grecia. I miei libri erano stati tradotti in molte lingue e sentivo la necessità di andare dove si trovavano i libri. Ho sempre desiderato vedere la Grecia, così accettai di andare e offrire qualche seminario e promuovere i libri. Venni ospitata da una gentilissima signora che organizzò ogni cosa. Eleni viveva alla periferia di Atene in una vecchia casa a tre piani da sola con il suo cane "Droopy." Volle mostrarmi Atene e la campagna circostante. Così un giorno abbiamo preso il treno e siamo andate nel centro di Atene, per vedere l'Acropolis e il Partenone. Questa fu la parte più bella del viaggio perché avevo sempre desiderato vederlo. Salimmo su per una strada sterrata che portava alle rovine. Le stavano riparando e ricostruendo, per questo c'erano impalcature e pile di blocchi di pietra tutt'intorno alla struttura. Quando sali su per i gradini che portavano all'interno del tempio, tutto mi sembrava molto familiare. Ho sentito la gente parlare di déjà-vu, la sensazione di essere già stati in un luogo prima d'ora, ma non l'avevo mai sperimentata prima d'ora. La piattaforma era là, ma non c'era alcuna statua. Nel museo sotto al Partenone ci venne spiegato che la maggior parte dell'edificio e delle sue statue erano state distrutti negli anni. Questo era il tempio di Atena, la dea patrona di Atene e la sua statua era nel tempio in antichità. Non era rimasta alcuna foto, ma solo descrizioni orali e scritte. Si presupponeva che fosse una statua enorme e raggiungeva quasi il soffitto della struttura. Dicono he la statua era eretta e teneva in una mano una dea più piccola e nell'altra uno scudo. Questo non rifletteva i miei vividi ricordi della statua, ma non penso che sia una contraddizione o un errore. Perché nessuno sa esattamente com'era la statua. Io la vidi seduta con un braccio esteso che sosteneva un'enorme lanterna. Tuttavia tutto il resto era lo stesso. Quando sono uscita dall'entrata principale del tempio mi sono guardata intorno da quell'alti piano. Dissi ad Eleni: "Se questo è il posto giusto, allora dovrei essere in grado di vedere una baia da qui." Annuì ed indicò. Sotto c'erano molte case e strade che bloccavano la visuale parzialmente, ma una parte del Mediterraneo era visibile e delle barche sull'acqua erano visibili. Ero così entusiasta. Ricordo come mi aveva corso lungo tutto il tempio e mi ero gettata ai piedi della statua. Non importava il fatto d'essere morta violentemente in quel luogo. Ero esilarata dalla veridicità dei miei ricordi che erano appena stati verificati.

* * *

Così all'inizio il mio lavoro era principalmente una ricerca storica delle informazioni che scoprivo utilizzando il livello più profondo di trance, il livello sonnambulistico. Scrissi diversi libri negli anni '80, inizi '90 prima che iniziarono ad accadere fenomeni inaspettati. Un altro elemento che mi si presentò (lentamente all'inizio) che aveva più conoscenza ed era in grado di facilitare la guarigione. Inizialmente era inaspettato, ma sembrava avere così tanto potere e conoscenza che gli permettevo di aiutare. Quando penso ai miei primi libri, riesco a vedere che è sempre stato presente, solo che non lo avevo riconosciuto. Iniziai a chiamarlo il Subconscio perché non sapevo in che altro modo chiamarlo. Ma non è il subconscio a cui fanno riferimento gli psichiatri. Ho scoperto che quella è una parte infantile della mente, la parte che può essere usata a livelli più leggeri di trance per aiutare con problemi compulsivi. Ho visto che questa parte era molto più potente. La chiamavo il Subconscio, e "loro" mi dicevano che non gli interessava che nome gli davo visto che non avevano un nome in ogni caso. Rispondevano e lavoravano con me. In questo libro lo chiamerò semplicemente il SC. So che è il potere più grande che ci sia. Contiene tutta la conoscenza di ogni cosa che sia mai esistita e di ogni cosa che mai sarà. Quindi può rispondere a tutte le domande dei clienti e condividere suggerimenti incredibili. Suggerimenti che io non sarei mai stata in grado di concepire. Ho scoperto che sa tutto di tutti. Non ci sono segreti, quindi naturalmente può aiutare perché vede il quadro generale. Poi incominciai a testimoniare la sua capacità meravigliosa ed incredibile di guarire istantaneamente. Adesso è diventata la parte più importante del mio lavoro e di ciò che sto insegnando in tutto il mondo. "Loro" mi dicevano spesso che questa è la terapia del futuro. Adesso mi dicono che è la terapia dell'Adesso. Ho scoperto il SC ha le risposte ad ogni cosa. E' così grande e così enorme ed è amore totale. Perché non lavorare con qualcosa del genere? Toglie tutto il peso delle mie spalle, il terapista. Devo solo fare le domande giuste, restare seduta ed osservare la magia. E vedo miracoli ogni giorno nel mio ufficio. Anche i miei studenti in tutto il mondo stanno condividendo miracoli simili. Così so che abbiamo raggiunto qualcosa d'importante. Questa è la sorgente delle informazioni di cui scrivo nei miei libri. Ricordate, io sono solo il giornalista, il ricercatore, l'investigatore di conoscenza "perduta". Devo raccogliere tutti i pezzi del puzzle per creare il quadro generale. Non è facile, ma una cosa che adoro fare.

Quindi continuiamo il viaggio nell'ignoto e scopriamo quali altre sorprese il SC ha per noi!

CAPITOLO 2

L'EVOLUZIONE DELLA COSCIENZA

Durante tutti i 40 anni di lavoro in questo campo dell'ipnosi, ho dovuto affrontare nuove teorie, concetti ed informazioni. Se c'è qualcosa che mi caratterizza è la curiosità. Mi ha spinta ad infilarmi in corridoi nascosti. Voglio sempre saperne di più. Voglio conoscere i "perché e i come" di tutto ciò a cui sono esposta. All'inizio pensavo di sapere tutto. Pensavo di aver scoperto le intricatezze della reincarnazione. Ma presto scoprii che mi ero tristemente sbagliata. "Loro" iniziarono a darmi nuove teorie e concetti che misero in serio dubbi il mio sistema di credenze. Il primo era il concetto "dell'in-print" (impronta, impressione) che mi portò a riconsiderare tutte le miei certezze riguardo a questo lavoro. Non volevo che nulla potesse scuotere il mio sistema di credenze perché conoscevo ogni cosa. Ma poi compresi che se non avessi perlomeno osservato ed esaminato questa nuova teoria, non ero migliore del sistema religioso che dice: "Fate ciò che diciamo, senza fare domande!" Quella fu la mia prima sfida e mentre la esaminavo, iniziai a ricevere altre informazioni. Furono molto saggi nel modo in cui lo fecero. Sanno che non possono scaricare le informazioni tutte in una volta, sarebbe stato troppo. Così nella loro saggezza, ti danno un cucchiaino. Quando lo digerisci, allora ti danno un altro piccolo morsetto. So che se avessi ricevuto le informazioni che sto ricevendo ora, trent'anni fa, sarei stato sopraffatta. Le avrei rifiutate completamente, le avrei tirate contro il muro dicendo: "Non riesco a capire! Non ha alcun senso!". La mia avventura e ricerca della conoscenza si sarebbe fermata. Non sarei mai riuscita ad avanzare al punto in cui sono ora. Attraverso uno dei miei clienti mi hanno detto: "Non si da una bistecca ad un bambino. Ad un bambino si da il latte, i cereali e il purè. Non gli si da un pasto di tre portare." Così ho dovuto fare i miei passettini in questo campo della conoscenza. Ho dovuto digerire i bocchini che mi stavano dando. Alla fine di Universo Convoluto, Libro Tre, dissi: "Penso che mi abbiate detto tutto ciò che c'è da sapere. Non penso che ci possa essere nient'altro." E loro mi risposero: "Oh, no! C'è altro! C'è molto altro!" E rispettando le loro parole mi hanno dato altro. Abbastanza da riempire diversi nuovi libri. Tre Ondate di Volontari e La Terra Nuova è stato l'ultimo. La gente mi chiede se deve leggere i miei libri nell'ordine in cui li ho scritti, per vedere come mi sono evoluta. Qualcuno mi ha chiesto: "Ma ha detto questo in un libro e quello nell'altro." Questo riflette il mio modo di pensare al momento in cui stavo scrivendo quel particolare libro. Poi crescendo e assorbendo altre informazioni, il mio modo di pensare è cambiato. E sta ancora cambiando.

Mentre la Nuova Terra si avvicina, il nostro modo di pensare viene sfidato sempre di più. Il Velo si sta assottigliando e sollevando mentre la nostra coscienza si espande. Questo è un prerequisito per poter entrare nella nuova dimensione attraverso l'aumento della nostra vibrazione e frequenza. I vecchi paradigmi e antichi sistemi di credenze devono cadere in disuso per fare spazio all'innovazione. Ciò che aveva senso e valore nella Vecchia Terra non ne ha più mentre la nostra coscienza cambia e noi andiamo avanti. Durante gli ultimi mesi, mentre stavo preparando questo libro, ho iniziato a scoprire nuove informazioni che credo abbiano grande importanza. Hanno causato un enorme salto nella mia coscienza e nel mio sistema di credenze. Penso che abbiano grande importanza per il mondo mentre attraversiamo questo periodo incredibile ed grandioso. La mia sfida più grande sarà di riuscire a condividere effettivamente agli altri. L'unica cosa che posso fare è provarci e con il "loro" aiuto forse altri capiranno. Ovviamente, ogni cosa dipende sempre dall'evoluzione e sviluppo del lettore. Ecco ci qua!!

In tutti i miei 16 libri parti e pezzetti di queste idee sono già state presentate. Adesso è ora di organizzarle al meglio delle mie capacità.

Questi concetti mi sono stati ripetuti attraverso miriadi di clienti, quindi so che hanno validità.

Abbiamo iniziato tutti da Dio (o la Sorgente) e siamo stati mandati all'esterno per fare esperienza. Questo non poteva essere un viaggio breve perché alla fine ci siamo iscritti per sperimentare la difficilissima scuola della Terra. Dopo esserci iscritti a questa educazione, non c'era via d'uscita fino al diploma. Molti alti pianeti hanno programmi educativi più facili, ma la Terra è la più difficile. E' stata definita il pianeta più difficile nel nostro universo e solo le anime più coraggiose si iscrivono per questa educazione. Le anime che scelgono la scuola della Terra sono ammirate da tutti perché coloro che sono sul piano dello spirito (che sono i nostri aiutanti) sanno che queste anime hanno scelto i corsi più difficili. Perché è una scuola, dobbiamo passare una serie di corsi, ognuno con la sua serie di lezioni, aumentando gradualmente in difficoltà e complessità. Non puoi procedere alla classe successiva se vieni bocciato. Se vieni bocciato e non impari la lezione, allora devi ripetere l'anno. Funziona così. Non si può saltare dall'asilo all'università. All'universo non interessa quanto ti ci vorrà (come anima individuale) per assimilare una lezione. Ha tutta l'eternità per lavorarci su. Ma perché vorresti metterci così tanto per progredire, per imparare una lezione? Io penso che si voglia raggiungere il diploma prima possibile per poter tornare a Dio. Perché rimanere impantanati nella colla appiccicosa della Terra, e rimanere bloccati nella stessa classe mentre gli altri intorno a te stanno progredendo velocemente?

Presenterò questo concetto in modo lineare, anche se adesso so che il tempo non esiste e tutto avviene simultaneamente. Ma per rendere le cose più semplici e per migliorare la comprensione per le nostre menti umane, lo spiegherò in modo lineare.

Per riuscire a completare la scuola della Terra dobbiamo sperimentare ogni cosa! Dobbiamo sapere cosa significa essere il tutto! Come possiamo comprendere la vita se non sappiamo cosa vuol dire essere un'altra forma di vita? Per alcuni questo potrebbe essere uno shock, ma non iniziamo come esseri umani. Questo avviene molto più tardi in questa scuola.

Prima, si sperimenta la vita come una delle forme più semplici immaginabili: aria, gas, acqua, terra, rocce, perfino una semplice cellula. Ogni cosa ha coscienza! Ogni cosa è viva! Ogni cosa è energia! Nel mio lavoro ci sono stati molti clienti che sperimentarono queste semplici forme di vita e c'erano lezioni importanti da imparare. Lezioni che sono accumulate, comprese e possono essere applicate all'essere umano complesso. Proprio come noi dobbiamo imparare a leggere e scri-vere, in modo lento e progressivo per riuscire a completare le basi edu-cative. Bisogno sempre iniziare dalle basi in ogni tipo di educazione.

Poi sperimenti il regno vegetale ed animale. Ci sono lezioni importanti da imparare nell'essere un fiore o una pannocchia di mais, o nel correre come un lupo o volare come un'aquila. Ho esplorato molte di queste vite negli altri miei libri. Penso che siano lezioni importanti da imparare perché possiamo comprendere che dobbiamo prenderci cura del nostro ambiente naturale e dalla nostra ecologia. Possiamo com-prendere tutto ciò perché siamo tutti Uno e tutti siamo stati in queste diverse forme di vita durante le nostre prime classi nella scuola della Terra. Ci sono anche gli Spiriti della Natura: fatine, gnomi, folletti, driadi, etc.. Questi hanno il lavoro (o compito) di prendersi cura della natura. Questi esseri sono tutti reali e abbiamo tutti avuto vite in queste forme d'esistenza. Credo che tratteremo la natura con più cura se riuscissimo a comprendere d'essere Una Coscienza.

La natura è uno spirito diverso perché è considerata uno spiriti di "gruppo". Siete in grado di osservare questo fenomeno facilmente quando vedete uno stormo di uccelli, una mandria di bestiame, un alveare di api o una colonia di formiche. Sembra che agiscano e pensino come una mente di gruppo. Così per riuscire ad iniziare a progredire verso la parte umana della scuola (vedetela come se si debba passare dall'asilo, alle elementari, alle medie, alle superiori, all'università, etc.), bisogna separare l'anima dal gruppo. Questo avviene attraverso l'amo-re. Mi hanno detto molte, moltissime volte che l'amore è l'unica cosa reale; è la cosa più importante di tutte. Se vi portate un animale a casa o gli date amore ed attenzione, gli date un'individualità ed una personalità, lo aiutate a separarsi dalla mente di gruppo, così che possa iniziare a progredire attraverso la parte umana della scuola.

Allora iniziate lo stadio umano e anche questo richiede molto tempo. Nulla d'importante s'impara mai istantaneamente. Deve essere un processo graduale. Anche quando si diventa umani, bisogna essere ogni cosa. Progredendo all'umano più primitivo, verso quello più intelligente. Dove sapere cosa vuol dire essere ogni cosa. Bisogna essere uomo e donna multiple volte. Quando dico questo durane i miei seminari, alcuni degli uomini diventano difensivi. Uno di loro m'interruppe: "Cosa vorresti dire? Sono sempre stato un uomo!" Pensateci! Cosa avreste potuto imparare se fosse rimasti dello stesso sesso per tutta l'eternità? Non imparereste molto. Dovreste essere bilanciati e questo è raggiungibile solo speri-mentando entrambi. Questa è una delle spiegazioni che ho incontrato per l'omosessualità. L'individuo era dello stesso sesso per molte vite e venne deciso (dall'autorità') che dovessero imparare cosa vuol dire essere del sesso opposto. Durante il primo tentativo, potrebbero sentirsi a disagio nel corpo. Alcuni dei miei clienti hanno detto che si sentono come una donna intrappolata nel corpo di un uomo. Non c'è nulla d'innaturale a proposito se lo si percepisce da questo punto di vista. Devono imparare a bilanciarsi ed adattarsi alle nuove, differenti emo-zioni e sensazioni. Qualsiasi cosa è diversa la prima volta che la si prova. Alcuni si adattano più facilmente degli altri, proprio come imparare ad andare in bicicletta o sugli sci o sullo skateboard. Per alcuni è naturale per altri ci vuole molto sforzo.

Poi mentre si progredi-sce nelle lezioni umane, bisogna sperimentare ogni cosa prima di potersi diplomare. Bisogna essere ricchi e poveri. Ricordatevi, qualche volta essere ricchi può essere una maledizione più che una benedizione. Dipende tutto dalle lezione da imparare. Bisogna vivere in tutti i continenti del mondo, essere di tutte le razze e tutte le religioni prima di completare la scuola. Bisogna sperimentare entrambi i lati di ogni possibile situazione. Devi comprendere tutti questi stili di vita, pensiero ed esistenza. Il concetto principale dietro alla reincarnazione è d'imparare a non giudicare ed non avere pregiudizi. Siamo tutti qui nella stessa scuola a diversi stadi di sviluppo. Abbiamo tutti lo stesso obbiettivo: imparare le nostre lezioni, finire la scuola e diplomarci per poter tornare a Dio. Se avete dei pregiudizi riguardo a qualche religione o razza, indovinate un po'? Se non sono stati risolti prima della fine della vita, dovrete tornare come la cosa per cui avete dei pregiudizi! La legge del karma funziona così. Si raccoglie ciò che si semina! L'ho visto migliaia di volte nella mia terapia.

Quando dico queste cose durante i miei corsi, di solito vedo alcune persone deprimersi. "Vorresti dire che devo fare tutto questo?" Non vi preoccupate! Sono arrivata alla conclusione che quando al gente inizia a fare domande e vuole imparare di più a questo proposito, probabilmente hanno già passato molte di queste lezioni e sono sulla via del diploma. Ricordate molte di queste lezioni si possono gestire in una vita. Questo l'ho scoperto attraverso il mio lavoro. Tuttavia ci sono altri che sono bloccati su un binario, in abitudini, ripetono gli stessi errori con la stessa gente continuamente e non progrediscono. In questo modo gli ci vuole molto tempo prima di diplomarsi: imparano lentamente!

Allora, come spiegavo nel mio ultimo libro, è stato necessario invitare dei volontari a venire ed aiutare la Terra perché le anime che sono state qui a lungo tempo erano bloccate nella ruota del karma. Non sarebbero mai stati in grado di aiutare a creare i cambiamenti necessari per questi tempi drammatici dalla storia umana. Quindi le Tre Ondate sono state introdotte e sono state in grado di superare la regolare scuola della Terra perché non hanno mai accumulato del karma e non erano bloccati. Inoltre non hanno alcuna intenzione di rimanere bloccati. E' piuttosto come quando una scuola porta un'insegnante speciale o una persona specializzata in uno specifico argomento per aiutare gli studenti che hanno più bisogno d'aiuto. Questa persona non ha bisogno di restare e partecipare nei corsi e nell'educazione regolare del gruppo. Fanno il loro lavoro e poi se ne ritornano a casa loro. Quindi sono qui solo con un compito speciale. Alla maggior parte di loro non piace qui e desiderano tornare a casa. Ma, anche se sono protetti dall'accumulare karma "normale", se se ne vanno prima della fine del loro lavoro, allora potrebbero rimanere bloccati sulla "ruota" e dover ritornare. Ho ricevuto ed accumulato una gran quantità d'informazioni a proposito di questi volontari e delle loro missioni, ma ero profondamente sorpresa durante una seduta recente, di scoprire un altro gruppo piuttosto corag-gioso. Sembra ci siano molte più tipologie che vengano qui con una missione speciale che non sono riconosciuti dalla società. Hanno contribuito moltissimo ad aiutare la Terra. Ricordate, ogni cosa sembra concentrata sull'elevazione della coscienza della gente della Terra. Stiamo entrando in un mondo completamente nuovo, le nostre vibrazioni e frequenze devono essere elevato per riuscire a sopravviverci. Il vecchio paradigma della violenza, odio e paura non avranno più alcuna utilità nel nuovo mondo. Quindi bisogno gestirli. E' stato un processo lento che so dura da molti anni (forse secoli). Doveva succedere qualcosa per poter cambiare il modo di pensare dell'umanità. Grazie al dono del libero arbitrio e della non-interferenza, "loro" non possono intervenire e farlo per noi (anche se sono sicuro che vorrebbero farlo). Dobbiamo cambiare il nostro modo di pensare da soli. E visto che siamo così persi nella negatività, pregiudizio e giudizio, avevamo bisogno di esempi.

Queste erano anime speciali che avevano completato tutte le loro lezioni nella scuola della Terra, ma che scelsero di tornare per aiutare gli altri che stavano arrancando. Alcune anime, vengono non per imparare, ma per insegnare. Ovviamente, la maggior parte dei grandi pensatori vengono immediatamente alla mente: Gesù, Buddha, Mohammed. Sono venuti durante tempi in cui l'umanità era davvero bloccata sulla ruota. I loro compiti erano di presentare nuove modalità di pensiero per permetterci di progredire. Certamente, la risposta è sempre stata l'amore e questo era il messaggio principale che insegnavano. Ma visto che le loro idee erano radicali, venivano spesso trattati con violenza. E' un processo lento, riuscire a cambiare il modo di pensare dell'umanità e spesso la violenza e le tragedie sono l'unico modo di fargli fare attenzione. Bisogna "mirare alla giugulare" per ricevere attenzione. Lo stesso è vero di molti grandi pensatori che presentavano idee radicali e rivoluzionarie.

Ogni volte che il mondo era pronto per fare un grande passo avanti nell'elevazione della coscienza, molti anime coraggiose hanno assunto compiti difficili e sono entrati sul campo noto come la "Terra". Ho notato che queste erano le anime che avevano già completato le fase facili della scuola ed erano più esperte nel gestire quelle più difficili. Hanno abbastanza esperienza che adesso vogliono ricevere i compiti difficile. Proprio come certi studenti che sono annoiati, possono ricevere dei compiti speciali perché hanno dimostrato d'esserne in grado. Così nelle ere sono venuti qui in gruppo per cercare di elevare la coscienza e cambiare il modo di pensare della gente. Per cercare di condividere il concetto di non-pregiudizio perché siamo tutti l'Uno.

La Guerra Civile portò molta attenzione verso l'ingiustizia della schiavitù. La Seconda Guerra Mondiale e Hitler portano molta attenzione a ciò che succede quando il pregiudizio va fino al punto di cercare d'estinguere un'intera razza di persone. Il Movimento di Liberazione delle Donne attirò attenzione ai problemi della donna. Il Movimento dei Diritti Civili fece lo stesso per la popolazione di colore. In tutti questi casi c'era spesso violenza mentre i volontari facevano il loro ruolo di martiri, difensori ed offensori. Ricordate hanno accettato di fare queste cose prima di entrare in questa vita. L'accordo era di portare l'attenzione ai diversi problemi e se questo voleva dire ridurre la loro vita, allora questo faceva parte dell'accordo. Dovevano cambiare il modo di pensare della gente e spesso questo va fatto lentamente.

Se osserviamo la storia, possiamo vedere che in molti casi questo ha funzionato. La maggior parte dei giudizi contro le donne, i neri, gli ebrei, ecc. sono diminuiti. La maggior parte dei giovani oggi giorno non conoscono quanto fossero diverse le cose per questi gruppi alcune decadi fa.

IL RUOLO DELL HIV/AIDS NELL'ELEVARE LA COSCIENZA

In aggiunta ai pregiudizi di razza e religione, ci sono stati pregiudizi contro persone con diverse tipologie di malattie o handicap. Qui la maggior parte di queste persone si sono offerte volontarie per assumere questi ruoli allo scopo d'insegnare. Mi è stato detto nel mio lavoro che ci sono molte più anime in fila per ricevere corpi handicappati che non corpi normali. Quando si osserva davvero da vicino, ha un senso perfetto. Mi hanno detto che l'anima può ripagare tanto karma in una vita handicappata che normalmente richiederebbe almeno dieci vite. Guardate a ciò che stanno imparando vivendo in un tale corpo. Guardate ciò che riescono ad insegnare ai loro genitori ed assistenti. Guardate a ciò che stanno insegnando a chiunque entri in contatto con loro o che li veda. Come reagite quando vedete qualcuno in carrozzina o un bambino mentalmente handicappato? Tutti imparano qualcosa da loro. La profondità delle lezioni dipende dalla crescita e sviluppo dell'anima. Quando vedo qualcuno così, penso: "Ne hai davvero scelto una molto difficile questa volta, vero?"

Ci sono state molte malattie nella storia umana che hanno creato una tremenda quantità di paura e stigma. In molti casi le vittime vengono trattate come intoccabili e vengono scartati dalla società. La malattia della lebbra nella Bibbia è l'esempio perfetto. Perfino in tempi moderni, gente con questa malattia veniva isolata dagli altri a causa della paura di contaminazione. Questo è vero anche della tubercolosi (TB) nei primi casi prima che la medicina moderna scoprisse dei rimedi. Queste vittime venivano rinchiuse in ospedali per il resto delle loro vite al fine di isolarli dagli altri. In tutte queste malattie, la paura è sempre stata la motivazione principale. Poi durante i nostri tempi moderni abbiamo lo stigma dell'HIV e AIDS. Quando queste malattie esplosero negli anni '80, erano avviluppate in una coltre di paura. La maggior parte della quale è connessa alla paura dell'ignoto. La paura è un'emozione molto potente che può paralizzare le capacità logiche e deduttive di una persona. Con le medicine moderne lo stigma non è più grave come una volta quando la persona veniva scansata ed ostracizzata (specialmente dalla Chiesa). Nel mio lavoro vedo molte persone che soffrono queste malattie ed il mio lavoro richiede che li aiuti al meglio delle mie possibilità. Quando si comprendono le leggi della reincarnazione, si sa di non poter giudicare o avere pregiudizi. Se solo la Chiesa lo insegnasse, non avremmo tutti questi problemi.

Ovviamente, nella storia ci sono state valide ragioni per isolamenti e confinamenti, a causa della reale paura di malattie contagiose che uccisero molte migliaia di persone. Ma le condizioni non sono le stesse in tempi moderni come lo erano in passato.

* * *

Questo mi conduce alla seduta che diede origine a questo nuovo modo di pensare e ad un modo diverso di percepire queste malattie.

Michael era il giovane che si era offerto di aiutarmi mentre stavo conducendo un seminario in Palm Springs, CA. nel Luglio del 2011. Fu molto gentile nel portarci in giro con la sua auto e nell'assicurarsi che avessimo tutto ciò di c'era bisogno quando eravamo là. Ci disse d'esser stato diagnosticato con l'HIV, che era sotto massicce dosi di medicinali e che le medicine riuscivano a mala pena a controllare la malattie, senza le quali avrebbe potuto morire.

Michael disse che la quantità delle sue cellule T era molto bassa, e i dottori stavano monitorando i suoi progressi attraverso gli esami del sangue. Ero a conoscenza dell'AIDS, ma non ne sapevo nulla delle cellule T. Dopo la seduta pensai di fare un po' di ricerca per offrire chiarimenti al lettore. Spero che i dottori che stanno leggendo mi perdonino se non sono stata perfettamente precisa. Le cellule T sono prodotte dalla ghiandola thymus gland e sono un parte importante del nostro sistema immunitario per la lotta alle infezioni. In una persona sana le cellule T sono circa tra 500-1300. Nelle persone infette dall'HIV thymus è sotto attacco e diminuisce la produzione di cellule T. Se la quantità scende sotto le 200, virtualmente non hanno alcun sistema immunitario e sono suscettibili ad ogni malattia infettiva. Non hanno nient'altro con cui lottare. E' a questo punto che diventa AIDS perché la malattia può sopraffare il corpo. Non ha alcun sistema di difesa efficiente. Trovo interessante che al ghiandola thymus sia posizionata alla base del collo. Nel mio lavoro qualsiasi forma di sintomo connessa con la bocca, i denti, la mascella e la gola (specialmente la tiroide) significa che la persona non sta comunicando la propria verità. Per qualche ragione si stanno trattenendo e non sono in grado di esprimere le proprie emozioni.

Quando arrivò il momento di scegliere qualcuno per la dimostrazione, durante l'ultimo giorno del corso, chiesi a Michael se volesse farlo. Voleva una seduta privata, ma sapeva che non c'era tempo. Questa sarebbe l'unica maniera per farlo, ma stava esitando. Lui è un uomo gentile, giovane e molto privato. Era preoccupato di parlare davanti agli altri e di raccontare la sua storia. Questo è uno dei problemi della dimostrazione. Dico che è come essere pesciolino in un acquario mentre tutti ti osservano. Era preoccupato principalmente per i giudizi e le critiche che sarebbero potute sorgere nell'aver detto d'essere gay ed avere l'HIV. Gli disse che non sarebbe stato un problema perché non c'era più troppo stigma correlato alla malattia come una volta. Inoltre tutte le persone del corso avevano i loro problemi a cui pensare. Alla fine accettò perché voleva davvero fare una seduta. Non si doveva preoccupare perché quando iniziò a raccontare la sua vita ed i suoi problemi, gli altri furono molto aperti e gentili verso di lui. Furono molto empatici e volevano davvero che ricevesse aiuto.

Anche se era nervoso, cadde immediatamente in una profonda trance all'inizio della seduta. Inizialmente andò in una piccola pozza d'acqua e si vide come una coscienza che faceva parte dell'acqua. Non c'erano creature e l'acqua era ferma e quieta. Non doveva fare nulla solo esistere. Quando gli chiesi perché decise d'essere solo una parte dell'acqua, lui disse: "Per la solitudine." Per la solitudine. Per la quiete. Per essere lontano da tutto il resto. L'ho scelto io di farlo." Quando chiesi se era successo qualcosa che lo aveva portato a fare quella scelta d'essere da solo, disse che era per allontanarsi da tutto quel caos del mondo in cui aveva vissuto. C'era troppa agitazione. Gli piaceva la solitudine, ma si stava annoiando. "E' tranquillo. Non ci sono attività, quindi non si possono avere entrambi."

D: Pensi di voler sperimentare qualcos'altro?
M: Probabilmente sono pronto.
D: Pensi di aver imparato tutto ciò di cui avevi bisogno restando in solitudine?
M: Non tutto, ma abbastanza

Dopo aver notato che era pronto, gli feci lasciare l'acqua e lo feci viaggiare attraverso spazio e tempo verso qualcosa che lui doveva vedere. Si trovò in una capanna nel mezzo di un campo. Aveva la sensazione d'essere nel Far West. Era una giovane donna che indossava un vecchio vestito e sapeva d'essere disperatamente povera. C'era a malapena qualche oggetto nella capanna e faceva anche molto caldo. (Michael aveva detto che in questa vita non gli piaceva il caldo.) Con una voce depressa disse: "Si fa ciò che si può. E' una vita difficile. Sudore, sofferenza, rabbia... mi sento gravida."

D: Perché sei venuto qui?
M: La sentenza è la parola. Penso d'aver avuto troppe aspettative.
D: Cosa vorresti dire?
M: E' normale a volte non avere molto, quindi accetta ciò che hai. Più e più accettazione.

Viveva lì con suo marito, che non era felice perché lavorava nei campi e non c'era alcun lavoro da fare. Lui non conosceva nient'altro. Non poteva arare la terra. "Troppo arida. Troppo caldo... troppo sole... non c'era abbastanza pioggia o acqua."

D: Non potete andarvene ed andare altrove?
M: Non c'è modo di arrivarci.
D: Non avete alcun trasporto. Come vi approvvigionate?
M: A piedi. Sono due ore per arrivare in città.
D: Come ricevete gli approvvigionamenti? Avete dei soldi?
M: No, niente soldi. —Io vendo me stessa. —E' tutto ciò che ho.

Il marito non sapeva che lo stava facendo. Durante la seduta continuavo a pensare al marito. Non si chiedeva da dove venisse il cibo, se non avevano soldi? Apparentemente aveva deciso di chiudere un occhio finché avevano qualcosa da mangiare. Poi lei dichiarò: "Il bambino non è suo." Si vergognava per ciò che stava facendo, ma era l'unica maniera per sopravvivere. Poi arrivò al punto di non essere più in grado di camminare fino in paese per vendersi in cambio di cibo e si trovarono sul punto di morire dalla fame.

La spostai avanti ad un giorno importante per allontanarla da quella triste scena, ma ne incontrammo una anche più triste. Quando ci si trovò Michael iniziò a piangere, ma decise saggiamente di osservare la scena piuttosto che parteciparvi. In quelle circostanze, era il modo migliore di presentare i fatti. Emotivamente disse ciò che stava succedendo: "Sto guardando. Lui l'ha scoperto e la sta picchiando. L'ha scoperto! Sa che non è suo. L'ha scoperto. Continua a picchiarla, picchiarla e picchiarla. Era tutta la sua 'auto-commiserazione'"

D: Come ha scoperto che il bambino non era suo?
M: Gliel'hanno detto. Gli uomini con cui le era stata glielo dissero. Non sarà più con loro. Era arrivata al punto in cui doveva smettere. Gli altri uomini se la presero con lei. — Il bambino non è suo e lui la sta picchiando... sta cercando di picchiare il bambino fuori da lei. Troppo sangue perso. — Lei muore e muore anche il bambino. Muoiono entrambi.
D: Cos'ha fatto il marito dopo aver scoperto d'averla uccisa?

M: C'erano troppe emozioni. La tiro fuori dalla capanna e non gli interessava di seppellirla. La lasciò lì fuori a marcire.

D: A lui cosa succede?

M: Non è rimasto niente... per lui non è rimasto nulla. Non fece nulla. E' affamato. Lei si occupava del cibo e non poteva più farlo. Non sopravvive a lungo, morì poco dopo.

D: Lei come si sente a proposito di tutto questo, dopo essere morta ed aver lasciato il corpo?

M: Fece ciò che poteva. Si portò dietro tutta quella rabbia e vergogna con se. Non ha alcuna sensazione per suo marito. Era già morte prima che lui la uccidesse... morta dentro. Lui distrusse le sue emozioni e ad un certo punto, lei lasciò andare.

D: Fece tutto ciò che poteva fare quelle circostanze. Doveva sopravvivere. C'era una ragione per tutto ciò che aveva fatto.

A quel punto lo feci allontanare da quella terribile scena e lasciare la donna al suo viaggio verso l'altro lato, sperando che avrebbe trovato la pace. Visto che questa era una seduta dimostrativa, non c'era tempo di esplorare cosa le era successo sul piano dello spirito. Invocai il SC per poter trovare delle risposte. La mente cosciente di Michael continuava ad interferire e preveniva ogni contatto, sospettavo che fosse preoccupato di sentire le risposte. Tuttavia, sono persistente e riuscii a respingere la mente cosciente. Avevamo trovato un enorme pezzo del puzzle, adesso volevamo il resto. Quando alla fine il SC si fece sentire, chiesi perché scelse di fare vedere quella vita a Michael?

M: Accettazione... accettazione. Nessuna vergona... no vergogna... accettazione. Nessuna vergona e accettazione di ciò ce dovette fare in quella vita.

D: Questa è una grossa lezione. Questo com'è connesso alla sua vita attuale?

M: Mentre stava morendo, il marito continuava a gridare e a chiamarla "puttana". Niente più vergogna... nessuna vergogna. Lui se la sta portando dietro. Lasciala là.

Parlai a lungo con il SC a proposito di lasciarla nel passato perché non era necessaria nella vita presente. Michael era una brava persona e non aveva bisogno di portarsela dietro in questa vita adesso. Questo aveva causato problemi di schiena che avevano portato ad una operazione che però non aveva alleviato il dolore. Questo faceva parte del peso che si portava dietro da quella vita e si identificava come vergogna in questa vita. Il subconscio se ne prese cura.

Allora era arrivato il momento di discutere, perché aveva manifestato l'HIV nella sua vita. "Perché è successo?"

M: Faceva parte dell'accordo... partecipare. L'accordo fa parte dell'accettazione. Esperienza... l'esperienza di tutti, di coloro che l'hanno accettata.

D: Quale esperienza?

M: Della malattia.

D: Vuoi dire che aveva accettato di sperimentarla?

M: Si. E anche di muovere la coscienza... al di fuori.

D: Come muovi la coscienza avendo l'AIDS?

M: Attraverso la coscienza della gente intorno a lui. Accettalo prima che succeda. Un concetto così grande. Lui accettò.

D: Puoi aiutarci a comprendere cosa sia questo concetto più grande?

M: Si... altri tre giorni.

D: Cosa vorresti dire?

M: Il concetto... la comprensione... ci vorranno tre giorni per spiegare il concetto. Ci sono così tanti aspetti. Parte dell'accordo. Lui questo l'ha già accettato. Si deve fidare. Fidarsi che ne faccia parte.

Questo era difficile da comprendere, ma riuscii a far lavorare il SC sull'HIV. I dottori stavano calcolando la quantità di cellule T nel suo corpo. Misuravano così l'avanzamento della malattia. Michael aveva raggiunto una quantità incredibilmente bassa e poteva morire. I medicinali servivano per aiutare ad aumentare la quantità delle cellule. Il SC disse che aveva imparato la sua lezione e che sarebbero stati in grado di lavorare sull'aumento delle cellule T. Poteva ancora fare parte di questo esperimento o accordo, ma dissero che la sua sofferenza era finita. "Nessuna vergogna. Nessuna sofferenza. Lui ha un'altra strada da seguire." La guarigione sarebbe stata graduale perché le cellule T dovevano aumentare e sarebbe sicuramente successo.

Volevo sapere se c'era qualcuno di quella vita che lui conosce in questa vita attuale. La risposta del SC fu sorprendente. Il marito che la uccise in quella vita, è suo padre in questa vita. Il padre di Michael aveva abbandonato lui e la madre dopo la sua nascita. Era recentemente ritornato nella sua vita ma non c'era vicinanza tra di loro. Pensai che fosse uno strano accordo perché il padre non era rimasto per crescerlo.

M: No. Il suo lavoro era di dargli la vita ancora una volta.

Questo aveva perfettamente senso. Lo aveva ucciso, così doveva pagare il karma dandogli la vita, aiutandolo a rientrare nel mondo. A quel punto il suo lavoro era finito. Era molto importante che Michael sapesse questo. "Molto bene. Accettazione."

Avevo un'altra domanda. Volevo sapere di cosa si trattasse quella scena all'inizio della seduta, nella quale era sott'acqua come una forma di coscienza. Il SC mi sorprese ancora una volta. "Era una roccia." Voleva la solitudine, presumo che una roccia sia sicuramente tranquilla.

Qualcosa d'interessante accadde quando riportai Michael allo stato di veglia e lui apri gli occhi. Si guardò intorno e disse: "Da dove viene tutta questa gente?" Sembrava sconcertato, io pensai che stesse facendo riferimento agli studenti seduti sulle sedie. Ma successivamente disse che mentre stava tornando cosciente, vide molte persone, esseri, tutti attorno al letto. Erano in piedi nello spazio libero tra il letto e gli studenti. Era sicuro che non fossero membri del corso. Presumo che gli spiriti e le guide di coloro che erano presenti si erano raccolti per osservare e lui era stato in grado di vederli prima di tornare cosciente.

Mentre discutevamo la seduta, gli altri studenti furono molto gentili con Michael. Loro erano venuti per la conclusione dello scopo dell'esperimento. Quello che il SC disse avrebbe richiesto tre giorni per essere spiegato. Aveva a che fare con il giudizio. Le persone che si erano offerte volontarie per tornare e sperimentare (e possibilmente morire di) AIDS, avevano accettato di venire in gruppo per insegnare il giudizio. I partecipanti al corso furono sorpresi da questa rivelazione. L'energia era palpabile nel gruppo mentre l'intero gruppo capiva. Certamente! Queste persone che avevano contratto questa malattia non erano vittime. Erano alcune delle anime avanzate che avevano sperimentato la maggior parte delle altre lezioni di vita e si erano offerti volontari per venire in massa ad insegnare la tolleranza, l'assenza di pregiudizi e di giudizi nel mondo in questo momento. Fu una rivelazione assolutamente fenomenale e stavo pensando che sarebbe stato magnifico se la gente fosse stata in grado di comprendere il loro sacrificio. Forse questo ci insegnerà ad osservare altri gruppi che stanno creando cambiamenti e vedere cos'altro hanno da insegnarci.

Qualche mese dopo, ricevetti un email da Michael. "Ho ricevuto le mie analisi del sangue dal dottore (Ho aspettato tre settimane dopo la seduta prima di rifarle). Le mie cellule T sono passate da 293 a 429 negli ultimi quattro mesi dall'ultimo test. La cosa interessante è che quando le cellule T di qualcuno spariscono com'è successo alle miei tre anni fa, un salto di 100 punti all'anno viene considerato un ottimo pro-gresso. Le mie hanno avuto un salto di 140 punti in soli quattro mesi."

Apparentemente aveva imparato la lezione e Michael adesso era sulla via del recupero.

CAPITOLO 3

IL PIANO DELLO SPIRITO

Ho ricevuto informazioni sul piano dello spirito (il luogo dove andiamo dopo la morte) dal 1968 quando per la prima volta ho inciampato nella reincarnazione. In quei giorni tutto era nuovo e sorprendente, e sfidava i miei sistemi di credenza. Verso gli anni '80 avevo ricevuto abbastanza informazioni da centinaia di clienti che permisero di scrivere il libro Between Death and Life [Tra la Morte e la Vita]. La cosa incredibile è che non ci sono contraddizioni. Sto ancora ricevendo informazioni e continua a crescere la mia conoscenza e prospettiva di questo affascinante argomento. Non importa dove io mi trovi nel mondo ricevo le stesse informazioni dai miei clienti ed emerge lo stesso schema. Brevemente cercherò di riassumerlo qui per coloro che non hanno letto quel libro.

Quando una persona muore (o esce dal corpo), è così facile. Dicono che è come alzarsi da una sedia e sedersi su un'altra. La sensazione di libertà è esilarante. Guardano il corpo e dicono cose come: "Sono così contento d'esserne uscito. Non sono più intrappolato. Adesso sono libero di andare dove voglio." Normalmente c'è sempre qualcuno che viene a prendere la persona per portarla dove deve andare. Chiamo questo individuo "l'hostess". Potrebbe essere un familiare deceduto oppure la loro guida o angelo custode. La cosa im-portante da sapere è che non siamo mai soli quando passiamo dall'altra parte. C'è sempre qualcuno che ci mostra dove andare. Inoltre non siamo mai soli durante la nostra vita, ma questo la gente non lo comprende. Alla nascita viene sempre assegnata una guida (o un angelo custode). Sono con voi per tutta la vostra vita e ci saranno alla fine. Ci sono diversi luoghi dove si può finire dopo la morte. Questi sono descritti in Between Death and Life, e appaiono durante le regressioni, incluse quelle descritte in questa sezione. Possiamo andare solo verso i livelli con cui le nostre vibrazioni e frequenze sono compatibili. Con la speranza che sia un livello più alto e che non siate scivolati più in basso. Dipende tutto da ciò che avete imparato durante le lezioni sulla scuola della Terra.

A volte l'anima viene portata direttamente al "luogo del riposo," specialmente se la morte è stata traumatica. Questo è un luogo di completa pace senza colori o suoni. Ci si resta finché necessario, prima di rientrare nella ruota del karma. Alla fine ogni anima finisce davanti al consiglio degli anziani e maestri perché la vita che hanno appena lasciato possa essere valutata. Questo si chiama una "revisione della vita." Osservano tutte le cose che hai fatto e pensato durante quella vita e si riceve un voto in base a ciò che si è ottenuto e su cos'altro bisogna lavorare. Non c'è nessun Dio seduto sul trono in attesa di giudicarci e punirci. Lo facciamo da soli. E non c'è nessun giudice più severo di noi stessi. Decidiamo noi quali errori abbiamo fatto e cosa bisogna fare per rettificarli. Bisogna ricordare che non c'è alcun dolore associato con la morte. C'è solo la sensazione di rimorso. "Quello non avrei dovuto farlo! Avrei dovuto fare qualcosa di più in linea con la mia vita!"

Poi la preparazione per il ritorno ha inizio. Non importa quanto sia bello là, quando adoriamo restare là, non possiamo finché ci sono debiti da pagare o karma. Si discute con le anime con cui si era coinvolti durante l'ultima vita e si pianifica. "Non abbiamo fatto un buon lavoro la volta scorsa. Torniamo indietro e rifacciamolo. Questa volta tu fai il marito e io sarò la moglie. O tu fai la moglie e io faro il figlio." Potete invertirvi i ruoli come preferite. Ricordate, la vita è solo un gioco, una partita, un'illusione. Quando ci siamo dentro sembra così vera, ma stiamo solo indossando un costume, un vestito di stoffa per interpretare un ruolo specifico. Siamo il produttore, il direttore, l'attore e lo scrittore del copione del nostro dramma. E visto che il copione viene scritto mentre l'opera procede, può essere riscritto e cambiato in ogni momento. Avete completo controllo di ciò che succede nella vostra vita, quando comprendete questo dettaglio.

Quindi pianificate ciò che sperate di ottenere quando tornate sulla scuola della Terra. Firmate i vostri contratti con altre anime, riguardo ai ruoli che loro avranno, cosicché vi possiate liberare di karma irrisolto. Tutto sembra così facile quando siamo sul piano dello spirito e stiamo parlando con i maestri, ma quando si ritorno sulla ruota del karma, visto che questo è un pianeta dal "libero arbitrio", tutti gli altri hanno un loro piano ed agenda, che spesso entra in conflitto con il nostro. Inoltre per rendere le cose doppiamente difficili, quando si ritorna, scende il velo e si dimentica tutto. Ci si dimentica il piano. Ci si dimentica i contratti. Ci si dimentica che è solo una scuola. Ci si dimentica che è solo un gioco. Perché non sarebbe un esame, se conoscessimo le risposte. Ci dobbiamo arrangiare da soli. Bisogna riacquistare tutta la conoscenza e le informazioni che abbiamo dimenticato prima di poterci diplomare da questa scuola. Non potete saltare dall'asilo all'università. Bisogna passare ogni classe finché non si finisce e si ritorna a Dio (o la Sorgente) e scaricare tutte le esperienze e lezioni in un gigantesco computer delle Sue informazioni. C'è molto, molto altro di tutto questo da scoprire negli altri libri della serie Universo Convoluto. Sto solo condensando e parafrasando cosicché il lettore possa avere una linea guida per comprendere le sedute contenute in questa sezione. Si noti che non ci sono contraddizioni, solo altre informazioni aggiunte a ciò che io ho già scoperto.

* * *

LE COSIDDETTE VITE "NEGATIVE"

Nel mio lavoro ho sentito storie orrifiche del modo in cui le persone sono state cresciuto (e sono sicura che anche molti altri terapisti le abbiano sentite). La loro infanzia fu così terribile che mi chiedevo come avessero fatto ad essere degli adulti funzionali. E' tutto a loro credito che ci fossero riusciti. Questo sottolinea l'inumanità che gli uomini sono in grado di perpetrare verso i propri simili. Ovviamente, io so che il perpetrante sta accumulando una dose pesante di karma che richiederà moltissimo tempo per essere ripagata. Ma il cliente si chiede sempre: "Perché mi è successo questo?" Si chiedono se hanno fatto qualcosa di orribile in una vita passata, per giustificare il modo in cui sono stati trattati.

Spiego sempre che nel mio lavoro ho scoperto come abbiano accettato che fosse così prima di entrare in vita. Tutto sono increduli a proposito. “Questo non ha alcun senso! Perché avrei voluto accettare di vivere una vita così?” Ricordate ogni cosa è una lezione. Viene preparata per vedere cosa impareremo da quella situazione. Se non passiamo il test, impariamo la lezione, c’è sempre una prossima volta. Non importa quanto ci vuole per finire quell’esame, quella lezione. Abbiamo tutta l’eternità davanti. Ma non è forse meglio imparare velocemente, piuttosto che metterci un’eternità? Quando imparate ciò che dovreste imparare, vi spostate alla lezione successiva, che potrebbe essere più o meno facile. Potrebbe essere più difficile, ma per lo meno sarà diversa.

Questo ci riporta alla domanda originale: perché abbiamo deciso di scegliere un’esperienza così orribile? Ho avuto due casi, uno vicino all’altra, in cui il soggetto ebbe un’infanzia orribile. In un caso i genitori erano coinvolti in rituali Satanici che includevano i figli. Il soggetto scappo di casa appena possibile e non volle avere mai più nulla a che fare con sua madre. Gli altri figli della famiglia non sono stati così fortunati. Le bambine divennero drogate e prostitute, e il bambino si dedicò al crimine e finì in prigione. La mia cliente disse che già da piccola sapeva di non voler essere coinvolta in tutto questo. Per essere stata una bambina, aveva già un impressionante quantità di buon senso ed istintivamente sapeva come combattere ciò che stava succedendo. Psichicamente creò un muro di mattoni attorno a se stessa per rimanere separata’ dalla follia rampante che la circondava. Se ne andò e creò una vita tutta sua senza alcun aiuta dalla sua famiglia e non voleva alcun contatto con loro. Durante la seduta chiesi perché aveva avuto una tale infanzia e il SC disse che l’aveva scelta lei (ma questo lo sapevo). Imparò una grande lezione, come sopravvivere ed avere successo senza ricevere aiuto da nessuno. Quindi anche se era sola e si sentiva isolata, quella vita l’aveva scelta lei e aveva ricevuto ottimi voti, così era arrivata l’ora di andare avanti.

Un’altra cliente era cresciuta in una famiglia terribilmente abusiva in cui la matrigna la picchiava ogni giorno. Naturalmente in queste situazione se ne vanno di casa appena possibile. Il SC disse che questo le fu necessario per imparare come sopravvivere, come crescere, come restare da sola. Aveva servito ad uno scopo superiore, anche se lei non l'aveva capito mentre stava crescendo. Da bambina sapeva solo di non essere felice.

Un'altra donna soffriva dello stesso ciclo vizioso e volevamo sapere se stava ripagando del karma con queste persone. Rimasi sorpresa quando disse che non ne era coinvolta. Inoltre non c'erano vite passate con i principali personaggi. Il SC disse che avevano stabilito prima di entrare che certe persone sarebbero state messe nella sua vita lungo il cammino per testarla. Alcune di queste persone potrebbero essere alcuni dei suoi migliori amici sul piano dello spirito e in altre vite. Ma avevano accettato di fare la parte dei cattivi in questa sceneggiatura. E ad essere sinceri a volte fanno la loro parte davvero molto, molto bene.

Chiedo sempre a persone che hanno avuto esperienze "cattive" (e tutti hanno avuto qualche esperienze negative nella loro vita. La vita è così), cos'hanno imparato da queste esperienze? Di solito troveranno qualcosa se osservano davvero da vicino e vedono l'effetto sulla loro vita. Se dicono di non aver imparato nulla dall'esperienza, che fu solo qualcosa di ingiusto; allora dovranno ripeterla nuovamente (andare nuovamente a lezione) e la prossima volta potrebbe essere anche più difficile, finché non comprendono quale fosse la lezione che avevano scelto di sperimentare.

Ovviamente, tutto questo deve essere osservato rimuovendo le emozioni, dal punto di vista dell'osservatore.

Capitolo 4

LA VITA COME ALTRE CREATURE

LE CREATURE DEL MARE

Questa idea d'aver vissuto vite passate come un altro tipo di creatura, a parte l'essere umano, potrebbe sembrare strana o improbabile a color che non hanno seguito il mio lavoro. Tuttavia ho trovato numerosi esempi di questo fenomeno che sono riportati anche nei miei altri libri della serie Universo Convoluto. La sua idea di vivere una vita passata come un altro tipo di creatura oltre a quella umana può sembrare strana o improbabile a chi non ha seguito il mio lavoro. Ma ho trovato numerosi esempi di questo. Questi sono riportati nei miei altri libri di Convoluted Universe. Prima di completare la scuola della Terra, dobbiamo sapere cosa significa essere tutto. Questo significa che dobbiamo sperimentare la vita in ogni forma possibile. Se pensiamo in progressione lineare, gli esseri umani sono più tardi nell'itinerario delle lezioni.

Questa seduta è stata condotta come dimostrazione per una seminario a San Diego nel 2010. È stata molto confusa perché fin dall'inizio Carrie non aveva idea di cosa fosse o dove si trovasse. Ci è voluto un bel po' di tempo per stabilire che era una specie di creatura marina che viveva nell'oceano. Una cosa che la confondeva, fu che fin dall'inizio continuava a sentirsi pesante come se fosse piena d'acqua. Questo la spingeva ad insistere per andare in bagno. Avevamo appena iniziato, quindi non volevo che questo disturbasse la seduta così presto, ma i miei suggerimenti induttivi per farla sentire meglio non ebbero alcun effetto. Così l'ho fatta accompagnare in bagno da alcuni partecipanti al seminario, facendole tenere gli occhi chiusi. Al suo ritorno disse di sentirsi ancora pesante, come se fosse piena d'acqua; si sentiva come una bolla. Quando ho cercato di farle osservare il suo corpo, divenne più confusa. Si sentiva leggera e vedeva colori grigi, tenui. "Fa freddo... Riesco a sentirlo, ma non vedo un corpo. Non vedo i piedi. Non ho braccia. Non le ho! Non vedo il corpo".

Poiché questo a volte accade quando la persona è in spirito, ho cercato di seguire questa linea di pensiero: "Sei consapevole di qualcun altro intorno a te?"

C: No... no... Sono qui da sola ... solo io. In questo... Non conosco la forma, ma so che sono dentro qualcosa, ma non so cosa sia. Come... una bolla. Mi sento come se fossi in una bolla. Mi sento come se fossi dentro qualcosa. Dove... dove? Cosa sto facendo? Sto solo... Non so nemmeno cosa sono. Sono solo qui.

D: È per questo che non riesci a vedere fuori? (Sì) Non riesci a vedere attraverso la bolla?

C: No. E' muta. E' questo colore grigio... Non mi accorgo nemmeno di una fine o di qualcosa che mi metta da qualche altra parte all'esterno.

Era così confusa, sapevo che non poteva capirlo da quella prospettiva. Così l'ho fatta uscire fuori dalla bolla e gliela ho fatta guardare per farle capire meglio ciò che la racchiudeva. Poi improvvisamente esclamò: "Sono in un uovo. Sono in un uovo!!" Era molto scioccata da questa rivelazione. "È di quel colore. E' quel grigio. Quando sono dentro non riesci a vedere, ma quando sono fuori vedo di essere in un uovo!".

D: Allora è per questo che non hai un corpo?

C: Sì. Sembra un uovo d'uccello.

D: Vediamo l'uovo dov'è. Possiamo ampliare il nostro punto di vista. Dove si trova l'uovo?

C: Oh... come in una grotta. Non è come un nido d'uccello o qualcosa del genere, ma è un uovo... Sono in un uovo in una grotta. (Perplessa) Non so cosa sto facendo.

D: Va bene. Possiamo ampliare la nostra percezione e vedere di più in questo modo. Vuoi vedere cosa ha deposto l'uovo? (Sì) Da dove proviene l'uovo?

C: È un uccello. Non so che tipo di uccello, ma vedo blu.

D: Fai del tuo meglio per descriverlo.

C: Niente piume. Sono più come molto lisce... niente piume... è come un'ala palmata.... è come un'ala fessurata.

D: Intendi, più come la pelle che come le piume? (Sì) Riesci a capire quanto è grande?

C: Grande. Perché è un uovo abbastanza grande. --L'uccello è nero in volto, ma un blu molto bello. Una specie di volto a punta.

Solo dopo la seduta mi è venuta un'idea: era una creatura marina, quindi forse una manta? Quando ho fatto delle ricerche, ho trovato che sono di colore nero e assomigliano sicuramente ad un uccello dalle grandi ali.

D: Almeno sei in un posto sicuro. Nulla può danneggiare l'uovo se ti trovi in una grotta. (Cominciò a fare strani suoni.) Cosa?

C: (Sussurrando) Pesante... pesante.

D: Va bene. Spostiamoci finché non è il momento d'uscire dall'uovo. Come si esce dall'uovo? Vedi te stesso che lo fai.

C: (Faceva dei movimenti.) Bisogna passare all'esterno... all'esterno. (Faceva dei movimenti con la testa.) Uscire... ci vuole molto tempo. Voglio uscire. Ora voglio uscire!

Condensai il tempo fino al punto in cui era finalmente uscita dal guscio. Dissi: "È stato difficile uscire. Ti ha fatto lavorare. Com'è il tuo corpo ora che sei uscita dal guscio".

C: Non molto. Hmmm... non assomigliare agli altri uccelli! Non sono blu. Sono un po' grigio. --Ho molto lavoro da fare. Sento di dover fare qualcosa. Sto solo sdraiata qui. Non sto facendo niente! Ho fame!

Disse che si sentiva di nuovo pesante, come se fosse piena d'acqua. Non volevo che questo la distraesse, così ho cercato di non farglielo pensare. "Come ti procuri del cibo?"

C: Mia mamma ... mia mamma me lo porta, ma non so cosa sia ... (Risi) Non so cosa sia. Ugh... soffice. (Gli studenti risero.)

Era frustata perché doveva andare di nuovo in bagno. Disse che si sentiva di nuovo piena d'acqua. Riprovai a darle dei suggerimenti induttivi, ma l'unica soluzione fu quella di permettere agli altri di portarla di nuovo in bagno mentre era ancora in trance. Ogni volta che questo accadeva, facevo cenno agli altri studenti di fare silenzio e permetterle di passare tra di loro. Poi la riaccompagnavo sul lettino con gli occhi chiusi e continuavamo. Era insolito che dovesse andare tutte queste volte, ma forse aveva a che fare con la creatura neonata che stava sperimentando. "Va bene. Andiamo dove non sei più quella piccola creatura che ha bisogno del cibo della mamma. Andiamo al punto in cui è pienamente cresciuta. Quando sei più grande non rimani in quella grotta, vero?

C: No. Acqua... acqua... acqua... Vedo l'acqua. Sono nell'acqua. Sono un uccello sott'acqua. Ce ne sono altri! Adesso, qui, ce ne sono altri.

D: Ti assomigliano?

C: Alcuni. Altri no, ma ci sono altre creature. Alcune hanno molte braccia. Altre sono davvero grandi. Siamo tutti bambini. Stiamo giocando. Siamo in acqua. Ecco perché sento tutta quest'acqua.

D: Anche la grotta era in acqua?

C: Sì. Era in profonda sotto qualcosa.

D: Ma tu giochi con gli altri? (Sì) Anche se tutti hanno un aspetto diverso.

C: Va bene così.

D: Ti piace lì? (Sì)

La spostai ad un giorno importante, anche se non riuscivo ad immaginare quale sarebbe stato un giorno importante per una creatura così insolita. Quando arrivò al giorno importante, cominciò a piangere. "La mia amica... la mia amica. È stata mangiata. Non c'è più.

Qualcosa l'ha mangiata. Qualcosa l'ha presa. Non è qui. Stanno piangendo tutti".

D: E' per questo che sei triste. La tua amica era una creatura come te?
C: No, era quello che voi chiamate un "pesce". Era molto carina.

La rassicurai e simpatizzai con lei. Poi la portai avanti ad un altro giorno importante. Adesso rideva, invece di piangere. "Stiamo imparando ad andare in superficie. Molti di noi lo stanno facendo. Molti di noi, come me. Siamo in tanti".

D: Sei più grande adesso?
C: Sì. Posso uscire dall'acqua e tornare dentro. Ora puoi vedere fuori, sopra. È bellissimo sopra l'acqua. Ci sono il cielo, il sole. Non l'abbiamo mai visto. Tutto questo è una novità per noi. Non abbiamo mai visto il cielo. È bellissimo e continuiamo ad immergerci. Torniamo dentro. Continuiamo ad entrare ed uscire. Sì, alcuni di noi capiscono, altri no.
D: Alcuni non riescono a capirlo? (Ride)
C: No, ma dobbiamo aiutarci a vicenda. Per questo lo facciamo insieme. Dobbiamo aiutarci a vicenda. Questo è molto importante. Non lasciamo nessuno indietro. Ed è bello lassù.
D: Benissimo. Stai imparando delle lezione. (Sì).

L'ho fatta uscire da quella scena e l'ho fatta andare avanti di nuovo verso un altro giorno importante. "Cosa sta succedendo adesso cosa vedi?"

C: Qualcosa sull'acqua. Qualcosa di non buono. Tutti sott'acqua sono molto dispiaciuti... molto arrabbiati perché qualcosa lassù non va bene. Stanno cercando di allontanarsi da questo.
D: Che cosa ti sembra? (Pausa) Fa del tuo meglio per descriverlo.
C: Stanno cercando di catturare le creature sott'acqua, ma loro non sono sott'acqua. Sono sopra l'acqua. Catturano, ma non come me... io non servo. Vogliono il cibo. Cercano cibo, e fanno del male alle creature. Ne rigettano alcuni indietro, facendo loro del male. Io cerco di aiutarli ad allontanarsi dalla rete.

D: Come li stai aiutando?

C: Semplicemente raccogliendo... raccogliendoli con il mio grande... Non so se è un'ala... il mio braccio... la mia ala... Non lo so. Sto solo raccogliendo e li sto allontanando dal male. Non posso prenderli tutti! Ma sono tutti qui che cercano di aiutare... tutti. Oh, andate via! Questa non è casa vostra! Questa è casa mia. Questa è la nostra casa. Ci sono delle creature qui.

Non potevo continuare con questa scena perché sapevo di dover tenere sott'occhio l'ora. Quando faccio una dimostrazione per un seminario non ho tanto tempo come in una normale seduta. Così le ho chiesto di lasciare al scena, di andare avanti fino all'ultimo giorno della sua vita e di scoprire cosa le fosse successo. "Sono vecchia. Sono solo vecchia. Non sono più blu. (Gli studenti ridevano.) Non blu... sono del colore che avevo quando sono nata. Un grigiastro".

D: Sei ancora dentro l'acqua o sopra?

C: Sono ancora sott'acqua. Sono vecchia. Non mi muovo come una volta, ma ho molti, molti amici. Sono tutti qui.

D: Siete stati sempre tutti insieme e vi siete aiutati a vicenda, vero?

C: Sì, è vero... adesso è il momento per me di andarmene. Sono vecchia.

D: Hai avuto una bella vita, vero?

C: Sì, è vero. Sono venuti. Abbiamo avuto una bella vita.

Poi l'ho spostata a quando era tutto finito, lei era fuori dal corpo e dall'altra parte. Fece un profondo respiro di liberazione. Si capiva che era felice di essersi liberata di quel corpo. Le ho chiesto cosa aveva imparato da quella vita, perché ogni vita ha una lezione.

C: Per aiutare. Per aiutarsi l'un l'altro, per esserci. Questo era molto importante. Sì, ho imparato, ho aiutato.

Sapevo che ora si sarebbe spostata sul lato dello spirito nel suo corpo spirituale. Non volevo perseguire questo obiettivo per il seminario. Sapevo che dovevo mostrare loro come condurre la terapia. Così la allontanai ed invocai il SC. Chiesi perché avessero scelto di far vedere a Carrie quella strana vita.

C: Ha bisogno di ricordarsene. Ha bisogno di ricordare per aiutare. A volte dimentica. Ha bisogno di ricordare.

D: Adesso aiuta le persone nella sua vita, non è vero?

C: Sì, fa un sacco di lavoro, ma a volte dimentica che non tutti si trovano dove si trova lei. Lei ha bisogno di aiutarli dove si trovano. Non dove è lei, ma dove sono loro. A volte dimentica che non sono dove è lei. Ecco perché facciamo quello che facciamo. Ha bisogno di relazionarsi con loro al loro livello. Questo è importante. Deve acclimatarsi al loro livello.

D: È stata una vita piuttosto strana. Che tipo di essere era in quella vita?

C: Creature marine... la sua lezione era quella di imparare ad aiutare in quelle condizioni.

D: Era una vita piuttosto strana. Non me l'aspettavo.

C: Dubito che nemmeno lei se l'aspettasse. (Abbiamo riso entrambi.) Lei sa di essere stata molte cose. Ma questa non la sapeva. --Vide che non tutti possono avere la stessa parvenza, ma tutti hanno bisogno di aiuto, non importa dove si trovino. E questo è quello che dobbiamo fare: aiutare.

Il SC ha continuato parlando del suo scopo e di quello che doveva fare della sua vita. Doveva andare di nuovo in bagno e questa volta anche il SC la stava rimproverando. Dissero che cercavano di metterla a suo agio, ma lei era nervosa, quindi non c'era altra scelta se non quella di lasciarla alzare di nuovo e portarla in bagno. Perlomeno pensavo che il resto degli studenti riuscì a vedere come farlo, se questo si fosse presentato durante una delle loro sedute. "Oh, sì, le parliamo. Lei fa questo a se stessa. Questo è quello che fa. Si innervosisce e lo vedete deve fare la pipì". Gli studenti esplosero a ridere.

D: Sarete qui quando tornerà, così possiamo continuare?

C: Non andiamo da nessuna parte. Siamo sempre qui.

D: È una seccatura, ma è solo il corpo fisico.

C: Sì, è una seccatura.

Dopo essere tornata e essersi sdraiata: "Abbiamo aspettato perché abbiamo tante cose da dirvi. (Risata) Gliel'abbiamo detto! Ecco perché stamattina non ha bevuto il caffè, perché sapeva che avrebbe dovuto fare pipì, perché lei fa così. Quando è nervosa fa pipì. Ora si sente bene. Niente più distrazioni".

Hanno continuato a rispondere alle sue domande e le hanno dato consigli riguardo a suo marito e ai suoi problemi. Poi sono passati alle preoccupazioni fisiche. Prima della seduta Carrie aveva una richiesta piuttosto strana. Era una richiesta che non avevo mai sentito prima e che certamente non avrei mai pensato di presentare al SC, ma ho pensato: "Come faccio a sapere di cosa è capace il SC, se non glielo chiedo? L'ho visto fare cose miracolose, quindi chi sono io per giudicare? Ho visto che questa tecnica è una cosa in crescita, in evoluzione, che ha una vita propria. Così imparo costantemente nuove cose che il SC può fare. Sembra che non ci siano limiti.

Carrie aveva detto di aver avuto un cancro al seno e che i medici volevano fare una mastectomia. Lei non voleva fare una cosa così radicale, così ha trovato un medico disposto a fare una nodulectomia (la rimozione del solo tumore senza rimuovere l'intero seno). Funzionò e la considerarono guarita. Tuttavia, le lasciò un seno più piccolo dell'altro e lei lo trovò imbarazzante. Indossava abiti larghi e fluenti per nasconderlo. Aveva già fatto molta ricerca interiore e aveva scoperto il motivo per cui aveva sviluppato il cancro, quindi sentiva d'aver risolto il problema. Quindi la sua richiesta non era di guarire, ma di vedere se il SC poteva in qualche modo allargare il seno più piccolo per renderlo paragonabile all'altro. La considerai una richiesta insolita, ma pensai che non c'era nulla da perdere nel chiedere. Durante la parte del colloquio prima della seduta tutto questo era già stato spiegato ai partecipanti, quindi tutti erano ansiosi di scoprire cosa sarebbe successo. Se il SC non pensava che si potesse fare, allora sapevo che me l'avrebbe detto.

Così sollevai l'argomento del cancro al seno e chiesi se aveva ragione su ciò che pensava ne fosse la causa. "Sì, rimasta profondamente ferita da diverse persone quando era piccola, ma era anche molto amata. A volte pensava a quelli che non la amavano e manifestò il tumore al seno". Questo va di pari passo con quello che ho scoperto, che il seno rappresenta la nutrizione. E la parte sinistra del corpo significa che si riferisce a qualcosa che viene dal suo passato. "Pensava di non essere amata, quando in realtà era molto amata".

D: E alla fine si è operata?

C: Sì. L'abbiamo indirizzata noi verso quel medico. Aveva altre opinioni. Volevano invadere il suo corpo. Ovviamente, sai che non ci piace l'invasione del corpo. Quel medico è stato scelto perché avrebbe fatto la minima invasione. Ha fatto quello che ha fatto per paura. Ora sta bene. Ha superato le cose importanti. Ora dobbiamo solo darle una botta in testa. Dobbiamo punzecchiarle le dita dei piedi. Dobbiamo punzecchiarle le dita delle mani. Se lo facciamo è per attirare la sua attenzione.

D: Ma ha ancora problemi nella zona sinistra del seno.

C: Sa che va meglio. Sa che è guarito. --Sembra a posto. C'è ancora dolore, ma è guarito. Non ha più bisogno di prendere gli antidolorifici. Pensiamo che lo faccia solo perché è un'abitudine. Può smettere facilmente. Faremo in modo che lo faccia. Sa che starà bene.

D: Bene. Beh, aveva un'altra domanda. Potreste pensare che sia un po' strano, ma vuole chiederlo in ogni caso. Quando hanno fatto l'intervento ha ridotto le dimensioni del seno sinistro, vero? (Sì) Voleva sapere se c'è un modo per riportarlo al punto di equilibrio con l'altro lato. È possibile farlo?

C: (Pausa) Hmmm. Possiamo. Dove ha fatto l'intervento, c'è spazio. Possiamo mettere qualcosa in quello spazio... mettere dei tessuti in quello spazio.... mettere dei tessuti in quello spazio.

D: Per costruirlo? (Sì) Ok, da dove prenderete i tessuti?

C: Ne ha in abbondanza nel suo corpo. (Gli studenti risero. Carrie è un po' sovrappeso.) Questo non sarà un problema. (Tutti pensavano che fosse divertente.)

D: Quindi sposterete i tessuti?

C: Lo faremo.

D: Fate cose meravigliose... cose che i medici non possono fare.

C: Sì. Lei pensò alla chirurgia ricostruttiva, ma disse di no. Possiamo farlo per lei perché siamo molto contenti che non l'abbia fatto.

Poi il SC si è messo a lavorare sul seno. "Sto guardando la zona. Lì ha abbastanza spazio. Potremmo metterci qualcosa. Non sarà un grosso problema per lei".

D: Sai come sono gli umani. (Sì) Si preoccupa della sua apparenza fisica. (Sì) Le estrarrete tessuti da altre parti del corpo e li metterete in quello spazio? (Sì) E poi sarà pari con l'altra parte? (Sì) Ci vorrà molto tempo?

C: No, non ci vorrà molto.

D: Se ne accorgerà?

C: Sì... sì, lo noterà. Riderà. Se ne accorgerà... se ne accorgerà... (Tutti stavano ridendo.)

Decisi che era il momento giusto per fare un'altra domanda che mi preoccupava. Sapevo che il SC poteva parlarmi e rispondere alle domande mentre continuava il suo lavoro. Feci riferimento ad un altro caso che era una dimostrazione per un seminario a Chicago. La cliente doveva essere sottoposta ad un intervento chirurgico per la sostituzione di entrambe le ginocchia perché la cartilagine era completamente erosa ed era per lei estremamente doloroso. Il SC sostituì la cartilagine dove era mancante e le sue ginocchia tornarono a posto. Tutti in quel seminario pensavano di avermi visto compiere un miracolo, ma io sapevo di non aver fatto nulla. Io sono solo il facilitatore. Il SC è quello che fa il lavoro. Dopo quel seminario, ho iniziato ad usare quel nastro come esempio durante le altre lezioni. Ci sono state molte discussioni circa dove il SC abbia preso la cartilagine. Dato che la cartilagine è presente nel corpo, ne ha trasferita un po' da un'altra parte del corpo? Ci sarebbe una similitudine con ciò che è successo a Carrie in questa seduta. Il SC si ricordò del caso a cui mi riferivo: "Da dove avete preso la nuova cartilagine?"

C: Possiamo rimettere a posto le cose dal tessuto che è già presente. Possiamo usare il tessuto che è già presente nella zona, per sostituire quello che è danneggiato. Tuttavia, non è mai facile sostituire qualcosa che non c'è più.

D: Ma si può fare? (Sì... sì.) Credo sia importante che gli studenti lo sappiano, no? (Sì... sì.) Ma ci vuole fede e fiducia e convinzione. (Sì)

Poiché non abbiamo avuto abbastanza tempo di lavorare su Carrie come al solito, il SC disse che avrebbe continuato durante la notte mentre lei dormiva. Disse che il seno sarebbe stato in equilibrio e che tutto sarebbe andato bene.

Messaggio Finale: Rimani nello stato di connessione con noi. Noi siamo sempre qui. Ti sentiamo forte e chiaro. Siamo sempre qui per te e questo lo sai. Non dubitare mai. Mai dubitare. Ci sono momenti in cui lo fai e non è necessario. Siamo sempre qui... sempre. Ti vogliamo bene.

D: E aiuterete sempre chi ha bisogno di aiuto?

C: Sì, tutto quello che vogliamo fare è aiutare.-- E tu Dolores. Ci piace parlare con te. Fai un buon lavoro.

Naturalmente quando Carrie usci dalla trance e si alzò, tutti gli occhi erano rivolti verso il suo seno e ci furono molte risa tra gli studenti. Carrie sembrava imbarazzata, ma quando li guardava dall'alto in basso dovette ammettere che qualcosa era cambiato; sembravano di nuovo più equilibrate. Quindi è stata una lezione anche per me. Mai sottovalutare ciò di cui il SC è in grado di fare.

* * *

VITA COME UNA FORMICA

Quando John entrò sulla scena per la prima volta, non riusciva a capire dove si trovava. Era molto confuso e le sue descrizioni confondevano anche me. Tutto quello che riusciva a vedere era uno spesso liquido marrone. "È dappertutto. È come essere sotto l'oceano... un oceano di marrone. Non c'è nient'altro". Mi chiesi se fosse nell'oceano. Questo era già successo in passato, ma non era stato descritto come denso e marrone. "È come cioccolato liquido. La terra mi è venuta in mente ... le rocce. È molto grande... molto vasto. E' tutto cio' che riesco a vedere". Quando succede una cosa del genere, non posso fare altro che continuare a fare domande finché non capiamo cosa sta succedendo. "Ora è come se fossi in una bolla d'aria. Come una bolla d'aria. Ne sono circondato. Questo è ciò che mi sembra. Questo fluido marrone mi gira intorno e sono dentro una sacca d'aria".

Gli ho chiesto come percepisse se stesso, il suo corpo. Rimase sorpreso quando vide d'essere una specie d'insetto. "Strano... come un insetto... come una cavalletta... un insetto. Ho piedi lunghi, forse quattro e due zampe o braccia superiori che sono come delle palle".

Questo non mi disturbava perché ho avuto molti clienti che sono tornati in vite passate dove erano insetti, piante, animali e persino rocce. Questo è esposto negli altri miei libri. Non importa perché tutto ha una coscienza e contiene un po' della scintilla divina della vita. La esploro sempre nello stesso modo in cui esploro le cosiddette vite passate "normali", perché il SC le sceglie per uno specifico motivo. Ci devono essere informazioni che il cliente deve conoscere per poterle relazionare con la sua vita attuale. Non cerco mai di giudicare cosa "loro" faranno. Possono vedere il quadro generale e fornire sempre la scena per un motivo specifico.

D: Come delle appendici?

J: Sì. Direi che sono marrone o nero. Forse una formica... una formica, mi sembra giusto. --Forse è acqua marrone. --Sì, ora sono su una roccia e mi sta passando sopra. Forse c'è una foglia sopra di me e l'acqua sta andando sopra la foglia.

D: Quindi non ti senti come se fossi in acqua?

J: No. Non sto annegando... no. Aspetto che passi e poi vado avanti. Penso d'essere sulla strada di casa. E sono rimasto bloccato per la pioggia.

D: E' arrivata inaspettatamente?

J: Credo di sì. Succede e basta.

Condensai il tempo fino a quando non è tornato a casa e gli chiesi di descrivermela. "È un nido... forse in un vecchio albero. I miei amici, la mia famiglia, sono felici di vedermi tornare".

D: Vivete tutti insieme in questo nido?

J: Sì. Lavoriamo insieme.

D: Come una colonia? (Sì) È un grande nido?

J: No, è abbastanza piccolo. È all'interno di un tronco che giace orizzontale sul terreno ed è cavo all'interno. E basta camminarci dentro. Era un buon posto per un nido. L'abbiamo trovato e poi l'abbiamo costruito. Abbiamo usato le fibre di legno nel tronco e tutto ciò che abbiamo potuto trovato nella foresta: alberi, foglie.

D: Avete una parte che è solo per te o vivete tutti insieme?

J: Credo che condividiamo. Non c'è un posto per ognuno di noi. È tutto nostro, insieme.

D: Prima hai detto "famiglia". Avete delle famiglie?

J: Mi sento come se fossi uno e non ho una famiglia. Sono un Io sono uno individuo. Mi sento maschio.

D: Ma lavorate tutti insieme ed è un bene, no? (Sì)

Volevo sapere qual era il suo lavoro, cosa faceva con la maggior parte delle persone del suo tempo. "Cerca, foraggio, cerca, foraggio, cerca, cerca, cibo".

D: Lo fai da solo o con gli altri?

J: In questo momento vedo solo me stesso.

D: Dove cerchi il cibo?

J: Sotto le foglie, al buio, a volte sugli alberi.

D: Cosa mangi?

J: Solo verdure, piante. Non vedo animali o altri insetti. Forse foglie.

D: Lo riporti al nido?

J: Sì e lo condivido con gli altri.

D: Ti piace lì?

J: Sento di appartenere a questo posto, di contribuire e di fare qualcosa che è necessario. Quindi, sì, mi sento bene.

A quel punto l'ho portato ad un giorno importante. Sarebbe stato interessante vedere cosa poteva essere importante per una formica. "Sembra che il tronco sia stato spazzato via ed io sono tutto solo. Immagino che l'acqua sia salita e che abbia spazzato il nido e tutto il resto. Sono tutto solo. Sono a pochi metri da dove stava il tronco... la casa. So che è stato spazzato via. E mi sto chiedendo: "Adesso cosa farò?".

D: Forse gli altri erano tutti dentro il tronco, nel nido?

J: Sì. Forse stanno bene. --Non so cosa fare. --Posso provare a cercarli. Solo che non so cosa fare. Posso provare a ricominciare da capo.

D: È la prima volta che sei da sola? (Sì) Hai sempre fatto parte di un gruppo?

J: Sì, ed era una bella sensazione. --Credo che cercherò di trovarli.

D: Piuttosto che ricominciare da capo?

J: Sì. Vado a cercarli. Vado nella direzione in cui il tronco è stato spazzato via. Sembra proprio così. Hmm, non vedo nessuno là.

D: È ancora in acqua o cosa?

J: No, è a terra... è asciutto. È stato spazzato via... ed è a terra... --Ce n'è uno laggiù, ma non lo riconosco. Forse il gruppo era più grande di quanto pensassi. Solo che non lo conosco. Altri sono fuori a cercare cibo. Non so se si sono persi o no.

D: Forse alcuni di loro sono morti quando era in acqua?

J: Dentro sembra asciutto. Penso che gli altri potrebbero essere stati fuori quando il tronco è stato spazzato via. Quindi non hanno una casa dove tornare, a meno che non la trovino. --Quindi tornerò da dove sono venuto. Vediamo se riesco a trovare gli altri.

D: Così puoi guidarli?

J: Sì. Ritorno al punto in cui ero. Cominciano a radunarsi e li riporto dove c'era il tronco e gli mostro dove è andato a finire. Mi sento sollevato nel trovarli. Si stavano chiedendo cosa fosse successo alla loro casa e perché. Erano tornati dal bosco e la loro casa non c'era più.

D: Sì, proprio come ti sentivi tu.

J: E così ora sono sollevati di poter trovare la loro casa, anche se è in un luogo diverso. Questo è già successo in passato. --Siamo felici di tornare a casa e mi sento importante per aver potuto aiutare gli altri a ritrovare la strada di casa.

D: Quindi hai avuto un ruolo importante da svolgere. (Sì).

Quando l'ho spostato di nuovo ad un altro giorno importante, tutto ciò che riusciva a vedere era buio. Non poteva continuare la storia. "Non sei più nel nido?"

J: No, non credo proprio. Mi sento separato dal resto.

Quando questo accade so che il soggetto è morto e non c'è più niente da vedere. Rispondo sempre così agli scettici che pensano che la persona si stia inventando queste vite. Se se la stava inventando, aveva una bella storia credibile, quindi perché non continuarla? La risposta è che non lo fanno mai. Se la vita è finita, non c'è più niente da vedere. L'ho visto molte volte. Non possono fantasticare. Quando succede li riporto sempre all'ultima scena solida. In questo caso è stato quando avevano ritrovato il nido nel tronco. Dopo averlo riportato al quel momento, allora l'ho spostato all'ultimo giorno della sua vita, per scoprire cosa gli fosse successo. "Cosa vedi?"

J: Sono in cerca di cibo e non ho... nessuna energia... non c'è molto da dare.

D: Ti è successo qualcosa?

J: No. Ho solo smesso di lavorare.

D: Quando smetti di lavorare, cosa succede?

J: È come se andassi a dormire. --Mi mancheranno i miei amici, ma continueranno anche senza di me.

D: Allora cosa succede dopo che ti sei sdraiato?

J: Sembra una cascata scura o qualcosa del genere. Credo di dover salire.

D: Sei fuori dal corpo ora?

J: Dovrei esserlo, sì. Il corpo è... non è necessario.

D: Riesci a vedere il tuo corpo?

J: Sì. Sembra una formica.

D: E' sdraiata lì? (Sì) Quindi ora vedi qualcosa come una cascata verticale?

J: Sì... una cascata o... linee di qualcosa... che cadono giù. Dovrei salire in quella direzione generale. Non devo risalire la cascata, ma posso salire accanto ad essa in aria.

D: Ti senti bene ad essere fuori dal corpo?

J: Non importa. Non fa davvero alcuna differenza. --Ora vedo una nuvola. E alcuni degli altri sono davanti a me e siamo felici di vederci. Sembro ancora una formica. Sembrano tutti delle formiche.

D: Ma sono felici che tu sia arrivato lassù? (Sì, sì, sì, sì.) C'è qualche posto dove devi andare adesso?

J: Presumo che stiamo aspettando di essere chiamati. Aspettiamo lì insieme. Poi saliremo ancora più in alto. È una specie di zona di sosta... una zona d'attesa. --Qualcuno ci chiama. Sappiamo quando andare.

D: E poi cosa succede?

J: È come un giudizio o una revisione... una revisione della vita o qualcosa del genere.

Ho condotto abbastanza di queste regressioni per sapere che quando la persona muore, deve andare davanti a un cenacolo o ad un consiglio per ricevere una revisione di quella vita. Apparentemente non importa che forma o dimensione avesse quella vita. L'ho trovato divertente. Come sarebbe stata la revisione della vita di una formica?

D: C'è qualcuno che ti fa delle domande?

J: Più che altro una guida. Qualcuno è lì per rispondere alle domande o per aiutarti.

D: Che aspetto ha?

J: Vedo un essere umano. Capelli grigi, un uomo dalla barba grigia. Dobbiamo discutere di ciò che ho imparato. Com'è andata? Cosa hai fatto? --Sto dicendo che non capisco cosa avrei dovuto imparare. Hmm, la famiglia, l'unione, fare parte di qualcosa di più grande, il sacrificio. Dice che sono andato bene.

D: Sono cose buone. Hai imparato queste lezioni? (Sì) Cosa succederà adesso?

J: Vado a riposare un po', magari a giocare. Sì, ho un po' di tempo libero. Riposare, giocare. Hmm... andare in esplorazione. Uscire nello spazio e volare in giro. Sei libero finché non ti chiamano. Sembra che io sia fuori nello spazio in questo momento. Per lo più è buio. Alcune stelle... alcuni pianeti... --Mi chiedo dove andrò dopo. Se non scelgo di fare qualcosa, allora mi annoierò. Sto cercando di vedere se c'è qualcun altro là fuori con cui possa divertirmi. --Vedo qualcuno. Penso che sia qualcuno che ho già conosciuto. Penso di conoscerlo.

D: Quindi avete intenzione di andare in giro insieme ed esplorare?

J: Questo sembra noioso. --Penso che ci racconteremo quello che ha fatto lui e quello che ho fatto io. Gli dico quello che ho fatto e lui mi ascolta. È stato fuori ad esplorare i pianeti. --Penso che torneremo ad una vita insieme. Sì, facciamo qualcosa insieme in questa vita. --Non sono ancora pronti per noi.

D: Ma state facendo dei progetti.

J: Sì. Ci riuniremo in questa vita.

D: Pensi che le persone che vi chiamano saranno d'accordo? (Sì) Quindi avete la possibilita' di dire dove andare e cosa fare? (Sì) E con chi lo fate? (Sì) Va bene. Saltiamo avanti a quando vi chiamano. Vi hanno chiamato?

J: Sì. Vedo un bambino. Immagino che sto per nascere.

D: Prima di questo, dove sei andato quando ti hanno chiamato?

J: C'era un gruppo o un consiglio e abbiamo parlato di stare insieme in questa vita. Loro hanno detto di sì e hanno parlato di quello su cui lavoreremo.

D: Hanno detto che va bene essere umani adesso? (Sì) Puoi saltare da una specie all'altra?

J: Ho dovuto imparare qualcosa nell'ultima, quindi è per questo che ho dovuto farlo.

D: Quindi non fa differenza? Non c'è un ordine da seguire?

J: Non se c'è una lezione da imparare.

D: Ti hanno dato qualche consiglio? C'è qualcosa che dovresti fare o cercare nella prossima vita?

J: Dovrei prendermi cura di lui... preoccuparmi di lui. Dovrei imparare qualcosa da lui... l'amore, la libertà. Devo imparare la pazienza.

D: Ti aiutano con il tuo piano?

J: Sento che sappiamo dove l'un l'altro ha delle aree su cui lavorare e così ci mettiamo d'accordo per incontrarci più avanti durante quella vita.

Decisi di lasciare quella scena e chiamare il SC. "Perché avete scelto di far vedere a John quella vita in cui lui era l'insetto, la formica?

J: La sensazione di far parte di un gruppo e di dare un contributo importante. Questo è ciò di cui ha bisogno questa volta. La sensazione di dare un contributo importante e di fare parte d'una famiglia. Questo è ciò che gli manca. Dovrà trovare un gruppo o un interesse e farsi coinvolgere in questo, che si tratti di giardinaggio o di meditazione. Sentirsi insieme. Vedrà che lui è più che altro una famiglia.

John soffriva di depressione e prendeva medicinali. Al SC questo non piaceva. "Non fa bene né al corpo né alla mente. È stato causato dalla mancanza di fiducia in se stessi nelle situazioni più difficili. Non ce l'ha fatta... non abbiamo potuto fare molto".

D: Non potevate aiutarlo dall'altro lato?
J: No, non ha voluto accettare l'aiuto... troppo testardo.
D: Vogliamo farlo uscire da questa depressione, vero?
J: Deve solo chiedere.
D: Chiedeteglielo e vedete se ha il vostro permesso di aiutarlo.
J: Sì, sarebbe bello. Sì, è d'accordo.
D: Cosa intendete fare per aiutarlo?
J: Sarà un processo. Dovrà chiedere aiuto quando ne avrà bisogno e riceverà un processo per uscirne.
D: So che a volte si può fare una guarigione istantanea, ma questo è diverso?
J: Il processo sarebbe meglio per lui. Il processo d'apprendimento che può usare in seguito. Si sentirà più leggero, riderà di più, sarà più facile andare avanti, si rilasserà. Vedrà dei cambiamenti nel tempo se guarderà al suo interno.
D: Cosa ne pensate dei farmaci? Sono d'aiuto o no?
J: Potrebbero essere un supporto in questo momento... una stampella. Col tempo non ne avrà bisogno, ma per il momento ha bisogno della stampella per sentirsi sicuro di sé. Il processo aumenterà la fiducia in se stesso. Deve lavorare sul processo. Se solo ricominciasse a meditare.
D: Tanto per cominciare come ha fatto a permettersi d'entrare in quella depressione?
J: Isolato... nessuno con cui equilibrare i suoi pensieri... nessuno che fermasse il suo pensiero negativo, così si è nutrito di se stesso.
D: Non aveva nessuno con cui confidarsi?
J: No... non voleva.

C'erano diverse domande personali. La prossima è quella eterna: Lo scopo.

J: Aiutare. Aiutare gli altri, non giudicare e accettare le persone per come sono. Se vede qualcuno che ha bisogno d'aiuto, chiedi e questo è tutto. Vede un bisogno... soddisfarlo.
D: E questo aiuterà con la depressione.

J: Si e la fiducia.

Il SC ha poi controllato il corpo per problemi fisici. C'erano stati dei danni ai polmoni a causa del fumo. Tuttavia, non voleva smettere, quindi non potevamo farci niente, perché non possiamo andare contro il libero arbitrio di nessuno. "Loro" hanno accettato di lavorare su alcuni nei che John aveva sul petto, che potevano essere precancerosi. John aveva paura che la sua vita sarebbe finita a breve. (Ma in parte era dovuto alla depressione). Il SC disse che poteva essere, era possibile. Ma sapevo che se se ne fosse andato prima d'aver concluso la sua missione, avrebbe solo dovuto ricominciare da capo. Il SC disse: "Non è la situazione ideale".

Messaggio Finale: Inizia a meditare. E' molto importante... torna a farlo. Allora saremo in grado di comunicare, lui evolverà e si, aumenta le vibrazioni. E fai esercizio. Questo migliorerà il suo cuore e il suo umore.

* * *

IL GRANDE UCCELLO

Ho avuto un altro cliente (Rachel) che tornò in una vita passata come un grande uccello. La sua vita fu superficiale, poiché l'uccello attraversò varie avventure, tra cui una in cui venne attaccato da un altro uccello per essersi avventurato nel suo territorio. Quando morì sdraiato sul suolo della foresta, guardando il cielo, vide un grande uccello bianco, luminoso che veniva ad aiutarlo a raggiungere il lato dello spirito. Così sembra che "il traghettatore" possa assumere molte forme a seconda, della vita vissuta dall'anima. Sarà qualcosa con cui lo spirito che se ne sta andando potrà identificarsi e con cui si sentirà a suo agio. Quando guardò indietro per vedere il suo corpo, vide un uccello scuro steso a terra. Ora che era fuori dal corpo, sapevo che poteva vedere l'intera vita da una prospettiva diversa. "Ogni vita ha uno scopo. Ogni vita ha una lezione. Cosa pensi d'aver imparato da quella vita?"

R: Va bene godersi lo stare da soli e fare cose in natura. Era una vita pacifica.

D: Quale pensi che fosse lo scopo di quella vita?

R: Non avere paura di stare da soli. Era bello aiutare gli altri che avevano bisogno di aiuto. Quell'amore è sempre lì, ovunque tu sia. E la vita non è dolorosa, sia che ti faccia male o che tu muoia; non c'è dolore. L'amore è sempre lì perché quell'uccello è in qualche modo una forma d'amore. È come se sbirciasse attraverso lo spazio, il tempo, il cielo e fosse nato dalla luce.

D: Cosa farai ora che sei fuori dal corpo?

R: Penso che mi sto solo riposando.

Poi l'ho fatta galleggiare via dall'uccello e ho chiamato il SC. La prima domanda che mi pongo sempre è: perché le hanno mostrato quella particolare vita.

R: Ha bisogno di spiegare le sue ali. (Questa era un'ottima metafora per rappresentare questo concetto.) Sii te stessa e non aver paura di essere quello che sei. È una figlia di Dio ed è qui per rappresentarlo nel suo modo speciale, con la sua piccola scintilla che porta con sé. E solo lei può farlo. Se non spiega le ali e non è se stessa, non esprime Dio. Lui l'ha messa qui per il suo scopo.

Questo, naturalmente, ha sollevato l'eterna domanda: "Qual è il suo scopo?

R: L'amore. Lei dà amore a tutti e ama tutti. Lei ha molto amore e riceve molto amore. Ma non ha fiducia in se stessa. È come se fosse "in attesa". Si sta trattenendo. Questo non fa bene alla sua salute. Ha bisogno di poter verbalizzare. Deve esprimersi. --Ha provato molte cose diverse, ha fallito e ha questa paura del fallimento. Deve "riprovare". Sta aspettando che succeda qualcosa, ma deve rendersi conto che deve farlo accadere.

Il procrastinare ha influito sulla sua salute. Mi sono concentrata su questo. Aveva una crescita sulla colonna vertebrale e naturalmente, i medici volevano operarla. I suoi problemi alla schiena e al collo erano dovuti al fatto che si sentiva come se portasse più del suo peso.

Il SC lo rimosse all'istante. "Il suo tempo è passato. Non ce n'è più bisogno". Aveva anche avuto un cancro al seno e fu operata. Il SC ci ha detto la causa: "Le mancavano i suoi figli. Si sono trasferiti tutti e se ne sono andati. Non aveva niente da nutrire. Non ha mai voluto figli, ma quando li ha avuti, li ha amati così tanto". Era un peccato che Rachel non lo sapesse prima di fare l'intervento; ma, naturalmente, non sappiamo mai cosa il nostro corpo sta cercando di dirci. Ora non ci sarebbero più problemi con il cancro.

La sua prossima domanda fisica riguardava il sesso. Aveva dolore e disagio in quella parte del corpo durante il rapporto sessuale. Il SC le diede una risposta insolita. Era causato dalle eccessive cure che i medici le avevano somministrato dopo l'intervento al seno. Le avevano somministrato una chemioterapia che aveva indotto una menopausa precoce, a cui il suo sistema faceva fatica ad adattarsi. Ne prendeva ancora un po' sotto forma di pillole. Le facevano anche delle risonanze magnetiche regolari, che non erano necessarie. La loro eccessiva cautela aveva causato danni a quella parte del corpo. Il SC disse: "Va ancora a fare alcuni trattamenti. Non è la chemio, ma è una sostanza chimica sulle ossa. Non ha bisogno di riceverle. Aveva paura che le sarebbe tornato, se non avesse lasciato che i medici le somministrassero queste cure".

D: Ecco di nuovo la paura. (Sì) È questo che causa i problemi.

R: Può smetterla con queste medicine, così il suo corpo potrà ripulirsi e guarire da solo, senza dover combattere le pillole e le iniezioni che sta ricevendo. Dovrebbe smettere di prendere tutti questi farmaci. Il cancro non tornerà mai più. Non c'è mai stato nulla di cui aver paura.

Le è stato suggerito di accettare un lavoro che avesse a che fare con i bambini, così non le sarebbero mancati così tanto i suoi.

Messaggio Finale: Sii gentile con te stessa... non essere così dura e piena di giudizi con te stessa. Sii paziente. Vai avanti. Sarò sempre qui per aiutarla. La sua paura se n'è andata deve solo godersi la vita.

* * *

UNO SPIRITO ELEMENTARE

Ero a Santa Fe per tenere la mia lezione al College of Northwest New Mexico. Prima dell'inizio del corso, sono rimasta con Paula nella sua casa sulle colline fuori Santa Fe, dove vedevo i clienti. Molto appartata e tranquilla. Bobbie aveva molti problemi fisici, ma per lo più soffriva di depressione. Non aveva energie, sembrava stanca, infelice e voleva davvero morire. Aveva solo 40 anni, ma appariva e si comportava come se fosse molto più vecchia. Era completamente esausta.

Di solito uso un metodo in cui faccio scendere il cliente da una nuvola in una vita passata.

Quando Bobbie scese dalla nuvola, era in campagna e vide uomini con armature di metallo, maglie a catena e lance in mano. Vide un battaglione a cavallo che andava in guerra, elmetti e creste d'aquila sulle loro uniformi. Era in una radura nel bosco, tra gli alberi e guardava l'esercito che passava.

Tutto questo passato dal normale allo strano quando le ho chiesto del suo corpo. "Sto luccicando, come una fata". Sono fatta di luce dorata. Sono dolce e sorridente. Ci sono scintille di luce sul mio collo e sui miei polsi. Non faccio parte del mondo umano. Non ho alcun legame con la gente di quell'esercito. Per me è tutto molto divertente. Non mi vedono. Sono molto concentrati. Devono andare da qualche parte. --Sono molto felice qui nel bosco e sono in contatto con gli spiriti. Vivo nel mondo degli spiriti nel bosco, ma è solo una parte di me. C'è un'altra parte di me che esiste lassù, tra le nuvole. Ci sono molti esseri spirituali invisibili che vanno e vengono. Li sento dappertutto. La gente li vede come lucciole, ma non lo sono. Sono esseri spirituali con un'esistenza molto ordinata. Io sono più visibili di loro. Potete vedermi come una specie di umano scintillante".

D: Questa e' la tua apparenza normale?

B: No, è solo un travestimento.

D: Perché hai assunto questa forma in questo momento?

B: Perché mi hanno mandato loro.

D: Chi ti ha mandato?

B: Il luogo oltre le nuvole. Lì c'è un mondo bianco e mi hanno chiesto di andare.

D: Quella è la tua casa?

B: Credo di essere stata mandata in missione e non mi è permesso tornare indietro, quindi non so dove sia la mia casa. Mi sembra che la casa sia più in alto, ma ora non riesco a sentirla perché sono quaggiù e devo fare qualcosa.

D: Chi sono quelli che ti hanno mandato?

B: Sembrano esseri di fuoco che emergono dalle nuvole. C'è una specie di consiglio o di trinità. Di tanto in tanto, dal fuoco appaiono dei volti.

D: Allora non è una cosa fisica. Perché ti hanno mandato? Hai detto che era una specie di missione.

B: L'immagine che vedo è come se uno di quegli esseri spirituali mi avesse messo in un cestino come un bambino. È una persona gentile, affettuosa, che non riusciva a trattenermi. La signora del luogo bianco doveva creare una prole che si connettesse con la Terra. Io sono una parte di quella signora e sono in esplorazione. Mi sto collegando con questi esseri fatati in modo d'essere invisibile e per muovermi in questo mondo umano. Mi sento meglio ad essere solo in parte umana, dove posso essere metà luce e metà umano --ma più luce perché poi rimango connesso al luogo della luce.

D: Hai detto che non ti è permesso tornare indietro?

B: Non ora. Devo fare qualcosa. Ho appena iniziato. È una specie di novità. Sto giocando. Ho appena scoperto il bosco pieno di animali carini che vanno d'accordo con gli spiriti e ci stiamo divertendo. È anche un modo per avvicinarsi agli umani.

D: Va bene giocare e sperimentare. Ci è permesso farlo prima di diventare solidi. O vuoi diventare solida?

B: Non credo proprio.

D: Qual è la tua missione?

B: So che devo andare fino al villaggio dove si trova la gente.

D: Ma non sai quale sia la missione?

B: Vuoi che lo chieda?

D: Se vuoi. Forse te lo diranno prima che tu ti separi troppo da loro.

B: Ci sono molti problemi -- guerra. Il posto da cui provengo non comprende la guerra e dovrei restare per un po' al fine di aiutare ad aumentare le energie. La gente dei villaggi è davvero scoraggiata e non ha alcuna speranza. Ovunque io vada, la luce dorata mi segue e devo diffonderla tutt'intorno, in modo che le persone depresse possano ricordare come riconnettersi ad essa. Farà scintille nelle loro menti, così potranno riunirsi per pensare a come risolvere i loro problemi. In questo momento si sentono sconfitti e non stanno risolvendo nulla. Sono una specie di portatrice di speranza.

D: Saranno in grado di vederti?

B: No, sentiranno la differenza. È come stare in mezzo alla polvere di fata. Aumenta la loro frequenza e poi il gruppo bianco può dare il suo sostegno. È facile. Devo solo essere me stessa. Rimango giocosa. Questo è il mio lavoro. Mi basta essere me stessa e diffondere energia tutt'intorno.

D: L'hai già fatto in passato?

B: Sembra davvero nuovo perché tutti sembrano inesperti. Sembra un primo tentativo.

D: Sei mai stato nel fisico?

B: Ho vissuto in Egitto, ero una femmina, ma non ero solo umana. Ero in parte un essere delle stelle ed in parte umana. Ero decisamente più umana che in questa vita di fata. Ero in una specie di mondo da sacerdotessa, sicuramente ero un essere umano completo, ma la mia energia non la sento nella carne. Mi sento molto alta. Quella missione era molto più seria. Quello è stato un periodo molto importante. L'energia delle stelle era discesa e si era mescolata con gli umani per molto tempo, fino ad arrivare a quella vita. La situazione era questa, facevo parte di molti esseri che erano così.

D: Si evolvevano, sperimentavano e giocavano.

B: No, non sembrava così. Sembrava che la Terra e la Galassia Stellare stessero facendo cose serie. Era una vita importante. Il destino del mondo stava per cambiare. C'erano molte nuvole scure, molte decisioni importanti, molta mente superiore. Era davvero importante dire e fare la cosa giusta, perché le conseguenze potevano essere enormi.

D: Era importante per te esserci in quel momento.

B: Sì, ma non perché fossi qualcuno di speciale, ma perché era importante per tutti.

D: Hai completato il tuo lavoro quella volta?

B: Non sembro molto felice. Credo di essere stata molto stressata perché le conseguenze erano enormi. Quelli di noi che facevano parte degli esseri delle stelle --non tutti erano diventati parte degli esseri delle stelle-- avevano la responsabilità di guidare tutti gli altri.

D: Sembra una cosa molto seria.

B: Inoltre, non sembrava nemmeno che ci fosse molto amore. Non è stato male, ma sicuramente era una società molto mentale.

D: Ricordandoti di quella vita, pensi di aver fatto quello che dovevi fare?

B: Sta dicendo che ci siamo dissolti. Non è andata avanti, ma non è stato doloroso. È stato un lavoro duro, che è durato a lungo e ha richiesto molta dedizione, ma non è continuato. Ci siamo sciolti in modo positivo. --Ma ora sono in una vita birichina. Sono nel bosco e annuso il profumo dei grandi fiori che sono enormi. Mi sto divertendo tantissimo. Sono ipnotizzato e guardo dentro il fiore. Tutto parla. È pieno di luce dorata che esce da dentro. Tutto mi sembra così divertente.

D: Nella tua missione, hai detto che dovevi andare a parlare con la gente o qualcosa del genere.

B: Oh, immagino di non avere fretta di andare. Vuoi che me ne vada?

Si stava divertendo così tanto che esitava ad andare avanti con la sua missione. Ma poi è andata in paese e ha raccontato quello che vedeva.

B: Una vita molto semplice con molte persone semplici. Tanti ratti. Mi muovo di notte e vado in giro per le strade, come un fantasma, anche se non lo sono. C'è molta paura nell'aria tutto il giorno, creata dai pensieri negativi della gente. Si forma in tasche oscure, che ripulisco di notte, in modo che la gente possa pensare più chiaramente il giorno successivo.

D: Il giorno dopo non sentiranno la paura così forte.

B: Esatto. Non ci sarà nemmeno perché l'avrò rimossa. La morte intorno a loro crea molta paura. Sono un essere elementale e ho questo lavoro.

D: Andiamo avanti e vediamo se succede qualcosa di importante.

B: C'è una sanguinosa battaglia nella campagna vicino al bosco dove sono emersa per la prima volta. La novità per me è vedere il sangue, perché non lo capisco. Non l'ho mai visto prima. All'inizio mi sembra di vedere dei bei fiori rossi, poi mi rendo conto che sono gli stomaci della gente sbudellata. Da lontano non mi dà fastidio, però man mano che mi avvicino è tutto piuttosto brutto.

D: Devi fare qualcosa durante la battaglia?

B: Non proprio. Sono più un osservatore. Ora posso tornare a casa. Ho la nausea e non voglio rimanere nei paraggi. Non sono obbligata.

D: La tua casa è il mondo bianco? (Sì) Com'è?

B: La signora mi riporta indietro. È una società molto ordinata. Ci sono molti corridoi. È molto silenzioso. La gente parla con la propria mente. Sembra che tutti lavorino e si muovano senza sforzo. Alcuni lavorano nei cubicoli, altri ai tavoli. Ognuno è molto libero, vanno e vengono a loro piacimento. Ci sono alcuni extraterrestri seduti ad un tavolo che lavorano. Siamo tutti una specie di ricercatori.

D: Qual è il suo lavoro?

B: Sono legata a coloro che fanno parte del consiglio, ma sono uno dei più giovani. Non faccio parte delle grandi decisioni. Sono un po' ai margini. Ma sono comunque ammessa nelle camere del consiglio. Ho più libertà di chi lavora ad un tavolo. Sembro una specie di bambino per i membri del consiglio. Sto ancora imparando, ma capisco l'energia di tutto questo. Sono molto a mio agio. Mi è tutto familiare --è sicuramente casa mia. Non ho bisogno di spiegazioni. So dove si trova tutto. Non sono un anziano, ma sono molto intelligente.

D: Stai ancora scintillando?

B: No. Ora sono una delle persone di luce. Ho molto tempo libero e passo molto tempo a parlare con le stelle. Questa è una specie di galassia, credo. Mentre tutti sono impegnati e non mi è ancora stato dato il mio incarico completo, mi siedo e mi chiedo cos'altro ci sia. Non so se voglio andarmene. Quello che facciamo è molto ordinato --non che sia un problema per me. Ma sono consapevole che c'è qualcosa altro e chiedo al cielo se devo partecipare in qualcos'altro. È quasi come se potessi essere nel tuo mondo normale, andare a dormire una notte e svegliarmi da qualche altra parte? È un po' così --come se fosse una realtà mutevole.

D: Stai parlando di essere in due posti contemporaneamente?

B: Non mi piace questa sensazione d'essere in mezzo. Mi sento strana e divisa. Non so se sia stato giusto per me pensare fuori dal mio gruppo perché sono così bravi e sono così amorevoli. Ci siamo preparati tutti per così tanti anni e facciamo un buon lavoro. Non so se sia sbagliato volere qualcos'altro.

D: Penso che sia solo curiosità.

B: Ma non so se la curiosità è sbagliata.

D: Cosa dicono?

B: Non ne sono a conoscenza. Succede e basta, tra me e il cielo.

D: Quindi non te lo dice il consiglio?

B: No. Questo è solo quello che faccio nel mio tempo libero. Penso a ciò che accade in altre realtà.

D: Sei consapevole di un corpo fisico che avrai in futuro chiamato "Bobbie"?

B: Quella stessa persona è connessa al mondo bianco.

D: È così bello laggiù --perché vuoi andartene?

B: Più che altro è come se fossi sveglia di notte a pensare e poi è come se lo stupore mi facesse addormentare e svegliare da qualche altra parte. Come se, pensando a qualcosa, iniziassi a viverlo. Ma c'è una parte di me che non vuole mettersi nei guai, che non vuole complicazioni, che non vuole fare cose al di fuori dell'intelligenza della nostra società. -- quindi non so come sia successo.

D: Non c'è qualcuno a cui potresti chiedere? Loro sanno tutto, vero? Probabilmente sanno cosa stai facendo anche se non glielo dici.

B: Questo è vero. Non ci avevo mai pensato. Vado dalla signora che è un po' più anziana. --Dice che nella nostra società tutti hanno il libero arbitrio, ma con il libero arbitrio c'è molta responsabilità. Non dovrei pensare in termini di giusto o sbagliato perché quello non funziona. Sta dicendo che una parte di me era consapevole delle responsabilità ad un'età precoce rispetto a quella che sarebbe stato il periodo appropriato. Questo ha creato un desiderio, perché è come se fossi pronta per le responsabilità prima del tempo ritenuto accettabile nella mia società. Sta dicendo che avevo bisogno dell'esperienza di soddisfare il luogo interiore in me, che prese coscienza della responsabilità.

D: Quindi in questo modo, va bene entrare in un corpo fisico?

B: Beh, non l'ho ancora visto in questo modo. C'è una parte di me che non sa cosa sta facendo. Sto ancora chiedendo il permesso, ma lei dice che non si tratta di permesso. Si tratta di ciò che creiamo e che io l'ho già creato, quindi è proprio quello che è.

D: Quindi una volta che lo hai creato e decidi di farlo, devi andare fino in fondo?

B: Sì e devi soddisfare la tua creazione.

D: Sei entrata nel corpo fisico conosciuto come Bobbie da bambina?

B: Mi sembra di aver avuto altre vite umane prima.

D: Non credo che ci sia niente di sbagliato in questo. Sei sempre curiosa e vuoi imparare. Cosa pensi dell'essere nel corpo di Bobbie?

B: Lei mi piace. Si sente come se fosse rimasta connessa agli obbiettivi --agli anziani, alla luce e al lavoro. Ed è ancora ordinata. Quindi è facile.

D: Ma perché Bobbie ha avuto così tanti problemi nel suo corpo fisico da bambina? E' qualcosa connesso con te?

B: Beh, in un certo senso, credo che sia connesso a parte della paura che ho provato all'inizio nel chiedermi se avevo fatto la cosa giusta ad aprirmi a mondi sconosciuti. Credo di aver portato con me quella paura. La signora mi ha rassicurata che non era sbagliato, ma per qualche motivo c'era una sensazione di paura e di nausea nei confronti dell'ignoto.

D: Riguardo all'essere disobbediente.

B: No, non si tratta d'essere disobbediente. Era solo paura di ciò che potrebbe accadere o di ciò che potrebbe andare storto nell'ignoto, se si possa tornare a casa sani e salvi e se si perderebbe ciò che si aveva. Perché quella società non va secondo il giusto e lo sbagliato, quindi non è disobbediente.

D: Ma una volta che l'hai creato e sei entrato nel corpo fisico, sei più o meno assegnato o obbligato, no?

B: Beh, credo di averlo creato con molta incertezza. È stato più come se il desiderio fosse sgorgato da me, ma non è che c'avessi messo tutto il cuore. C'era molta curiosità.

D: Ma non avevi molta esperienza per sapere cosa poteva succedere.

B: Esatto. Ero ancora abbastanza innocente. Non avevo ancora, per esempio, stretto legami con alcun membro del consiglio. E non c'è una vera e propria famiglia là, quindi sei un po' da solo. In quella società va bene crescere da soli, ma si diventa veramente maturi solo quando si inizia ad assumere ruoli nel consiglio.

D: Non eri arrivata così avanti.

B: Esatto. Ne conoscevo l'energia, perché c'erano i miei genitori e io ero la prossimo in fila.

D: Ma hai deciso di saltare questa fase.

B: Beh, credo di si. Piuttosto è come se fosse semplicemente successo. Non è stata una ribellione. Ma come se ci fosse stata un'apertura. Quindi è una cosa strana.

D: Ma ora che sei nel corpo di Bobbie ci andrai fino alla fine. Perché c'era tutta quella paura e tutti quei problemi fisici quando era giovane?

B: Sembra connesso all'incarnazioni precedente. All'inizio andavano bene, ma poi hanno cominciato a diventare difficili e quando siamo arrivati a Bobbie, è diventato tutto davvero difficile. È come se avessi finito il carburante. Quella parte di me che ha avuto quella leggera esitazione o paura all'inizio, mi ha raggiunto. Ho avuto circa tre vite e mezza davvero ottime, solide come essere umano, perché trattenevo completamente l'energia del luogo bianco. Questa è quella veramente brutta, ma quella prima era mezza brutta. È iniziata bene e poi è andata male alla fine. Quindi non ha avuto alcuna possibilità. Non so perché non sono tornato indietro. Non so perché sono rimasta così a lungo.

D: Beh, stai ancora imparando qualcosa.

B: Ma c'è il libero arbitrio nell'altro posto. Ti è permesso andare e venire.

D: Era per questo che aveva sempre tutti quegli incubi? È ancora questa la sua insicurezza?

B: È connesso alla vita precedente. Tutto è cominciato ad andare male quando ho finito le energie. Ho smesso di essere l'essere di luce e poi è stato come se non avessi più la pelle. Non avevo quello che ci voleva per essere umano. Ero già a metà strada di quella vita. Ma continuo a chiedermi perché non sono tornata indietro.

D: Forse possiamo scoprirlo. Ma l'incertezza e l'insicurezza hanno causato problemi fisici nel corpo di Bobbie?

B: È tutto legato alla vita passata. Non avevo alcuna possibilità in questa vita perché è successo tutto nell'altro.

L'ho incoraggiata a spiegarmi dell'altra vita.

B: È collegato a quello che ho visto su quel campo di battaglia: sangue e budella dello stomaco. Per qualche ragione, quell'immagine sta venendo a galla.

D: È una continuazione?

B: Qualcosa di simile. Sì, è una continuazione, la lezione continua. Posso solo descriverla come un'immagine di luce, che equivale a salute, sicurezza e completezza. E poi la luce si è semplicemente spenta. Appena la luce si è spenta, c'erano solo sangue e budella senza pelle. Tutto si è trasformato in malattia, mangiato dai parassiti. Sembra un disgustoso pezzo di carne morta.

Le diedi suggerimenti induttivi per permetterle di scaricare quella immagine. Dicevano che tutto questo era ancora lì con Bobbie da bambina. Pensavo che forse fosse tornata nel corpo troppo in fretta perché so che spesso lo spirito viene mandato in un luogo di riposo per cancellare cose come questa, in modo che non influisca sulla vita successiva. Apparentemente era tornata indietro troppo velocemente, prima che i ricordi fossero stati cancellati.

B: Forse perché non c'era più luce con cui entrare.

D: Saresti dovuta tornare indietro per ricaricarti.

B: Lo so. Lo so! Perché non l'ho fatto?

Aveva scelto la sua famiglia attuale perché era collegata a quell'altra vita. Diedi suggerimenti su come liberarsi da tutto questo.

B: Vogliamo cambiarlo? Possiamo portare un po' di luce ora nel corpo di Bobbie? Vuoi che vada a parlare con quella società?

D: Vai a parlare con loro e dì loro che hai fatto degli errori lungo la strada e chiedi loro come poter sistemare le cose. Finché vivrai nel corpo di Bobbie, vogliamo che questo corpo sia felice, senza problemi.

B: Beh, la signora è davvero felice di vedermi. Sta dicendo: "Perché ci hai messo tanto?". Sono rimasta bloccata nelle mie avventure. Lei è come una madre per me. Sapeva che le cose si stavano mettendo male e si chiedeva perché non fossi tornata prima. Sono tutti così affettuosi. Ora il consiglio è fuori dalle loro stanze e sono tutti qui per parlare con me. La signora mi dà molto conforto. Riesce a vedere che sono esausta. Mi tiene in braccio e mi dà una ricarica. Lei ha molta energia. Non ero arrivata così lontano da dimenticare com'era sentirmi di nuovo normale. -- È come se tutte le mie cellule stessero facendo cadere ciò che non funziona. Mi sento così normale. Inizia dai piedi.

Bobbie sentiva davvero la ricarica e come stava influenzando il suo corpo.

B: È soprattutto emotivo. Ho avuto tanta paura, come un bambino che si perde al centro commerciale. Mi sta mettendo dentro di lei e mentre mi sta ricaricando, il consiglio sta parlando. Sono così grandiosi. Li amo così tanto. Sono così saggi. Sono cresciuti da quando me ne sono andata. Avrei dovuto farne parte. Dicono che non li ho mai lasciati o smesso di farne parte. Non considerano che ci sia stata alcuna separazione. Ce n'erano 15 quando me ne sono andata, ora ce ne sono circa 45. --Ho creato un lungo tentacolo. Dicono che quando sono partita, è come se avessi dovuto creare un mio cordone ombelicale. Dicono che ora che sanno cosa sta succedendo, possono nutrirmi attraverso il cordone ombelicale. Possono far passare la luce attraverso il cordone ombelicale perché aveva iniziato a sembrava una cosa vecchia e a brandelli.

D: Dove stanno attaccando il cordone ombelicale?

B: È attaccato alla parte frontale del mio essere, come una ventosa. Dicono di essere molto felici di ciò che ho fatto. Non ci sono errori. Offre loro l'opportunità di provare qualcosa di nuovo. Mi sostengono. Così salto indietro al cordone ombelicale, come fosse un grande scivolo. Ciò che dicono ora è che il consiglio è alla porta, in costante comunicazione. Possono inviarmi la luce perché prima non potevano a causa del fatto che è successo tutto di notte.

D: Ecco perché c'era tanta confusione nella vita di Bobbie. Nessun piano.

B: No, solo una sorta di vagabondaggio nel buio. Ora sono fatta di luce come loro. Sto ricordando qualcosa di quell'altra vita, del fatto che ora sono in parte luce e in parte farfalla. Quando è nel posto bianco, è solo luce bianca. Ma ogni volta che arriva sulla Terra --come quando sono andata in missione-- ho iniziato come una farfalla per diventare la cosa successiva. Ora mi dicono che ho la forma di una farfalla, mentre quando sono entrata per la prima volta, non ce l'avevo perché me ne ero andata senza il loro pieno appoggio. Queste ali sembrano essere il pezzo mancante -- il che significa che c'è qualcosa nel modo in cui le ali si muovono che alimenta la luce. Fa sì che le cose funzionino. Prima la luce si è esaurita perché non era sventagliata. Mentre in quell'altra vita, tutto andava bene e sono potuta tornare indietro perché sono entrata con le ali. Infatti, le ho tenute per tutto il temo, perché di notte volavo attraverso il villaggio. Sta dicendo che dove c'è piena luce, non c'è altro. Finché capisco le ali. Le ali rappresentano la gioia. Non c'è stata gioia da molto tempo. Dicono che era l'ingrediente più grande che mancava. È come se il fondo della mia schiena fosse il punto in cui si attaccavano le ali. Quindi ci sono molte cose che sembrano voler diventare più forti in quel punto. Il corpo è già pieno di luce. La luce è semplicemente -- intera. Le ali danno energia.

Continuavo a cercare di concludere il processo di guarigione, ma l'essere continuava ad essere in contraddizione con la sua logica. "È difficile per me rispondere a qualsiasi domanda del corpo, perché sono in una farfalla di luce, non proprio un corpo. Così ora è la prima volta che cerco di connettermi a questo corpo. --Dicono che siccome ho percepito me stessa come separata per un bel po' di tempo, ho bisogno di passare un po' di tempo a sentirmi al sicuro, connessa e a ricordare come ci si sente quando si è connessi. Il ricordo deve ancora arrivare. Ci sono ancora dei tremori dovuti alla separazione. --E' come ricevere più energia. In questo momento, la parte bassa della schiena fa male, quindi ne stanno succedendo tante. È come dover riempire di nuovo il serbatoio. Quindi, anche se la luce è tutta qui, c'è un processo che serve perché tutta quella luce riempia completamente il corpo. Non è solo il corpo, è la propria vita. Avere la luce che attraversa la mia casa, il mio matrimonio, il mio letto di notte. Essere di nuovo completamente intera. Devo raggiungere di nuovo quel punto. Devo riempirmi così tanto, perché è davvero importante essere connessi alla loro saggezza, essere integri e funzionare correttamente. Non si tratta tanto di corpi.

Si tratta di tutti i miei meccanismi interni. Perché è così che funziona lì --si tratta di lavoro interiore.-- Lei lo saprà, perché allora avrà di nuovo quel desiderio. Sarà quel desiderio di "e poi, cos'altro c'è?" Non ha un piano, perché la luce non funziona così. La luce ha una sua intelligenza. Si muove sempre nel posto giusto, al momento giusto e fa la cosa giusta. È tutto ordinato. Si occupa di tutto. Non è importante conoscere i dettagli. La vera cosa necessaria è il cuore: ricordare gli anziani nel mio cuore, perché è da lì che è cominciata la paura. La paura è cominciata quando ho sentito di averli abbandonati, anche per loro non era un problema. Ho sentito paura nell'andarmene. Lì, tutti sono indipendenti, ma tutti vivono come un gruppo. Quindi è il sentimento di gruppo che dà tutta la forza. L'unica cosa che causa la malattia è la paura. È l'unica cosa che può ostacolare la luce. Finché c'è la luce, non ci sono problemi. Una parte della mia luce era scomparsa col tempo, perché la paura era entrata fin dall'inizio. Così la paura mi ha raggiunto col tempo. --Loro non ci vedono come corpi. Sono organismi che devono essere ricollegati".

Messaggio Finale: La cosa più importante è che la gravità qui sulla Terra si aggancia davvero al tempo e questo non è il mio modo di fare. Non ha senso relazionarmi con me stessa attraverso esperienze temporali, perché è solo qualcosa che ho preso in prestito per viaggiare. Dicono di non dare per scontato che io sia fatta di tempo, perché poi comincio a connettermi con la paura. E in quest'altra vibrazione non c'è paura perché non c'è tempo. Non può accadere nulla di male quando non c'è tempo.

CAPITOLO 5

MOLTE SCELTE

Patti era appena morta dopo due semplici, monotone vite e si trovava sul piano dello spirito. Una delle vite era facile e l'altra era difficile. Quando le ho chiesto cosa aveva imparato da quelle vite, mi rispose: "Quella facile era come una vacanza, un'opportunità di riposarmi da altre vite più difficili che ho vissuto. Durante la vita difficile, era proprio una difficoltà dietro l'altra. Molti conflitti e frizioni. Ho imparato che ci deve essere uno modo migliore. Eppure ho dovuto affrontarla, ma mentre la affrontavo già sapevo che ci deve essere un modo migliore. C'erano così tante altre persone coinvolte. Non erano per niente cooperative, ma io c'ero proprio nel mezzo e non potevo uscirne."

D: Perché dovevi interagire con loro. Ma poi sei andata a finire in una vita più facile. Una vita di vacanza, hai detto.

P: Si, è stata grandiosa.

D: Adesso che sei fuori dal corpo cosa farai?

P: Ho quasi la sensazione di dover fare troppe scelte. Mi sento sopraffatta.

D: Devi andare da qualche parte per fare una scelta?

P: No, ma posso andare da qualche parte e ricevere suggerimenti per decidere in che direzione andare. Voglio tutti i suggerimenti possibili. Il mio mondo non funziona molto bene, se sono da sola.

D: Vediamo dove vai per ricevere questi consigli. Cosa ti sembra?

P: (Pausa) E' un vecchio edificio. Mi sembra vecchio. Non so se è a causa di chi ci abita. Sono molto vecchi. Non vecchi, vecchi, ma vecchi di saggezza.

D: Cosa stanno facendo?

P: Mi stanno aspettando. Mi conoscono. Passo attraverso una porta e faccio sapere alla persona incaricata che sono lì e dico chi voglio vedere. Lei mi sta aspettando. Quindi senza esitazione mi porta in questa stanza, dove posso parlare con questa gente.

D: Ma avevi detto di avere molte scelte?

P: Si, C'è molto da fare. Quindi cosa faccio adesso? Non che una scelta sia meglio dell'altra, ma non appena ci si imbarca su un sentiero, potresti finire con renderti le cose difficili o goderti una bella vita.

D: Quindi sta a te decidere.

P: Esatto. Quindi voglio prendere una decisione pianificata, rispetto al dove andare.

D: Ti mostrano le possibilità?

P: Si, esatto. Voglio solo essere sicura che qualsiasi sentiero io prenda porti esperienze appropriate. Anche se potrebbe essere un sentiero difficile, voglio avere tutti gli strumenti e le esperienze necessarie per attraversarlo. Per imparare qualsiasi cosa dovrei imparare.

D: Ma hai detto che alcuni saranno più difficili di altri. (Esatto) Quali sono alcune delle alternative che ti stanno mostrando?

P: (Pausa) Una protrebbe essere nell'esercito.

D: Quali altre opzioni sono disponibili?

P: (Pausa) La strada academica.

D: Ma questo lo hai già fatto. (La vita passata.)

P: Si, l'ho fatto. Ma è piuttosto una scuola... non un programma educativo, più come un programma per tutta la vita, però poi insegnerò.

D: Più lunga di quella che hai appena lasciato. (Esatto) Ci sono forse altre possibilità?

P: (Pausa) Una qualche forma di lavoro... un lavoro molto difficile. Piuttosto remoto.—Ci sono molte possibilità, e so di doverle fare tutte prima o poi. Non sono pronta per quella militare, quindi proseguo con quella del lavoro. Non ritengo d'essere pronta per quella accademica. Mi sembrava davvero noiosa

D: L'insegnamento?

P: Beh, non tanto l'insegnamento, quando restare a scuola. Inizialmente sarebbe davvero interessante perché si impara moltissimo, ma non c'è alcuna fine. Non riesco ad applicarla. Continua a proseguire e proseguire, non riesco a vedere la fine ed è molto tedioso.

D: Questa è una buona idea?

P: Non era una mia idea. Mi stanno dando dei consigli e mi fa bene sapere che dovrò farle tutte in ogni caso. Voglio solo farlo nel miglior ordine possibile.

D: Per lo meno ti danno una scelta.

P: Si, ne sono grata.

D: Quindi decidi quando tornerai, dove e tutto il resto?

P: Esatto, e ciò che farò. Sono consapevole delle circostanze. Quale sia il mio lavoro e la gente coinvolta.

D: Quindi stabilisci dei contratti con questa gente?

P: Non tanto un contratto, ma una consapevolezza. La consapevolezza riguarda il fatto che loro hanno bisogno di fare ciò che devono fare e io conosco il loro scopo. Da un certo punto di vista è un sollievo. Ognuno ha il proprio sentiero. E' una propria scelta. Possono chiedere la mia opinione e sarò felice di offrirgliela, ma devo essere distaccata. Alla fine è una loro scelta e questo lo devo rispettare.

A quel punto invocai il SC e chiesi perché scelse di farle vedere quelle vite piuttosto semplici.

P: Per farle vedere che è davvero possibile vivere una vita che abbia davvero un minimo... non sfide, ma forse difficoltà. E che non ha bisogno di renderla più difficile di quanto non sia già, dando energia a quei conflitti. Nel farlo la sua coscienza si sposterà e manterrà la sua attenzione sulle cose che vuole e desidera.

D: Pensi che a volte ingrandisca le cose?

P: Non ne ha l'intenzione. Sta migliorando molto a proposito. Lo fa con l'opinione di brava gente che vuole aiutarla e poi chiede loro suggerimenti e si assicura che la sua prospettiva sia ciò che dovrebbe essere. Ci sta arrivando.

D: L'altra vita sembrava molto simile alla vita che sta vivendo ora.

P: A dire il vero è una combinazione delle due. Una era difficile e l'altra era tutto ciò che voleva che fosse. Quindi ha bisogno di comprendere che può scegliere in che direzione andare. Può scegliere di dare energia a quei conflitti o focalizzarsi su ciò che vuole e tutto il resto andrà a posto. La sua vita adesso è molto simile, solo che è più grande e le cose stanno succedendo molto più velocemente. I risultati sono molto chiari.

D: A che scopo ripetere certe circostanze?

P: La vita molto facile era stata preparata specificamente in quel modo. Non c'erano persone difficili come quelle che ci sono nella sua vita adesso o nella vita difficile precedente. E' un po' una combinazione delle due. Quindi come gestisci queste avversità e quella gente difficile, e alla fine della giornata sentirsi come in quella prima vita... quella facile? Una combinazione, per sapere come attraversare le avversità, ma non esserne nemmeno una parte. Nella vita difficile c'era del lavoro che doveva fare e anche se era necessario ed importante, affrontò molte frizioni con le persone che la circondavano. Fu in grado di finire il suo lavoro ma tutto era una battaglia... molte frizioni e nessuna scazzottata, ma molti conflitti. Era assolutamente esausta e non vedeva l'ora di uscirne. La vita facile era per dimostrarle che era possibile farcela. Non doveva essere una battaglia. E quindi era stata organizzata, in modo da evitarle le frizioni che aveva prima. E quindi adesso, come vivi quella vita lavorando su situazioni più difficili? Quindi abbiamo ancora quel divertimento, una vita felice, la capacità di lasciare le cose dove sono, questo non le è sempre facile farlo. Prendersene cura, ma senza diventarne intimamente coinvolti nel processo e nel risultato, perché il risultato si manifesterà da solo.

Ricevette molti suggerimenti riguardo alla compagnia dove lavorava e il suo coinvolgimento con le figure autoritarie dell'azienda. Sapeva che i direttori erano corrotti e sentiva di doverli portare alla giustizia. Ma il SC disse che presto tutto sarebbe giunto ad una conclusione e lei non aveva bisogno d'istigare nulla. Però di farsi avanti e parlare al momento giusto. La cosa successiva più importante di cui parlare erano i suoi problemi fisici, principalmente l'artrite delle sue mani. Chiesi cosa la stava causando.

P: Proviene dalla paura e dal prendere la decisione. Non aveva fiducia nei suoi istinti. Non aveva fiducia nella sua intuizione, così quella mancanza di movimento è ciò che portò il malessere alle sue giunture. Prendere il movimento e metterlo in moto e procedere ed avere fiducia. Sapeva ciò che avrebbe dovuto fare, ma la paura la trattenne.

D: Se sapesse che tutto andrà bene, forse si sentirà meglio.

P: E' molto importante. Certa gente è in grado di lavorare sulla propria paura e ha questa tremenda fede, ma lei ha il tipo di fede che deve essere giustificata. E' fede basata sulle esperienze passate, non solo cieca fede. Quindi basta che comprenda che non c'è nulla di cui aver paura.

D: Possiamo eliminare l'artrite?

P: Si. Ha già servito il suo scopo. Semplicemente ricevere queste informazioni mette davvero fine a tutto. Basta che proceda e faccia il suo lavoro che è perfettamente disposta a fare.

D: Ma sta ricevendo delle medicine per il dolore. (Perfino intravena.)

P: Non ne ha più bisogno. Adesso può smettere di prenderle. Infatti, ha un appuntamento Martedì, basta che chiami e cancelli l'appuntamento quando ritorna in città.

Chiesi come avrebbe guarito l'artrite. Sono sempre curiosa e mi piace chiedere al SC di spiegare il processo. "Ho questo nuovo strumento che emette luce bianca, ma non è visibile. Lei è in grado di percepire l'energia. Così vado in tutte le giunture e semplicemente inondo l'intera giuntura con questa luce bianca che distrugge i patogeni che ci sono e le tossine e i tessuti malati. E ciò che ricresce sono tessuti completamente nuovi. Funziona perfettamente senza alcuno sforzo da parte sua. Lei ha la responsabilità di prendersi cura del corpo, ma oltre a questo si ripara da solo. Il corpo è fantastico.— E sta aggiustando il DNA mentre sto facendo tutto questo. E' da un bel po' che lei ha questa condizione... da molto tempo. Quindi è incorporata nel suo DNA e l'ha resa suscettibile ai patogeni e alle tossine. Quindi il DNA viene influenzato con questo strumento che sta emanando la luce ed in base a questo lo ristora ad una perfetta vibrazione. Ristora tutti i filamenti di DNA persi o inattivi, quindi ovunque ci fosse qualche buco nei filamenti di DNA mancanti, quelli vengono rigenerati."

D: Bene. Questo praticamente creerà un corpo nuovo, non è vero?

P: Si. Sarà così. Vedrà la differenza e deve solo accettarla. E' stato fatto. Sii grata, accetta e non attaccarti alla parte dove ci sono le cose fatte in passato. Penserà che potrebbe portarle dolore e stai sicura che ... sarebbe doloroso.

D: Perché se lo stava aspettando?

P: Esatto. Questo è il suo passato, quindi deve solo fare queste attività e pensare che sia grandioso essere prima di dolore. Deve focalizzarsi su ciò che vuole.—Questi corpi, per quanto miracolosi, ci sono situazioni in cui ci sono punti di non ritorno.

D: Ho sempre pensato che si potesse aggiustare ogni cosa.

P: Si, ma a volte si riparte con un altro corpo. Ogni cosa ha un suo ciclo vitale.—Il resto del suo corpo è in ottimo stato. Ha fatto un buon lavoro. La sua dieta potrebbe essere migliorata, però è peggio se si stressa per la sua dieta. E' meglio se continua così e lascia andare lo stress. Lo stress fa più danni di una cattiva dieta. Non deve negarsi proprio tutto, qui e lì va bene. Una ciambella va bene. Non è una questione di gruppi di cibo.

Aveva una domanda relativa il suo partner: Jean. Voleva sapere se avesse un contratto o una vita passata con lei.

P: Le loro esperienze passate erano nell'aldilà prima di questa vita. Era quando lei stava decidendo e preparando le circostanze per questa vita e lei si sentiva sopraffatta. Come: "Oh, non ce la posso fare." E le abbiamo detto: "Ce lai fai, ce la fai." Così alla fine le abbiamo offerto questa possibilità di avere Jean con lei per insegnarle a vedere le cose diversamente. Jean comprenderà e la aiuterà ad attraversare e pensare e agire. Si aiuteranno a vicenda. Anche Jean ha attraversato molte sfide, che Patti non conosce. E non dovrebbe conoscerle.

E' stato molto importante che Patti avesse ricevuto così tante informazioni sul suo futuro, il coinvolgimento, le implicazioni e gli sviluppi futuri riguardo alla compagnia per cui stava lavorando.

P: Per lei sarà un grosso sollievo. Questo le darà la forza perché non sono ancora finite tutte le tribolazioni. Sarà più facile sapendo che esploreranno, ma che lei sarà completamente protetta.—Non apprezziamo dire il futuro alla gente, ma a volte gli da la sicurezza di essere protetti e questo è esattamente il mondo in cui si dovrebbe procedere anche perché sono protetti. Li aiuta tremendamente, è quel senso d'agio e sicurezza che gli da' appagamento. Gli da una profonda certezza che non si tratta di loro, che c'è una ragione e che tutto sarà meglio dall'altra parte. Trovano la loro forza così, attraverso questo senso di protezione e sicurezza.

Il SC da sempre un messaggio finale al cliente: Se esattamente dove dovresti essere. Sei sulla strada giusta. Stai facendo esattamente ciò che dovresti fare. Quindi sii te stessa e sappi di non essere responsabile per nessun'altro. Se responsabile solo per te stessa. Occupati della tua gente e divertiti.

* * *

IL LAVORO DI GUARIGIONE

Nonostante io desideri aiutare ogni cliente che viene da me, ci sono situazione in cui semplicemente non ci si riesce. Sono in grado di raggiungere profondi stati di trance e scopriamo la causa dei loro problemi (di solito fisici). Poi il SC lavora con grande amore per guarirli e dargli profondi, meravigliosi consigli. Eppure, dopo la seduta insistono di non essere stati aiutati e che non era successo nulla. Infatti, alcuni dicono di trovarsi peggio che prima della seduta. A volte (e questi sono casi rari) la guarigione funzione a breve e poi il malessere ritorna. Vengo informata mesi dopo e ovviamente danno la colpa a me. E' molto più facile che ammettere di essere causa dei propri problemi, inclusi quelli fisici. E' sempre più facile dare la colpa a qualcosa di esterno a se stessi, piuttosto che ammettere di aver creato la propria realtà. Anche se la propria realtà non è piacevole, è ciò che hanno manifestato. Questo è il potere della mente umana. Questa è la ragione per cui questo potere dovrebbe essere utilizzato per guarire piuttosto che distruggere. Vengono a trovarmi con aspettative così sproporzionate. Cercano qualcun altro che li guarisca. Io cerco di far capire che non sono io a curare, ma loro. Io sono solo il facilitatore per permettere alla SC di passare e fare il lavoro. Durante le mie lezioni insegno, che non appena lo studente è convinto di fare il lavoro, allora è di fronte al proprio ego. Questo ostacolerà l'intero processo. Io sono solo un servitore, disposto ad aiutare con il processo.

Questi casi sono rari, ma accadono. Abbiamo tutti il libero arbitrio, e nessuno può annullarlo. Il SC può dire che la persona è guarita e dovrebbe essere in grado di condurre una vita normale, ma se il cliente stesso non lo accetta, non ci crede e non si fida, allora non c'è niente che da fare. Il libero arbitrio è la cosa più importante. Dopo una seduta il cliente ha detto: "Mi sento meglio". Non c'è più dolore. Ma so che è troppo bello per essere vero. Tornerà." Un altro dopo la seduta ha detto: "Non posso essere guarito! Sono stato malato per tutta la vita. Non starò mai bene". Tutte profezie che si auto avverano. Se il cliente desidera continuare in quella realtà (anche se si ostina a dire che non lo vuole) non posso farci niente. C'è anche la possibilità di auto-punirsi per qualche senso di colpa percepito. Le persone sono creature complicate. L'ho scoperto dopo aver lavorato con loro per oltre quarant'anni. A volte la cosa per cui si puniscono è stata a lungo dimenticata e sepolta nei ricordi inconsci. Eppure si sono trasformati in vittime.

Ho appena finito di parlare al telefono con un cliente che ho visto qualche mese fa e per quasi un'ora ha passato il tempo urlandomi contro. "Sono venuto da lei perché aveva detto che poteva guarirmi. E non sono guarita! Sono peggiorata rispetto a prima". In primo luogo, non direi mai e poi mai di poterli guarire, perché so che non è possibile. Non ho quel tipo di potere. In secondo luogo, il risultato finale spetta a loro ed al loro sistema di credenze. C'era tanta rabbia nella voce di quella persona. Riuscivo a percepire perché non voleva liberarsi della malattia (o perché pensava di non poterlo fare). La rabbia per ciò che percepiva essere la causa della sua situazione, rabbia contro i suoi genitori per il modo in cui l'avevano trattata, rabbia contro i medici che non erano stati in grado di aiutarla, rabbia contro di me per non essere stata in grado di portare via tutti i suoi malesseri. La causa del problema deve essere sempre qualcosa al di fuori di loro stessi. Fa troppo male, ci vuole troppa responsabilità per ammettere che la causa potrebbe essere dentro sé stessi. È più facile recitare la parte della vittima: "Povero me! Non puoi capire quanto mi abbiano trattato in modo orribile! Ecc. Ecc.." Sappiamo nella metafisica e soprattutto nel mio tipo di lavoro che abbiamo fatto un piano e dei contratti prima di entrare in questa vita. Abbiamo accettato il tipo di situazione in cui avremmo vissuto, anche se a volte siamo stati avvertiti dalle nostre guide che le nostre decisioni sarebbero state difficili. Eppure insistiamo e speriamo per il meglio. Perché dimentichiamo il nostro piano una volta entrati nel corpo fisico, dimentichiamo che abbiamo predisposto le cose che ci accadono per poter imparare delle lezioni. Se non impariamo, allora dobbiamo ripetere la lezione. Questa è la legge del karma e il modo in cui viene gestita questa scuola della Terra. Devi ritornare e rifare tutto con le stesse persone, nelle stesse circostanze, fino a quando non avrai superato quella lezione a scuola. È complicato, ma non le faccio io le regole. Cerco solo di aiutare la gente a comprendere cosa si stanno facendo da soli.

Ci sono altre persone che non vogliono davvero essere guarite, perché segretamente godono di ciò che la malattia fa per loro. Non lo ammetterebbero mai consapevolmente; tuttavia tutti conoscono individui che sono sempre malati e che si lamentano dei dolori, dei sintomi o delle medicine più recenti prescrittegli dal medico. In segreto godono delle attenzioni che ricevono. Di solito questo e' il tipo di persone che non ha nient'altro nella vita e godono dell'attenzione. Se li si guarisse, se si eliminasse la malattia, si toglierebbe loro l'identità. E si sentirebbero come se non avessero nulla. È l'unica cosa che li fa sentire speciali e diversi. Se la persona trae beneficio dalla malattia, sarà molto riluttante dal liberarsene. Nel mio lavoro sulla vita di Gesù (Gesù e gli Esseni, e Camminarono con Gesù) ho scoperto che nemmeno Gesù poteva guarire tutti, non importa cosa la Chiesa ci faccia credere. Poteva guardare una persona e vedere perché aveva la malattia. E se era a causa del karma, allora non poteva portargliela via. Poteva alleviare il dolore, ma gli era proibito interferire con il loro cammino, con il loro piano di studi. Quindi, se Lui non poteva farlo, perché dovrei pensare d'avere il potere di annullare il libero arbitrio di altre persone?

Dopo una lunga stressante giornata, durante la quale avevo passato quattro o cinque ore con un cliente, lasciai l'ufficio depressa e mi chiedevo se stessi davvero aiutando qualcuno. Sono sicura che ogni terapista, guaritore, medico o psichiatra si è sentito occasionalmente allo stesso modo. Poi, mentre salivo in macchina, con estrema chiarezza ho sentito nella mia testa: "Le tue responsabilità finiscono quando il cliente esce da quella porta. Se credi veramente di aver fatto tutto il possibile, al meglio delle tue capacità, allora il resto dipende da loro". Questo fece la differenza e mi tolse un peso dalle spalle. Per quanto io voglia veramente aiutare proprio tutti, alla fine, non è una mia responsabilità! Devono essere pronti ad accettarlo, a volerlo, a crederci e a permetterlo. Nessun altro può farlo per loro. Adoro lavorare con il SC, ma alla fine non può andare oltre, perché' è proibito ignorare il libero arbitrio.

Quindi, alla cliente di cui ho appena parlato e che era così arrabbiata, posso solo mandarle amore e sperare che si risvegli al potere che ha dentro di sé, e che si lasci guarire. Forse questa è la sua lezione in tutto questo, imparare a fidarsi di se stessa e a non dipendere dagli altri per fare ciò che lei stessa è in grado di fare. Sarebbe una lezione meravigliosa e importante.

Anche a tutte le migliaia di studenti che hanno preso le mie lezioni, io dico: "Fate del vostro meglio". Abbiate compassione per il cliente e utilizzate tutte le vostre capacità per aiutarli. Dopodiché è una loro responsabilità".

Capitolo 6

LA FASE DI PIANIFICAZIONE

Amber scese dalla nuvola ed era direttamente in sulla scena. Fin dalle prime parole era emotiva, quindi sapevo che stava osservando qualcosa di importante.

A: Sono contro le rocce e vedo gli uomini. Non sono del nostro villaggio. Sono gli spagnoli e ci stanno interrogando. Stanno cercando qualcosa. Sono un ragazzino. Sono contro le rocce... siamo tutti contro le rocce.

D: Ci sono altri con te?

A: Sì, sono del nostro villaggio, stanno cercando di ottenere qualcosa da noi. Non so cosa vogliono, ma l'uomo che sembra arrabbiato ha la barba appuntita. (Ridendo) E questo è così stupido. Indossano dei vestiti, non c'è da stupirsi che siano così arrabbiati. Devono sentirsi miserevoli ad indossare quella roba. Stanno cercando qualcosa. Non so cosa dargli.

D: Riesci a capirli?

A: No, no, non so cosa vogliano. Continuo a guardare in basso e loro continuano a farmi guardare in alto. Pensano che io sappia qualcosa.

D: Hai idea di cosa stiano cercando?

A: L'oro? (Ride) Non conosco l'oro. Qualcosa riguardo a qualcosa di dorato... qualcosa che brilla? Non so cosa sia. Non so perché pensino che io lo sappia.

D: E gli altri con te?

A: Sono spaventati. Si nascondono. Stanno cercando di andare dietro alle rocce. Credo che abbiano ucciso alcuni dei nostri. Sono così insistenti. Cercano di spaventarci, ma non so cosa stiano cercando. Non so cosa sia.

D: Avete un capo villaggio?

A: Non ci sono. Non ci sono più. Ci sono principalmente gli anziani, le donne e i bambini. Alcuni di noi ragazzi giovani stavano giocando in una zona che si trova in una specie di canyon nella roccia. Io e i miei amici li abbiamo visti e abbiamo allertato il villaggio. E nessuno sapeva cosa fare, e loro stavano arrivando. E ci hanno trovati e ci hanno riuniti tutti insieme.

D: Avete mai visto questo tipo di persone prima d'ora?

A: Ne ho sentito parlare. Non li avevo visti. Speravamo che non venissero, ma sono qui. Credo che dovrò prenderli. Penso che sia l'unico modo. Non so dove portarli, ma devo portarli in un posto lontano dalla mia gente. Forse posso ingannarli. Forse posso scappare, ma devo portarli via prima che uccidano altre persone. Devo farlo. È l'unica possibilità... l'unica possibilità.

D: Allora cosa decidi di fare?

A: Decido di comportarmi come se sapessi dove si trova, dove vogliono andare e cosa stanno cercando. Ci sono diversi uomini e sono a cavallo.

D: E i tuoi amici? Vogliono venire con te?

A: No, no, non vogliono venire con me. Hanno molta paura. Le madri li chiamano e hanno paura.

D: Tua madre è lì da qualche parte?

A: Sì, ma posso vedere con i suoi occhi che mi sta dando la forza di andare. Lei sa cosa voglio fare.

D: Penso che tu sia molto coraggioso per ciò che stai per fare.

A: Il nostro popolo sta soffrendo. Non c'è molto cibo, e gli uomini sono andati a caccia da molto tempo. Il nostro popolo sta morendo.

D: Pensi che ti crederanno?

A: Sì, perché sono disperati, vogliono credere a qualcosa. (Rise)

D: Non pensano che li potresti ingannare, presumo.

A: No, sono solo un ragazzino.

Ho condensato il tempo e l'ho portato avanti per vedere cosa è successo.

A: Li porto in un canyon chiuso, ma li faccio camminare lontano... molto lontano. È un giorno di cammino dal mio villaggio, mi assicuro di entrare e uscire da un'altra parte. Torno indietro e cerco di confonderli riguardo alla nostra posizione, in modo che non possano tornare indietro. E nel frattempo spero che la gente del mio villaggio scappi. Abbiamo un posto di fuga in cima, dove possono essere al sicuro. Sto cercando di dar loro tempo e forse il gruppo di caccia tornerà presto.

D: Questa gente non saprà come tornare indietro?

A: No, ma stanno diventando timidi. Li ho portati nel canyon chiuso perché conosco una via d'uscita, se riesco ad arrivare in tempo.

D: Stai camminando o sei anche tu a cavallo?

A: No, sto camminando. Sto camminando. Mi stanno seguendo. (Rise) I loro cavalli sono così lenti. Chiedono l'acqua per i loro cavalli. Li porto dove possono far bere ai cavalli e poi è il momento di ritornare nel canyon. Non ci vado da molto tempo, spero di ricordare. C'è una grotta. Dirò loro che è nella grotta, e poi ho intenzione di scappare. C'è una specie di sentiero tra le pietre da cui posso uscire dove ci sono cespugli che affiorano e possono proteggermi, se riesco a scappare.

D: Quindi andranno nella grotta e tu riuscirai a scappare.

A: È quello a cui stavo pensando, ma non è quello che è successo. Non pensavo che mi volessero con loro nella grotta. Pensavo che sarebbero stati troppo entusiasti e che si sarebbero dimenticati di me, ma mi stanno forzando ad andare. Entriamo nella grotta e naturalmente non c'è niente. Ci sono dei disegni sul muro che guardano, ma sono arrabbiati con me. E decidono di uccidermi. Sono stanchi. Siamo stati via tutto il giorno e non c'è niente da mostrare. Cerco disperatamente di puntare in un'altra direzione, ma la grotta... non andiamo molto lontano e non c'è modo per me di scappare. Non c'è modo di uscire, sono stanchi ed arrabbiati. Non sarei dovuto entrare nella grotta.

D: Ma non avevi scelta, quindi ora che succede?

A: Mi uccidono: un coltello in gola.

D: Sei fuori dal corpo ora?

A: Sì, sto guardando. Li guardo mentre si muovono e lasciano il corpo del ragazzo - il mio corpo - nella polvere all'interno della grotta. La mia famiglia vorrà trovarmi.

D: Non sapranno dove cercare, vero? (No) Cosa ne pensi di tutto questo?

A: Deluso. Sono stato così stupido a pensare di poterli ingannare.

D: Penso che tu sia stato molto coraggioso anche solo a provarci.

A: Forse non sono stato in grado di fare niente per la mia famiglia. Dopo tutto questo, potrebbero tornare indietro. Potrebbero ucciderli tutti. Mi sento così deluso. Ero così sicuro.

D: Ma in realtà eri solo un bambino. Ha fatto più di cio' che alcuni uomini avrebbero fatto. Hai modo di vedere cosa è successo alla tua famiglia, o agli altri?

A: Alcuni sono riusciti a farcela, ma è un lungo viaggio sulle pareti del canyon. E i vecchi non ce l'hanno fatta... non sono riusciti a scappare. (Sembrava angosciata.) Gli spagnoli so tornati indietro, si vendicarono e li uccisero.

D: Ma credo che tu abbia fatto del tuo meglio.

A: Non sapevo cos'altro fare, ma alcuni della mia famiglia sono riusciti a scappare. Mia madre è scappata.

D: Cosa farai adesso?

A: Cerco di aiutarli anche se non ci sono più. Cerco di aiutarli il più possibile.

D: Come si fa?

A: Dando loro dei segnali. Dicendo loro di non andare in una particolare direzione, ma mi sento così priva di speranze. E può aiutarli per un certo periodo di tempo, ma non so se posso evitargli ogni cosa.

D: Forse non dovresti farlo. Forse è troppo per una persona sola.

A: Non lo so.

D: Ma tu resti lì per un po' e cerchi di aiutarli?

A: Sì, ma ora vedo che si sta allontanando sempre di più. Mi sto allontanando da lì, adesso mi stanno tirando su. Mi allontano sempre di più. Ora sono oltre. Sono da solo. Sto fluttuando nell'oscurità e non sono più così preoccupato per la mia famiglia. Ora vedo una luce molto luminosa. Sembra venire dal nulla e da ogni direzione. Oh, mio Dio, è meravigliosa e calda. Ci sto fluttuando dentro.

D: È una bella sensazione. È molto bello, confortevole e sicuro. (Sì) Cosa pensi di fare? Hai intenzione di rimanere lì?

A: C'è un altro posto dove devo andare, ma per ora devo restare in questa luce.

D: C'è qualcuno li' intorno che ti dice cosa fare?

A: Hmm... Non vedo nessuno. Mi sono solo perso in questa luce. - Ora vedo che c'è qualcuno che mi aspetta. Proprio quello di cui avevo bisogno in questo momento. Sembra molto saggio... paterno o anziano, con i capelli bianchi. Mi saluta e mette il braccio intorno a me, mi dice che ho fatto del mio meglio, ed è orgoglioso di me. Mi ha portato in un posto pieno di luce.

D: Ti dispiace lasciare l'altro posto?

A: No, questo posto è ancora meglio. È fantastico! Tutto sembra essere pieno di luce. Ci sono degli edifici... oh scusa, dice che sono: "templi". Sono edifici luminosi. Sono templi. Sono luoghi di apprendimento, ma non ne sono sicuro cosa ci faccio qui. Dice di non preoccuparmi; mi spiegherà lui, ora sono dentro all'edificio. Ha un soffitto a volta, molto alto. Tutto è bianco, c'è la luce che entra, ma è difficile vedere se ci sono finestre. È come se fosse traslucido, la luce viene dall'esterno ed illumina l'edificio. Arriva fino in fondo, come qualcosa che può essere illuminato dall'esterno... molto bello. Lunghi tavoli, ma non vedo nessuno, solo questi lunghi tavoli. Sta camminando con me. C'è un passaggio da attraversare, ma qui mi piace molto. Non so perché siano i tavoli siano lì. Non ci sono sedie, solo questi tavoli.

D: Non ci sono persone?

A: No. Sento che sono in altre stanze laterali. Lui mi sta portando in una di queste stanze. Ci sono già stato, qui.

D: Ti sembra familiare?

A: Sì, e ci sono libri... molti libri. Mi sorride e mi dice: "Ogni libro che sia ma esistito è qui". Oddio! Ci sono già stato qui, sì. Non so quando, ma ci sono stato. Vedo, gli scaffali con tutti i libri. Ci sono persone che guardano, estraggono i libri, li rimettono a posto. Pero' nessuno parla. Sono così felice di essere tornato qui con i libri! (Felice) Oh! Oh! Qualsiasi libro che ci sia mai esistito sia trova qui... ogni libro. Oh, mio Dio! È come far scorrere le mani su un pianoforte mentre si suonano gli accordi. Mentre suoni quei libri, è come se conoscessi ogni libro, appena lo tocchi. Dice di non essere così sciocco e di non suonare così tanto, ma è una sensazione così meravigliosa.

D: Quindi, mentre lo tocchi, non devi leggerlo? (No) Sai solo cosa c'è dentro?

A: È come la versione la versione in Bignami. È come un riassunto ridotto, appena lo tocchi. Capisci? Hai ancora voglia di tirarlo giù e assorbire tutte le informazioni, ma puoi farci scorrere le dita sopra e sentire le note e suonarlo... sentire ogni libro... sentirlo. Oh! Oh, che meraviglia! (Era estasiata.) Ride di me e mi dice che ci sarà tempo per questo più tardi. (Rise) Tutto quello che avevo bisogno di sapere sarebbe stato lì dentro. Ride di me e mi dice: "È vero, ma ci sono diverse sezioni, e ci vuole tempo per andare alle diverse sezioni".

Era ovvio che era stata portata nella Biblioteca sul piano dello spirito. Questo è il mio posto preferito. In generale adoro le biblioteche, e posso passarci un'intera giornata quando faccio le mie ricerche. Eppure questa è molto speciale perché contiene tutto ciò che è stato conosciuto e tutto ciò che sarà conosciuto. Un tesoro prezioso, per chi come me ama la ricerca. Contiene anche quelli che vengono chiamati i Registri dell'Akasha, che sono stati descritti in molti modi diversi. Ogni volta che ci ho portato un cliente sono stata in grado di accedere a tutte le informazioni; molte delle quali sono riportate nei miei libri.

A: Mi porta più all'interno, verso il centro. Dice che ci sarà una stanza speciale per me con i miei libri.

D: Quindi questa è come una biblioteca.

A: Sì. Le persone vengono qui per fare le loro ricerche, per pianificare la loro vita e per raccogliere conoscenze su certe cose. Ci sono anche molte stanze, non riesco nemmeno a contare quante stanze ci siano. Ma mi porta in una stanza che sarà la mia stanza, con i miei libri. Avrà la mia vita e la vita degli altri a cui sono stato vicino.

D: Quindi è speciale solo per te? (Sì) Quindi quando la gente viene quì, va nella propria stanza?

A: Sì. Ogni persona lo fa a modo suo, ma lui sa che questo è il modo in cui mi piace farlo. Sa che amo i libri. Questa stanza è solo mia.

D: Puoi descrivermi la stanza?

A: Bella... c'è una parete che è solo una solida finestra luminosa, ci sono scaffali e file di libri. C'è un tavolo al centro e mi porta a questo tavolo. C'è una sedia per me, su cui mi siederò. E lui mi guarda e mi dice: "Sai cosa fare adesso". E io gli dico: "Beh, non ne sono sicuro!" Disse: "Lo sai... adesso chiama il libro a te".

D: Chiamarlo a me?

A: Chiamalo a te. Non ti alzi e vai a prenderlo, lo chiami e poi è lì davanti a te. Qualsiasi libro ti serva, ma il libro che suggerisce per me adesso, quello che devo guardare, è il libro della vita in cui sono appena stato.

D: Quella che hai appena lasciato?

A: Sì, però sa quanto sono ansioso di andare avanti, quindi mi permette di mettere da parte un altro paio di libri. Ma mi punzecchia, dicendomi che non li posso leggere ancora. -- Quando apro il libro, è come guardare attraverso un telescopio, solo che diventa ed è più simile ad una lente d'ingrandimento. E sono in grado di spostarlo per vedere dove ho vissuto. Posso vedere la mesa. Riesco a vedere le rocce. Vedo dove sono piccolo e gioco con i miei amici, mio padre, mia madre.

D: Certo, non hai vissuto molto a lungo in quella vita.

A: No, ma andava bene così. Ho imparato alcune cose e ho imparato che mio padre aveva ragione. Quando ero piccola mi disse che gli amici che avevo non sempre erano presenti per aiutarmi. Era importante avere amici che ti aiutassero, e che anche tu dovevi aiutare i tuoi amici.

D: Cos'altro pensi di aver imparato da quella vita?

A: Quella famiglia era importante... molto importante. Ma non potevo aiutarli. Non potevo salvarli, ma ho fatto il meglio che potevo. E se non fossi andata via, tutti sarebbero stati massacrati.

D: Quindi ne hai salvati alcuni?

A: L'ho fatto. L'ho fatto.

D: Quindi era questo lo scopo di quella vita?

A: Sì. Mia madre aveva bisogno di vivere. Ho anche imparato che ero stata un po' sciocca perché la squadra di caccia se n'era andata e noi ragazzi eravamo quelli che dovevano sorvegliare il villaggio. Facendo la guardia e osservando all'esterno, ma noi eravamo occupati a giocare e non abbiamo suonato l'allarme abbastanza forte.

D: Quando stavano arrivando gli spagnoli? (Sì) Tutti hanno il diritto di fare qualche sbaglio, no?

A: Sì, ma l'irresponsabilità uccide la gente. Non l'abbiamo fatto intenzionalmente, ma capiamo perché era così importante per noi fare quello che ci era stato detto.

D: Quest'uomo vi sta dicendo queste cose?

A: No, quando sfogliando il libro l'ho visto. Lo so e basta. Lui è molto confortante con me. Non mi sta giudicando. È molto gentile e protettivo.

D: C'è qualcosa che dovresti portare con te mentre prosegui da quella vita?

A: Non puoi salvare tutti. Puoi essere intelligente. Puoi essere furbo. E cercare di fare tutto il possibile per proteggere le persone che ami, ma alla fine... non puoi salvarle tutte... non sempre, ma fai del tuo meglio.

D: Perché ognuno ha la sua vita. Ognuno ha le sue lezioni da imparare, no? (Sì) Pensi di aver ottenuto tutto quello che puoi usare da quel libro?

A: No, ci saranno altre sedute in cui potrò tornare a guardarlo. Ma ho ottenuto la parte principale, e lui era orgoglioso di me per aver ottenuto la parte principale. Torneremo a guardarlo di nuovo. Ma mi dice anche che ho bisogno di riposare e che tornerà da noi.

D: Non vuole ancora che tu guardi gli altri libri sul tavolo?

A: Mi tenta, ma ancora non me li lascia leggere. (Scherza) Perché non ho ancora finito con questo. Devo finire quello che ho iniziato, prima di continuare. Lui sa che questa è la mia debolezza. Sa che è su questo che devo lavorare: devo finire le cose. Ma ne sta facendo una tentazione per me, perché sa quando sono sia impaziente di arrivare alla cosa successiva. So che sono li e che sembrano meravigliosi, perciò devo continuare con questo. Ma prima vuole che mi riposi. -- Mi porta in un altro luogo che è all'aperto. C'è il canto di uccelli. C'è una fontana e posso semplicemente rilassarmi ed aspettare. Sento qualcuno che canta.

D: Sei da solo?

A: Sì. Riesco a sentire delle persone. Sento le voci delle donne che cantano qualcosa, ma non vedo nessuno. Sembra un'area esterna con panchine a semicerchio. Sono scolpite in pietra bianca, e al centro c'è una fontana bianca. Ci sono alberi nella foresta sullo sfondo. E sento il canto degli uccelli, ma sono lì da solo. Mi ha lasciato lì per ora.

D: *Sembra un posto bellissimo! (Sì) Ma non ha ripercorso altre vite che hai vissuto precedentemente?*

A: No. Le altre sono nei libri e posso tornare indietro e guardarle quando ne ho bisogno, a volte dobbiamo ricordarcene per non dimenticare le cose che abbiamo imparato in quelle altre vite. A volte sono un po' troppo entusiasta. -- Lui tornerà a prendermi più tardi, per adesso devo solo rilassarmi. Devo solo aspettare e ascoltare... e osservare la natura. La parte della natura è un promemoria, per assorbire ogni cosa e per connettermi con essa. Per sentire il vento e la direzione che prende. Per ascoltare gli uccelli e non essere sempre così ansiosi di fare qualcos'altro. Essere proprio qui, in questo momento. Ci sarà tempo per gli altri più tardi. Ci sarà tempo.

Potrebbe volerci un po' di tempo, perché probabilmente lui trascorrerà un bel po' di tempo a rilassarsi in questo bel posto per riprendersi dal modo in cui è morto in quella vita. E per riflettere sul significato di quella vita. Così decisi di portarlo avanti al momento in cui quell'uomo era tornato a prenderlo e pensava di aver riposato abbastanza a lungo. Pensavo che sarebbe stato riportato alla biblioteca dove lo aspettavano quei preziosi libri.

A: Non mi riporta in biblioteca. (Rise) Mi porta al mio gruppo. Sa che è quello che stavo aspettando, ma mi ha fatto aspettare. (sorridendo e ridacchiando) Mi ha fatto aspettare.

D: *(Ridendo) Pensavo ti piacessero i libri.*

A: Oh, mi sono piaciuti (rise), ma erano le persone che aspettavo di vedere. Oddio, è il mio gruppo... abbiamo lavorato insieme. È il nostro gruppo. Per molte vite siamo tornati insieme e adesso non siamo nel corpo. Anche quando non siamo nel corpo o quando siamo nel corpo, c'è una parte di noi che resta lì. Questo è interessante: non è proprio la stessa cosa, ma siamo tutti qui.

Mi è sembrata un'affermazione molto importante, che anche quando siamo sulla Terra in un corpo, una parte di noi (un aspetto) non lascia mai il lato spirituale.

D: Vi piace stare insieme?

A: Eh, sì! Lavoriamo bene insieme.

D: Quindi, quando rientrate in una vita, a volte venite insieme? (Sì) Così non siete mai soli. (No) Cosa succede con il gruppo?

A: Mi chiedono: "Perché ci ho messo così tanto? Sapevano che dovevo aspettare fuori. Non posso credere di essermi dimenticato di loro. Ero andato verso i libri, poi sono uscito per riposare, e ho dimenticato che questo è ciò che sarebbe successo dopo. Come ho potuto dimenticarmi di loro? Oh, mio Dio! Sono meravigliosi. È così bello essere di nuovo con loro... sono così carini... Sono seduti ad un tavolo e stanno parlando. Il tavolo è interessante perché è un tavolo interattivo. Sembra una mappa traslucida, ma quando la tocchi, ingrandisce l'immagine in un luogo specifico. Lo si tocca di nuovo e si possono vedere le persone in quel luogo. È come Google Earth, quando lo tocchi puoi andare in quel punto. -- Sono impegnati a pianificare. Oh, questo gruppo non riesce mai ad essere d'accordo. Ognuno vuole sempre essere in un posto diverso. Stanno pianificando. Mi stavano aspettando. Pensano che questo posto sia il più importante, che dobbiamo trovarci dove sia possibile fare più lavoro. E gli altri qui... Qualcuno ha appena detto, (con uno strano tono di voce): "Oh, possiamo essere ovunque nello stesso momento. Che differenza fa?" Ma ci piacciamo così tanto che vogliamo essere nello stesso luogo. Vogliamo iniziare nello stesso luogo.

D: Quindi stanno guardando la mappa, cercando di capire?

A: Cercano di capire dove andare la prossima volta. Per un momento fanno sul serio. Non so se siamo pronti per il prossimo passo.

D: Ma volete andare tutti assieme. Non vuoi andare da solo?

A: No, ci andremo insieme. -- Ce ne sono diversi che sentono molto fortemente la necessità di essere in Medio Oriente. Il nostro gruppo deve andare dove deve andare, e fare quello che siamo chiamati a fare. Lo sappiamo e, a volte, quello che dobbiamo fare può significare che la nostra vita insieme sarà molto breve.

D: C'è una ragione per questo?

A: Fa parte di tutto questo, ci vengono mostrati alcuni pezzi e alcune cose di cui dobbiamo solo fidarci. Sono così felice di vederli e di poter tornare indietro con i miei amici, il mio gruppo. Ma sono un po' triste al pensiero che stiamo scegliendo una vita così difficile per il prossimo giro.

D: Ma nella tua ultima vita non hai vissuto a lungo.

A: No, ma la prossima sarà più difficile. Sarà breve per tutti noi. Nell'ultima vita, in molti hanno vissuto a lungo. E anche se sono stato ucciso, abbiamo avuto una bella vita insieme. In questa prossima, alcuni di noi dovranno interpretare ruoli piuttosto difficili.

D: Vi viene mostrato quale sarà lo scenario?

A: Quando tocchiamo la mappa e questa va avanti vediamo i possibili scenari. Io vedo gli ebrei. Vedo la Palestina. E vedo molto sangue, vedo che saremo su fronti opposti.

D: C'è una ragione per questo?

A: È perché dobbiamo essere in grado di unirci, per poterci unire. Ci saranno opportunità per noi di unirci, ma ci saranno pari opportunità per distruggerci l'un l'altro, in quella vita. Avrò di nuovo la possibilità di aiutare la mia famiglia.

D: Capisco. Mi chiedevo quale sarebbe stato lo scopo. Perché quando c'è un conflitto, lei pensa: qual'è lo scopo? Che senso ha?

A: Non sembra avere molto senso, ma dobbiamo cercare di creare un collegamento per dimostrare che le persone sono più simili di quanto si pensi. Il nostro gruppo ha già deciso di andare. Dovevamo solo decidere chi recitava quale parte e mi stavano aspettando. Ed è abbastanza chiaro quale sarà la mia parte. Solo che non so da che parte della barricata mi troverò. (Ridendo)

D: Sei in grado di guardare ad altre vite in cui ti troverai? Riesci a vedere così lontano nel futuro?

Naturalmente, io pensavo alla sua vita attuale come Amber.

A: Riesco a vedere, ma di nuovo, cominciano a prendermi in giro perché saltello da una parte all'altra ed inizio a fare altre cose. E così mi devo attenere a fare una cosa alla volta. E so che dopo questa prossima breve vita in Medio Oriente, ci sarà una vita completamente diversa. Ma non posso farmi distrarre in questo momento o non avrò il coraggio di fare le cose che devo fare.

D: Non possono farti sapere troppo in una volta sola? (No, no.) Ha senso. Ma ogni volta, tornate in questo luogo?

A: Sì, posso vedere il mio gruppo e possiamo parlare, stare con le energie l'uno dell'altro. Ci sediamo tutti con queste energie e ne riconosco alcune. Alcuni di loro sono un po' ai margini e non li vedo. Mio padre è lì. Il mio amico Rob è lì. E ce ne sono altre, ma non sono sicuro di chi siano nella mia vita ora. (Parlava della sua vita attuale).

D: Quindi, devi vivere quella breve vita, prima di entrare nel corpo di Amber? (Sì) È importante farlo prima. (Sì)

Non volevo prendermi il tempo di passare per tutta quella vita, così lo feci saltare dove era tutto finito e lei aveva fatto quello che doveva fare, e il gruppo era tornato di nuovo insieme sul piano dello spirito. Volevo farla arrivare al momento in cui avrebbe deciso di entrare nel corpo di Amber. "Siete tornati insieme nello stesso luogo. Che ne è della vita nel Medio Oriente? Avete fatto un buon lavoro?

A: Penso di si. In quella vita in Medio Oriente abbiamo condiviso la musica. Lui vedeva che non ero cattivo, io vedevo che lui non era cattivo e ce lo siamo portati dentro.

D: Se era una vita breve, cos'è successo?

A: C'è stata un'esplosione, degli spari, e sono morto.

D: Ma hai imparato qualcosa, vero?

A: Sì, perché una parte di me sapeva, durante quella breve vita, di dover continuare a guardare negli occhi degli altri e vedere cosa c'era dietro. Infatti non erano tutti malvagi. Erano solo persone.

D: Vivevano tutti la propria vita, ma ora sei tornato in questo posto. Il gruppo si riunisce sempre insieme, o alcuni svolgono compiti diversi?

A: Beh, è interessante perché, mentre si riuniscono intorno al tavolo, quelli che sono più vicini, seduti al tavolo, sono quelli che non sono attualmente in un corpo. Ma verso le parti esterne ci sono le altre persone del gruppo, che sono di una luce più fioca. E questo ci fa capire che sono ancora incarnati. Così una parte di loro è in quella stanza per partecipare, ma non nello stesso modo in cui lo farebbero se non fossero incarnati. Ha senso?

D: Sì, capisco. Posso capire. Sono lì, quindi possono ancora pianificare.

A: Sì, e possono ancora partecipare perché potrebbero essere già incarnati e noi potremmo unirci a loro ad un certo punto. Quindi una parte di loro sta ancora partecipando. Sono solo una luce più debole nella stanza.

Forse questo accade quando la persona sta dormendo, e quindi non se ne rende conto. Questo spiegherebbe come si potrebbero fare piani e contratti con anime già incarnate che acceterebbero di assolvere i ruoli di madri o padri, nonni, ecc. Avevo dato per scontato che questi contratti fossero fatti prima dell'incarnazione di qualsiasi anima, mentre erano tutte nel mondo dello spirito. Tuttavia, apparentemente rimaniamo ancora in contatto anche mentre viviamo la nostra vita attuale. E i piani e i preparativi sono in corso. Questo mostra anche come il piano possa essere cambiato.

D: Stanno discutendo della vita in cui entrerai come Amber?

A: Sì. Mi dicono che potrò tornare in New Mexico. (Rise)

D: Eri là prima?

A: Sì, da bambino... il bambino indiano.

D: Ecco dov'era. (Sì) C'era dell'oro? (No) (Ridendo) Quindi è importante tornare indietro per ciò che è successo?

A: Stiamo ancora lavorando sul mio problema di cercare di salvare il mondo. (Rise) Perciò pensano che forse, se torno nello stesso luogo, potrei ricordare che non posso salvare il mondo intero. Ma posso salvare il mio piccolo pezzetto, che sono io. E mi hanno detto che sarà una vita molto diversa da quella che avevo prima e di restare scherzoso. Mi hanno ricordato di quando cercavo di fare il furbo entrando e uscendo dal canyon; e di come mi stavo preparando un sentiero. È più o meno quello che stanno facendo in questa vita. Ho un sacco di posti in cui dovrò cadere. E ci possono essere false indicazioni per andare e tornare, ma devo trovare la mia strada. Quindi stanno ridendo.

D: Pensano che sia divertente a causa di tutte queste probabilità e possibilità?

A: Sì, sanno che ci stiamo avvicinando, e così, man mano che si avvicinano le cose diventano più complicate.

D: Cosa intendi per più vicino?

A: Siamo più vicini a finire questa fase e ci stiamo avvicinando alla fine. Così diventa un arrangiamento molto complicato e complesso. Ci sono più scelte, più elementi per il libero arbitrio da esercitare. Più opportunità, e devi farcela, potendo dimostrare di essere in grado di dimostrare che puoi superare certe tentazioni che potrebbero essere più facili. E devo superare cose che potrebbero distrarmi. È molto complicato.

D: Cosa vogliono dire con le ultime fasi?

A: Non so dove andremo dopo, ma non torneremo in questa stanza. Andremo in un altro edificio. Credo che ci stiamo, laureando in questo luogo e andremo in quello successivo.

D: Questo significa che non tornerai più sulla Terra o cosa?

A: Torniamo in modo diverso, e solo se lo scegliamo. E' per questo che dobbiamo fare le cose per bene.

D: Non ci saranno più occasioni per tornare a correggerlo?

A: Ci saranno, ma voglio restare col mio gruppo.

D: Perché la gente commette degli errori.

A: Sì, lo fanno. Ma non è una questione di perfezione, ma piuttosto di sapere che è importante imparare. Che sei aperto e disponibile ad imparare.

D: Possono mostrarti cosa succederà in questa vita come Amber?

A: Molto difficile.

D: Ma alcune di queste persone torneranno con te per recitare la loro parte?

A: Sì. Ed essendoci, sono il loro stesso promemoria di dove dovremmo essere e che siamo insieme, e come possiamo aiutarci l'un l'altro.

D: Ma quando entri nel corpo, non te lo ricordi, vero?

A: No, ma c'è questa sincronia nel conoscere e noi tutti lo sappiamo. Ma siamo qui per incoraggiarci a vicenda. Per non prendere delle scappatoie o scorciatoie.

D: Quale sarebbe la scorciatoia?

A: La strada breve è quella di stare lontano dalle sfide.

D: Quella è la strada facile, ma così non s'impara molto, vero?

A: No. Non si arriva al passo successivo, e sono tutti entusiasti di passare al passo successivo. Per questo abbiamo deciso di aiutarci a vicenda. Così non resteremo indietro. Avanzeremo tutti insieme.

D: Qual è il passo successivo? Possono dirti qualcosa a riguardo?

A: C'è un gruppo davanti al quale ci presenteremo, parleremo con loro. Ma è in un luogo diverso. È in cima ad una cupola. Fluttua alla sommità, è come una luce dorata.

D: Non ci sei mai stato prima?

A: No. Il mio gruppo ha una gran voglia di andarci. Sappiamo dove sia. Sappiamo che non ci siamo mai stati ed è lì che andremo successivamente.

D: Come una laurea, hai detto. (Sì) Prima di tutto bisogna superare le sfide di questa vita. (Sì) E la maggior parte delle persone che incontrerai nella vita di Amber faranno parte del gruppo?

A: Non la maggior parte. Solo alcuni selezionati e saranno lì a ricordarmi che sono nel posto giusto per fare le cose giuste e andare nella giusta direzione.

D: Avrà dei figli in questa vita? Riesci a vederlo?

Questa era una delle domande di Amber.

A: Sì. L'ho scelto io e loro ridono di me per le cose che sto scegliendo. Sto scegliendo tutto. Non voglio essere sulla strada corta. Metto tutto nella mia lista. E ridono di me perché ritengono che non c'è alcun modo di riuscire a gestire tutte queste cose. Ma sono così determinato che riusciremo ad arrivare al prossimo passo, alla prossima tappa, che mi sto caricando il più possibile.

D: Può essere una sfida.

A: È come se prendessimo una biglia da una scatola e la mettessimo in una ciotola. Ogni biglia rappresenta una sfida. Di solito la gente ne sceglie una o due. Le persone del gruppo sceglieranno una o due biglie e le metteranno in una ciotola. Io sto riempiendo la ciotola fino alla cima. Non sono molto contenti di me. (Divertita.)

D: Sei davvero sicuro di volerlo fare?

A: Sembra facile, sai.

D: Oh, sembra sempre facile.

A: So che se lo facciamo, ci diplomeremo. Andremo avanti. Mi stanno guardando. Dicono: "Ti rendi conto che quando metti la biglia nella ciotola, la biglia è la tua? Gli altri sono lì, possono aiutarti un po' da lontano, ma è la tua biglia". E io dico: "Lo so. Lo so."

D: Va bene. Ma sai qualcosa dei bambini che potresti avere?

A: Vedo una bambina. È meravigliosa e ha così tanto da insegnarmi, se glielo permetto. Sarà difficile. Sarà diversa da me e da chi mi sta intorno. Non fa parte di questo gruppo, ma ho accettato di portarla perché ha molto da dare. Ma è una situazione speciale. Può insegnarmi se glielo permetto, ma anche lei è anche una biglia nella mia ciotola. È una vibrazione diversa. Ha problemi a rimanere sulla Terra. Il suo corpo è molto leggero e ha bisogno di imparare diversi modi per restare a terra. È molto importante insegnarglielo. Insegnarle a giocare. Insegnarle a stare sulla Terra e a camminare sulla Terra. Più tempo può passare all'esterno e vicino alla terra, più resterà a terra. In Natura. Sboccerà. Ci sarà molta paura perché è uno strano ambiente. Non è abituata a restare in un corpo. E il corpo non sempre collaborerà con lei.

Questa descrizione corrispondeva alla figlia di Amber: Adriana. Sembrata sempre come se non appartenesse a questo mondo e avesse bisogno di speciali attenzioni e d'amore.

D: Riesci a vedere chi sarà il tuo compagno in questa vita?

A: Hmm. Hai detto "compagno" e loro hanno detto: "Altre biglie".

Disse che anche i compagni non avrebbero fatto parte del gruppo. Avrebbero avuto lezioni diverse da insegnare ad Amber. Non volevo rovinare il divertimento che stava provando con il suo gruppo e la loro pianificazione, ma stavo pensando che fosse il momento di iniziare a fare le sue domande.

Chiesi se mi era permesso fare delle domande e loro accettarono: "Puoi chiedere". Sapevano cosa stavamo facendo e lo consideravano lecito.

D: Non voglio rovinare il loro divertimento o chiedere cose che lei non dovrebbe sapere.

A: No, le faremo sapere.

D: Sanno che lei è nel corpo ora e che è qui per cercare di ottenere informazioni.

A: Sì, certo. Questo è quello che farebbe lei. Ha già imparato molto da quello che le è stato detto.

Una delle sue domande riguardava il suo attuale lavoro. Non ne era contenta e sentiva di trovarsi ad un bivio, stava cercando di decidere di cambiare carriera.

A: Sono quelle biglie. (Ridendo) Lei sa cosa deve fare. Ha bisogno di cambiare e troverà il momento giusto, saprà che solo perché aveva delle biglie nella ciotola non significa che tutte debbano rappresentare qualcosa di pesante. Una sfida non è sempre un peso, deve riconoscere che in un corpo umano c'è solo una quantità di cose che una persona può fare, e ci sono dei limiti. Altrimenti non sarebbe in un corpo umano. E deve imparare a lavorare con il suo corpo umano per permetterle di fare le cose che deve fare. Quando si oppone a questo, il suo corpo si spegne, e questo lo ha dimostrato.

D: Si ribellerà, quindi deve prendersi del tempo per sé e per riposare?

A: Sì. Non può guarire gli altri finché non guarisce se stessa.

Aveva avuto un interessante rapporto con il marito per molte, molte vite. Non erano dello stesso gruppo, ma avevano la stessa vibrazione. Avevano accettato di aiutarsi l'un l'altro, e per la maggior parte della loro vita sono stati buoni amici. Suo padre era uno del gruppo. "Accettò di arrivare qui per lei, in modo che sapesse dove fosse il sentiero. (Così non si sarebbe persa.) Ha fatto il suo lavoro ed è andato anche oltre, ha fatto un lavoro meraviglioso nell'aiutare le persone. Ha avuto molte occasioni in cui avrebbe potuto andarsene e ogni volta ha scelto di restare ad aiutare. Noi lo ringraziamo per il suo lavoro".

Messaggio finale: Saprà di potermi contattare ogni volta che ne avrà bisogno. Ha solo bisogno di stare tranquilla e di ascoltare. Conosce i luoghi dove può andare per ascoltare meglio e le persone con cui può stare per ascoltare meglio, ma noi saremo sempre lì per lei. Continueremo ad esserci per lei. E ricordati solo delle biglie. (Questo ci fece ridere).

Capitolo 7

UNA BREVE VITA

Kim era un'assistente di volo in pensione, sulla sessantina. Entro facilmente in trance, ma finì in una vita che sembrava essere quella appena prima della attuale. Sembrava essere in una piccola città vicino all'oceano. Era una bambina di quindici anni, viveva in un edificio di tre piani che aveva un negozio di mangimi al piano terra. Viveva lì con sua madre, suo padre e tre fratelli. La descrizione della cucina suggeriva la fine degli anni Ottanta del XIX secolo o i primi del XX secolo: una pompa dell'acqua e una stufa a cassetta. Il negozio di mangimi era l'azienda di famiglia e tutti davano una mano quando non andavano a scuola. Il suo compito era quello di occuparsi di scrivere gli ordini. Sembrava una vita semplice e tranquilla, finché non la spostai ad un giorno importante. Stava scendendo le scale che portavano dal loro alloggio al piano superiore, nel retro bottega; quando inciampò e cadde dalle scale. Era gravemente ferita, ma non riusciva a gridare. Riusciva a sentire le persone nel negozio, ma non poteva gridare per chiedere aiuto. E' dovuta restare lì finché qualcuno non l'ha trovata e l'ha riportata di sopra. Quando il dottore arrivò, scoprì che si era rotta il collo.

"Mi mette un lenzuolo sulla testa. Non credo di avercela fatta. Mio padre è con me. Sto guardando dall'altra parte della stanza. Vorrei non essere caduta, ma non posso farci niente". Così era morta tragicamente e all'improvviso a sedici anni. Io, naturalmente, volevo sapere cosa fosse successo dopo, ora che era fuori dal corpo. "C'è una luce. Vado lassù".

D: Dimmi cosa succede mentre sali verso la luce.

K: È successo così in fretta! Ma vorrei che non fosse accaduto.

D: Ma non puoi tornare indietro adesso, vero? (No) Allora cosa succede? Cosa stai sentendo?

K: Solo questa pace. È una bella sensazione.

D: Sei da sola o ci sono altre persone con te?

K: Non vedo persone. C'è una presenza... "Posso tornare indietro?

D: Questo è quello che stai chiedendo? (Sì) Cosa dice?

K: "No. Il tuo corpo è rotto". Perché è dovuto succedere? "È quello che volevi". Perché lo avrei dovuto volere? Dicono: "Avevi bisogno di... era il tuo momento. Avevi finito".

D: Ma non è stata una vita molto lunga.

K: Sì, e non credo che sia giusto. Dicono: "È quello che volevi".

D: Chiedi loro di spiegartelo, perché te lo sei dimenticata.

K: "È quello che la tua anima ha voluto. Essere lì per un breve periodo di tempo. Per imparare".

D: Per imparare cosa?

K: Solo lezioni. E cosa ho imparato? Ho imparato quello che ho imparato. Sull'essere giovani... sulla parte migliore del tuo corpo. Il tuo corpo non invecchia mai, ma la tua anima non progredisce. Quando il tuo corpo si rompe e sei giovane, la tua anima non progredisce. Non riesce a trattenere l'anima.

D: Avrebbe potuto essere paralizzata. (Sì) Allora forse non saresti stata in grado di fare quello che avresti dovuto fare?

K: Non avrei dovuto fare nient'altro, credo. Solo imparare cosa vuol dire essere giovani. Così poi tornerai indietro e diventerai vecchia. E poi vorrai essere vecchia e permettere alla tua anima di crescere. Perché ora sai che la tua anima non può crescere se il tuo corpo si rompe quando sei giovane. Allora apprezzerai il fatto di invecchiare. E prendersi cura del corpo, ed essere più attenta. Non cadere se puoi evitarlo.

D: Dopo aver parlato con loro, vai da qualche altra parte?

K: C'è una specie d'esplosione... di calore... proprio come se fossi in un bozzolo o qualcosa del genere.

D: Qualcuno ti ha detto di farlo?

K: Sì. Devo andare avanti e fare parte di quell'universo là. Farne parte per un po' di tempo. -- In quella esplosione di luce... devo solo pensare a quello.

D: Pensare alla vita che hai appena lasciato?

K: Per prepararmi di nuovo, per un'altra.

D: Devi farne un'altra? (Sì) Cosa ne pensi?

K: (Gioiosa) Penso che vada bene. Voglio vivere più a lungo e non voglio andare di sopra. (Esplose in una risata)

D: Non vuoi correre il rischio che questo accada di nuovo. (Risata) Stai parlando con qualcuno dei tuoi piani?

K: Sì. Ne stiamo parlando. Del fatto che se tu tornassi, saresti quello che vuoi essere, di quanto tempo vivresti e tutto il resto.

D: Stai pianificando?

K: Sì. Però devo pensarci e ci vuole molto tempo per capirlo. Parlano delle diverse possibilità. Mi chiedono: "Beh, vorresti vivere intorno alla neve?". No, no... Mi piace la neve e a volte mi trovo in mezzo alla neve, ma non vorrei viverci. Però credo di aver pianificato questa vita che sto vivendo in questo momento.

D: È questo che ti stanno mostrando? (Sì) Come stai facendo i progetti?

K: Ho solo un grosso pezzo di carta, una matita e una penna per scrivere. E stiamo cercando di capire tutti i dettagli. E loro dicono: "Beh, non avevi molto altro da imparare, ma dovevi imparare a prenderti cura del tuo corpo. Hai imparato molto".

D: Stai facendo progetti con altre persone o cosa?

K: Sì. Sai... dove decidi di vivere... la famiglia... e tutte quelle cose. Credo di aver deciso di vivere questa vita proprio ora e ho cercato di tenermi lontano dalle scale. E' stato brutto. (Entrambi abbiamo riso.)

D: Stai parlando della vita come Kim? (Sì) C'era qualcuno in quella vita che Kim conosce ora, in questa?

K: David (il suo attuale marito)... Credo che fosse il dottore.

D: Perché hai sottoscritto di tornare con lui?

K: Perché ero morta e non ho avuto la possibilità di conoscerlo. Lui sembrava davvero gentile e premuroso. Piangeva.

D: Quindi ha accettato di tornare nella vita di Kim per aiutare? (Sì, sì.)

Kim aveva voleva sapere della figlia adottiva: Robin. "Era mia madre in quella vita. Era davvero sconvolta per la mia morte".

D: Voleva stare con te anche questa volta? (Sì) Ma non poteva venire come figlia naturale di Kim? (No) Sapeva in anticipo che sarebbe stata adottata?

K: Sì, faceva parte del suo piano. Ci sono quasi riuscita di nuovo, ho quasi rotto il corpo. (Kim aveva avuto un incidente d'auto.) Ma doveva arrivare a me.

D: E ha scelto te invece dei genitori naturali? (Sì) C'era una ragione per questo?

K: Oh! Avevano sedici anni! Quando era mia madre avevo sedici anni e mi sono rotta il corpo. Lei ha dovuto lasciare i suoi genitori naturali perché avevano sedici anni ed erano troppo giovani per tenerla. E venne a stare di nuovo con me.

D: Quindi questo era l'accordo prima che la abbandonassero. Lei sapeva già che Kim sarebbe stata sua madre adottiva. (Sì) Questo è interessante perché dimostra come tutto fosse coordinato .

K: Sì. Spero che quei genitori stiano bene.

D: Possiamo scoprirlo. Lei sta facendo un ottimo lavoro nel rispondere alle domande, ma credo che chiameremo qualcun altro che ha più risposte. Va bene così? (Sì)

Allora invocai il SC. Per iniziare faccio sempre la stessa domanda: "Perché hai scelto questa vita per Kim?

K: Così avrebbe visto che aveva bisogno di prendersi cura del suo corpo.

D: Ha avuto qualche incidente, vero? (Sì) Ha davvero scombussolato il suo corpo, vero? (Sì) Il subconscio non poteva impedire che succedesse?

K: No, non l'abbiamo fatto. Pensavamo che avesse bisogno di ricordare. Stava cominciando a dimenticare.

D: Ci ha raccontato di come sua figlia avesse deciso d'incarnarsi ed essere adottata. E i genitori naturali di Robin? Erano molto giovani quando hanno avuto Robin. Puoi vedere se stanno bene?

Questa era una delle domanda della lista di Kim alla quale cercava una risposta.

K: La madre naturale era suo fratello in quella vita. Sua madre era molto occupata con il negozio e doveva occuparsi di quel fratellino.

D: Quindi si misero d'accordo tra di loro? (Sì) Beh, Kim ha espresso una preoccupazione. I genitori naturali di Robin erano molto giovani, sedici anni. Si chiedeva cosa fosse successo loro in questa vita attuale. So che si possono vedere queste cose, se è appropriato. Cosa è successo loro dopo la nascita di Robin?

K: Lei è andata a scuola e ha avuto altri figli.

D: Sapendolo Kim si sentirà meglio. Quindi è andato tutto bene.

Uno dei problemi fisici di Kim era la preoccupazione per la sua gola: la tiroide. Le ho chiesto cosa le causava quel problema. "Voleva chiedere aiuto. Quando è caduta dalle scale e si è rotta il collo, è rimasta li bloccata per molto tempo e ha cercato di chiamare aiuto, ma non ci è riuscita".

D: Perché ora ha problemi alla gola?

K: Sta ancora cercando di chiedere aiuto. Questo è iniziato quando sua madre si è ammalata. Finché c'era sua madre, lei stava bene. Ma quando sua madre si è ammalata ed è morta, allora ha iniziato a gridare di nuovo.

A quel punto continuai con la terapia per lasciare i sintomi della gola nel passato con la giovane sedicenne e per rassicurare Kim che non c'era nulla da fare per aiutare sua madre mentre stava morendo. Stava semplicemente punendo se stessa, poiché questi erano solo ricordi di un'altra vita. Il SC accettò di guarire la gola e di restituire tutto al passato. La guarì inviando energia alle ghiandole del collo e rilassandole. Il SC disse: "Non c'è bisogno di gridare. Devi solo rilassarti".

Alla fine di questo processo, passai alle domande successive. Era preoccupata che le fischiassero le orecchie. Passava da un lato all'altro. In altre sedute mi è stato detto che aveva a che fare con l'adattamento delle frequenze. Sospettavo che la risposta sarebbe stata la stessa in questo caso. "Cosa lo sta causando?"

K: La Terra. Le vibrazioni stanno cambiando e non c'è modo di evitarlo. Dovrà adattarsi alle frequenze. Possiamo aiutarla aumentando le sue vibrazioni.

Gli incidenti avevano causato gravi problemi al suo corpo ed è stato necessario un intervento chirurgico. Il SC fece fatica ad adattare il suo corpo alle vibrazioni perché: "Certo che ci sono un sacco di fili lì dentro! Ecco perché è così difficile adattarsi alla frequenza. Vediamo cosa possiamo fare".

D: Questo è successo quando ha rotto di nuovo il corpo. (Sì) Potete aiutarla con le frequenze vibratorie in modo che non le diano fastidio?

K: Stiamo cercando di fare gli adattamenti.

D: Tutti quei fili creano un effetto di messa a terra o cosa?

K: Aumentano le frequenze... interferenze. Interferisce con il processo naturale. È piuttosto brava, però, con tutto quello che sta succedendo. Considerando che le abbiamo detto di prendersi cura di quel corpo (Ridendo).

* * *

Wilma stava attraversando una vita semplice, noiosa e primitiva quando le chiesi di passare ad un giorno importante, mentre stava succedendo qualcosa. Appena lo fece, divenne ovvio che era saltata in un'altra vita.

W: (Freneticamente) C'è acqua. Non riesco a respirare.

D: Cosa vuoi dire?

W: Sono in acqua. Non riesco a respirare.

Eliminai qualsiasi sensazione fisica di disagio, in modo che lei potesse parlarmi obiettivamente, se necessario.

D: Come sei entrato in acqua? Puoi tornare indietro e scoprire cosa è successo. Sei in grado di vedere. Non ti darà alcun disagio scoprirlo.

W: C'è una macchina ed è caduta dal ponte.

Rimasi sorpresa. Ora mi era ovvio che era saltata ad un'altra vita. Non ho avuto altra scelta che seguirla.

D: Eri in macchina?

La sua voce tremava di paura mentre rispondeva: "Sì".

D: Va tutto bene. Puoi guardare. Stavi guidando o cosa?
W: No... Ero sul sedile anteriore.
D: Chi guidava la macchina?
W: Mia madre.
D: Chi altro c'è in macchina?
W: Mia sorella.
D: Quanti anni hai?
W: Sette.
D: Stavate andando da qualche parte?
W: Presumo di si.
D: Vivevate da quelle parti?
W: Uh-huh... non molto vicino, ma da quelle parti.
D: Dov'è tuo padre?
W: Non lo so.
D: Cos'è successo? Puoi guardarlo. Non è necessario che tu lo provi.
W: Ha colpito qualcosa mentre eravamo sul ponte. La parte anteriore della macchina ha scavalcato la paratia del ponte, si è capovolta e ha colpito l'acqua. L'acqua ha iniziato a entrare dai finestrini e io non riesco a respirare.

Ancora una volta tolsi ogni spiacevole sensazione fisica. "Sai se tua madre e tua sorella sono in giro da qualche parte?

W: No. Nessuna di noi è uscita. Siamo morte tutte.
D: Siete tutte in macchina?
W: Sì. - Sto affogando.
D: Non lo sentirai. Non sentirete alcun fastidio. Però è stato uno shock, vero?
W: Sì, non me l'aspettavo.

D: Neanche tua madre, vero? (No) Non sapeva cosa sarebbe successo.

Lo spostai avanti fino alla fine, fino al punto in cui era dall'altra parte. È più facile ottenere informazioni dopo che la persona ha lasciato il corpo. Non c'è bisogno di farli passare attraverso la morte vera e propria. Chiesi a Wilma (la bambina) se poteva vedere la macchina.

W: È sott'acqua. È affondata con tutti a bordo.
D: Qualcuno sa che siete cadute in acqua?
W: No, non c'era nessuno.
D: Cosa farai adesso?
W: Beh, io sono morta lì dentro, quindi immagino di galleggiare.
D: Ci sono anche tua madre e tua sorella?
W: Sono in acqua. Sono morte anche loro, ma non le vedo. Davvero non voglio andarmene.
D: Perché no?
W: Perché non voglio morire.
D: Eri giovane. (Sì) Ma è stato un incidente. (Sì) Hai avuto una bella vita?
W: Volevo che durasse più a lungo.
D: È stata una sorpresa. Non doveva finire così in fretta. (No) Vedi qualcuno?
W: Sì, c'è della gente che mi aspetta. Sanno che sto arrivando.
D: Hai intenzione di parlare con loro?
W: Ah-ah, adesso c'è mio padre.
D: Puoi chiedere loro perché è successo. Perché sei morto così giovane?
W: Ha appena detto che non avevo bisogno di stare laggiù più a lungo. Volevo restare. Dimenticherò in fretta cosa vuol dire stare laggiù, e poi saprò perché è meglio stare quassù.
D: Ma sei rimasta laggiù solo per un breve periodo.
W: Ha detto che era ciò di cui avevo bisogno. Ha detto che ho imparato ciò di cui avevo bisogno.
D: Cosa ne pensi?

W: Beh, come dicevo, mi sarebbe piaciuto rimanere, ma forse è meglio quassù. Non è così stretto. Ci sono altre persone qui. C'è mia zia. Colei che era mia zia.

D: Quindi ci sono persone che conosci. Dove devi andare adesso? Qualcuno te l'ha detto?

W: No, stiamo qui in piedi... a galleggiare. Dicono che dobbiamo salire, ma non c'è fretta. Ha detto che non è come se fossimo laggiù. Posso farlo a mio tempo.

D: Cosa vuoi fare adesso?

W: Sono pronta a salire, credo. Non posso tornare indietro.

D: Tanto vale salire a vedere cosa c'è.

W: Sì. A lui piace lì. Mi ha appena preso per mano e stiamo salendo. Mia zia sta arrivando. Non riesco a vedere molto in questo momento. È solo un po' nuvoloso. C'è qualcosa nell'aria.

La spostai avanti più velocemente a quando è arrivata dove doveva andare.

W: Non so dove siamo. Non riesco ancora a vedere bene. C’è della roba in mezzo. Ok. C'è qualcuno lassù. Ora so che dovrei conoscerlo, ma non so chi sia. Sembra un divo, so solo che è qualcuno con cui sono già stata in contatto quassù.

D: Quindi ti sembra di essere già stata qui?

W: Sì, un sacco di volte.

D: Quindi ti è familiare, ora che sei lì?

W: Sì, credo di sì. (Sussurrando) Vorrei sapere chi è quel tizio. Non so cosa stia facendo in questo momento. Non riesco a descriverlo. Mi accoglie quando torno quì. Mio padre se ne sta andando. Deve andare da qualche altra parte.

D: Ha un lavoro da fare?

W: Penso che l'abbia fatto... solo per essere sicuro che io arrivassi qui. Quindi adesso sono qui con questa persona.

D: Ti porterà da qualche parte?

W: Per ora restiamo qui, quindi questo è quello che facciamo. C'è una tale nebbia. Non riesco a vedere. -(Rise) Oh, vorrei poterlo fare!

D: Cosa?

W: Ha appena cambiato il suo aspetto... proprio così. Sta cambiando se stesso così velocemente. -Oh, sta solo facendo lo spiritoso. Non è una cosa che fa sempre.

D: Vediamo dove ti porta. Diventerà più chiaro.

W: Vado a scuola. Vedo una pietra bianca, alcuni gradini e pilastri ed è piuttosto grande... come se i gradini corressero per un lungo tratto. Probabilmente ci sono solo sei gradini, ma sono molto lunghi. -- quindi stiamo andando a scuola. Io ero fuori e adesso sono dentro, non sono nemmeno riuscita a vedere la porta. Che te ne pare?

D: Com'è la scuola?

W: Succedendo un sacco di cose qui, ma questo è il luogo dove capirò cosa farò dopo.

D: Cosa ti insegneranno in quella scuola?

W: Solo come gestire le cose sulla Terra... una tale seccatura stare laggiù.

D: Intendi, come gestire le cose quando sei di nuovo nel corpo?

W: Sì, perché da qui possiamo vedere come gestire le cose laggiù. È più facile vederlo da quassù. Ma laggiù non si vede niente. E' semplicemente ridicolo. È per questo che tutti noi dobbiamo capirlo bene mentre siamo quassù.

D: Quando si è laggiù, non sempre va nel modo giusto, vero?

W: No, perché non riusciamo a ricordare cosa stiamo facendo. Siamo pietosi.

D: Dicono perché non riesci a ricordare?

W: Beh, vediamo. Dice solo che sarebbe troppo confuso. Penso che sarebbe più facile se riuscissi a ricordare, ma lui dice che non lo sarebbe. Voglio ricordare, ma lui dice che non funziona così.

D: Pensa che saresti più confusa se conoscessi?

W: Sì, è quello che ha detto. Dice che siamo programmati solo per restare sul binario e in qualche modo programmati internamente. Ha detto che quassù riusciranno a fare tutto con me. E siccome l'hanno fatto, quando arriverò laggiù lo saprò, anche se in realtà non me lo ricorderò. Perché dice che è tutto registrato quassù, quindi non devo preoccuparmi. Quando la gente è quassù, ripassiamo il piano insieme a loro. Così anche quando la gente torna sulla Terra, sa qual è il piano, anche se in realtà, cito: "non ricorda". Lo sanno. Solo che non sanno di saperlo.

D: Ma molte volte, quando arrivano quaggiù, le cose non vanno sempre secondo i piani, vero?

W: No, ma abbiamo delle soluzioni anche per questo.

D: Cosa intendi dire?

W: Beh, sai, cerchiamo di influenzare un po', se necessario, solo per tenere la gente in carreggiata, o per rimettere la gente in carreggiata o qualsiasi cosa riusciamo a gestire da dove siamo, senza infrangere alcuna regola.

D: E come si fa? Quando sono sulla Terra, la gente non può vederti lassù.

W: No, non possono vedermi, il che è un bene. Perché se potessero vedermi, potrei non essere in grado di fare le cose che faccio. A volte bisogna incoraggiare le persone ad andare in una direzione in cui non pensano o non vogliono andare.

D: Questa non è interferenza?

W: No, lo facciamo secondo le regole. Conosciamo le regole e non le infrangiamo mai.

D: Quali sono le regole?

W: Solo che non si può interferire, e non si può scendere e prendere qualcuno per mano e portarlo in giro. Ma a volte si possono creare dei blocchi stradali; bloccare una certa strada che potrebbe cambiare le cose per molte persone. Cerchiamo di non fare più del necessario.

D: Hanno il libero arbitrio quando tornano in un corpo, vero?

W: Sì, sì. Possono fare molte cose, se vogliono.

D: Avete intenzione di pianificare qualcosa?

W: Beh, lavorerò con lei, e cercheremo di capire cosa dovrebbe fare dopo. Ma credo che andrà a scuola per un po' di tempo.

D: La bambina? (Sì) Ha bisogno di andare a scuola per essere addestrata?

W: Beh, non la chiamiamo proprio addestramento, ma ci sono certe cose che deve sapere prima della prossima vita. Quindi studierà mentre noi lavoriamo al piano.

D: Lei ha qualcosa da dire sul piano?

W: Oh, sì. Se non volesse applicarsi al piano, ne prepareremo un altro. Non vogliamo che qualcuno debba fare ciò che non vuole fare. Questo non è divertente.

D: Devono essere d'accordo allora? (Oh, sì, sì.) Ma allora il piano può essere cambiato quando tornano sulla Terra?

W: Dipende. Ci sono stati momenti in cui i piani sono stati cambiati, ma noi cerchiamo di non farlo. Voglio dire, cerchiamo di assicurarci che il piano sia solido prima di mandare giù qualcuno.

D: Perché ci sono tutte queste altre persone con i loro piani.

W: Giusto, e come sai, si intrecciano tutti tra di loro.

D: A volte non funzionano nel modo in cui la persona voleva che funzionassero.

W: Beh, no, e hanno il libero arbitrio. Ci sono cose che accadono in modo che non sia come se l'avessero scelto loro.

D: Ci sono anche tutte le altre influenze.

W: Esatto. Parteciperà in lezioni generali fino a quando non avremo il piano. E una volta che avremo il piano, allora sapremo meglio cosa deve fare la prossima volta. Prima esaminiamo il piano con lei, e se le piace, la mandiamo in varie aree dove può imparare qualcosa, ma noi le saremo utili in questa vita.

D: Perché è morta così giovane nell'incidente d'auto?

W: Semplicemente non avevamo più bisogno di lei là e accettò di abbreviare la distanza.

D: Aveva imparato tutto quello che avrebbe dovuto imparare?

W: Sì, e stava aiutando anche altre persone, credo, se ricordo bene.

D: Al momento della morte, non voleva andarsene subito.

W: No, la maggior parte delle persone, di solito non vogliono. Non sempre. Alcune persone sono disposte, ma... sono ancora attaccate al corpo. E non sanno dove stanno andando. Non ricordano di essere stati qui prima. Pensano di andare in un posto che non conoscono, quindi hanno paura. Inoltre lei era piccola, quindi probabilmente era più spaventata di una persona adulta, forse, dipende. C'erano delle cose in ballo che le piacciono.

L'ho portata avanti per vedere quale fosse il piano, cosa avrebbe dovuto fare.

W: Non è ancora scritto nero su bianco, ma stiamo pensando ad un uomo. Vedo un vestito formale da lavoro però... non so se lei vorrà farlo.

D: Vorresti dire, il tornare come uomo?

W: Beh, non quello. La sua vita sarà molto complicata. Non so se ha bisogno di qualcosa di così complicato in questo momento. -- (Parlando con qualcun altro) -- Oh! Sì, abbiamo bisogno di... Non credo che questo sia giusto per lei. Era di qualcun altro? Credo che abbiano confuso i piani. Ok, vai tu a prenderlo.

D: Succede a volte? Che li confondano?

W: Beh, non dovrebbe succedere. (Rise) Vogliamo essere sicuri che tutti abbiano il piano giusto. Sì, mi sono un po' confuso... scusate.

D: Avete molte persone di cui vi state occupando?

W: Sì, e quel piano era per la persona che l'ha preceduta.

D: Ok. Lascia che quella persona abbia quello complicato. (Ridendo) -- Okay, cosa vedi per il suo piano? Cosa ti sembra giusto?

Sapevo fin dall'inizio che stavamo parlando di Wilma nella sua vita attuale perché se l'altra bambina è morta in un incidente d'auto non poteva essere troppo lontano nel passato. Wilma è nata nel 1963, quindi probabilmente è stata la vita appena precedente a quella attuale.

W: Ho tirato fuori un po' di roba e sembra che la prossima volta sarà madre. Non vedo altro.

D: Ti sembra un buon piano?

W: Beh, non vorrei farlo, ma... ora sta scuotendo la testa. Non vuole farlo. Non vuole essere madre. (Ridendo)

In questa vita, Wilma non si è mai sposata e non ha figli.

D: Ha l'ultima parola, vero?

W: Sì. Non costringiamo mai nessuno a fare qualcosa che non vogliono fare. Di solito la gente capisce se pensa di non volerlo fare. Di solito, se ci pensano abbastanza a lungo, riescono a vedere come riusciranno ad avanzare in quel modo, quindi s'impegnano a farlo.

D: Stavo pensando di come non ci si possa fidare che alcune persone riescano a decidere da sole.

W: Beh, ci sono anche quelli, ma io non nulla a che fare con loro. Se ne occupa qualcun'altro.

D: Le hai mostrato un altro piano?

W: Dovremo elaborarne uno. Ci vorrà un po' di tempo per studiarlo, per essere sicuri che tutto vada per il verso giusto... voglio dargliene uno buono... non traumatico come l'ultimo.

D: Sarà più lungo dell'ultimo?

W: Penso di sì, sì. Sì, sarà una navigazione più fluida. Le piacerà qualcosa di meno noioso.

D: A volte è una cosa breve come quella, perch'é una lezione per gli altri?

W: A volte lo sono, e c'erano delle lezioni per le altre persone coinvolte in quella situazione.

L'ho spostata dove il piano era solido e le ho chiesto se era d'accordo.

W: Avrà una carriera o un lavoro. Le piace. Vivrà oltre i sette anni, quindi le piace molto. È un bene se si vuole restare laggiù così a lungo. Io non vorrei, ma lei pensa che sia una grande idea.

D: Che tipo di carriera?

W: Non saprei dirlo. Le piaceva, qualunque cosa fosse. Le piaceva l'idea.

D: Sarà d'accordo?

W: Credo di sì. Deve vedere il resto, ma credo che le piaccia. Ci vorrà un po' di tempo.

D: Non ci andrà subito?

W: Oh, no. Ora che le piace tutto questo, ci sono alcune cose a cui l'aiuteremo ad adattarsi.

Anche se l'entità con cui parlavo non aveva cognizione di tempo, dovetti dirgli che qui noi lavoriamo con il tempo. Chiesi se era consapevole di parlare attraverso un corpo fisico. Disse che ne era certamente cosciente.

D: Questo è il corpo fisico che chiamiamo Wilma. (Sì) È questo il corpo, la vita in cui la bambina era entrata, o ce n'era un'altra di mezzo?

W: Credo che questa sia la successiva.

D: Quello che stava pianificando?

W: Penso di sì, sì. Lei non voleva l'altra in cui sarebbe diventata madre, quindi ce ne siamo liberati.

D: Non voleva la responsabilità?

W: Semplicemente non ne ha bisogno. Non so se l'ha mai fatto prima, ma non ne ha bisogno. Questa volta è in missione di ricognizione.

Avevo bisogno di farle delle domande e volevo assicurarmi che l'entità con cui stavo parlando sarebbe stata in grado di risponderle o se avrei dovuto invocare il SC. Disse: "Non posso vedere tutto, ma posso vedere molto". C'era sempre l'eterna domanda: "Qual è il suo scopo? Che cosa dovrebbe fare della sua vita?". Ha una carriera, ma non era soddisfat-ta. Dissero che avrebbe cambiato le cose. Le diedero molte informazioni sulla nuova carriera che avrebbe avuto entro l'anno successivo. Ricordai all'entità che abbiamo bisogno di soldi in questo mondo per poter vivere. "Lo so, per questo sono contenta di non dover più tornare lì".

Ho chiesto al SC perché voleva che Wilma sapesse della breve vita da bambina. Per capire cosa cercasse di dirle?

W: E' per questo che non si sente bene.

D: È questo che le causa problemi fisici?

W: Sì, è rimasta sul fondo del fiume a lungo.

Wilma aveva un problema ai polmoni: ritenzione di liquidi, la sensazione di annegare nel suo stesso grasso e fluidi.

W: Non sta più affogando, era morta. Ora la bambina è morta, quindi Wilma non ha bisogno di quelle sensazioni fisiche.

D: Ma sembra che se le sia tirate dietro fino al corpo di Wilma.

W: Oh davvero? Dio, questo non lo vogliamo. Non è quello che vogliamo.

D: Ha detto di aver avuto questa sensazione per tutta la vita e quindi sta affogando nei fluidi come se avesse una ritenzione di liquidi nel suo corpo.

W: Beh, è stata laggiù per molto tempo. Non vedo alcuna ragione per cui debba portarsi questa sensazione in questo corpo. Quella è stata l'ultima vita di quella bambina, appartiene a quella vita. Non dovrebbe far parte della sua vita attuale.

Le diedi l'impressione suggestiva di lasciarla nel passato dove apparteneva e quindi non avrebbe più dato fastidio a Wilma in questa vita.

W: Non l'ho mai visto, ma ci sono un sacco di cose che non ho ancora visto. Probabilmente potrei chiedere in giro e qualcuno che ne avrebbe sicuramente sentito parlare o sa di cosa si tratta.

D: Nel mio lavoro ho trovato che le persone si portano dietro i traumi legati al modo in cui sono morte. E questo non mi piace, perché causa problemi.

Procedetti con la procedura necessaria per portarlo eliminare. Dissero che non c'era nient'altro che non andava nel corpo, solo i postumi dell'annegamento.

W: Wilma non avrebbe mai risolto quel problema qui; era più facile da lassù. Lo sciogliamo e basta. Ci concentriamo su ciò che il corpo dovrebbe essere e come dovrebbe funzionare. E poi separiamo quella roba e la riportiamo nell'area appropriata fino all'altra vita. Non appartiene a questa vita. Quello l'abbiamo eliminato, adesso stiamo visualizzando ciò che il corpo dovrebbe essere nello stato di salute in cui si trova. Visualizziamo uno stato di benessere molto più elevato per lei, ora puoi considerarlo fatto! Abbiamo finito. (Stabilizzarono anche il suo metabolismo, così come la caduta dei capelli che era stata causata dal lento metabolismo). Non sono un esperto di questa parte, ma a volte può succedere, e per quanto cerchiamo di essere attenti, a volte le cose ci sfuggono.

Messaggio Finale: Voglio solo dirle di continuare a portare la fiaccola e lei sa per cosa la sta portando. Deve ricordare che è qui per un motivo e le ragioni non sono sempre chiare. Ma tutti voi dovete portare la fiaccola e noi vogliamo solo che lei si ricordi di portare la fiaccola.

D: Cosa intendete con "portare la fiaccola"?

W: C'è un lavoro da fare e si può fare. Basta tenere gli occhi sull'obbiettivo, per non perdere di vista ciò che vuole fare.

Capitolo 8

UN COMPITO DIFFICILE

Mary scese dalla nuvola e si trovò uno scenario campestre con alberi, campi e animali che giocavano tra gli alberi. Era una bambina di sei anni che si stava divertendo a giocare da sola in natura. Non le piaceva restare nella casa dove abitava, ma preferiva giocare circondata dalla natura. Disse che c'era molto stress in casa perché tutti erano spaventati. Avevano paura di far arrabbiare suo padre, quindi c'era tensione in famiglia. Le chiesi chi altro c'era in famiglia. Lei rispose con voce infantile: "Penso ai miei famigliari come a vermi del pomodoro - eccetto per mio fratello e le mie sorelle, ho anche un prozio e un nonno. Anche mia madre. Lei è molto stanca. Lavora molto duramente. È una grande fattoria. Ci sono altre persone che vengono ad aiutarci con il raccolto e lei cucina per tutti. Papà non è contento. Lui non vuole restare qui. --Ci sono delle tartarughe negli stagni e i vermi del pomodoro sono grandi, verdi e grassi. Si sentono bene. Stanno meglio che i miei famigliari". Vivevano in case separate, ma tutte nella grande fattoria. Io sto praticamente da solo, ma abbiamo dei gatti con i gattini". Mi piacciono le piante e gli animali. Mi arrampico sugli alberi per vedere i piccoli d'uccello nei loro nidi".

D: Cosa vuoi fare da grande? Ci hai mai pensato?

M: Non so se durerò così tanto. Sembra troppo lontano. Non credo che gli adulti siano felici, e non voglio essere così: vorrei essere più alta.

D: (Risi) Lo sarai. Credimi... lo sarai. Credi a me, crescerai. Tutti crescono.

M: Voglio solo rimanere alla fattoria. Gli animali, le piante ... abbiamo un grande giardino... catturiamo le tartarughe nello stagno. Sento il fango tra le dita dei piedi.

Era ovvio, da quanto mi aveva detto Mary durante la nostra intervista, che era tornata in un periodo della sua vita attuale. Stava rivivendo la sua infanzia infelice in una fattoria con genitori poco amorevoli. L'ho spostata indietro a quando era un bebè. In questo modo sarei stata in grado di farla uscire da questa vita e farla tornare al passato. Si vedeva come neonata in una culla. Tutti i suoi fratelli e le sue sorelle erano riuniti intorno a lei e la fissavano. Sembravano molto più grandi di lei.

D: Cosa pensi di questa famiglia ora che sei nel corpo di una neonata?

M: Non lo so. Non ne sono sicuro. (Pausa) Non sembra molto felice. Non sembra che sappiano che sono una di loro. Sono molto più piccolo e sono curiosi di me.

D: Questo perché sei l'ultima della famiglia. Andrà tutto bene.

Poi spostai Mary più indietro a quando stava prendendo la decisione di essere di nuovo una bambina e le chiesi cosa vedesse.

M: È una tabella con dei grafici, o delle mappe o delle pergamene. Sono a un'estremità di essa. Il tavolo è di forma ovale, ma ha degli strani angoli. Potrebbe essere di marmo... qualcosa di freddo quando lo tocco. Sembra che il tavolo abbia una luce al suo interno, ma non vedo come funzioni. Ci sono mappe e carte. Qualcosa è sparso e sembra brillare da sotto.

D: C'è qualcun altro intorno al tavolo o sei da sola?

M: Sembra che ci siano un paio di persone più anziane. (Improvvisamente iniziò a piangere e disse con tono straziante della voce): Non voglio andare! Dicono che devo tornare indietro. (Piangendo) Non voglio tornare indietro. (Piangeva). Andrà tutto bene.

D: È questo che stanno decidendo?

M: Hanno detto che devo tornare indietro.

D: Perché devi tornare indietro?

M: Immagino che ci sia altro da apprendere --Però, mi piace dove sono adesso. E' molto bello e l'acqua è limpida... ci sono delle belle siepi verdi, paesaggi e fontane. Calma e tranquillità.--Non voglio andare. Dissero che sarebbe stato meglio a lungo termine.

D: Possono dirti cosa devi imparare?

M: Le relazioni sono una cosa. Processi mentali e stare lontani dalla negatività. --Tutti devono superare le lezioni. Credo di non aver capito bene l'ultima volta.

D: Cosa succede se non ci riesci?

M: Ci sono molte altre opzioni, ma mi dicono che questo è quello che devo prendere.

D: Ti hanno mostrato alcune delle altre opzioni?

M: No, perché hanno detto che questa è quella che devo prendere. --L'obbiettivo è la perfezione.

D: Ma non pensi d'essere andata bene l'ultima volta?

M: Credo di no. Non pensavo di aver fatto un pessimo lavoro. (Depressa) Hanno detto che stavolta sarebbe stato diverso. Personaggi diversi... un diverso casting... parti diverse. (Frustrata). Laggiù non si può volare.

D: Ti hanno mostrato qualcosa di come sarebbe stato?

M: Hanno detto che sarebbe stata una guarigione per la famiglia.

D: Per la famiglia in cui andrai?

M: Su questo eravamo tutti d'accordo.

D: Anche gli altri della tua famiglia erano d'accordo?

M: Sì. Alcuni di noi sono già stati insieme, ma non tutti... per cercare di fare le cose per bene questa volta. So che alcune di quelle persone ci hanno già provato in passato, ma immagino che non ci siano riusciti. E ce ne sono di nuove. Ognuno ha parti diverse parti... non sono uguali.

D: Per lo spettacolo vengono portati personaggi diversi. È questo che intendi?

M: (Delusa.) Sì ... Credo di sì. Hanno detto che per la mia guarigione e per la guarigione di tutti noi, dovevo andare a farlo.

D: Ti hanno detto come devi farlo?

M: Ci sono un sacco di opzioni diverse. -- Non fare del male a nessuno.

D: È importante, vero?

M: Immagino che lo sia se mi fanno tornare indietro. (Infastidita) Penso che ci siano altri modi per farlo. Hanno detto qualcosa a proposito di una tabella di marcia. In questo modo potremmo farlo il più velocemente possibile.

D: Deve essere in uno specifico periodo di tempo?

M: Non so se devo farlo in un certo periodo di tempo o tutto quello che devo fare. Questo è il metodo più veloce, rispetto ad altri, di occuparsene.

D: Quindi tutte le persone che faranno parte della tua famiglia hanno accettato di riunirsi?

M: Sì, credo di sì. Altri arriveranno quando ce ne sarà bisogno.

D: Ho sentito dire che si stipulano dei contratti. È vero?

M: Beh, abbiamo tutti i nostri incarichi, forse è questo che intende. Il mio compito è quello di andare, e non fare del male. (Enfatica.)

D: E l'obiettivo è la perfezione; che è piuttosto difficile, vero? (Sì) Ovviamente, sembra diverso quando sei lassù. Cosa ne pensi? Sarai in grado di svolgere il tuo compito?

M: (Un pesante sospiro) Penso solo che ci deve essere un altro modo per farlo. Ma mi hanno detto che in questo modo si occuperà delle cose più velocemente.

D: Cosa succede se non lo fai le cose fatte bene?

M: Per qualche ragione, non mi sembra di avere questo lusso questa volta.

D: Quindi devi fare le cose per bene?

M: Questa è l'aspettativa.

D: Sono solo curiosa. Cosa succede se non va tutto bene?

M: Devo tornare di nuovo. --Ma potrebbe essere in luoghi diversi.

D: Ambienti diverse, paesi diversi e situazioni diverse?

M: Pianeti diversi.

D: Oh, quindi puoi fare anche questo. Hai avuto molte vite diverse e diverse esperienze?

M: Ne ho avute alcune.

D: Mi stavo chiedendo se lo stai facendo da molto tempo.

M: (Sconvolta) Sembra proprio di sì. --Sembra che ci siano dei livelli, cambiano i livelli, questo è su livelli diversi e questo finirà ad un livello più alto. (Sembrava molto angosciata).

D: Quindi si passa a livelli diversi. Devi imparare delle cose e finire quel livello prima di passare al livello successivo?

M: (Infastidita) Sì, credo di sì... Penso solo che sia stupido... solo stupido! Perché nel posto dove vogliono che vada, non ti ricordi nulla dopo essere arrivato. È semplicemente stupido! È come se t'iscrivessi ad un certo corso all'università; poi quando ci arrivi, non ci sono libri e non ci sono vestiti. Non sai dov'è la tua classe. Non sai chi sono i tuoi insegnanti ed è semplicemente stupido! È l'unico posto dove lo fanno così. La Terra! (Scontenta). In altri posti... altri sistemi energetici... altre galassie. Sanno cosa sta succedendo.

D: Non arrivi completamente alla cieca. Però, la Terra è diversa.

M: Sì. Fallo e basta! Il fatto è che: vai e portalo a termine, è piuttosto frustrante.

D: Ma non le hai fatte tu le regole.

M: No, ma mi obbligano a rispettarle.

D: Gli hai detto che non ti sembrava una buona idea?

M: Oh, credo di essere stata chiara. --Vedono grandi eventi, ma non solo per me. Siamo tutti interconnessi, quindi dicono che è come un salto quantico. Siamo in tanti a venire qui nello stesso momento, più o meno per la stessa missione. L'orientamento per nuovi modi di fare le cose che non sono stati... beh, le cose sono come dovrebbero essere sempre state, ma laggiù è tutto incasinato. Quindi è un ri-orientamento per il modo in cui le cose dovrebbero essere sempre state, ma stanno cambiando di nuovo. Il cervello umano, non tutto è stato collegato, quindi è solo agli inizi. Come se non sapesse tutto ciò che può fare, ma il cervello può fare molto di più. Quindi è come se ci fosse un'intera flotta o gruppo di noi che devono tornare indietro e riorientare la gente.

D: Sei già stato sulla Terra? (Sì) Quindi sai com'è laggiù.

M: Sì, ma è sempre una sorpresa.

D: Ti hanno detto come puoi ricordare il tuo compito una volta arrivato laggiù?

M: Hanno detto: "Non preoccuparti". Ci sarà solo un flusso minimo, ma questa non è stata la mia esperienza.

D: Una volta arrivata, c'è un modo in cui possono aiutarti, se incontri dei problemi?

M: Sì. Non siamo mai veramente scollegati, ma ci sentiamo come se lo fossimo. Siamo un po' tutti nella stessa zuppa, quindi dobbiamo aiutarci a vicenda. Mi è stato detto che avrei avuto degli aiutanti man mano che andavo avanti.

D: Presumo che probabilmente non li riconoscerai nemmeno?

M: Probabilmente loro non mi riconosceranno (Enfaticamente). - Non voglio andarmene. È così bello qui... cascate e acqua limpida.

D: Hanno idea di quanto tempo ci vorrà prima che tu possa tornare?

M: Dicono, quando avrò finito. So che qualunque cosa succeda, mi sembrerà un'eternità, perché laggiù è sempre così. (Con voce molto infantile)

D: Non si può discutere con loro, vero?

M: Ci ho provato, ma non mi ha portata da nessuna parte.

D: Alla fine tornerai. Ho sentito dire che quando si torna indietro succede in un batter d'occhi. Non ti rendi nemmeno conto di quanto sei stato via.

M: Sì, questa è la canzone che stavano cantando. --C'ero anch'io. È pesante e non hai le ali. A me piace volare (Nostalgica). Mi piace la libertà. Al livello in cui sto andando, devo farmi tutta la storia della nascita, dell'infanzia e delle loro scuole.

D: Fin dall'inizio.

M: Dobbiamo solo insegnare e non deve essere così. In futuro sarà diverso. Una volta che avremo fatto tornare tutti a come le cose dovrebbero essere sempre state, allora si potrà ricreare. Non devi restare bloccato dalla gravità e dalla 3-D. -- È la parola giusta... 3-D... dimensioni? Non sarà così. Sarà diverso. Se ne sono dimenticati. Saranno diversi quando le energie saranno cambiate. Tutti noi aiuteremo a cambiare l'energia, e il cervello sarà tutto collegato, quindi ve ne potete occupare voi. Potete stare in un punto, concentrarsi, pensare e essere in un altro punto. Adesso lo possono fare. Se ne sono solo dimenticati.

D: Vuole dire che in futuro non dovranno iniziare da piccoli e passare attraverso tutte le cose dell'infanzia?

M: Giusto, perché tutto sta cambiando, e non ci saranno limiti - no, non barriere - limitazioni.

D: Vuoi dire che avranno un corpo adulto e lo terranno?

M: Sì, o non avranno nemmeno un corpo. Non è necessario avere un corpo. Ci sono solo tutti questi diversi passaggi e si barcamenano in queste enormi tute fisiche (probabile riferimento al corpo fisico), non è necessario che lo facciano. Ci sono un sacco di noi che li aiuteranno a ricordare. Ma per arrivarci, dobbiamo dimenticare. Capisci cosa sto dicendo? E' proprio stupido.

D: Ma in futuro, se avranno un corpo fisico, se lo terranno o cosa?

M: Sì. L'energia è l'unica cosa che cambia. Diventerà più leggera e le persone potranno uscire da altre dimensioni e presentarsi lì. Non devono iniziare da bambini. All'inizio, ci saranno dei facilitatori di energia per aiutarli.

D: Quindi in futuro non ci saranno più neonati o bambini piccoli?

M: Ci saranno, se volete venire in quel modo, ma sarà solo una delle opzioni che potrete scegliere.

D: Ho sentito dire che ci sono alcuni esseri che sono solo pura energia. (Sì) Non hanno un corpo.

M: Come una specie di coscienza che non muore mai. Sono solo una coscienza che rimane.

D: Tutti sulla Terra saliranno ed inizieranno a fare le cose in questo modo?

M: Le persone che rimangono nel fisico si trasformeranno, ma ci sono molte persone che non rimarranno. Questa volta non era una cosa che faceva per loro. Quindi ci saranno persone che se ne andranno. Però le persone che rimangono saranno in grado di ricordare come usare il cervello. Saranno tutti collegati correttamente.

D: Ma tutti coloro che sono vivi ora sulla Terra saranno in grado di farlo?

M: Tutte le persone che rimangono lo faranno. Alcuni più velocemente di altri, ma dovrai farlo più o meno, perché l'intero quadro cambierà. È come se il computer non riconoscesse il software se rimani. Capisci cosa sto dicendo? Accetta i vecchi programmi. Dovrete fare un aggiornamento o semplicemente non funzionerà.

D: Stavo pensando alle persone a cui piace tanto il karma e la negatività.

M: Alla fine cambieranno. Oddio, sono negativi! Sono così negativi. Questo è giudizio... nero, bianco... giusto, sbagliato... sì, no. Ci sono molti altri modi d'essere.

D: Prima hai detto che devi cambiare la negatività, vero?

M: Sì, dobbiamo lavorare tutt'insieme per alleggerire. Cambiare il modo in cui le vibrazioni sono sul pianeta per portare la piena integrazione del meccanismo umano a ciò che dovrebbe essere.

Com'è stato prima. Presumo nel modo in cui sono le cose in qualsiasi altro luogo eccetto questo pianeta.

D: Ma sembra che alcuni di loro si muoveranno a velocità e vibrazioni diverse. Non lo faranno tutti allo stesso tempo?

M: Sì, non si renderanno conto di tutto o qualcosa del genere.

D: Trovo interessante che tu debba esserci, anche se non sei molto contento di andarci. (Rise) Sembra che tu abbia un lavorone da fare.

M: Sì. È un lavoro importante.

D: Non ti chiederanno di farlo se non pensassero che tu potessi farlo.

M: (Silenziosamente) Sì, ci vado...

D: Hanno fiducia in te e nel fatto che sarai in grado di farlo. Regole stupide ma penso che tu sarai in grado di farlo e lo farai benissimo.

La feci allontanare dalla scena ed invocai il SC. All'inizio ci fu un po' resistenza da parte della mente cosciente di Mary mentre cercava di mantenere il controllo. Il SC disse che a causa della paura lei stava lottando per non farlo entrare. Non riuscivo a vedere di cosa potesse aver paura dopo tutte le cose che avevamo già scoperto e di cui avevamo discusso. Alla fine Mary si rilassò e si lasciò andare, senza cercare di controllare la seduta, al quel punto il SC è riuscito ad entrare.

D: Pensavamo di andare a vite passate, invece lei era se stessa da bambina in questa vita. C'è un motivo per cui l'avete portata lì?

M: Ha chiuso con il passato.

D: Mi avete detto molte volte che non abbiamo più bisogno di concentrarci sul passato.

M: Non più.

D: Le cose stanno cambiando, ma Mary sembrava che fosse scesa per fare una missione molto importante. Ma le cose non sono andate come pensava lei, non è vero?

M: Non è ancora finita.

D: È vero. Disse che doveva adattarsi a tutto questo ed aiutare la negatività?

M: È vero. Questo è quello che lei e tutti dovrebbero fare.

Ci furono diverse discussioni riguardo alle questioni e circostanze personali di Mary, specialmente riguardo alla sua famiglia. L'avevano influenzata negativamente per molti anni e lei aveva ancora difficoltà a liberarsi dai legami che aveva con loro. Lavorammo su tutto questo. Poi arrivammo ai suoi problemi fisici (e ce n'erano molti, per lo più causati dal suo ambiente di lavoro [sostanze chimiche]).

D: Ha subito molti danni quando lavorava lì, vero?
M: Sì, è arrivata molto vicina alla transizione.
D: Oh, era così grave? (Eh, sì.) Perché si è dovuto sviluppare così tanto?
M: Non ha seguito la sua intuizione, inoltre era abituata ad avere così tanta energia, da continuare a lavorare dall'alba al tramonto. Lo dava per scontato e poi ha iniziato a passare così tanto tempo in quell'ambiente; non era solo un turno di sei o otto ore. Era molto, molto più tempo ed iniziava ad essere satura di queste sostanze chimiche. Era un potenziale punto di uscita che avrebbe potuto scegliere. Per lei era una porta aperta. Avrebbe potuto andarsene, ma scelse di non farlo. Da allora si è resa conto che è una porta aperta. Avrebbe voluto sfrecciare attraverso d'essa, e così è diventata fonte di depressione per lei.

"Loro" procedettero a lavorare sui suoi sintomi fisici molto complicati. Uno dei quali interessava il suo cervello. "Lei sa d'aver ricevuto dei ricablaggi, alcuni dei quali sono stati causati dai cambiamenti del pianeta. Sapeva che se avesse scelto la medicina occidentale sarebbe stata in difficoltà. E intuitivamente sapeva che se fosse riuscita ad allontanarsi da ciò che lo causava, alla fine il corpo si sarebbe rivoltato da solo".

D: Avete detto che il cervello era già stato ricablato?

Molte volte il SC ricabla il cervello se lo ritiene necessario.

M: Sì. Doveva passare oltre. Se qualcuno facesse la scansione giusta, lo vedrebbe e lei sa che se qualcuno scattasse la foto giuste, sarebbero in grado di leggerlo e vederlo. E su questo ha ragione.

D: Vorresti dire che dopo il danno (delle sostanze chimiche), siete entrati lì dentro e l'avete ricablata?

M: Esattamente. Il modo in cui funziona ora non è lo stesso.

D: Ma pensa di aver perso alcune delle sue funzioni.

M: Beh, è diversa da com'era prima. Prima era piuttosto sveglia. Faceva la sua meditazione e i suoi esercizi. È molto acuta e nota piccole incongruenze. Ha ragione, non è più come prima, ma noi le offriamo il nostro aiuto. Le diciamo che seguendo le vie della guarigione e dell'arte, il cervello sarebbe cambiato comunque... in altri modi. Così lei dice: "Non sono più come ero prima di iniziare a lavorare in fabbrica". La nostra risposta per lei sarebbe: "Non saresti più la stessa in ogni caso, non importa cosa hai fatto. Le funzioni si stanno avvicinando al 100%, anche se in qualche modo sono diverse da com'erano prima". Deve abituarsi a questo e non vederlo come qualcosa di negativo.

Anche il suo stomaco e il suo sistema escretivo hanno subito un duro colpo a causa delle sostanze chimiche. C'erano molti metalli pesanti nel suo organismo. "Diremmo anche che aveva iniziato una pulizia iniziale con le erbe. Negli ultimi due giorni si è sporcata per questo. E le diciamo che continueremo ad offrirle assistenza in modo intuitivo, per suggerirle quali erbe prendere in futuro per mantenere le cose a posto. Lei ha questa sensazione: "Nessuno mi ha aiutato. Devo fare qualcosa io stessa".

D: Non ha chiesto il vostro aiuto, vero? (Risi)

M: Ma ha fatto un salto di fiducia, venendo qui a trovarti.

D: Siete in grado di eliminare tutte quelle tossine dal suo corpo?

M: Sì, noterà cose "spiacevoli" nel gabinetto nei prossimi tempi, ma è tutto per il suo bene e non c'è nulla di cui preoccuparsi. Ce ne libereremo completamente. Potrebbe voler aumentare l'assunzione di liquidi ed assicurarsi che sia tutta acqua di sorgente. Sa già che dovrebbe mangiare più frutta e verdura. Ha notato che non ha più bisogno di tanta carne come una volta. E questa è una cosa molto positiva mentre sta guarendo. Ha anche espresso la preghiera di voler arrivare al punto di non dover mangiare più cibo. Noi vogliamo solo dirle: "Un passo alla volta". Non è ancora arrivata, e potrebbe non esserci più tra sei mesi. Ma questo è il suo obiettivo e diremmo che è un obiettivo raggiungibile.

D: Avete detto che noterà delle cose nel gabinetto. Intendete dire come la diarrea?

M: Potrebbe notare delle feci più scure e il colore delle sue urine potrebbe cambiare, ma questo fa parte dello smaltimento di tutto questo.

Nota: Per tutto il tempo in cui Mary restò nel mio ufficio, non aveva bevuto nulla, anche se io continuavo a offrirle acqua. Dopo la seduta, prima d'iniziare a parlare della seduta, andò in bagno. Quando usci disse: "Credo che accetterò la tua offerta d'acqua. La mia urina è di uno strano colore". Quindi aveva immediatamente cominciato a fare effetto.

M: Le chiederemmo di stare lontana dalla carne; probabilmente due volte all'anno è il limite. Ci vorrà un po' di tempo per riequilibrare la dieta e capire di cosa ha bisogno ora per vivere e sarà diverso da come era in passato.

Messaggio del SC: Calmati riguardo al denaro. La ascoltiamo e comprendiamo le sue preoccupazioni. Non morirà di fame, anche se le piacerebbe la parte del "morire", non si rende conto di quanto siano grandi i progressi che ha già fatto. E pensa che sia molto più complicato. Ha paura di non riuscire a raggiungere la Nuova Terra, ma in un certo senso ci è già riuscita.

D: Sì, è già qui. Sta già accadendo.

M: Il suo rapporto con te è molto positivo. (Aveva seguito uno dei miei corsi.) Lei può fare il lavoro che tu insegni. Noi l'assisteremo nelle aree di autostima e le porteremo clienti con cui otterrà risultati positivi per ricostruire la sua autostima. Così potrà fare pratica e sarà un servizio "enorme" per le persone, proprio perché ha avuto una strada così difficile. Si sente sola, ma non è mai sola... nessuno lo è mai.

Capitolo 9

VITA EQUILIBRATA

Chelsea fece un po' di confusione all'inizio quando scese dalla nuvola. Si trovò in un ambiente strano che non sembrava la Terra. Vide un cielo arancio, terreno arancio e una foresta di alberi porpora privi di foglie. Invece di corteccia avevano una consistenza coriacea, di pelle, liscia, ma con un design come le cellule sulla pelle. L'atmosfera arancio scuro e profondo era pesante, un ambiente quasi gassoso. Mentre si muoveva attraverso la foresta di strani alberi, sentiva di non avere un corpo. Questo non la disturbava, ma la quiete senza vita della scena sì. "Mi sento per lo più delusa perché non c'è molto altro. Sembra abbastanza vuoto". Dopo aver vagato per un po' decise di voler trovare qualcos'altro.

Così l'ho fatta allontanare dalla scena e l'ho fatta spostare in un altro momento e in un altro luogo appropriato. Quando si fermò questa volta, era un ambiente verde di alberi e foreste normali. Una normale scena di tipo terrestre. Vide d'essere un ragazzino indiano che cacciava conigli per aiutare a sfamare la sua famiglia. Descrisse la sua vita con la sua famiglia in un grande insediamento di tende tepee. Man mano che la sua vita andava avanti, crebbe fino a un'età in cui gli fu permesso di unirsi agli altri uomini mentre cavalcavano i loro cavalli in una battuta di caccia. Oltre a cacciare i cervi per il villaggio, annunciò che avrebbero anche ucciso delle persone. Sono coloni che si trovano nella nostra zona". Sono dove non dovrebbero essere e ce ne stiamo liberando". Lì, hanno costruito una struttura. Questa è la prima volta, non sapevo che fossero lì. Credo che gli altri lo sapessero. Sono sorpreso che li uccideremo. Mi sento un po' confuso. Ci sono anche donne e bambini. Ma gli uomini dicono che devono andarsene. “Dobbiamo liberarcene, altrimenti ne arriveranno altri, quindi dobbiamo ucciderli tutti".

Quando iniziò l'uccisione non voleva davvero farne parte, ma sarebbe stato considerato un codardo se non avesse aiutato. Così uccisero una famiglia e lui partecipò anche se non si sentiva a suo agio. Gli uomini decisero di non dire agli altri del villaggio degli intrusi. Avevano paura che si sarebbero preoccupati e si sarebbero spaventati. Così decisero di mantenere il segreto e non dire a nessuno quello che era successo, dopo essere tornati al villaggio.

Ma non aveva portato a nulla. Quando lo spostai avanti ad un altro giorno importante, mi disse che erano arrivati altri stranieri. Gli uomini sentivano di non avere altra scelta, se non quella di uccidere tutti quelli che potevano. "Quali altre scelte avete? Hai intenzione di andartene? Perché dovresti lasciare la tua casa?". Non c'era più alcun segreto. L'intero villaggio era coinvolto. Così la feci avanzare di nuovo e lui annunciò che gli avevano sparato e che stava morendo (un giovane ventenne). La famiglia che hanno attaccato questa volta era armata e gli hanno sparato al petto. "Gli altri stanno combattendo. Sono già morto quando si rendono conto che sono morto".

Ora che era libero dal corpo, si sentiva senza peso mentre fluttuava verso l'alto, attraverso le stelle, nello spazio. Era una sensazione di grande pace. Gli chiesi della vita che aveva appena lasciato. "E' triste che io abbia dovuto fare qualcosa che non volevo fare. Penso che avremmo potuto imparare tutti a vivere insieme, ma non c'era alcuno stralcio di fiducia reciproca. Uccidere i bambini non è stata una buona cosa! A volte devi fare cose che non vuoi fare per il bene di tutti quelli che ti circondano, anche se non ti piace. È una lezione, ma non sono sicuro che sia la lezione giusta. Non sembrava esserci la possibilità di non fare ciò che ritenevamo necessario... non se vuoi far parte di quel gruppo".

Allora condensai il tempo al punto in cui sarebbe arrivato da qualche parte, invece di galleggiare. "E' una zona bianca, bianca, solo bianco brillante. C'è un'energia, una presenza, ma è come se molte celle energetiche fossero una sola. È una parte, di una grande massa. -- Adesso devi guardare il corso della tua vita. È come una recensione. Si affronta l'intera faccenda".

D: Cosa ne pensi mentre te lo mostrano?

C: Oh, ero una brava persona. Non ho vissuto molto a lungo, ma sono stato una brava persona, per il tempo che sono stata lì. La parte dell'uccisione non è stata una bella parte. Anche se non volevo farlo, l'ho fatto comunque.

D: Però tu facevi parte della cultura e a volte non si riesce ad uscire dalle situazioni.

C: No, ma avrei potuto avere un'influenza. Se avessi parlato, forse avrei potuto cambiarne il risultato. Invece di fare quello che tutti gli altri si aspettavano, facendo parte di una mentalità di gruppo.

D: Seguendo quello che pensano tutti gli altri?

C: Esatto e assumendosi la responsabilità per le proprie motivazioni.

D: Dopo aver finito la revisione di quella vita, cosa succede?

C: Beh, devo tornare giù. Credo che mi metterò in una situazione in cui userò il mio giudizio per un risultato diverso. Una situazione che andrà contro la mentalità di gruppo.

D: Devi fare degli accordi con altre persone, o questo fa parte della tua revisione?

C: Sento che c'è qualcuno che ho ucciso. Che forse non avrei dovuto uccidere. Anche se allora pensavo che fosse giusto, in realtà non lo era. --Credo di aver fatto un accordo con questa persona che ho ucciso. Era una bambina... era una ragazza che ho ucciso. Devo tornare indietro e fare qualcosa di positivo per sostituire il negativo. Devo farmi perdonare da quest'altra persona in qualche modo. --Stanno discutendo sul da farsi. Stanno cercando di capire dove devo andare. Io faccio parte di tutta questa massa bianca. Devo entrare in situazioni dove sono in grado di fare una scelta che è sbagliata o diversa da tutti gli altri, ma che porta al giusto risultato. (Chelsea si stava lamentando). Diventerò un soldato. Non credo sia una mia decisione. Tornerò a fare il soldato perché forse nella stessa situazione posso fare qualcosa di diverso.

D: Anche i soldati uccidono, vero?

C: Sì, lo fanno. Non è stata una buona scelta, ma è quello che ho fatto. l'ha fatto.

D: Parlamene. La puoi vedere in forma condensata. Cosa è successo in quella vita?

C: Dicono che sia la Seconda Guerra Mondiale Tedesca. O è la Prima Guerra Mondiale? Ho una bella uniforme. Sono un giovane uomo.

D: Volevi entrare nell'esercito? (Sì) Volevi combattere?

C: Ne sono orgoglioso. Perché mi rende importante per la mia famiglia.

D: Prima non eri importante?

C: Credo che ora sia solo una direzione. Sono un adulto e ho scelto qualcosa da fare.

D: E la guerra è in corso?

C: Non sono in piena attività. Sono solo in uniforme.

Le feci condensare il tempo per scoprire cosa accadde. Combatté, ma rimase ferito prima di avere la possibilità di uccidere qualcuno. "La battaglia era appena iniziata. Non sapevo cosa stavo facendo. Sono rimasto ferito e mi hanno rilasciato". Gli spararono al petto e al braccio, e la ferita si infettò, così non dovette tornare in guerra. Invece di essere felice, si sentiva un perdente. "Perché non ho mai fatto molto prima di dover partire". Andò a casa e sua madre si prese cura di lui. "A mia madre sta bene. Io non sono felice, però. Sarebbe stato diverso se fossi riuscito ad avanzare piú di così".

D: Non ti darebbe fastidio uccidere la gente?

C: È per questo che sono entrato nell'esercito.

Mentre lo portavamo avanti in quella sua vita, il petto gli causava ancora dolore. C'erano dei pezzettini di schegge. Trovò lavoro in una fabbrica. "Non avevo scelta. Questo è quello che dovevo fare. Non è ciò che mi piace fare, ma devo farlo comunque. Vivere". Ora aveva una famiglia, quindi doveva avere qualcosa.

Allora l'ho portato avanti fino all'ultimo giorno della sua vita e vide d'aver avuto un infarto. "Sono vecchio".

D: Hai vissuto a lungo?

C: Relativamente parlando. Dirò che ho sessant'anni. La mia salute era a pezzi e non potevo più lavorare. Ero solo stanco di respirare e di fumare... ho dolori al petto. Mi fa male e ci sono troppi frammenti di schegge da rimuovere. --Sono a letto e non riesco a respirare e ho dolori al petto. Sto avendo un infarto. --Mia moglie è lì.

Lo spostai al punto in cui il processo di morte era finita e lui era fuori dal corpo. Gli chiesi se avesse imparato qualcosa da quella vita. "Mi sono lasciato andare alla depressione. E avevo i paraocchi. Scelsi di piangermi addosso, dopo la guerra... dopo essere stato ferito. E ho lasciato che questo mi rovinasse il resto della vita. Scelsi d'essere sconvolto per questo e non sono mai stato veramente preso da qualcosa. Tutto questo era solo nella mia testa. Avrei potuto fare molto meglio. Avrei potuto avere una vita molto migliore".

D: Ma hai lasciato che ti tirasse giù?

C: Sì, e non puoi farlo. Ho buttato via quella vita e questo non si può farlo.

D: Non riesci a vedere quello che stai facendo quando ci sei dentro.

C: No... almeno finché non è troppo tardi.

D: Se avessi la possibilità di rifarlo di nuovo, cosa faresti?

C: Penso che avrei avuto un atteggiamento diverso. Tanto per cominciare, forse non sarei nemmeno entranto nel servizio militare. E anche se lo avessi fatto e avrei dovuto andarmene, continuerei a fare del mio meglio impegnandomi in qualcosa d'altro. Non ci si affligge per quello che è andato storto. Non si può essere ossessionati dal passato. Semplicemente perché trascini giù tutti gli altri intorno a te. Non puoi lasciarti abbattere dalle cose. Tu puoi controllare molte cose con la tua testa.

A quel punto la feci allontanare dalla scena della morte ed invocai il subconscio (SC). La prima domanda che faccio sempre è perché vengano mostrate queste vite. "Avete scelto tre vite diverse da farle vedere. Posso capire la continuità in due di esse. Ma Torniamo all'inizio. La prima cosa che le avete mostrato era il luogo che aveva gli alberi viola e l'ambiente arancione. Perché avete scelto di farglielo vedere?".

C: C'è vita in altre forme diverse rispetto a quelle che ci si aspetta. Aveva bisogno di sapere che non c'è solo la vita umana. La vita ha uno spettro molto ampio. Non si tratta sempre solo dell'essere umano.

D: L'essere umano è solo una parte dell'evoluzione, non è vero? (Sì) Poi le avete mostrato la vita come un indiano che doveva uccidere.

C: Perché a volte bisogna fare cose che non sono piacevoli, se significa sostenere l'intera comunità.

D: A volte è l'unico modo in cui si possa sopravvivere in quelle comunità?

C: Esatto. Quindi a volte devi mettere da parte i tuoi sentimenti personali per il bene comune. A volte non sempre se ne rende conto. Non si tratta solo di quello che vuole fare. Si tratta di ciò che ha senso per il bene comune.

D: Adesso riesco a vedere come questa fosse collegata alla vita successiva in cui era un soldato. Nella vita da indiano uccideva e non voleva, ma nella vita da soldato è stato ferito prima di avere la possibilità di uccidere.

C: Non avrebbe dovuto lasciare che le circostanze rovinassero il modo in cui percepiva il resto della sua vita. Avrebbe dovuto superarlo. Si trattava di fare del proprio meglio di ciò che era rimasto di quella vita e adattarsi alle circostanza.

D: Invece, lei si è lasciata cadere in depressione.

C: Giusto. Ha sprecato tutta la sua vita. La lezione è di prendere le situazioni avverse e non lasciare che dettino le regole per il resto della nostra vita, ma di trasformarla in qualcosa di diverso. Puoi scegliere di essere una vittima e lasciare che qualcosa che non vuoi che accada, accada senza farci nulla. Oppure puoi prenderla, superarla e fare qualcos'altro di positivo.

Chelsea aveva molti problemi fisici seri e prendeva farmaci per la depressione. Non le piaceva il suo lavoro di contabile e si sentiva sovraccarica di lavoro. Suo marito beveva e lei si sentiva trascurata. Così aveva creato una situazione simile che lei aveva trasformato in qualcosa di negativo, invece di concentrarsi sul lato positivo. Il SC disse che la causa principale dei suoi problemi era il desiderio di fuggire dalla vita. Quando tornava a casa ogni sera dal lavoro, si chiudeva in camera e passava tutto il tempo al computer, soprattutto su e-bay, dove comprava e vendeva costantemente. Lei diceva che era solo un hobby innocente, ma il SC diceva che le era sfuggito di mano e che stava chiudendo fuori tutto ciò che nella sua vita era importante.

Una ripetizione della vita precedente. Il SC le suggerì di sbarazzarsi direttamente del computer per poter tornare a vivere. Ma credo che sarà molto difficile per lei farlo. Le fu detto che se avesse passato più tempo con suo marito, il loro matrimonio sarebbe stato migliore e lui non avrebbe sentito il bisogno di bere. Chelsea aveva sicuramente molto lavoro da fare. Il SC offre sempre buoni e validi suggerimenti, ma sta al singolo individuo decidere se accettarli o meno. Perché abbiamo il libero arbitrio e loro non possono mai interferire. Ma se siamo intelligenti li ascolteremo perché possono vedere il quadro generale.

C: Bisogna avere un equilibrio in tutto. Lei può fare del volontariato. Può fare attività meno compulsive. Essere più una moglie per suo marito. Può aiutarlo con le sue problematiche. Lui aveva suggerito di fare più passeggiate e di fare cose che lo aiutassero a migliorare la sua salute. E se non fosse sempre incollata al computer tutte le sere, forse passerebbe del tempo a fare queste cose e ad aiutarlo.

Messaggio Finale: Bisogna prendere tutto in prospettiva e in equilibrio. Il lavoro va bene, ma non sei responsabile del risultato. E devi ridurre tutti gli hobby. È diventata una distrazione troppo grande che ti porta ad evitare la vita reale. Puoi aiutare tuo marito. Lei ha solo bisogno di bilanciare le cose.

Capitolo 10

VIAGGIARE

Linda fu scelta come volontario per la mia dimostrazione durante il corso che condussi a Londra nel 2008. Durante il colloquio Linda iniziò a piangere, mentre descriveva gli eventi della sua vita. Qualsiasi evento orribile che un essere umano possa infliggere ad un altro, a lei era successo. È merito suo se è riuscita a sopravvivere. Avrebbe sicuramente distrutto un'anima minore. Un'infanzia orribile, un matrimonio altrettanto orribile, e poi farsi strappare le figlie dal marito che sapeva essere colpevole d'incesto con le bambine. Finì per perdere tutto e sentì di non avere nulla per cui vivere. Stava seriamente pensando al suicidio. Diceva che ogni volta che tornava a casa dopo il lavoro, il viaggio per tornare a casa la terrorizzava perché sapeva che non c'era niente per lei a casa. Non rimasi sorpresa quando disse che le era stata diagnosticata una crescita cancerosa degli organi femminili. Era ovvio che stava reprimendo molta rabbia. È stato molto commovente per i partecipanti ascoltare la sua storia e molti di loro fecero fatica ad ascoltarla. Ma hanno dovuto imparare che la terapia è proprio questo: ascoltare senza giudizio o pregiudizio, per poter aiutare il cliente. Non sapevo nulla della sua vita prima di sceglierla per la dimostrazione di classe, ma era ovvio che avesse un disperato bisogno di aiuto.

Quando Linda scese dalla nuvola si trovò in un paesaggio di sabbia brunastra. Non si vedeva nient'altro. Faceva caldo e con sua grande sorpresa vide d'essere un vecchio scalzo. Le sue gambe erano nude e pelose, vecchie e marroni, ed era vestito di un qualche tipo di tessuto appena drappeggiato su di lui. "Le mie braccia sono vecchie e il mio corpo è forte, ma vecchio e logoro, stanco. I miei capelli sono neri e grigi misti, e mi scendono alle spalle. Peli ovunque, il mio viso è peloso e ruvido. Anche le braccia, pelose, nere e grigie ... (Sorpresa) Sono vecchio". Aveva qualcosa in mano. "Me lo tengo stretto: è una pietra".

D: Perché la tieni così stretta?

L: È la mia linea della vita. Mi tiene connesso ai ricordi di chi sono. Mi tiene connesso agli altri. Così saprò sempre di essere parte degli altri.

D: Che aspetto ha la pietra?

L: È grigia e ha un simbolo sopra. Inciso all'interno.

D: Che simbolo è?

L: Ha tre punte, ma... si arriccia così e ci sono tre punti. (Gesticolava. Difficile da descrivere.)

D: Come una piramide?

L: No. Si arriccia in cima. È come un movimento continuo. Sono tre. L'interno è solido e le punte sono curve.

D: Cosa rappresenta il simbolo?

L: La mia appartenenza. Il mio legame. I miei ricordi. La tengo con me. Guardo il simbolo. Perché sono lontano dagli altri e mi connette a loro. Posso ricordare e posso comunicare. È la mia linea della vita e ce l'ho tra le mani. A volte la porto sul petto. È come un radar... un modo per trovare la strada.

D: Dove hai preso la pietra?

L: Dagli altri.

D: Parlami degli altri. Mi interessa. Puoi fidarti di me. Va bene, vero?

L: Sì. Gli altri dicono di sì. Gli altri sono la mia fonte... il mio gruppo... Sono uno degli altri.

D: Dove sono gli altri?

L: Sono dappertutto sparpagliati come semi, e noi siamo in molti posti diversi, e siamo collegati. Il simbolo è per ricordarmi della mia connessione. Vado in diversi luoghi e a volte c'è la possibilità di dimenticare che non sono io il luogo. Io sono con loro, ma non di loro.

D: Sei sulla Terra da molto tempo?

L: Sì, vengo e vado. Ho fatto parte della creazione dell'oscurità sulla Terra, e ora faccio parte del sollevamento dell'oscurità.

D: Questo è ciò che stai facendo in questo luogo con la sabbia?

L: Sono nella sabbia perché è lì che trovo gli altri, nella solitudine della sabbia.

D: Vorresti dire che devi stare lontano dagli altri?

L: Sì, e gli altri si connettono con me ed io ho il mio simbolo in mano perché sono in contatto con loro. Quando sono in mezzo alla gente, lo porto sul petto. Sì, sul mio cuore, eccolo lì.

D: Quindi uno dei motivi della pietra è di non dimenticare da dove vieni? Ti ricordi perché sei venuto?

L: La pietra è per aprire i canali per rimandare agli altri i miei avvenimenti... ciò che accade nella mia vita.

D: Hai detto che sei stato mandato per cancellare l'oscurità?

L: Sì, per alleviarla, sì. Per mostrare la via d'uscita dalla pesante densità, sì. Io cammino con loro e li conduco fuori, quindi sono con loro, ma non sono uno di loro. Vedo la via d'uscita, quindi entro e sento e ho la vita (Considerando se quella fosse la parola corretta). Ho la vita che hanno loro, e poi gli mostro la via d'uscita.

D: Come gli mostri la via d'uscita?

L: Sapendo come si sentono, come pensano. Come reagiscono e mostrando loro l'altro modo d'essere.

D: È difficile, vero? (Sì) Come riesci ad evitare di rimanere intrappolato?

L: Con grande difficoltà, ma poi ho il mio simbolo che ringiovanisce il mio spirito e mi alimenta con gli impulsi degli altri. E gli altri mi sollevano al di sopra degli avvenimenti in modo che, sebbene il mio corpo sia qui, la mia essenza è al di sopra.

D: È difficile tenersi separati a volte, vero? (Sì) Per questo devi avere questo simbolo, per non dimenticare e rimanere intrappolato. Questa è la parola giusta?

L: Sì, perché a volte lo facciamo. Ci vuole un amore tremendo.

D: E gli altri stanno facendo la stessa cosa?

L: Sì, e diversi altre cose, ma tutti con lo stesso scopo.

D: Vi state mescolando tutti con la gente?

L: Sì. Viviamo nella realtà della gente.

D: E siete tutti in corpi fisici?

L: No. Alcuni rimangono in forma di spirito per elevare quelli di noi che si avventurano nel fisico. Senza di loro sarebbe impossibile perché finiremmo dispersi. Per questo dobbiamo tenere il simbolo.

D: Hai detto che aiuti le persone solo stando in mezzo a loro e condividendo la loro esperienza?

L: Sì, in un modo o nell'altro. Prima di tutto si raccolgono i sentimenti che provano facendo le loro esperienze; per creare quei sentimenti e quel modo d'essere. E poi, attraverso quel percorso degli altri, mostriamo alla gente la via d'uscita, quindi è molto utile per quanto riguarda l'immersione nell'oscurità. Prima ci si immerge nell'oscurità e si mostra loro la via d'uscita, per farla sparire.

D: Lo fate parlando con loro?

L: No. A volte il linguaggio è importante, ma è più una vibrazione. Solo stando con loro, e sentendo l'impulso di cosa fare, e quando farlo.

D: Allora basta la tua presenza?

L: Sì, perché attraverso la presenza, le altre cose avvengono secondo necessità, attraverso l'apertura dello stare con la presenza. Quindi con alcuni potrebbe essere il linguaggio o un discorso. Con altri potrebbe essere uno sguardo. Con altri potrebbe essere solo l'amore che c'è in loro, ma tutti sentono la vibrazione e questa li calma.

D: Hai intenzione di rimanere sulla Terra per molto tempo a fare questo?

L: Per qualsiasi durata necessaria.

D: Saprai quando è il momento di partire?

L: Sì, perché veniamo richiamati.

D: Sapete dove andare?

L: Solo viaggiando da un posto all'altro, quando necessario. Veniamo diretti verso dove andare, qualunque sia il luogo o il tempo.

D: Come ti procura il cibo e le cose di cui ha bisogno?

L: Siamo sempre protetti. Tutto ci è fornito e questo è ciò che insegniamo agli altri, confidando nel fatto che siamo connessi e che tutto arriverà quando necessario. Quindi non ci preoccupiamo mai delle provviste. A volte ci mancano le provviste, perché questo è un evento del pianeta di cui abbiamo bisogno, per sperimentare come si sentono gli altri nella privazione.

D: Questo è ciò che avete sempre fatto o avete vissuto vite normali?

L: Ho sempre fatto questo.

D: Non hai mai vissuto una vita come le altre persone che stai aiutando?

L: Le ho vissute, ma con lo scopo d'aiutare. Si tratta d'imparare, di comprendere, di assimilare la vibrazione della Terra. Perché abbiamo formato la vita all'interno del pianeta, nutriamo e guidiamo la vita e viviamo la vita e la muoviamo.

D: Non accumulate karma?

L: Sì, e questo è un obbligo, per poter aver una comprensione completa. A volte siamo mandati a salvare uno dei nostri. Altre volte dobbiamo permettere loro di muoversi come si sentono diretti.

D: Pensavo che forse sareste protetti dal karma per non rimanere coinvolto.

L: Senza il karma non capiamo completamente cosa sia la Terra. Il karma ha uno scopo per il pianeta.

D: Ma non vuoi tenertelo. (No) Ma a volte si viene mandati a salvare uno dei nostri? (Sì) Perché dovrebbe succedere?

L: Perché a volte dimentichiamo il motivo per cui siamo qui, e cadiamo più in profondità nell'oscurità, e così la mia pietra è il mio ricordo visivo.

D: Cosa succede se qualcuno dimentica e hai paura che si perda?

L: Con l'universo non c'è nessuna perdita, quindi se passano un periodo più lungo, così sia. Perché dentro ognuno di noi le informazioni vengono sempre rispedite indietro. Quindi anche se uno di noi è qui molte, molte, molte volte in vari ruoli, le informazioni vengono sempre rispedite indietro.

D: Hai detto che a volte venite ad aiutare uno dei vostri.

L: Molte volte li scuotiamo per svegliarli. A volte quelli di noi che si trovano sul piano fisico, sono mandati ad innescare il ricordo di un altro, a volte abbiamo successo e a volte no. È molto difficile a volte, quando si sperimenta la densità, ricordare la connessione.

Era ovvio che la vita del vecchio passò in questo modo, quindi pensai che non avrebbe fatto alcuna differenza, spostarlo ad un giorno importante. Inoltre, si trattava di una dimostrazione per il seminario, quindi sapevo che non avrei avuto tanto tempo da dedicarle come in una seduta privata. Così lo spostai all'ultimo giorno della sua vita e gli chiesi cosa stava succedendo. Si vide disteso su una pietra, una lastra, circondato da molte persone che lo guardavano. Il corpo stava morendo perché era molto vecchio. "La mia barba ora è molto grigia e bianca. Tutto è bianco".

D: Ha deciso che era ora di andare?

L: Sono stato richiamato.

D: Come ti senti a riguardo?

L: Gioia ... Sono felice. Non vedo l'ora che arrivi la libertà. --Gli altri vengono a prendermi. Sento che mi stringono... mi sollevano e io mi alzo dal mio corpo... una morte pacifica. È una bella partenza. È la libertà. Non sono più confinato dalle restrizioni intrappolanti del corpo. Mi sento più leggero, sto tornando indietro.

La sua voce era piena di gioia. Era contenta di lasciare il fisico e di tornare a casa. "Mi salutano. Sento l'amore".

D: Passiamo a quando sarà il momento di tornare. C'è qualcuno che ti aiuta a prendere questa decisione?

L: Sì. Mi vengono mostrati diversi corpi e scelgo un maschio, ma mi dicono: no... no, no, no, no... una femmina.

D: Vogliono che tu sia femmina la prossima volta? (Sì) Ti mostrano come sarà la tua vita?

L: Rido perché penso che sia facile. (Con nonchalance) Dopo essere un uomo, essere una donna è facile. Ridono con me. Dicono: "Vedremo!".

D: Ti dicono qualcosa su come sarà?

L: Sì. Sembrano un po' arroganti.

D: Cosa vuoi dire?

L: Sono piena delle mie capacità. Sono fiduciosa. -- Mi dicono che, a causa della mia arroganza e della mia sicurezza, se scelgo un corpo maschile in questo lasso di tempo, avrò un margine duro e sarò troppo ostinato. Così dicono, no, una femmina perché come femmina, avrò più potere interiore... capacità di potere interiore, capacità interiori di mantenermi in contatto con loro.

D: Non vogliono che tu ti perda, vero?

L: No, perché così fallirei il mio scopo.

D: Sei consapevole che stai parlando attraverso un corpo umano mentre parli con me? (Sì) È questo il corpo che hai scelto, che noi chiamiamo Linda?

L: Sì, ma c'è una disconnessione con il corpo. C'è una spaccatura all'interno del corpo. C'è il corpo --la Linda fisica-- e c'è l'essenza degli altri per tutta la durata della vita di Linda, quindi non c'è un fisico completo. C'è stato un ingresso e un'uscita dal corpo, ma questo è stato pianificato per permettere al corpo di sopravvivere all'esistenza. Se mi fosse stato permesso di essere solo il corpo fisico, non sarei potuta sopravvivere intatta.

Ci sono stati casi simili riportati negli altri libri della serie Universo Convoluto. A volte lo spirito si fa carico di troppe cose e le circostanze della vita sono più di quanto la persona possa sopportare. In questi casi un altro aspetto può entrare in gioco e assumersi le responsabilità (specialmente le connessioni karmiche con gli altri). A volte l'aspetto originale e l'altro aspetto cambiano posizione multiple volte durante gli episodi traumatici della vita del soggetto. (Vedi gli altri libri della serie Universo Convoluto per ulteriori spiegazioni relative ai frammenti e alle sfaccettature dell'anima originale).

D: Va bene se rispondi tu a delle domande, o dobbiamo invocare il subconscio? Cosa ne pensi? Puoi continuare a dirmi cosa sta succedendo?

L: Sì, lo posso fare.

D: Lo sapevo. Quindi ha scelto questa vita, no?

L: Assolutamente.

D: Doveva essere proprio così difficile?

L: Sì, e avrebbe potuto evolversi in modo peggiore.

D: Davvero? (Sì) Dalle cose che mi ha detto, mi è sembrata già piuttosto brutta.

L: Sì. Decise di sperimentare tutto per non dover continuare a tornare.

Sembrava che si fosse davvero riempita il piatto e quel carico pesante avrebbe spezzato una persona ordinaria. Ma Linda era tutt'altro che ordinaria. Era un essere umano eccezionale per riuscire a gestire tutto ciò che le era successo. Abbiamo parlato di alcuni dei suoi rapporti familiari e le raccontarono molte delle situazioni karmiche che aveva risolto. "In ogni vita con il pianeta, gli scopi sono gli stessi. Ecco perché è sopravvissuta a tutto questo ed è così che è sopravvissuta dove altri non ci sarebbero riusciti". È giunto il momento di liberarsi del senso di colpa per ciò che ha portato dentro alla Terra durante le fasi iniziali, perché era stato tutto predefinito. Questo faceva parte del piano. E noi incoraggiamo la sua determinazione nel costruire le risorse necessarie per il lavoro che la attende, per evitare che non vada tutto perduto".

D: Qual è il suo scopo? Cosa volete che faccia dopo?

L: Il suo scopo è quello di aiutare il pianeta ad alleggerire il pesante carico che sopporta. Il suo scopo è quello di trasformare le vibrazioni all'interno degli altri e del pianeta. Il suo scopo è di comprendere perché ha avuto queste esperienze, perché il suo corpo, come sapete, è uguale a quello della Terra. Il suo corpo è come un trasformatore, assimila la negatività, per usare questo termine, e la trasforma in purezza. Deve assimilare la Terra per poterla cambiare. Ora può farlo senza pensarci. Deve accettare il fatto che deve smettere di indossare le "camicie di capelli".

Questo era un riferimento biblico, relativo agli indumenti di stoffa ruvida fatti di pelo di capra. Erano molto scomodi e si indossavano come una forma di penitenza o di autopunizione.

D: Cosa vuoi che faccia per aiutare la gente?

L: Respirare... permettere al respiro di fluire perché, come sai --e noi sappiamo che tu lo sai-- il respiro è la connessione con la Sorgente. E quindi deve smettere di trattenere il respiro e aiutare gli altri perché, come sapete, trattenere il respiro intrappola la paura. E così deve aiutare a liberare il trauma, la paura e il dolore. Lei è qui per aiutare il pianeta a respirare. E poiché le persone pensano con coscienza, deve entrare in contatto con loro attraverso la coscienza e cambiarla. Capisci?

D: C'è qualcosa in particolare su cui volete che si concentri?

L: Vogliamo che si concentri su se stessa. Vogliamo che si concentri su chi è dentro di sé. Passa troppo tempo a guardare fuori. Vede se stessa come priva d'importanza e quindi si concentra sull'importanza là fuori. E vogliamo dirle che comincia tutto da dentro di sé. E dall'interno non c'è bisogno di fare nulla perché ciò che è dentro, è anche fuori. Quindi non ha bisogno di cercare attivamente, perché quando inizia a pensare attivamente, rimane bloccata nel conscio e poi ricade nel corpo.

D: Rimane intrappolata nel karma, nella famiglia e in tutto il resto.

L: E così, quando si alzerà da questo letto, si sarà lasciata alle spalle il bisogno di fare qualsiasi cosa. Ha solo bisogno di essere. Ha notato che questa espansione avviene dentro di lei e che il calore aumenta, ma lei sta cercando di trattenerlo. E scoppiare nel tentativo di venire fuori. È incinta del nuovo, delle possibilità e ha bisogno di partorire. Altrimenti, scoprirà che quella tasca comincerà ad eruttare, perché lì ha questa crescita. (La crescita cancerosa che i medici avevano scoperto.) Riesci a capire?

D: Sì. Vuole far uscire l'energia. Vuole uscire e creare. Questo ha perfettamente senso.

L: E deve benedire le sue figlie e il suo ex-marito perché hanno fatto parte della creazione del suo scopo d'essere.

D: Anche se è stato doloroso.

L: Un'illusione. È un gioco, vero?

D: Viviamo in un'illusione. Siamo intrappolati in un'illusione, e sembra molto, molto reale.

L: Quando si entra nel corpo fisico, si dimentica. E nella vita in cui aveva questo simbolo (la pietra), era per ricordarle visivamente e profondamente quale fosse il suo scopo. È molto facile dimenticare, quando si entra in questa densa energia.

D: Ora può rendersi conto che tutto il dolore che ha sofferto aveva uno scopo e che non ha più bisogno di trattenerlo. (Giusto) Può usare queste esperienze per aiutare altre persone. Non è questa una buona idea?

L: Assolutamente sì! In che altro modo avrebbe potuto imparare perché le persone sono come sono? E noi le diciamo che molti all'interno del pianeta subiscono abusi. Vedrai che in questo periodo e in questo luogo, la maggior parte di coloro che hanno uno scopo per il pianeta, scelgono origini disfunzionali perché così possono formulare ciò che hanno bisogno di sperimentare. E una volta che hanno trovato la via d'uscita o vedono la via d'uscita, gli è molto facile elevare gli altri. Per questo diceva che quando sei sulla cima della montagna: "Non puoi tirare su gli altri. Devi solo accettare e restare con loro. La vibrazione di ciò che non viene detto è quello che eleva, sostiene e crea per loro un ambiente sicuro grazie al quale possono cambiare". E mentre lei si trova in quel stato d'essere, noi lavoriamo attraverso quello stato per accedere agli altri.

D: Ritenete che abbia dimenticato il suo scopo quando è arrivata?

L: Sì e no. Per tutta la sua vita ha avuto insegnamenti e ricordi interiori, ma nel fisico ha avuto molto da affrontare, e lei lo sa. Ma le uniche volte in cui è fisicamente presente nel corpo è durante un'attività fisica o quando sente dolore fisico. Quindi il suo dolore si è intensificato per mantenerla nel corpo. Perché quando sente il dolore, allora è fisicamente cosciente.

D: Una cosa che volete che faccia è lasciare andare queste persone nella sua vita. (Sì) Non può fare nulla per suo marito e per le sue figlie. Non è più un suo lavoro, giusto?

L: (Gioiosamente) Lei comunica con loro ogni giorno, dall'altra parte.

D: Quindi non li ha persi. Stanno solo comunicando in modo diverso.

L: Faremo un po' di lavoro con il ricablaggio del cervello per adattarlo alle sue esigenze. Ricablare in modo diverso e ricollegare alcune cose che sono state scollegate per uno specifico scopo.

D: Noterà qualche differenza?

L: Oh! Noterà una differenza. (Rise) Riuscirete a vedere dentro ai suoi occhi e la sentirete mentre si eleva.

D: La cosa principale e sono sicura che siate d'accordo con me... non fare mai del male alla persona... sempre tutto con amore.

L: Questo è il giuramento di cui parlava scrivendo, era di portare nel fisico questo ricordo: "mai alcun male". Vedi, con le circostanze della sua vita, avrebbe potuto fare del male, ma sapeva... nessun male. Si è ingoiata tutto quel dolore, ma l'ha trasformato nei posti giusti.

D: Potete dirci come state ricablando il cervello? Questo mi ha sempre interessata.

L: Se si pensa alle strade che hanno dei blocchi. Per esempio, su alcune strade mettono dei blocchi e fanno andare il traffico in una sola direzione. Noi stiamo liberando quei blocchi per farli andare in due direzioni. E stiamo anche ripassando alcune aree che sono sfilacciate. Stiamo riparando. E stiamo eliminando tutti i blocchi che creano sensi unici, per produrre apertura alla massima capacità. E stiamo lavorando soprattutto nella parte posteriore del collo. Il dolore che sente nella parte posteriore del collo e nelle scapole. Pensa che abbia a che fare con la flessibilità, ma diremmo che è stato chiuso per permettere che le esperienze si verificassero. Quindi è come un accumulo di energia e stiamo aprendo quei percorsi. E all'interno della connessione sul retro del collo, stiamo cablando al centro per riaprire la corona e per riaprire la fronte.

D: Il terzo occhio?

L: Sì, così non dovrà più dubitare di sé stessa e guardare verso l'esterno, ma sarà libera di guardare ovunque. --Stiamo allargando tra le scapole, visto che tutto è stato compattato. Ed è qui che trova una distorsione nella schiena, perché tutto è stato compattato e così tutto ciò che dovrebbe esprimersi all'esterno, è stato compresso verso l'interno.

D: Cosa mi dite delle escrescenze sotto il seno?

L: È un accumulo di energia che dice: "Fai attenzione!" Vedi, è rimasta sconnessa dal suo corpo. Ha rinnegato il suo corpo e così stiamo ricostituendo e salvaguardando il suo corpo. Sarà un luogo amorevole in cui vivere.

Il SC ha poi descritto come avrebbe rimosso l'escrescenza. "La scioglieremo. E gli permetteremo d'appiattirsi di nuovo verso la salute normale. E l'energia che aveva accumulato si sta liberando". Mi hanno detto molte volte, quando lavorano su casi simili, che dissolvono o assorbono i tumori o le escrescenze, permettendo di farli dissolvere naturalmente dal corpo. Affermarono che questo era quello che stavano facendo. "Quando si scioglie, torna da dove era venuto". Assorbire è la parola giusta. --Suggeriamo che lei faccia un digiuno per aiutare il flusso della disintossicazione.

D: Con digiuno, volete dire che non dovrebbe mangiare nulla per un po' di tempo?

L: No. Succhi di frutta... frutta... molta acqua.

D: Per quanto tempo?

L: Cinque giorni.

D: Cinque giorni di digiuno di frutta, immagino si possa dire.

L: Sì. Scaricherà ciò che abbiamo rimosso e una parte della sudorazione che sente attraverso ogni poro è calore mentre il corpo cerca di liberarsi. C'era resistenza da parte sua e del suo corpo. Noterà subito una differenza.

D: E la zona addominale? Lì c'era del gonfiore.

L: Sì. Usa la parola "incinta". (Disse che le sembrava e appariva come quando era incinta) Si potrebbe dire che era incinta dell'energia. E questo è il suo corpo che veniva usato per far sì che la sua attenzione fosse rivolta verso l'esterno, invece di non pensare che ne fosse capace. E vedrà che all'interno del suo vero e proprio rilasciamento, libererà le sue figlie che potranno venire da lei. Perché all'interno di ogni evento c'è un dono offerto in ritorno. Non lavoriamo mai con nessuno per dire: "Va bene, devi soffrire per il gusto di soffrire". No, è proprio come con il diamante che si forma con l'alta pressione. C'è un dono dentro, di conseguenza lei ha effettivamente ritardato il processo creando quest'energia per farli stare lontani. Adesso sono liberi di ritornare e lei è libera di lasciar andare. --Questa culla del grembo che ha portato e che ha sentito profondamente, ma questo è precedente a questa vita. Questi sono eoni ed eoni di sensi di colpa. Vogliamo che questo essere si renda conto che, facendo parte della formazione del pianeta, e vedendo ciò che è accaduto, comprenda che era tutto predefinito. Non c'è nessuna colpa che deve portarsi in grembo per qualsiasi cosa che possa aver fatto, perché, come sapete, è un gioco.

D: È quello che dico alla gente: è un gioco. Ho parlato con altre persone che hanno detto d'essere stati qui durante la formazione della Terra. Anche lei è uno di loro? (Sì) È qui da molto tempo.

L: Sì. Viene dagli esseri con i ciclopi... un occhio.

D: Proprio agli albori della Terra? (Sì) Quindi erano reali e non leggendari?

L: Sì. Erano reali e lei porta dentro quel filo di colpa che si espande quando è nel corpo fisico.

D: Perché c'è un senso di colpa associato ai Ciclopi?

L: Guarda il pianeta. Guarda la malattia. Guardate ai dolori della Madre. Sì, ma fu intenzionale. E così, è stretta in questa dualità di sentire la sua grandezza e di sentire la sua umiltà.

D: Ho sempre pensato che i Ciclopi fossero delle favole.

L: Sì?

D: Ma mi è stato detto che ogni leggenda ha una base di verità.

L: Il corpo sente il calore e il calore era per attirare la sua attenzione... per prestare attenzione al corpo con cui stiamo parlando... ascolta, ascolta, ascolta, ascolta.

D: Beh, lei aveva un'altra domanda. Troverà un partner?

L: Sì. Prima di tutto deve diventare la compagna di se stessa. Trovare l'equilibrio tra la destra e la sinistra. (Rise) Perché ora sente che sta cercando qualcun altro che lo faccia per lei. Altrimenti, lei ricadrà di nuovo... Devi vederlo con i tuoi occhi... fonditi. (Con molta forza.) Guarda dentro! Capisci? Le stiamo dicendo di guardare dentro... intreccia quel DNA... fondi quel DNA... a destra e a sinistra. Trova la tua pienezza dentro di te. Poi potrai attirare qualcuno a te, perché solo allora attirerai qualcuno che non devi aggiustare. Abbiamo del lavoro per lei. E più a lungo si nascondeva... meno si poteva lavorare. Vedrà se stessa avanzare a passi da gigante. Lei capisce i salti e i limiti, che saranno la libertà di movimento che finora ha trattenuto. La ringraziamo con molta gioia e la benediciamo.

D: Quindi, avete finito di lavorare sul corpo?

L: Sì, e continueremo nei prossimi giorni durante lo stato di sonno. Per prima cosa abbiamo fatto il cervello, in modo che non sconfigga il suo stesso scopo attraverso la sua stessa coscienza. Abbiamo spostato la coscienza.

D: E volete che faccia il digiuno a base di succhi di frutta per scaricare tutto questo dal suo sistema?

L: Assolutamente sì. Vedi, lei sapeva che qualcosa stava arrivando, così ieri sera ha mangiato molte cose che non le è permesso mangiare. (I partecipanti risero a crepapelle.)

D: Ma vi prenderete cura del suo corpo d'ora in poi?

L: Assolutamente sì. Questo è un corpo che amiamo, attraverso il quale lavoriamo. Lei sta trattenendo il lavoro.

Spiegai che avevo riconosciuto dalla voce che stavo parlando con la parte che mi era familiare. Inoltre spiegai che stavo cercando di dimostrare ai partecipanti come contattare "loro".

L: Loro vengono da te, ma noi diciamo loro: "Dentro, voi già avete, quello che insegna Dolores. Dovete solo accettarlo". E quelli che sono preoccupati per il corso avanzato. Hmmm. (La classe rise.) Vi faremo avanzare! Vi aiuteremo!

Messaggio Finale: L'amore che cercate è dentro di voi, e vi inondiamo continuamente d'amore. Aprite il vostro cuore per sentirlo. Non pensate che l'amore debba arrivare attraverso gli esseri e i piccoli. Il vero amore viene dalla Sorgente, e il vero amore si diffonde attraverso di voi. Non cercate oltre. Sentitelo dentro di voi e sappiate che siamo sempre con voi. Non siete mai soli... mai. Ci inchiniamo alla vostra grandezza. Ci inchiniamo alla vostra dedizione. Vi solleviamo, quindi non portare avanti alcun dolore. Non esiste una cosa del genere. (con molta dolcezza) Vi amiamo.

D: Questo è tutto ciò che volete dire?

L: Oh? Abbiamo altro tempo? (Risata) Diremo che amiamo tutti e che tutto ciò che è in questo spazio e tempo è destinato... sì... siete tutti chiamati ad avanzare in questo momento perché tutto, è anche per voi. Quindi andate via sapendo che, man mano che vi alzate dal vostro posto, vi siete lasciati alle spalle ciò che vi siete prefissati, e non ne dubitate minimamente. Accettate che sia così e ci vedremo nei vostri sogni.

La vita di Linda cambiò radicalmente non appena la seduta ebbe fine. Già mentre tornava a casa, si sentiva felice. Prima aveva paura di tornare ad una casa vuota. Poi pensò: "Eh, sì, il mio cervello è stato ricablato!

Capitolo 11

ACCUMULATORE D'INFORMAZIONI

Kathy arrivo sulla scena e cercò di descrivere uno strano ambiente. "Vedo delle strutture lisce sul terreno. Sono quasi come delle rocce, ma non sono rocce. Non so come chiamarle. Non ne conosco il nome. E' come una grande, roccia rotonda. Sento che è scivolosa o lucida. Non è appuntita o ruvida. È molto liscia e ha molti strati, e non è un pezzo unico. Ci sono molti pezzi. Si formano insieme. --Non ho ancora visto il resto di questo luogo. Sento che c'è molto più di ciò che vedo". Poi vide un edificio, una città in lontananza. "Ha tetti appuntiti come cubetti di ghiaccio, ma sono orientati verso l'alto e vanno in tutte le direzioni. Alcuni sono piatti e sembrano di ghiaccio".

D: Dello stesso colore del ghiaccio?

C: No, è trasparente. Sembrano grigi e bianchi, ma da lontano sembrano di ghiaccio. È un grande ammasso di alti edifici. Sono strani perché vanno lateralmente e nel mezzo si estendono anche verso l'alto. Puntano verso l'alto e verso i lati, sono irregolari. Strani edifici. Da lontano è strano perché è in mezzo al nulla, in questo spazio vuoto, non c'è nient'altro. Sembra che sia appoggiata sul fianco di una collina più grande.

La cosa principale di questi edifici è che non c'è alcuno schema. Sono così irregolari. Come se un gradino potesse essere qui o là. Quando l'hanno costruito, è così che costruiscono gli edifici. Non è organizzato. Forse è così che si organizzano. Non lo so. Non sai cosa aspettarti quando guardi un lato dell'edificio, perché non è qualcosa che ci si aspetta in un edificio.

Non era sicura di vivere o meno in quella città. Era molto strana e le era poco familiare. Tuttavia accettò d'entrare ed esplorarla. "Devo entrare prima dall'ingresso principale perché c'è un certo ingresso che bisogna attraversare per entrare. Quando si entra dentro, è una città, ma è vuota. Ci sono delle strade e sono fatte dello stesso materiale simile al ghiaccio. --Ho la sensazione di dover salire su per uno torre. Ritengo che sia una torre perché c'è una scala a chiocciola rotonda e si sale su, su, su per le scale. Immagino che ognuno abbia la propria torre su cui salire, la cima è aperta e posso vedere molto, molto lontano. In cima alla torre non c'è una stanza. È aperto. È un luogo d'osservazione con lo scopo di osservare luoghi lontani".

D: Quindi non è un luogo dove vivere? È un luogo per osservare? (Sì) Cosa vedete mentre osservate?

C: Non vedo ancora nulla. Conosco lo scopo di questo ponte di osservazione perché da qui si può vedere tutto ciò che si vuole vedere. C'è un'altra cosa che puoi controllare o comandare per poter vedere. Non è come un posto che si vede a caso. Devi sintonizzarlo per vedere qualche luogo.

D: Si fa con i macchinari?

C: Non vedo nessun macchinario. Penso che l'abbiano fatto con una tecnologia o una mente diversa o qualcosa che non riesco a descrivere, o non abbiamo qui. Quando dico macchinari, non ho una parola per descriverle. Nel nostro mondo la gente lo chiamerebbe macchinario, ma non è proprio una macchina. È un qualche tipo di metodo o tecnologia che si può utilizzare.

D: Con la mente?

C: Sì. Devi solo decidere. Basta pensarci. Ma per qualche motivo devi essere lì per poter vedere le cose. Non è uno spostamento fisico, ma puoi vedere tutto e sapere tutto quello che succede. Manda una parte di te... è la tua mente che ci va. Oppure tutta la tua consapevolezza è lì e si può percepire tutto ciò che si trova lì. Poi si può tornare indietro. (Qualcosa come un portale o probabilmente una finestra) --Si raccolgono informazioni e le si archiviano. Tutto è registrato. Tutto è memorizzato nella torre dove si raccolgono le informazioni. Conservano tutto lì, dove ricevono le informazioni per la prima volta. Ritengo che potrebbero conservarle da qualche altra parte dopo aver raccolto tutte le altre informazioni di tutte le torri. Quindi raccolgono tutto e lo immagazzinano da qualche altra parte. Tutto viene immagazzinato.

D: Tutte le persone di questa città fanno questo?

C: Non lo so ancora. Vediamo. --Ci sono anche altre persone che lo fanno. --Non rimango lì per tutto il tempo. Non vengo in questa città da molto, molto tempo, quindi non ricordo molte cose.

D: Devi mangiare? Per consumare cibo?

C: No, non consumo cibo.

D: Cosa fai per mantenerti in vita?

C: Non faccio niente. È l'aria. C'è tutto nell'atmosfera. Lì sono sostenuto. Non ho nemmeno bisogno di pensare a mangiare.

D: Quindi è un'esistenza facile, no? (Sì) Cosa fai per la maggior parte del tempo?

C: Mi piace andare alla torre per osservare. È una delle cose che preferisco fare, e se non lo faccio, vado in altri luoghi per giocare. Posso andare ovunque. Posso andare su diversi pianeti lontani.

D: Come viaggi verso altri pianeti?

C: Ci vado e basta. Penso solo di voler andare da qualche parte e ci sono.

D: Non devi entrare in qualcosa come una astronave? No, no. Ma il tuo corpo è fisico, no?

C: No, quando lo faccio non sono fisico. Quando viaggio non ho questo corpo.

D: Che aspetto hai quando viaggi?

C: Sembra energia, ma non riesco a spiegarlo. È come una corrente. Come se ci fosse elettricità nell'acqua, senti l'elettricità ma non la vedi. Quindi viaggio in questo modo. Io vado e basta.

D: Poi cosa succede quando arrivi al luogo dove volevi andare? Hai bisogno di un corpo fisico in quel luogo?

C: Se volessi si. Se voglio restare. Dipende da ciò che voglio fare. Se voglio restare ed osservare, non devo avere un corpo. Se invece decido di restare, posso avere un corpo se voglio.

D: Se vuoi rimanere per un po' e partecipare?

C: Sì, se decido di farlo.

D: Quindi come fai ad avere un corpo se decidi di averne uno? Come si passa da una forma all'altra?

C: Ci vuole molto tempo per rimanere in un posto e avere un corpo, perché devi passare attraverso molte, molte forme di vita. Poi si passa attraverso molti, molti corpi. Si sceglie un corpo, ma non è l'unico corpo che hai. Quello che voglio dire è che se si sceglie di rimanere in un posto, è per un tempo molto, molto, molto, molto lungo che si rimane in quel posto. Potresti rimanerci per molte migliaia d'anni.

D: Quindi non entri e poi esci velocemente?

C: Si può fare, ma una volta presa la decisione di restare, si rimane per molto tempo. Oppure puoi scegliere di non rimanere e si può semplicemente zoomare verso l'esterno e andare in un altro posto.

D: Questo è solo per osservare, no? (Sì, sì.) Ma se decidi di restare, t'impegni. Devi restare più a lungo? (Sì) C'è qualcuno che ti dice che devi rimanere più a lungo?

C: Non vedo nessuno che me lo dice.

D: O che ti dà istruzioni?

C: Istruzioni? Sto cercando di scoprire se c'è qualcuno che mi dà istruzioni. --Beh, se decido è una mia scelta. Se decido che devo seguire le leggi o le regole di quel posto, allora devo seguirle. E una volta che segui le regole, devi rimanere lì fino alla fine del ciclo.

D: Altrimenti, ti piace solo andare ed osservare?

C: Sì, ma ho la sensazione che non sia così. O rimango o me ne vado. Perché di solito è molto interessante per me o non mi interessante per niente, a quel punto ne vado in un altro posto.

D: Questo è ciò che stava succedendo quando guardavi quella città di ghiaccio?

C: No, la città di ghiaccio è la mia base.

D: Allora, quando decidi di andare, ti trasformi in questo corpo di corrente elettrica. (Sì) Quindi se decidi di restare da qualche parte ti allontanerai dalla tua città base per molto tempo?

C: Sì, mi piace. È un modo diverso di raccogliere informazioni. Poi, quando torno, le metto in una specie di dispositivo di memorizzazione e tutto viene raccolto. Poi qualcun altro arriva e raccoglie tutti i dispositivi per metterli in un altro luogo per farne qualcosa.

D: Quindi accumulare informazioni è molto importante, vero? (Sì, sì.) Ma non sai mai cosa ne faranno.

C: Non si sa mai.

D: Beh, sai che stai parlando attraverso un corpo fisico?

C: Adesso?

D: Sì. È così che stai comunicando. Hai forse deciso di venire a vivere sulla Terra?

C: Sono qui per fare qualcosa. Ci sono molti pericoli da osservare. C'è una qualche specie di scopo. Osserverò la Terra e la sperimenterò di persona, invece di guardarla. Questo è uno dei miei obbiettivi. È un mio scopo per sapere come ci si sente ad avere tutte le esperienze.

D: Una volta che ti impegni ad andare, devi rimanere per molto tempo? (Sì) Quindi hai già vissuto altre forme di vita?

C: Sì. Per qualche motivo mi sono venute in mente le rocce. Non so perché. La forma di vita di una roccia. È come se fossi rimasto lì per molto tempo. Sono rimasto una roccia... ma ci sono passato. L'ho fatto.

D: Cosa hai imparato dall'essere una roccia?

C: Che è bello essere stabili, stare in un posto. Poi mi è venuta in mente una farfalla.

D: Com'era essere una farfalla?

C: La vedo come qualcosa di molto bello, quasi l'opposto della roccia. Sono dovuto andare all'opposto. Vado da un capo all'altro e da questo imparo. L'opposto... tutto è all'opposto, ma se mi muovo sempre... le rocce non si muovono... e una farfalla è più bella. Una roccia è solo di un colore. Inoltre una farfalla si trasforma da bruco a farfalla. La lezione è di trasformarsi perché pensi che sia una cosa, ma poi passi ad un'altra cosa. Le rocce rimangono sempre le stesse.

D: Quindi tutto ha una lezione. (Sì) Ma hai dovuto passare attraverso molte forme prima di diventare umano?

C: Sì. Questo è quello che pensavo, ma non ne ero sicuro. Non ne ero sicuro. Non ne volevo parlare perché suonava così strano.

D: (Risi) Nulla più mi stupisce. --Ma hai dovuto passare attraverso una progressione prima di decidere di essere un umano?

C: Sì, sì. È necessario. È come un ciclo naturale. Se devi imparare, ci devi passare.

D: Essere tutto?

C: Sì, ed è per questo che la Terra è così importante, perché ti dà la possibilità di passare attraverso così tante forme di vita. Altri luoghi sono oscuri e hanno solo pochi colori. Non sono così colorati e non hanno questo tipo di atmosfera meteorologica.

D: Non hanno altrettante forme di vita?

C: Sì, lo sento. Sono più scuri e più freddi. È diverso.

D: Ma ogni luogo ha qualcosa da insegnare? (Sì) Ma poi sei passato anche attraverso altri corpi umani?

C: Sì, sono passato attraverso diversi corpi umani. Non penso d'aver avuto molti altri corpi umani, ma alcuni per aiutarmi ad imparare lezioni. C'è voluto moltissimo tempo.

D: Poi alla fine hai deciso d'entrare nel corpo di Cathy, che è quello attraverso cui stai parlando adesso. (Si) Perché hai scelto questo corpo?

C: (Fece un respiro profondo) Ho scelto questo corpo perché questo corpo è forte. Questo corpo è sempre stato forte e sano. Nella mia infanzia non ho avuto problemi con questo corpo. I geni sono buoni. I geni sono forti nel corpo.

D: Qualcuno ti dice cosa fare in questa progressione da una forma all'altra?

C: Credo che ci sia una guida. Qualcuno sta dando dei saggi consigli.

D: C'è uno scopo per cui sei entrata in questo corpo?

C: Lo scopo di questo corpo è vedere come il corpo femminile stia crescendo in una cultura che non ha molta libertà. E muoversi attraverso di esso e tornare alla normalità, per essere in grado di vederlo da lontano. (Cathy era nata in Cina e successivamente emigrò in America) Lo scopo del corpo è... rompere ogni sistema che vedo. Sarò in qualcosa e poi dovrò essere in grado di spezzarlo... decostruirlo del tutto. Vedere attraverso l'intera cosa per poi uscire e vedere il quadro reale. È per non conformarsi a ogni cosa, e per vedere se riesco a farcela tutta d'un pezzo. Dovrei abbattere la cultura, i genitori, quello che tutti si aspettano da me, quello che io mi aspetto da me stesso. Mi aspettavo d'essere una pianista e tutto ciò che mi aspettavo è andato in pezzi. Tutto ciò che i miei genitori si aspettavano è andato in pezzi. Tutto quello che mi aspettavo... il mio matrimonio... anche mio figlio a volte e mia figlia. È come se fossi andata controcorrente per tutta la vita e continuo ad imbattermi in ostacoli. Questa è la storia della sua vita.

D: *Cosa sta imparando andando controcorrente?*

C: Sto imparando che molti sistemi di credenza sono dannosi per le persone.

D: *Adesso è interessata a lavorare con i cristalli nella sua vita.*

C: Sì, si fida dei cristalli perché i cristalli l'aiuteranno sempre.

D: *In altri corpi umani aveva già lavorato con i cristalli ?*

C: Sento di aver già lavorato con loro in passato, ma... non dovrei saperlo perché non me lo dicono. In altre vite sono successe molte cose e io conosco la tecnologia. So come funziona ed ero brava a farlo, posso farlo ancora, ma non dovrei farlo in quel modo. (Confusa) Mi basta sapere che non posso più farlo in quel modo. Ho bisogno che mi vada bene. --Quando sogna il sogno... è allora che viaggia. E' allora che va al consiglio. Prendono tutte le decisioni insieme e a volte anche lei prende delle decisioni. Il suo lavoro principale è sempre stato quello di viaggiare, di accumulare informazioni e di osservare le persone. Aiuta quando ce n'è bisogno e anche lei darà il suo contributo, visto che è nel corpo. Sta già facendo quello che dovrebbe fare. Non credo che debba preoccuparsene davvero.

Sembra che quando la parte dell'anima decide di impegnarsi in una vita su un pianeta specifico, deve essere presente per molte, molte altre vite per completare il ciclo del processo di progressione. Ciò significa che deve sperimentare ogni forma di vita, dalla più semplice alla più complessa. E come diceva Cathy, una volta preso questo impegno, si è vincolati alle regole che sono state stabilite su quel pianeta o sistema. Ecco perché la legge del karma prevale sulla Terra. Devi giocare secondo le regole del luogo in cui hai scelto di vivere. Ma a causa della obbligatoria amnesia, si commettono errori e non si può progredire ulteriormente finché il karma che si è accumulato non viene ripagato. Questo è il problema della Terra, troppe anime sono imbrigliate nella ruota del karma e non progrediscono, ma continuano a girano in tondo.

Questa è una valida ragione per cui un'anima sceglierebbe di essere solo un osservatore, per poter aiutare senza restare intrappolata nel ciclo. Vengono a guardare e ad aiutare e poi passano a qualcos'altro. Mi è stato detto che queste anime pure e gentili entrano in questa vita con una guaina o una copertura intorno a loro per evitare l'accumulo di karma. Questo per evitare che rimangano intrappolate qui. Perché una volta iniziato il ciclo del karma dovranno continuare a tornare per ripagarlo. Non vogliono rimanere intrappolati, fanno solo il loro lavoro e se ne vanno da qui. Molte di queste anime gentili decisero che dovendo venire qui, perché non sperimentare tutto il possibile sulla condizione umana? Questo fu un grosso errore, ma nella loro innocenza non ne erano consapevoli. Nei miei libri sono riportati alcuni casi in cui l'anima diceva, in sostanza: "Avanti! Scarica qui tutto! Voglio sperimentare ogni cosa! E hanno vissuto una vita orribile, in cui hanno dovuto sperimentare ogni cosa terribile che l'uomo può fare all'uomo. Non aveva nulla a che fare con il karma, chiedevano solo di sperimentarlo per sapere com'era, in modo da avere le informazioni da riferire. Un'altra anima scelse non le orribili esperienze fisiche, ma quelle emotive. Volevano sperimentare ogni tipo di emozione allo stato estremo, in modo da sapere cosa si provi. Molte di queste anime gentili si accollano molto più di quanto non possano sopportare e la conoscenza fornita da queste sedute può aiutarli a trovare una via d'uscita dal caos che hanno creato nelle loro vite.

Così la maggior parte delle anime sulla Terra sono intrappolate nel ciclo finché non l'hanno completano. I volontari, o gli osservatori, non sono intrappolati (amenoché non facciano un errore ed inizino ad accumulare karma). Sono qui per una singola missione e sono liberi di andare in altri luoghi ad osservare, quando il loro lavoro qui è terminato. Ci sono altre informazioni dettagliate al riguardo nel mio libro: Le Tre Ondate di Volontari e la Terra Nuova.

Capitolo 12

ATTACAMENTO AL SENSO DI COLPA

Amanda mi parlò della sua vita con una madre esigente che la teneva sotto controllo. Lasciò la famiglia in giovane età per sposarsi felicemente. Arrivò nel mio ufficio su una sedia a rotelle, anche se era in grado di camminare se sostenuta. Sapevo che ci sarebbero state diverse cose da gestire durante la seduta.

* * *

Amanda era appena morta, come un bambino, a causa di una malattia contagiosa che aveva travolto il villaggio in cui viveva.

D: Cosa senti di fare ora che sei fuori dal corpo?

A: Vedo che sto passando velocemente attraverso questo tunnel e sto per tornare alla scuola che ho lasciato prima...

D: Prima di entrare nel corpo di quel ragazzino?

A: Sì, torno a scuola.

D: Com'è quella scuola?

A: Conosco tutti quelli che si trovano là e conosco anche altre persone conosciute in altre scuole. Alcuni di loro si uniscono a me in questa scuola ed io gli do il benvenuto. Poi ci sono persone che non conosco che sto incontrando. La scuola si sta espandendo, il che mi ha sorpreso. È diventata più grande di prima e quindi è una cosa felice. È sempre un momento felice quando si tornare a scuola.

D: Cosa ti insegnano in quella scuola?

A: Un sacco di cose diverse. Sai come si fa a sapere se qualcosa ti viene in mente e tu la spazzi via? Non devi spazzarla via perché sei tu che l'hai portata ed impari che l'hai causata tu e non devi avere paura di niente, né devi lottare contro di essa. Non devi rispondere allo stesso modo. E questa è stata una grande lezione per me. E non devi difenderti se qualcuno ha intenzione di farti del male, potresti lasciarlo passare attraverso il tuo corpo e non ti toccherà. Non devi combatterlo. Se c'è un'aggressione in arrivo, puoi lasciarglielo fare. Ti passerà attraverso come l'energia che passa attraverso un muro che non c'è, in questo modo non dovrai rispondere allo stesso modo. Non devi rispondere perché non ti tocca, davvero stai vibrando ad un livello di comprensione più alto.

D: Cos'altro ti insegnano?

A: A seguire i suoni della musica e la corrente. A fluttuare sulla corrente sonora e lasciarla entrare. A rompere la corrente sonora dentro di te e diventare la corrente sonora. Non ci sono confini e non ci sono barriere, se non quelle che hai creato tu stesso. Sto imparando che non c'è nessuna barriera perché le creo io e quindi scelgo di non averne. Non esistono e non sono mai esistite. Semplicemente pensavo che ci fossero.

D: Quindi le correnti sonore sono importanti?

A: Oh, sì, il suono e la luce. E la corrente luminosa, naturalmente.

D: Queste sono cose che s'incontrano sulla Terra?

A:Oh, sì... ovunque.

D: Sono curiosa di sapere cosa intendi con correnti sonore e correnti luminose?

A: Fondamentalmente, stiamo parlando di tutto. È il tutto. È tutto. È la corrente.

D: Quindi sarai in grado d'identificare le correnti quando sarai in un corpo fisico? (Sì) Cosa fai con le correnti sonore e le correnti luminose quando ne sei consapevole nel corpo fisico?

A: Te le godi. Cavalchi le correnti sonore e ti godi le correnti sonore. Ti godi la luce. Ti viene insegnato attraverso la corrente sonora. Si impara tutto dalla corrente sonora e dalla velocità di vibrazione.

Si impara e così si è nutriti. Puoi perfino vivere di luce e questo può essere il tuo cibo. Il tuo nutrimento dove non hai più bisogno di mangiare nulla, eccetto la corrente sonora e il raggio di luce. Non hai bisogno di mangiare nient'altro amenoché non è ciò che tu voglia.

D: Questo è notevole.

A: Davvero non ne hai bisogno.

D: Si può esistere di questo?

A: Sì, perché questo è il vero nutrimento completo. Questo è tutto. Questo è il tutto.

D: Allora, quando t'insegnano a scuola, come fai a sapere se è il momento di tornare al fisico?

A: Hai la sensazione di essere tirato indietro fluttuando.

D: Se puoi imparare così tanto lì, perché non ci rimani?

A: Se ti viene chiesto di diventare un insegnante, allora resti. Se puoi impartire l'insegnamento e c'è bisogno che tu resti, allora rimani perché non te ne andresti dove c'è bisogno di te. Ma io sono tornato indietro spesso perché avevo bisogno d'imparare di più.

D: Quindi, quando sei pronto, torni in un corpo fisico?

A: Sì, e l'ho fatto.

D: Hai detto che ti sentivi tirato indietro?

A: Non è proprio una tirata. Senti questa attrazione. È come sentire il profumo di una rosa. Conosci il profumo e lo segui. Hai questo bisogno di seguire quel profumo. Sai che puoi scegliere di non farlo e rimanere dove sei, ma sai che è una cosa buona che hai bisogno di fare. Nessuno ti trascina da qualche parte. Non c'è mai nessuna forzatura. È piuttosto: "Ti piacerebbe fare questo adesso?" È più o meno così, penso che tu venga invitato. I messaggeri vengono e ti invitano se vuoi andare, vai, altrimenti se preferisci restare resti.

D: Pensi di imparare più velocemente andando a scuola, o entrando nel fisico?

A: Penso che questa vita in cui sono andata, l'ho scelta perché sapevo che avrei imparato di più che a scuola. E ho imparato di più e quando sono tornata a casa, ho visto che potevo capire di più. La mia consapevolezza si era ampliata. Ho fatto di più e ho trovato più persone quando sono tornata qui a scuola.

D: Così si può imparare in entrambi i luoghi. Ti è stato permesso di passare al fisico in tempi diversi. (Sì) --Sei consapevole che in questo momento stai parlando attraverso un corpo fisico?

A: Una parte di me parla attraverso il corpo fisico.

D: Sai perché hai scelto di entrare in questo corpo fisico che si chiama Amanda?

A: Oh, sì, sì. Principalmente lei lavorerà di nuovo sulla spiritualità. C'è un arazzo che Amanda adesso riesce a comprendere e che la entusiasma. E uno dei grandi messaggi che lei porterà alla gente in questa vita è: "Come fare a notare l'arazzo?" Ne discuterà in modi che forse la gente riuscirà a comprendere. Ma ci sono molte cose che la gente non capirà. Lei capisce solo una parte di cosa sia veramente quell'arazzo. È energia vibrante ed è vivo, è vivo ed onnisciente, naturalmente, ed è molto consapevole di ogni cosa. Noi siamo l'arazzo. Non c'è separazione. È solo che pensiamo di essere separati. Quindi questa è davvero la grande consapevolezza, prima di tutto comprendere che c'è un arazzo e secondo, che non siamo separati dall'arazzo. E poi la terza cosa è diventare pienamente consapevoli dell'arazzo. Esserne consapevoli. È la consapevolezza del tutto. È l'essenza del tutto.

Ci sono molte informazioni relative alla stanza dell'arazzo in Between Death and Life [libro inedito dell'autrice]. Che molti dei miei clienti hanno visto come un enorme arazzo situato nel complesso del Tempio della Saggezza sul piano dello spirito. All'interno di questo tempio si trovano la grande biblioteca, la stanza della guarigione e molti altri luoghi di apprendimento. L'arazzo è rappresentativo di tutta la vita. Ogni singolo essere umano vivente è rappresentato come un filo di questo arazzo, descritto come un singolo organismo che sembra respirare e ondeggiare. Poiché tutti i fili sono intrecciati, ciò dimostra che sebbene siamo uno, siamo anche parte del tutto, del Tutto. Non c'è separazione.

D: Perché ha scelto di entrare in questa vita? Fa parte del suo piano?

A: Sì. In realtà ha dovuto finire alcuni errori, un po' di karma, ci ha lavorato su e ha praticamente superato tutto questo.

Le spiegarono il karma che Amanda aveva con sua madre e come era stato risolto.

D: Perché il suo corpo fisico ha avuto problemi?

A: Senso di colpa. Si sentiva in colpa. Sua sorella che è malata. Si sentiva in colpa per permettersi d'essere libera mentre sua sorella aveva accettato il peso di ciò che la madre voleva. Quando la sorella si ammalò, Amanda non viveva in famiglia. Aveva una vita meravigliosa e allora iniziò a sentirsi orribilmente. Colpevole del fatto che lei se n'era andata e la sorella no.

La sorella aveva sviluppato la SM (Sclerosi Multipla). Quando Amanda cominciò ad avere problemi alle gambe e alla mano, i medici sospettarono la SM, ma i test non lo confermarono. Così Amanda, grazie al senso di colpa, stava imitando la malattia della sorella in modo fin troppo realistico.

A: Non era davvero colpa sua, ma il senso di colpa non è reale. Il senso di colpa non è affatto reale.

D: Perché sua sorella aveva fatto i suoi piani... aveva preso le sue decisioni.

A: Giusto... esatto. Quindi dovrebbe lasciar andare, perché in ogni caso non è reale. Nella vita passata le è stato mostrato che il bambino dubitava delle sue capacità. È lui che si è trattenuto. E questo è il problema di questa vita, che si sta di nuovo trattenendo con il senso di colpa della sorella. In questa vita si è fatta carico dell'empatia, quindi sente l'empatia degli altri, se ne fa carico e poi se ne fa carico con la sorella. Si è sentita colpevole: "Perché sono così fortunata mentre lei non lo è? E così si è assunta questo fardello. Ha bisogno di superare tutto questo e non esprimere quell'empatia. Voglio dire, puoi essere empatica, ma non deve sentirsi colpevole.

A quel punto ho voluto che il SC lavorasse sulle gambe di Amanda. Il SC disse che doveva interrompere i farmaci che prendeva. Infatti, disse che comunque la maggior parte delle volte si dimenticava di prenderle . "Loro" la stavano aiutando a dimenticare di prenderle. Avrebbe ripreso a camminare.

D: Quando smetterà d'usare la sedia a rotelle?

A: Stiamo lavorando con lei, non ti preoccupare. Lo saprà e come un bambino comincia a camminare, si siede all'improvviso e pensa di non poterlo più fare. Così all'improvviso anche lei dirà: "Posso farcela! Gliel'abbiamo fatto vedere. Stava guidando un'auto senza alcun problema e si è bloccata completamente. L'abbiamo sorpresa e ora non ha più problemi. Sa guidare. Per Natale userà il bastone e non userà affatto la sedia a rotelle. Questo accadrà se si libererà del senso di colpa.

D: Dicono che le si sta staccando la retina dell'occhio sinistro. Si può rimediare?

A: Crediamo di sì. Siamo abbastanza bravi in queste cose. (Risata) Non voleva vedere cosa stava succedendo nella sua vita. In questo momento è chiusa a chiave perché pensa che sia chiusa a chiave.

D: Vi ho visti fare miracoli. Si può sistemare la retina?

A: Credo che ci lavoreremo su adesso. Tireremo i raggi di luce e ricuciremo. Passiamo al lavoro di cucitura. -- In realtà lavoriamo solo con l'energia della luce e il suono. --Era molto forte e sana prima. Lo sarà di nuovo. Ha un tale senso di colpa, sai, perché ha avuto altre vite in cui ha delle cose negative... succede a tutti. Ma non vuole avere più alcun karma. Ci piace il fatto che adesso è così attenta adesso, infatti alcune delle sue vite passate sono davvero memorabili.

Messaggio Finale: ci sarà un momento essenziale in arrivo prima della fine dell'anno. Non avere paura se senti uno stimolo molto forte di uscire dal corpo. Seguilo perché ti porteremo in un luogo enorme che ti piacerà moltissimo. A dire il vero non è un vai. E' un vieni. Ricordi, nessuno va mai da nessuna parte? Semplicemente tornano a casa.

Capitolo 13

CAMBIARE IL PASSATO

Monica vide di essere un uomo anziano (circa 50 anni) in piedi sulla sabbia di un ambiente sterile, vestito di abiti semplici, discreti. Aveva capelli castani incolti e la barba. Portava una sacca sulla schiena che conteneva del cibo. Disse che era in cammino su un pellegrinaggio. Tristemente annunciò: "Non mi aspetto di sopravvivere." Cominciò a piangere: "Sento di aver fallito. Sento di aver deluso tutti. Mi sento come se fossi in esilio auto-imposto. Che mi sono fatto fuori perché non ero abbastanza bravo. Ho fallito e così me ne sono andato. -- Vado in pellegrinaggio per assolvere i miei peccati".

D: Gli altri pensavano che tu avessi fallito?

M: Non importa. So di aver fallito. -- Non posso vivere con questo peso.

D: Tutti facciamo degli errori, non è vero?

M: Sì, ma io non posso farne. Io sono l'unico a cui la gente si rivolge per ricevere saggezza e ho fallito.

D: Vivevi lì intorno da quelle parti?

M: Non ero del luogo. Sono andato là. Sono stato mandato lì.

D: Era una città o cosa?

M: Non era una città. Era un posto dove la gente veniva, non troppo lontano dalla città. Lì c'erano alcuni altri che mi hanno aiutato.

D: Che tipo di saggezza davi alla gente?

M: Come piantare le colture, come avere una vita migliore, come andare d'accordo, come vedere le cose in modo diverso, come essere più nel loro cuore. È stato semplice.

D: Queste sono tutte cose ottime. Qualcuno ti ha insegnato a fare queste cose?

M: Sì. Sono stato mandato da lontano. Voglio dire "dall'alto" --Sto cercando di vedere da dove provengo e... Mi sento come se fossi stato mandato lì, ma non ho un'immagine chiara di chi mi ha addestrato.

Naturalmente, la mia curiosità non avrebbe permesso che quella fosse la sua unica risposta. Lo spostai indietro nel tempo per vedere il luogo da dove proveniva con quella saggezza.

M: Bianchi templi e acqua blu. (Divenne emotivo.)

D: Parlami del luogo. Sembra bello. Qualcuno ti ha addestrato lì?

M: Non fanno altro che addestrarsi. Ti addestrano per qualsiasi cosa tu abbia bisogno di fare. E così sono stato addestrato per questo. Era come un'università.

D: Sei rimasto a lungo?

M: Mi sembra davvero un posto ottimo dove poter stare e non so da quanto tempo sono qui.

D: Poi alla fine del tuo addestramento, dopo aver imparato tutto ciò che dovevi sapere...

M: Allora mi lasciano dove dovrei insegnare.

D: Come ti portano là?

M: In una astronave o in una Merkabah o in un veicolo. C'era un pilota e mi ha trasportato in questo luogo. Era come una piccola navicella sferica d'oro. Grande abbastanza per il pilota e me. Mi ha portato in questo luogo su questo pianeta ed è come se mi stessero aspettando, nessuno ha paura di me. Ho camminato fino a questo luogo. Era quasi come se fossi il sostituto. Come se ci fosse stato qualcun altro prima di me e io dovessi prendere il suo posto.

La gente sapeva che stava arrivando, così lo accolsero. "Cercavano una guida. --Ero anche in grado di guarirli".

D: Come ci riuscivi?

M: Toccandoli. Mi bastava toccarli e le energie li guarivano.

D: Sembra che tu fossi pieno d'amore per queste persone. (Sì).

Gli piaceva molto aiutare la gente ed era felice là. Ma poi accadde qualcosa che cambiò tutto. Lo spostai in avanti, così che potesse osservare di nuovo e raccontarmelo. "È venuto un uomo... un uomo grande e arrabbiato".

D: Perché era arrabbiato?

M: Non lo so. Vedo solo questo nero. È quasi come se un'energia nera fosse entrata nella dimora dove mi trovavo. E non riuscivo a calmarla o a controllarla. --Voleva uccidermi.

D: Perché avrebbe voluto ucciderti? Stavi facendo delle cose buone.

M: Però lui, questo l'odiava.

D: Come faceva a sapere di te?

M: Lo sapevano tutti. Non era un segreto.

D: Quindi decise di volerti ucciderti? (Sì) Poi che cosa è successo?

M: Gli ho detto che non poteva.

D: Sapevo che non ne sarebbe stato in grado? (Sì) Perché sei protetto, giusto?

M: Sì, ma la mia gente non aveva protezione e lui li ha uccisi. Non sapevano che non avevo bisogno di protezione e si sono sacrificati per salvarmi. Molte, molte persone.

D: Hai provato a dirglielo?

M: È successo troppo in fretta. È stato come un tornado. Aveva un'arma e loro si sono messi davanti a me per fermarlo e sono stati uccisi tutti.

D: Poi cos'è successo?

M: L'ho ucciso! Ho solo inviato l'energia e ho fermato la sua forza vitale.

Iniziò a fare dei movimenti con le mani come se stesse tirando dell'energia dall'alto con una mano e la dirigesse con l'altra.

M: Ho proiettato l'energia attraverso di me e l'ho usata per uccidere invece che per guarire. Non c'era motivo di uccidere quest'uomo, e l'ho fatto comunque perché ero arrabbiato. Questo è contro il protocollo. Non dovevo fare del male ad un altro essere umano o ad altri esseri di qualsiasi tipo. È contro il protocollo. (Piangendo) È contro il protocollo.

D: Ma era un'emozione.

M: Non ho emozioni. Non è permesso... non è permesso. Io Sono Amore. Io non sono emozione.

D: Questa è l'unica emozione che avresti dovuto avere: l'amore? (Sì) Non avevi mai provato quel tipo di emozione prima d'ora? (No) Questo sarebbe totalmente all'opposto dell'amore. Però sai che l'amore è un'emozione potente e quest'altra emozione sarebbe altrettanto forte.

M: Sì, ed è per questo che l'ho fatto.

D: Non potevi controllarlo?

M: Avrei potuto. L'ho fatto deliberatamente. Ho ucciso quella persona deliberatamente. Era un'emozione, ma non una vera. Non sono riuscito a fermarmi. --Non mi è permesso essere un'emozione. Io sono l'amore. Devo pagare. Devo redimermi. Non so se questo è possibile. Non dovrebbe succedere. È contro tutta la mia formazione e contro tutto ciò che rappresento.

D: Quando sei entrato in quel corpo, eri come un umano? (Sì) Quindi hai assunto alcune delle caratteristiche umane.

M: Dovrò controllare. Non so se l'ho fatto o meno.

D: Stavo pensando che se tu avessi assunto alcune delle caratteristiche umane, ci sarebbero state anche quelle emozioni umane di base.

M: Avrei dovuto superarle. Era il mio lavoro. --Non potevo vivere con me stesso. Sono andato contro il protocollo. Sono andato contro tutto il mio addestramento. Ho fallito. Così ho deciso di andarmene per redimermi.

D: Qualcuno ha cercato di impedirti di andartene?

M: No, erano tutti scioccati e in lutto. È successo troppo in fretta, credo di aver camminato a lungo e alla fine sono finito nel deserto. Così sto camminando attraverso il deserto e sento che non sopravvivrò ancora a lungo.

D: Quindi ti stai punendo?

M: Sì, è così. Sì, mi sto punendo. Non so che altro fare.

D: Non c'è nessuno da cui potresti ricevere consigli?

M: Con quel gesto ho spezzato il mio legame. La forza... è tagliata. Non sono nulla. Sono sporcizia.

D: Quindi non potevano venire ad aiutarti in qualche modo?

M: No, è stato spezzato. È stato tagliato.

D: Quindi non c'è modo per te di tornare nel luogo da cui sei venuto.

M:Finché non potrò redimermi e riconnettermi alla Sorgente... alla forza. Non ero in grado di fare il lavoro come ci riuscivo prima a causa di questa separazione della forza. Non posso tornare indietro, finché non mi riscatto.

D: Come pensi di poterti redimere?

M: Non ne ho idea... attraverso l'auto-punizione, attraverso la sofferenza.

D: È un po' drastico, no?

M: Sono andato contro il protocollo. Ho fatto l'impensabile, l'inimmaginabile. Ho reciso il mio legame con la forza.

D: Ma tutti commettono degli errori.

M: Non mi è permesso fare errori.

Decisi di portarlo avanti nel tempo. Aveva detto che stava vagando nel deserto. "Cosa è successo alla fine?"

M: Ho trovato un'oasi e li ho pregato. Ho pregato per la redenzione. Perdono -- Non l'ho ricevuto. --Non me ne sono andato dall'oasi. Sono rimasto lì. C'erano acqua e cibo a sufficienza per sopravvivere. Sento che il corpo invecchiò e morì.

Lo spostai al momento in cui tutto era finito e lui era dall'altra parte. "Quale pensi che fosse lo scopo di quella vita?

M: Mi sento come se avessi preso tutta la rabbia che l'uomo venuto al villaggio aveva... la rabbia di quell'uomo ed è ancora con me mentre guardo quella vita. Dentro di me sento questa rabbia che non è mia e non riesco a connettermi con me stesso. ...Fammi vedere... sto solo notando che c'è questa energia di rabbia su di me anche se sono in spirito... rabbia a cui mi sono aggrappato e che ho abbracciato per punirmi.

D: Cosa dovresti fare adesso?

M: Voglio chiedere alla rabbia: "Qual è il tuo scopo? Chi sei tu e qual è il tuo scopo?"--Io sono la morte e tu hai eseguito i miei ordini.--"Tu appartieni all'uomo che ho ucciso? Sì, era la sua ora.

D: Quindi tu eri solo lo strumento?

M: Sì. Sto chiedendo all'uomo e al suo consiglio di venire a me per spiegare se tutto questo è vero. L'uomo e il suo consiglio sono lì, e dicono: "Ti siamo grati". E io chiedo: "Per cosa? E loro dicono: "Per avergli procurato una morte tempestiva". E io dico: "È stato contro il mio protocollo, contro la mia formazione, contro tutto ciò in cui credo". Loro dicono: "È stato per amore". (Divenne emotivo). Ed io chiedo: "Come può essere... come può essere?". Non capisco. Sento di aver sbagliato a giudicare il protocollo.

D: Chiedi loro di spiegarti cosa vogliono dire. È molto importante che tu capisca.

M: Dicono che l'ho liberato dall'energia che era... L'ho liberato da se stesso. Lui, a livello inconscio, non voleva continuare a fare del male alle persone e non voleva continuare ad accumulare karma. Quindi era come se fosse venuto e volesse che lo uccidessi e lo fermassi, ma non ne era cosciente. Era quello che la sua anima voleva. E la mia anima lo ha riconosciuto e non gli ho dato la colpa per la morte della mia gente. Non l'ho rimproverato, né l'ho toccato. Semplicemente l'ho ucciso e ho presunto che fosse per rabbia. Ho fatto quello che dovevo fare anche se era contro il protocollo. E non capisco come possa succedere. (Pieno di rimorso.)

D: So che hai detto che eri stato addestrato e che questo non sarebbe dovuto accadere. Ma quando entri nel corpo umano, ti fai prendere dalle emozioni umane perché quelle emozioni fanno sì che le persone reagiscano in modi imprevedibili, a cui non avresti potuto essere preparato. E tu sei stato influenzato da quelle emozioni anche se eri stato addestrato a non esserlo. Quindi non puoi biasimarti.

M: Sì, dicono che questa era una possibilità incorporata, quindi sapevano che poteva accadere. (Come fosse una rivelazione inaspettata.) Non ci avevo mai pensato! Perché non mi è stato spiegato mentre ero sotto addestramento? Pensavo di essere preparato a tutto. "Non c'era bisogno di sapere tutto. Avrebbe influenzato il tuo apprendimento, la tua missione. Inoltre, era solo una possibilità remota, una scappatoia, ch'era stata strutturata nel programma, ma non ci si aspettava che venisse usata. Ci aspettavamo che tu imparassi dall'esperienza. Non portarla all'estremo di punire se stessi attraverso diverse vite. Questo non serve a niente e ti trattiene solo nel tuo progresso".

Monica mi aveva detto durante il colloquio iniziale che aveva affrontato alle regressioni eseguite da altri ipnoterapisti e che si trattava sempre di vite con molta sofferenza e autopunizione. Naturalmente gli altri ipnoterapisti non sapevano come portare avanti tutto questo e trovare la ragione di questo schema emotivo. Quindi non sondarono per scoprire il perché dovette sperimentare queste cose. Si era portata tutto nella vita attuale e stava ancora sperimentando molta sofferenze che sembrava essere inspiegabile. Per questo motivo era alla disperata ricerca di una risposta.

D: A volte ci sono forze superiori che prendono il sopravvento.
M: Sì, ci sono forze superiori.
D: E lei è stata usata come strumento. (Sì) Non ti condannano, giusto?
M: No, mi sono condannato da solo.
D: Allora, hai intenzione di restare laggiù per un po' di tempo o cosa?
M: Non ce n'è bisogno ora. Ora posso riconnettermi. Non potei vivere con il dolore di ciò che avevo fatto.
D: Non c'è bisogno di accumulare rabbia o qualche altro tipo di senso di colpa, vero?
M: Non più, ora capisco. E la redenzione non è necessaria. Nessun altro mi ha punito... ero solo io stesso a punirmi.
D: Quell'uomo apparentemente ti ha perdonato.
M: Quell'uomo era grato. Ha capito. --Ora posso andare avanti con quello che devo fare. Altrimenti avrei passato altre vite a punire me stesso.
D: Questo non va bene.
M: Era contro il protocollo. Era contro tutto ciò per cui ho vissuto. Ora non devo vivere tutte quelle vite di dolore e sofferenza. Posso andare in un'altra direzione.
D: Ora possiamo lasciarlo nel passato. Ora che te ne rendi conto, non c'è motivo di seguire questo schema, vero? (No) Una vita completamente nuova può aprirsi ora, non è vero? (Sì).

Lo consideravo un gigantesco passo avanti e avevo ricevuto risposte eccellenti, ma sentivo ancora il bisogno di chiamare il SC.

Probabilmente faceva parte di ciò con cui stavo comunque conversando. Mi risposero all'istante: "Siamo disposti". Allora chiesi perché aveva scelto di far vedere quella vita a Monica.

M: Per andare direttamente al cuore della questione. Lei si punisce da sola.

D: Si lo avevo notato, ma volevo sentirvelo dire. E' completamente inutile che si punisca, non è vero? (Si) Lei è una brava persona. Ha molti talenti. Può aiutare molte persone, non è vero?

M: Se solo se lo permettesse.

D: E' rimasta aggrappata a quei ricordi.

M: E altri. L'uomo stava punendo se stesso attraversando molte vite piene di sofferenza. L'auto sacrificio è finito. È completo. Doveva abbracciare pienamente il sacrificio di sé e l'ha fatto con successo. Ed ora è il momento di andare avanti.

Il SC ha spiegato che questo è il motivo per cui ha scelto un'infanzia così brutta in questa vita e perché si è infilata in un tremendo matrimonio. È stata un'auto punizione. Ora aveva finito ed era importante che non restasse rinchiusa in casa sua, isolata dalle persone. Era tempo per lei di realizzare il suo scopo di aiutare la gente. Ora doveva portare gioia agli altri oltre che a se stessa. Doveva insegnare. "Insegnare ad essere in connessione divina e ad avere la giusta gioia d'essere". Deve solo permettere che avvenga, che fluisca".

D: Le darete le parole, vero?

M: Questo è ciò che lei conosce da sempre, cioè, che le forniremo sempre il passo successivo, per poterlo fornire ai suoi clienti e così via.

D: Voi ci siete sempre stati, ma lei non vi ha proprio ascoltato, vero?

M: Sì... ha seguito tutti i passi... tutti i percorsi ad ostacoli che abbiamo allestito. E' stata brava. Non doveva essere una vita facile. Doveva essere una vita fondamentale e l'energia doveva di essere della magnitudine che le permettesse di raggiungere ciò che sta diventando ora. Prima doveva capire l'altro. Non può insegnare se non lo capisce, perché queste persone a cui sta insegnando devono sapere che lei li capisce.

D: Dice che non si sente a suo agio in mezzo alla folla.

M: Ogni persona che la guardava le ricordava che aveva fallito. Questo cambierà col tempo. Uscirà di più... non all'inizio. Sono bellissimi. La riflettono e lei ha bisogno di sapere che la loro bellezza è la sua bellezza. Come uno specchio che si rifiutava di vedere. C'era troppo dolore.

Quando ho chiesto al SC di esaminare il corpo di Monica per la guarigione, ha detto: "Il corpo sopravvivrà". Ci vorrà del tempo per guarire". Ma io sapevo che poteva guarire più velocemente di così. "Lei non se lo aspetta". Sapevo che "loro" avrebbero fatto solo ciò che è appropriato, ma gli ho chiesto di passare attraverso il corpo e vedere qual era la cosa più importante su cui concentrarsi. "Un sacco d'energia oscura nella parte superiore della testa che deve andarsene".

D: Questo è l'aggrapparsi all'altra vita?

M: Molte vite... molte vite.

D: Non ha bisogno di vivere nell'ombra. Vogliamo che viva al sole... la luce luminosa. Possiamo lasciare tutto questo nel passato. Potete rimuoverla?

M: L'abbiamo fatto. Solo pufff, andato!

D: Su cos'altro volete concentrarvi nel corpo?

M: Ci sono molte serie di dolori che la strangolano. Insiemi di dolori che cercano di ucciderla. Questo è quello che voleva. --Ma ora non più, quindi li toglieremo, kilo dopo kilo. Tutto il suo corpo è pieno di dolori. È per lo più auto inflitto. Ha fatto un buon lavoro nel cancellare il dolore degli altri e nel nascondere il proprio dolore. Stiamo eliminando l'autopunizione e l'odio personale. Quindi ora toglieremo il resto. Ora è completa in quella pace. Crediamo che abbia sofferto abbastanza per le sue lezioni. Crediamo che ora possa andare oltre. Vorremmo vederla sorridere.

Mi spiegarono la guarigione del suo corpo e le cause dei problemi mentre procedevano. Soffriva di eccessive emorragie mestruali e dissero: "Pensava che se avesse creato più dolore avrebbe potuto redimersi. Doveva passare attraverso quelle vite senza comprendere, per raggiungere questa vita. Deve capire che doveva affrontare tutto questo. È servito ad uno scopo. Adesso questo l'aiuterà a far nascere la gioia. Ha bisogno di abbracciare se stessa. È tempo di riconnettersi e di abbracciare la sua integrità. Ha finito con questa lezione". Ora è anche in grado di smettere di prendere le medicine che prendeva. Tutto il suo corpo è stato colpito in qualche modo. Non ha perso alcuna opportunità per punire se stessa. Ora era giunto il momento di fermarsi, e questa era la cosa importante che doveva insegnare agli altri, non punire il loro corpo.

Messaggio Finale: Abbiamo atteso a lungo questo momento e siamo felici. Ci rendiamo conto che questa è stata una serie di vite impegnative e ti siamo grati per la disponibilità a completarla. Non ne avevi compreso lo scopo e non era il momento di comprenderlo. Sappia solo che è completo e che ora è il momento di andare avanti, e te ne siamo grati. Ti amiamo, ti abbracciamo e guardiamo avanti al nostro cammino insieme in un numero sempre maggiore di connessioni nell'amore e nella vita.

Ci sono state alcune cose in questa regressione che mi hanno fatto pensare in una direzione diversa. Altri mi hanno chiesto se fosse possibile andare in una vita passata e cambiare le circostanze di quella vita. Questo avrebbe sicuramente influenzato la vita presente di quella persona. Ho sempre pensato che non fosse possibile. Inoltre possiamo ritenerlo consigliabile? La persona nell'altra vita ha vissuto gli eventi e ha imparato da essi. Quindi non saprei se sia possibile modificarne gli eventi. Naturalmente, in questo caso non abbiamo alterato gli eventi durante la sua vita. Non siamo stati in grado di fermare le uccisioni. Siamo stati in grado di cambiare la comprensione di quell'uomo dopo la sua morte. E' la stessa cosa?

Monica aveva vissuto molte, molte vite di terribile sofferenza, che continuava nella sua vita attuale. Tutto è origine nell'incomprensione che quell'uomo ebbe riguardo al suo addestramento. Sentiva di aver fallito, di essere andato contro la sua missione, quindi l'unica soluzione che aveva era quella di punirsi per molte vite, sapendo che non avrebbe mai trovato la redenzione perché il suo crimine era stato così orribile. Non era disposto ad andare dall'altra parte per ricevere consiglio, perché aveva troppa paura d'essere condannato. Eppure, quando abbiamo scoperto che l'omicidio aveva uno scopo, che non avrebbe mai potuto conoscere; e che non aveva fallito, allora capì che non aveva bisogno di vivere tutte quelle vite senza speranza. A quel punto era libero di andare in un'altra direzione.

Nel mio lavoro si parla sempre di linee temporali e d'infinite possibilità e probabilità. Questo significa che quelle vite ora cessano di esistere? E gli altri personaggi di quelle vite? E il karma che è stato generato in quelle vite? Scoprendo la causa e cambiando il punto di vista di quell'uomo, ci troviamo davanti ad una tabula rasa, tutti i problemi si sono dissolti? È stato detto che tutto dipende comunque dalla nostra attenzione, dalla scoperta della nostra realtà. Tuttavia, non importa come possiamo interpretare o discutere questa seduta perché alla fine ha avuto un effetto profondo sulla vita attuale di Monica. Non deve più portare il peso della sofferenza, dell'autopunizione e dell'odio di sé. Se chi sta dall'altra parte non condanna, allora perché sentiamo il dovere di giudicare e punire noi stessi? La vita è fatta di lezioni, esperienze e di ciò che impariamo da esse.
C'è molto su cui riflettere.

Omicidi
e
Suicidi

Capitolo 14

OMICIDI E IL LUOGO DEL RIPOSO

Quando Carol scese dalla nuvola si trovò in una tipica cittadina del West: edifici di legno, marciapiedi di legno e strade polverose. Era una donna vestita nello stile tipico dell'epoca. Si trovò di fronte ad un negozio di generi alimentari e quando entrò la sua attenzione venne attirata immediatamente da una pila di tessuti e materiali da cucito. Era una sarta, ma è rimasta delusa dalla selezione di basso livello. Non era felice in città e si sentiva bloccata. Non voleva proprio rimanere lì, ma non c'era nessun altro posto dove poter andare. Qualsiasi città era lontana. Viveva da sola con la sua bambina. Suo marito era rimasto ucciso in un'esplosione durante la costruzione della linea ferroviaria per andare più ad ovest. Non poteva andarsene, così si mise a cucire per guadagnarsi da vivere per lei e la sua bambina. La sua casa era semplice ma adeguata alle loro esigenze. Amava sua figlia, ma fu difficile perdere l'unica altra persona che amava: suo marito.

Poi, quando la spostai avanti ad un giorno importante, mi resi conto che era saltata in un'altra vita. Iniziò a descrivere un ambiente completamente diverso. Quando questo accade, di solito significa che non c'era molto valore nelle informazioni dell'altra vita. Nella maggior parte delle vite un giorno è come quello successivo. Se succede qualcosa di questo genere, devo prendere una decisione: continuo ad esplorare la nuova vita o torno a quella che abbiamo lasciato per scoprire cosa le era successo? Decisi di esplorare quella in cui si era buttata, perché sapevo che il SC aveva un motivo per mostrargliela.

Questa volta si vide in una città con strade acciottolate e lanterne. Era una sera uggiosa e piovosa e lei entrò in un pub. Sapeva che era l'Inghilterra o l'Irlanda. Era una giovane ragazza ventenne con i capelli rossi, vestita con un abito di velluto che si allacciava anteriormente e con un gilet sopra. Molto diversa dalla semplice donna della cittadina del FarWest. Fu così che capii che avevamo fatto un salto. C'era musica al pub e la gente beveva, rideva e raccontava barzellette, in generale si divertiva. "È come se tutti si riprendessero dopo una dura giornata di lavoro. E tutti si divertono, ridono e lì dentro c'è un gran rumore". Descrisse il pub nei minimi dettagli, sembrava di essere nel 1880. Le ho chiesto se aveva un lavoro, visto che menzionò una dura giornata di lavoro. "Io socializzo. Questo è quello che faccio. Faccio dei favori agli uomini, e loro mi apprezzano. Gli piaccio molto. Per lo più frequento quel posto. Sono quello che sono". Era felice lì, senza responsabilità e senza preoccupazioni. Viveva lì vicino: "Al piano di sopra. Ho il mio posto. Devo salire, non è molto grande. C'è una camera da letto e una sedia. Non passo molto tempo lì dentro perché sto soprattutto al piano di sotto. A ballare con gli uomini e... C'è un sacco di musica... un sacco di scherzi... un sacco di battute e tutti si conoscono. C'è un bar laggiù, servono del cibo e c'è tutta la socializzazione, il mangiare e il bere... succede tutto laggiù. Sono da solo. So badare a me stessa. Gli uomini mi piacciono e io piaccio a loro. Loro mi fanno dei favori e io li faccio a loro. Mi danno dei soldi. Si assicurano che io stia bene. Si preoccupano molto per me, non solo perché sono un giocattolo, ma si preoccupano davvero per me. -- Non è che sono persa. Lo sono, ma non è come se per loro fossi sporca. Servo ad uno scopo, loro mi rispettano e sono buoni con me perché io sono buona con loro. Ho molti amici e non si aspettano molto. Sono felice così come sono".

Quando l'ho spostata in un giorno importante, finì al giorno della sua morte. "Sono stata uccisa. Non ero molto vecchia". Le dissi che avrebbe potuto guardarlo come un osservatore esterno se avesse voluto, per poter spiegare cos'era successo. È successo in quella stanza al piano di sopra, dove dormiva. Un uomo la strangolò. "Era geloso di qualcuno che aveva visto con me e mi ha uccisa. Noi eravamo già stato insieme prima, sapeva cosa ero e chi ero. Ma mi ha ucciso perché non sopportava quello che facevo per vivere. Era molto arrabbiato. Voleva portarmi via da tutto questo. Ma non volevo sistemarmi e stare con una persona sola. Ho avuto una bella vita. Ero felice. Non volevo lasciare la mia vita e non volevo lasciare lì gli altri miei amici".

La spostai al momento in cui tutto era finito ed era fuori dal suo corpo. Osservò la scena. "Lui si vergogna molto. Gli dispiace, ma è troppo tardi. Mi ha già uccisa. È finita. Non può riportarmi indietro. Nessuno può. Sono lì, sul pavimento. Lo vedo piegato su di me e singhiozza. E' così dispiaciuto. Ha solo fatto un errore". Allora le feci riosservare tutta quella vita per dirmi cosa pensava di aver imparato da quella vita. "D'essere più responsabile con i miei affetti. Mi stavo divertendo, ma guarda a cosa ha portato. La gente era gelosa, gli animi si agitavano... si arrabbiavano e io sono finita morta. Ed ero giovane, bella e vivace, e ora sono morta. Non mi vergognavo di quello che facevo. È solo quello che ero".

D: Cosa farai adesso? Andrai da qualche parte?

C: Voglio solo un po' di pace e di tranquillità. Voglio solo riposare. Voglio stare lontana da tutto e da tutti per un po'. Voglio solo guarire.

D: Vai da qualche parte per poter guarire?

C: Vado in un posto tranquillo. È blu... ed è come un bozzolo. È come se fossi protetta in un bozzolo. Vengo nutrita. Non è come se dormissi e mi svegliassi. Non è così. Sono li, sto guarendo e ci sono persone che si occupano di me. Si prendono cura di me. Si prendono cura di tutto. Non devo preoccuparmi di nulla. Non devo preoccuparmi di guadagnarmi da vivere. Sono solo sospesa in questo bel bozzolo caldo. Sto recuperando le forze. E posso rimanerci tutto il tempo che voglio, fino a quando non sarò nuovamente in forma. Non c'è altro che amore.

Sapevo che era nel luogo di riposo dal lato dello spirito. Avrebbe potuto passarci molto tempo se si stava riprendendo dal modo violento in cui era morta. Così ho accelerato i tempi fino al punto in cui era pronta a lasciare quel luogo di riposo. "Cosa succede quando decidi che è ora di andarsene?

C: Mi siedo, apro quella specie di baccello e poi inizia ad entrare della luce. Non mi fa male agli occhi o altro. Posso uscire e fare tutto ciò che voglio. Vedo luce tutto intorno a me. Ci sono pilastri di luce. C'è una luce magnifica. C'è uno splendore tutto intorno a me. È come se fossi rimasta in un luogo di conforto profondo, scuro e vellutato. Praticamente, era come essere in una stanza. Poi apro quel coso in cui ero dentro, esco e c'è questa luce brillante. Bellissimi, stupendi palazzi, su palazzi di luce cristallina. Tutte queste strutture che proseguono all'infinito. La luce si riflette su tutti questi edifici. Ci sono tutti i colori dello spettro ed è così brillante, ma non mi fa affatto male agli occhi. Posso vedere tutto.

D: C'è qualcun altro?

C: Ci sono tantissime persone. Migliaia di persone che stanno guardando dei libri. Stanno riproducendo dei video, ma non sono persone. Non sono persone, ma sono lì e stanno facendo tutte queste cose e sono così gentili. Cercano di guidarmi e mi dicono: "Questa stanza è per questo e questa stanza è per quest'altro". Tu puoi fare questo o puoi fare quello, e puoi cucinare. Puoi mangiare. Puoi fare qualsiasi cosa. Non possono mostrarmelo abbastanza velocemente.

Risi per l'entusiasmo nella sua voce.

D: Se non sembrano persone, che aspetto hanno?

C: Cambiano. Alcuni sono luci blu, luci rosa, luci bianche, luci gialle. A volte sono sfere di luce, altre volte gli spuntano braccia e gambe, prendono una forma di una persona. Eppure sono trasparenti.

D: Sembra un posto bellissimo.

C: Oh, è bello. E prosegue all'infinito. Questi grandi, vecchi, lunghi corridoi, non sembra un'istituzione. Non riesco a credere a tutti i registri e alle cose che hanno. Se vuoi cercare qualcosa, ogni risposta è lì. Sto solo cercando di orientarmi. Non so da dove cominciare. Non so nemmeno dove andare. Voglio imparare. Voglio sapere di cosa si tratta. Voglio sapere tutto.

D: Sarebbe difficile imparare tutto?

C: Si potrebbe pensare di sì. C'è così tanto da sapere. C'è così tanto da imparare. Voglio scoprire se tutte le persone che conosco sono morte. Sto cercando di ascoltare ogni cosa. Stanno cercando di raccontarmi tutti i diversi aspetti di questo posto meraviglioso e tutti i registri, tutti i media e tutti i gadget... tutti i gadget d'informazione! Eppure, mentre cerco d'imparare tutte queste cose, sto cercando di entrare in contatto con le persone che conosco.

D: Intendi in altre vite o cosa?

C: Non lo so. È come se conoscessi tutti. Non è come se fossero estranei perché sono così gentili. Mi sento davvero la benvenuta qui ed è come se fossi stata via per molto tempo. È come se fossi tornata a casa.

D: C'è una persona in carica, che può parlare con te... qualcuno che comanda?

C: C'è una persona ch'è una specie di "amico". Mi aiuta ad uscire da quel luogo speciale di guarigione. E mi aiuta a conoscere la situazione, in modo da poter iniziare a scavare e a capire come stanno le cose. È come la mio guida locale o la persona a cui faccio rapporto. La persona a cui è stata assegnata la responsabilità di rimettermi in sesto, perché ero molto a pezzi. Ero molto ferita... molto danneggiata. Ero così felice in quella vita, che mi è stata portata via così... Non voglio essere uccisa di nuovo. --Vogliono che io mi adatti al luogo. Che mi abitui a tutto quello che c'è, che mi prenda il tempo. Non devo avere fretta. Mi devo muovere. Devo vedere tutto quello che c'è da vedere.

Poteva volerci molto tempo, visto che non avevano fretta di mandarla al suo incarico successivo. Così le ho fatto condensare il tempo e l'ho fatta andare avanti finché non aveva fatto e visto le cosa che doveva fare e vedere. "Devo fare rapporto".

D: Come a scuola? (Sì) Che tipo rapporto?

C: Devo fare rapporto e dir loro se sto bene. Dire loro se mi sto riprendendo e se sono pronta ad osservare tutto quello che ho fatto per aiutarmi a capirlo. Perché sono stata uccisa e cosa ho fatto della mia vita.

D: Cosa hai scoperto?

C: Beh, non pensano che io sia stata cattiva. Hanno notato che mi sono divertita molto nel fare ciò che facevo, ma non ha giocato a mio sfavore manipolare le emozioni della gente in quel modo. Anche se tutto era ad un livello superficiale, a volte la gente lo prende molto più seriamente. Non mi rendevo conto di come avrei potuto ferire qualcuno, non riconoscendone il loro affetto. Come quell'uomo che mi ha uccisa. Gli ho fatto del male. --Devo lavorare su questo.

D: Ma non c'è nessun giudizio, vero?

C: No, non pensano che io sia cattivo, ma se voglio fare meglio, devo guardare a questo. Non posso andare avanti e continuare a farlo. Voglio dire, devi essere consapevole di quello che stai facendo. Non puoi semplicemente passare la vita e divertirti e non pensare alle altre persone. Devi pensare alle altre persone e a come le influenzi. Perché questa è una responsabilità che abbiamo.

D: Allora, ti hanno dato qualche consiglio?

C: Pensare meno a me stesso e più alle altre persone e questo mi aiuterà a non far loro del male.

D: Devi andare da qualche parte per farlo o cosa dicono?

C: Devo restare lì per un po' e studiare. Ci sono tante cose. Ci sono grandi volumi di roba che devo studiare. Posso osservare ciò che ho fatto e in qualsiasi momento posso tornare indietro e posso andare avanti. Posso osservare ogni cosa. Posso parlare con altre persone. È un posto dove dovrei imparare.

D: Ti hanno detto cosa succederà dopo che senti d'aver imparato?

C: Allora posso riprovare.

D: Vuoi farlo?

C: Oh, sì. È davvero bello farlo. Ma non voglio essere uccisa di nuovo. --Ho fatto delle strategie su dove voglio andare. Penso che la prossima volta potrei sistemarmi e cercare di avere una famiglia.

D: Quindi stai facendo dei progetti?

C: Ci sto sicuramente provando.

Questo spiegherebbe la vita nel Vecchio West. Se pensiamo in modo lineare, temporalmente dovrebbe essere stato dopo alla vita in Inghilterra dov'era stata uccisa. Aveva una famiglia, eppure uno dei suoi cari (suo marito) era stato ucciso. Doveva sicuramente pensare alle altre persone e mettersi al secondo posto in quella vita. Era noiosa e semplice, ma è servita allo scopo.

Allora ho pensato che fosse il momento d'invocare il SC e trovare delle risposte. Chiedo sempre perché il SC ha mostrato quelle le vite al cliente.

D: La prima in cui si trovava nella città del FarWest e suo marito è stato ucciso mentre lavorava alla ferrovia. Perché avete scelto di farle vedere quella vita?

C: Per via della mia bambina. Lei era tutto per me.

D: Perché il SC ha mostrato a Carol la bambina? Cosa c'entra questo con Carol nella vita attuale?

C: Conosco quella bambina.

Ho dato istruzioni a Carol di permettere al SC di rispondere alle domande e di non cercare d'interferire. "Dovevo dimostrare l'amore incondizionato". Carol è una lesbica nella sua vita attuale e il SC diede spiegazioni circa le persone che sono nella sua vita attuale. Al momento aveva una compagna, ma una nuova ragazza (la bambina della vita occidentale) era entrata nella sua vita. Stava creando un problema. Dichiararono che era stata con Michelle (la sua attuale compagna) troppo a lungo, era il momento di andare avanti e permettere a qualcuno di nuovo di entrare nella sua vita. vita. Chiesi se Carol aveva avuto delle vite passate con Michelle. "Erano in Europa. Carol era una giovane studente, un bellissimo violinista... molto dotata, con molto talento. Michelle era un'insegnante. C'erano dei problemi. Michelle, come insegnante, era molto, molto dura con Carol. Eppure, Michelle diceva agli altri insegnanti quanto fosse dotata Carol. Ma non l'avrebbe mai detto a Carol. Spingeva sempre di più e criticava sempre di più, alla fine questo ha intaccato l'auto stima di Carol. Era quasi come se Michelle lo facesse apposta, perché era gelosa del talento che Carol aveva".

D: Allora perché hanno scelto di riunirsi in questa vita?

C: Carol deve riconquistare la sua auto stima. C'era del karma tra l'insegnante e l'allieva. Michelle era in debito con Carol. Il contratto ora è finito. Sono state insieme per molto tempo, ma ora è giunto il momento di separarsi. Sarà difficile, ma deve essere fatto. Lei deve andare. Deb (la bambina) sarà ora libera di entrare nella vita di Carol. Lì c'è un grande amore (per via della vita passata come madre e figlia).

D: Forse questo le sarà d'aiuto se saprà queste cose e riuscirà a capirle. (Sì) Poi le avete mostrato la vita in cui era al pub ed è stata uccisa. Perché avete scelto che vedesse quella vita?

C: Per mostrarle come si può ferire la gente con le proprie azioni.

Non c'era nessuno di quella vita che lei conoscesse ora nella sua vita attuale. Sono rimasta sorpresa perché mi aspettavo che l'uomo che l'aveva uccisa fosse un personaggio attuale. Aveva chiesto del suo breve matrimonio e sebbene fosse connesso ad un'altra vita passata, il SC si rifiutò di fornire dettagli. Era meglio che Carol non sapesse.

D: Cosa ha imparato da quel matrimonio breve?

C: Imparare ad amare incondizionatamente... ad essere onesta e quando ami davvero, davvero tanto, non trattenere nulla. È stato un contratto breve, ma molto significativo, molto intenso. Essere totalmente te stesso per la persona che ami. Poter parlare di ogni cosa, di tutto, essere onesti e aperti, perché è l'unico modo in cui il vero amore può durare. --Non aveva le stesse emozioni per Michelle. Quella era una relazione diversa. Ha provato di tutto per mantenere un'amicizia affettuosa e gentile con Michelle, ma sta a Michelle accettarla. Carol questo non lo può controllare. Carol non riesce a schiarirsi le idee quando è con Michelle. Non riesce a creare quando è avvolta in una rete. Michelle vuole troppo da lei.

Un'altra domanda a cui già conoscevo la risposta, ma volevo che il SC gliela dicesse. "Vuole sapere da dove proviene?".

C: Proviene dalla Sorgente. Tutto ciò che è... tutto ciò che esiste. Noi veniamo dalla Sorgente e torniamo sempre alla Sorgente perché siamo tutti una cosa sola.

Messaggio Finale: Non perdete mai la fede. Siamo sempre lì per aiutarti. Non sei mai sola.

Capitolo 15

CI PORTIAMO DIETRO LA PAURA

Dionne entrò sulla scena ed era in piedi su un suolo marrone, caldo, secco, sembrava un deserto. Divenne consapevole di un'antica arcata in stile Persiano in lontananza. Solo vedendola si senti travolta da un'inesplicabile valanga di paura. La paura era così forte che voleva piangere. Sapevo quando qualcosa di questo genere accade, stiamo per scoprire qualcosa d'importante e significativo per il cliente. Non si possono fingere le emozioni, vengono dal nocciolo della questione, anche se in quel momento non hanno alcun senso. Ho pensato che se fossi riuscita a distogliere la sua attenzione dalla paura, allora avremmo potuto procedere, così le ho chiesto di concentrarsi sul suo corpo. Era un uomo anziano con la barba, vestito in modo molto semplice, con un indumento sciolto e un turbante. Il suo corpo si sentiva stanco e logoro. "Sono in angoscia per qualcosa dall'altra parte dell'arco... qualcosa che sta succedendo lì dentro. Ho paura di quello che sta succedendo dentro, dall'altra parte del muro. Ci sono molte persone, tante urla. Mi sento come se ci fosse qualcuno che conosco e sono preoccupato per loro". Gli ho chiesto se voleva entrare, superare l'arco e vedere cosa stesse succedendo, ma sentiva una paura estrema. "Ho paura di andare dentro e ho paura anche di quello che sta succedendo lì dentro". Credo di doverci entrare, ma ho paura".

D: Chi pensi che ci sia lì dentro che ti preoccupa?

DI: Sento che potrebbe essere mia figlia. Quasi come se la stessero accusando d'essere una strega o qualcosa del genere, e la folla grida che sia uccisa.

D: Pensi che sia una strega? (No) Perché credi che la gente lo pensi?

DI: Perché sono ignoranti. Ha un dono che la maggior parte della gente non ha e non capiscono. Si è confidata con qualcuno che non hanno capito e si e' spaventato e ha deciso d'incitare il resto della gente ad avere paura. Con fiducia, ha dato questa parte di sé a questo giovane ma lui l'ha tradita e l'ha usato contro di lei.

D: Lei ha detto che aveva un dono che loro non capivano. Che tipo di dono era?

DI: Il dono della profezia. Lei ha detto al giovane il suo dono e gli ha dato una profezia che si è avverata. Ma lui le si è voltato contro e la accusò d'averlo ammaliato e di aver creato quella situazione invece d'averla solo vista. Lui credeva che fosse stata lei a crearla.

Dopo molto procrastinare, decise di superare la sua estrema paura e di entrare. La uccideranno se non lo faccio e quando entrerò, probabilmente uccideranno anche me, quindi non so come fare, perché se vado a fare irruzione e cercare di prenderla, so che mi sottometteranno. Quindi non so se dovrei entrare in scena come uno di loro e in qualche modo capire come liberarla. Non so cosa fare, perché se mi precipito dentro, anche questo non funzionerà". Decise d'entrare. "Lei è nel retro di un carro e stanno urlando per farla giustiziare. Il giovane dice che è una strega e lo ha dimostrato con quello che è successo. La folla è solo una mandria di vacche incallite. --Non voglio perderla e non voglio essere ucciso e poi lasciarla sola". Per velocizzare la cosa, ho condensato il tempo e l'ho portato avanti per vedere cosa decise di fare.

DI: Finiscono per ucciderci entrambi. La folla. Ci legano e ci impiccano entrambi. Lanciano corde intorno a qualcosa e c'impiccano. Mi considerano colpevole per associazione. Sono entrato e ho cercato di farli ragionare, ma erano irragionevoli perché avevano preso la febbre. Ho cercato di liberarla, di afferrarla e di tirarla, ma sono stato trattenuto e per associazione sono stato condannato come lei.

D: C'erano troppe persone. (Sì.) Beh, cosa ne pensa delle persone che hanno fatto questo?

DI: Le odio! Sono arrabbiato con la folla per la loro ignoranza. Il giovane era uno di loro. Non credo di essermi mai più fidato della gente da allora. Non era necessario, perché ucciderla non ha cambiato nulla. Non era una strega. Non ha fatto niente. Non è cambiato niente. Hanno solo provato sollievo. Pensavano di essere al sicuro ora che lei non c'era più.

Non è mai una buona idea portare rancore contro le persone che hanno causato la proprio morte. Perché è un metodo certo di creare karma che proseguirà in altre vite successive.

D: Erano governati dalla paura. (Sì) Penso che tu sia stato molto coraggioso a cercare di salvarla. Ma non ha risolto molto, vero?

DI: Non ha funzionato... no.

D: Ora è finita e sei fuori dal corpo, così puoi guardare indietro e vedere tutto da un'altra prospettiva. Riesci a vedere il tuo corpo?

DI: Sì, sono solo due corpi senza vita. In realtà, mi sembra che ci abbiano anche pugnalato allo stomaco. In ogni caso, sono solo due corpi ammassati a terra. La folla applaude e ora si sta dissipando. Non è cambiato nulla. Credono d'essere al sicuro, ma in realtà non è cambiato nulla.

Sua figlia era con lui nello spirito, mentre entrambi guardavano quella scena raccapricciante. Spiegai che ogni vita ha una lezione. "Cosa pensi di aver imparato da una vita così?".

DI: Amavo mia figlia e ho imparato la tolleranza perché era diversa. Ho dovuto imparare la tolleranza perché altrimenti avrei dovuto allontanarla. E ho anche dovuto imparare la tolleranza per le differenze delle persone. Non capivo, ma ero sicuro che non era il maligno perché lei non era cattiva. Così ho imparato la tolleranza, ma ho anche portato via con me l'intolleranza verso ciò che la gente faceva.

Gli ho chiesto cosa pensava di fare ora che era fuori dal corpo. Se c'era un posto dove sentiva di dover andare o qualcosa che dovesse fare. Dopo una pausa ha detto: "Credo che potremmo andare a cercare la moglie che avevo che e' morta". Sua moglie era morta prima di loro, ecco perché c'erano solo loro due a prendersi cura l'uno dell'altra.

D: Come faresti?

DI: Probabilmente mi girerei e andrei nella direzione opposta da dove sto guardando.

D: Cosa c'è nella direzione opposta?

DI: Vorrei dire il "Sole", ma lo scenario sottostante ha appena diventare un punto di riferimento più piccolo.

D: Comunque non è qualcosa che si vuole veramente osservare.

DI: No. Non posso tornare lì... non posso tornare indietro. Sento ancora il peso di quello che ho appena vissuto. Non è sparito. Non è scomparso. Sento ancora la paura.

D: Sicuramente. È stata una situazione traumatica. In che direzione vuoi andare?

DI: C'è solo una zona illuminata. C'è un solo posto dove andare. È allontanarsi da quella scena e voltarsi verso altro. Sembra solo luminoso e un po' provvisorio. Non so dove sto andando. Sembra che dovrei riconoscerlo. --Ci sono stato un milione di volte, --Mi sembra di essere ancora quella persona. --Sto solo fluttuando verso la luce.

Ho condensato il tempo e l'ho portato avanti fino a quando è arrivato nel luogo dove doveva fermarsi. "Lo saprai quando ci arriveremo, e potremo fermarci".

DI: Ho la vaga sensazione che ci siano altre persone. È come se venissi da un'esperienza traumatica e tutti volessero sentire cosa è appena successo e io sto raccontando la storia. Sembrava che mia moglie sia lì, probabilmente è mio marito in questa vita. Mi sento come se anche mia madre e mio padre fossero lì. I volti sono un po' irriconoscibili quando l'anello di persone si allontana da me. I volti non sono molto chiari.

D: A volte è comunque più una sensazione che un riconoscimento.

DI: È una specie di sollievo trovarsi lì. In un certo senso è un trauma che mi sta ancora a cuore. Sono ancora sconvolto per quello che è successo, ma sono sollevato di stare bene. Eppure mi sento ancora triste per l'accaduto.--Probabilmente devo solo andare a dormire per un po'.

D: Qualcuno ti dice di farlo?

DI: Credo di essere solo consapevole di dover passare un periodo di tempo in cui --non so quale sia la parola giusta -- devo solo decomprimermi.

D: Solo per riposare. Sembra una buona idea. E tua figlia?

DI: Siamo insieme. Penso che adesso faremo un pisolino, sdraiati vicini.

D: Che aspetto ha quel luogo di riposo?

DI: È una specie di nuvola, in un certo senso. Mi sento solo turbato. Mi sento come se mi fosse successo qualcosa che non doveva succedere. E' stato senza senso ed è difficile lasciar perdere.

D: Quindi starai lì per un po' e non penserai a niente. (Sì.)

Quando le persone vanno al luogo di riposo possono rimanerci per un periodo di tempo considerevole. Dipende solo da quanto tempo ci vorrà prima che si sentano in grado di tornare sulla ruota della vita. Può essere un tempo breve o per alcuni può essere lungo centinaia d'anni. Così condensai di nuovo il tempo a quando aveva completato il riposo ed era il momento di lasciare quel posto per fare qualcos'altro.

D: Ti senti meglio ora che sei riuscito a riposare?

DI: Ho questa paura che permea tutto il mio essere.

D: Anche se ti sei riposato, hai ancora questa paura? (Sì.) Di cosa hai paura?

DI: Credo che sia solo la paura d'essere distrutta.

D: Beh, hanno distrutto il corpo.

DI: Lo so. Lo so.

D: Ma non potevano distruggere te, vero?

DI: No. Ne sento solo il peso e la paura. Non so come sbarazzarmene.

D: C'è qualcuno a cui potresti fare domande e ottenere risposte?

DI: Potrebbe esserci qualcuno a destra. Sembra uno di quei Maestri Ascesi. È asiatico.

D: Vuoi fargli delle domande?

DI: Potrei, se vuoi.

D: Potremmo ottenere delle risposte. Digli che vuoi capire questa paura. La paura è un'emozione forte. Digli che vuoi capire da dove proviene.

DI: Dice che è l'opposto della Sorgente Divina.

D: Chiedigli perché ti aggrappi ancora a questa paura?

DI: Perché è diventata una stampella.

D: Perché la paura avrebbe dovuto restare con il corpo alla morte, non è vero?

DI: A quanto pare ho vissuto a lungo con la paura e l'ho usata come una stampella.

D: Non solo in quella vita, ma anche in altre vite? (Sì) Quindi non è andata via nel luogo di riposo? (No) Cosa vuol dire che è diventata una stampella?

DI: E' un modo per proteggermi in un certo senso. Mi impedisce di entrare in situazioni che potrebbero essere dannose.

D: Da questo punto di vista è un bene, no?

DI: Sì, ma quando riconosco situazioni come quella che stava succedendo con la folla, allora la mia paura prende il sopravvento e mi ritrovo in una costante modalità di lotta o fuga. La percepisco sempre intorno a me, quindi sono nel costante desiderio di scappare da qualcosa, ma devo sforzarmi a stare calmo e non scappare.

D: Non è una bella modalità in cui trovarsi, vero?

DI: No, perché è stressante. E essere sempre sospettosi delle persone. Sospettare sempre che in qualsiasi momento possano tradirti.

D: Non è un bel modo di vivere, vero? (No) Cosa ti suggerisce? Sembra che possa essere molto saggio. Forse ha dei consigli.

DI: La terra è un buon posto dove andare. Dice che la cosa più grande che dobbiamo fare sulla Terra è superare la paura. E se non lo faccio, allora dovrò tornare indietro. Se la supererò, allora non dovrò farlo. Se riesco a controllarla o a superarla, allora non dovrò tornare a meno che non lo voglia. --Non capisco perché tutto deve essere così orribile sulla Terra.

D: Non deve esserlo per forza, vero?

DI: Sembra che lo sia. (Sconvolta) Solo crudeltà. Questo è "quello che è". La Terra è così. Le persone sono così.

D: Forse non lo sono. Forse hanno solo bisogno di aiuto. Chiedigli: se decidi di tornare sulla Terra, potresti fare la differenza per cambiare le cose?

DI: Per aiutare altre persone o per aiutare me stesso?

D: Entrambi. Che cosa dice? Hai una scelta? (Dionne divenne emotiva.) Va bene essere emotivi. Questo è un bene. Ma puoi scegliere se andare o rimanere?

DI: Più o meno, ma non proprio. Non devo andare, ma so che se non vado, non finirò quello che devo fare. E quindi devo farlo. --Solo che non voglio andare! Vorrei non aver nient'altro su cui dover lavorare. Vorrei poter rimanere qui.

D: Cosa dice? Ci sono leggi e regolamenti in merito?

DI: Ha detto che c'è ancora molto da fare.

D: Cosa hai accettato di fare?

DI: Passarle tutte fino a quando non ho finito. Solo passare attraverso qualunque cosa, fino a quando non ho finito. Non ho pensavo che sarebbe stato così terribile. Sento che se tornassi indietro, sarebbe solo un'altra cosa orribile.

D: Forse non sarà così terribile come ciò che hai appena passato. Forse lui sa se sarà così brutto o più facile?

DI: Può essere qualsiasi cosa che io ne faccia.

D: Allora hai il controllo, vero? (Sì) Sei più potente di quanto tu creda di essere, no?

DI: Mi sento una specie di vittima, in un certo senso.

D: Penso che sia il momento di cambiare le cose. È allora che prendi la decisione di tornare sulla Terra?

DI: So che devo farlo per rispettare il mio accordo e per finire, altrimenti lo rimanderei e basta. Alla fine dovrei farlo in ogni caso.

D: E l'accordo era di sperimentare ogni cosa?

DI: Sì, di passare attraverso ad ogni esperienza. Di passare attraverso la realtà fisica.

D: Tutto il bene e il male?

DI: Sì, ma non avevo idea di quanto terribile sarebbe stato il male. È un po' come se qualcuno vivesse all'equatore e tu cercassi di spiegargli cos'è la neve. Loro hanno un'immagine, ma non sanno veramente cos'è finché non riescono a vederla.

D: Non lo sai mai veramente finché non lo sperimenti di persona.

DI: Credo che non pensavo di sentirla, tanto quanto l'ho sentito io.

A questo punto pensavo che avessimo imparato quanto necessario. Sapevamo che aveva preso la decisione di tornare, perché procrastinare avrebbe solo ritardato l'inevitabile. Così ho chiesto se andava bene chiamare qualcun altro che potesse fornire più risposte. L'altra entità era d'accordo. Così l'ho ringraziato e poi ho invocato il SC. Naturalmente, la prima domanda è stata perché hanno scelto di mostrare quella vita a Dionne.

DI: È stato il momento in cui la tristezza ha preso piede. Si stava accumulando fino a quel punto, ma è stata quella volta che la tristezza ha preso piede.

D: Quindi aveva vissuto altre vite negative, ma questa è stata la goccia che ha fatto traboccare il vaso? (Sì) Perché volevate che lei lo sapesse?

DI: Lei è empatica in questa vita e ha bisogno di sapere.

D: Gli empatici si fanno carico dei sentimenti degli altri, non è vero?

DI: Sì. Aveva bisogno di saperlo, per essere empatica, doveva sperimentare tutte le emozioni che esistono.

D: È una cosa grossa.

DI: Sì. Per essere empatico, bisogna aver vissuto tutte le emozioni per sapere che emozione si provano. In altre parole, devi sperimentare la paura per essere in grado di sapere che è paura. Lei può leggere le persone e sentire quello che stanno provando prima ancora che lo esprimano verbalmente.

D: Questo è un bene, ma cosa volete che faccia con il suo talento d'essere empatica? Come volete che lo usi?

DI: È sempre stato per aiutare gli altri. Le dà molto compassione.

D: Ma lei tende a stare lontana dalle persone, vero?

DI: Sì, ha sviluppato una certa diffidenza verso le persone.

D: È una cosa che proviene da quella vita?

DI: Sì, e da altre.

D: La gente le ha mostrato il lato violento. (Sì) Ma in questa vita nessuno la tratterà così, vero?

DI: Oh, invece sì. Alcune di quelle stesse persone della folla sono oggi nella sua vita.

D: Le persone con cui ha sviluppato del karma?

DI: Sì, c'è del karma. Le persone della folla le erano estranee ed ogni tanto compaiono in questa vita. E continuano lo stesso comportamento, solo che è fatto su misura per la sua vita di oggi. Quindi ci sono persone nella sua vita che inconsciamente vogliono distruggerla. I suoi genitori, i suoi parenti più stretti, vogliono proteggerla. Gli altri che sono andati e venuti sono solo delle conoscenze. Sono venuti e se ne sono andati. Solo per continuare a mantenere il ruolo che hanno avuto per molto tempo. Ci sono persone nella sua vita che la riconoscono inconsciamente dall'altro tempo. Ed inconsciamente reagiscono a lei nello stesso modo in cui hanno reagito in nell'altro periodo. L'obiettivo non è distruggerla in questa vita, ma hanno un riconoscimento immediato e una reazione negativa immediata nei suoi confronti. C'è un riconoscimento dell'anima che si manifesta in loro come un'antipatia verso di lei. E non se ne rendono conto e non capiscono la loro reazione negativa nei suoi confronti.

D: Qual è lo scopo di tutto questo? Che cosa sta imparando da questo?

DI: Ha bisogno d'imparare il distacco. Si fa coinvolgere troppo personalmente.

D: Allora dove imparare a non prenderla sul personale.

DI: Sì. Si è sentita tradita ed incompresa e nella sua vita attuale ha avuto esperienze che, per lei, confermano la sua convinzione di meritarsi il tradimento. Nessuno in questa vita ha cercato di tradirla, ma lei lo percepisce così.

D: C'è qualcuno della sua attuale famiglia, che era con lei in quella vita?

DI: Il suo attuale marito, era sua moglie e sua figlia, era sua figlia. Sua madre ora, allora era nella folla, ma non faceva parte della folla. Era una spettatrice indifesa nella folla. Faceva parte della folla, ma non le piaceva quello che la folla stava facendo. Ma non c'era nulla che potesse fare.

D: Quindi con lei non c'è karma.

DI: C'è qualcosa che non va con sua madre. Sua madre prova rimorso.

D: Ma sua madre non ha avuto un ruolo attivo.

DI: Sua madre, a volte, reagisce a lei come gli altri reagiscono a livello animico. Così lei ha paura di sua figlia come la folla aveva paura della bambina. Ma prova anche tristezza, proprio come fece quando era nella folla... tristezza per quello che stava succedendo a queste due persone. Poiché allora era impotente, in questa vita è stata critica nei confronti di sua figlia; perché vedeva aspetti di sua figlia che lei possedeva e voleva che sua figlia fosse forte com'era lei. Così ha usato le critiche per cercare di rafforzarla, ma ha finito con l'indebolirla. Lei vide in queste critiche la conferma che tutti erano malvagi, negativi e non erano degni di fiducia.

D: Ma come possiamo liberarci di questa paura che Dionne porta ancora con sé? Ora sappiamo da dove viene. Non ne ha bisogno in questa vita, giusto?

DI: Non proprio. È una specie di schema radicato in lei. Si è rafforzato nel corso dei secoli ed è abbastanza radicato.

Chiesi suggerimenti al SC su come alleviare la paura e rendere più facile la gestione di Dionne. Volevamo che se ne liberasse subito, così non avrebbe dovuto più portarsela avanti. Il SC disse che un fattore era la situazione negativa dove lavorava. Questo creò una paura che lei ha accettato: "La gente non è al suo livello. Ha bisogno di stare con persone che sono come lei. Ci sono persone là fuori, ma sono poche e lontane tra loro".

D: Cosa dovrebbe fare?

DI: Dovrebbe creare. Ha molte informazioni, molte conoscenze e molta saggezza, ma sono sparse. Ha bisogno di mettere tutto insieme per poterle condividere con altre persone. Potrebbe parlare con la gente e potrebbe scriverne.

D: Bisogna stare attenti a chi si parla, perché molte persone non capiscono.

DI: No, il mondo è nel cervello sinistro. (Rise)

Dionne aveva iniziato a scrivere alcune novelle e il SC la incoraggiò a finirle. "Ha bisogno che tutto ciò che ha sperimentato si allinei nella sua mente, per farglielo capire. È rimasta nel cervello sinistro troppo a lungo, il cervello sinistro tiene la gente bloccata in un ciclo di pensiero che non va da nessuna parte. È costretta dalle circostanze e anche dalla natura ad essere spesso nella parte sinistra del cervello. --Si trova nel dilemma comune di dover pagare per certe cose; però finché farà quel lavoro non creerà mai. Ha certi talenti che non tutti hanno e li potrebbe utilizzare per fare soldi". Soprattutto il suo senso dell'umorismo che potrebbe utilizzare in modo unico attraverso la scrittura e la recitazione. La cosa principale che la tratteneva era la sua paura: la paura dell'incertezza, la paura del fallimento, la paura di non essere abbastanza brava. Era la sua paura a tenere a bada il denaro.

DI: C'è uno schema a livello cellulare quasi di sfiducia; la paura che se parlerà, verrà attaccata. Ecco perché in passato è diventata un po' solitaria, a causa di quello che sa che le faranno gli altri. Reagiranno sempre nei suoi confronti. Si tratta di capire se questo la schiaccerà o meno quando lo faranno. Ha un piccolo gruppo di persone che le vogliono bene. Suo marito tiene molto a lei e alla loro figlia.

È stata incoraggiata a ricominciare a scrivere, perché era estremamente importante. E ha dovuto lasciare il lavoro perché le condizioni in cui si trovava la trattenevano. Dissero che sarebbe arrivato un altro lavoro migliore con tutte le condizioni ideali di cui aveva bisogno. Le sue condizioni fisiche di stanchezza e depressione erano facilmente spiegabili, perché non stava facendo quello che avrebbe dovuto fare.

DI: Non sta facendo quello che dovrebbe fare e lo sa. Lo sente e il suo corpo non è ringiovanito da quello che fa. Quando inizierà a fare quello che le diciamo di fare, allora non soffrirà più di depressione. Sarà energizzata ed entusiasta della vita.

A quel punto, il SC passò attraverso il corpo per apportare correzioni e miglioramenti. Disse che ora aveva capito da dove proveniva la paura e che sarebbe stata in grado di gestirla, anche se ci sarebbe voluto del lavoro da parte sua.

Messaggio finale: La amiamo moltissimo di proposito è stata creata diversa dalle altre persone. È diversa perché non dovrebbe essere come le altre persone. Lei è speciale. Tutte le persone lo sono, ma lei è stata creata per essere speciale ed è stata creata perché la sua luce risplendesse per far sì che le altre persone la vedessero. Lei ha dei doni che dovrebbe sviluppare, usare ed offrire al mondo. Va bene che la gente la riconosca e abbia un'immediata reazione negativa. Va bene, perché si tratta più di chi sono loro, che di chi è lei. Se ascolta quella piccola voce intuitiva e agisce secondo quello che sente ogni volta, allora troverà la felicità e la soddisfazione.

Capitolo 16

OMICIDIO E SUICIDIO

Uno dei problemi principiali di Julie era il fegato. Aveva un appuntamento per un'operazione molto pericolosa, che avrebbe potuto ucciderla. Aveva a che fare con una rara forma di cicatrice al suo dotto biliare posteriore, che causava delle perdite di bile nel resto dei suoi intestini. In caso l'intervento non andasse a buon fine, l'avevano messa in lista per un trapianto di fegato. Julie aveva già una lunga lista di interventi chirurgici importanti e molti disturbi fisici, soprattutto alla schiena. Prendeva diversi tipi di farmaci perché aveva molti dolori. Uno psichiatra la curava anche per la depressione e per questo prendeva altri farmaci.

Julie scese dalla nuvola e si trovò su una spiaggia lungo l'oceano. Era un ragazzino di quattordici anni, indigeno, con i capelli neri e la pelle marrone cioccolato. Camminava lungo la spiaggia tenendo per mano un ragazzino che sapeva essere suo fratello. Quando gli chiesi dove viveva, mi rispose che non c'era più. C'era un villaggio sul crinale, ma era stato distrutto da una brutta tempesta con forti venti e piogge. Lui e suo fratello non c'erano quando il villaggio venne spazzato via dalla tempesta, perché stavano raccogliendo bacche nel bosco. Quando giunse la tempesta si nascosero sotto un albero caduto e una roccia, e lui ha cercato di proteggere il fratellino. "Ho sbattuto la testa su un grosso ramo dell'albero". Aspettai che tutto finisse... mangiai le bacche". Non sapevano cos'era successo, finché non sono tornati al villaggio. "Non riesco a trovare nessuno. --Dove sono finiti tutti? Mia mamma... mamma. --Tutto era stato spazzato via. La tempesta era forte, ma non così tremenda da fare questo!" Era molto emotivo, sconvolto e continuava a sussurrare "Mamma" più e più volte. "Non so cosa fare o dove andare. Non so dove sono gli altri".

Divenne molto emotiva e piangeva, così decisi di condensare il tempo e di andare avanti e vedere cosa era successo. "L'uomo bianco ci ha presi. --Sapevo che gli uomini bianchi erano lì, ma stanno portando il loro Dio. Il Dio dell'uomo bianco viene insegnato nel villaggio, ma altri uomini bianchi sono venuti a prenderci. --Non so dove sia mia madre."

D: Perché vorrebbero portare via te e tuo fratello?

J: Non lo so. (Disorientato) Sono frustrato. Nessuno vuole dirmelo.

D: Vi portano da qualche parte?

J: Sì ... (sarcastico) ... molti di noi. Ho trovato mio padre. Mio fratello non è più qui. L'hanno preso. Hanno picchiato mio padre e mio padre si vergogna.

D: Perché si vergogna?

J: Hanno ucciso mia madre... non la tempesta... non la tempesta. Lei ha combattuto. Mio padre si vergogna di non essere riuscito a proteggerla. Non mi guarda.

Erano tenuti prigionieri insieme a molte altre persone in un villaggio con "guardie bianche". Descrisse gli uomini dicendo che indossavano cinture con spade e stivali di pelle. Lo disgustavano: "Puzzano". Mentre lo portavo avanti per vedere cosa succedeva, la sua voce era piena di odio e di rabbia: "Ci fanno morire di fame... e ci picchiano... e poi vogliono che ci inginocchiamo al loro Dio". Gli chiesi come fosse rappresentato il loro Dio. "Quest'uomo, sento, che lo chiamano Padre. Mi disgusta. Dobbiamo inchinarci davanti a lui e alla loro croce di legno". Disse, come se avesse un cattivo sapore in bocca: "Dicono che la via della salvezza è attraverso l'uomo sulla croce e che noi non siamo altro che animali". Aveva un accento distinto in tutto questo racconto emotivo. "Pensano che siamo animali. Ci picchiano come animali. Ci radunano come animali. Ci uccidono come animali". Era estremamente turbato e piangeva mentre diceva: "Io mangio la radice! Mi ucciderò. Loro non lo faranno!". Disse che una barca stava arrivando per portarli via da qualche parte. L'idea lo spaventava: "Sento delle storie. Ci fanno andare... e poi moriamo". E dicono di possederci e di possedere la nostra terra. Non si può possedere la terra. E' di Dio. Noi siamo il popolo di Dio". Era così spaventato pensava che fosse meglio uccidersi mangiando la radice che sapeva essere veleno. "Mi fa male lo stomaco!" Rimossi ogni sensazione fisica, in modo che potesse spiegarmi quello che stava succedendo. "Ho ucciso il Padre con la radice. L'ho ingannato per fargli mangiare la radice. Gli piacevo. Mi toccava. (Piangendo) Gli ho detto "buono, appetitoso". Lui è come uno sciacallo. È forte e puzza, ma posso ucciderlo". Era orgoglioso di aver ingannato il prete per fargli mangiare la radice.

D: Non ti piaceva quest'uomo, vero?

J: No... mi ha fatto del male... mi ha fatto quello che l'uomo non fa all'uomo! Non era un uomo di Dio... non era il mio Dio!

La sua voce era piena di disgusto e odio, non c'è voluta molta immaginazione per capire di cosa stesse parlando. Quindi non entrerò nei dettagli per i lettori.

J: Sono stato cauto come la leonessa. Gli ho detto "buono da mangiare" e l'ho mangiato per primo. Gli ho dato la parte peggiore della radice. E lui l'ha mangiata.

Il ragazzo aveva male allo stomaco e non ci ha messo molto a morire. Era fuori dal corpo e guardava se stesso. "Sono stato sprecato dall'uomo bianco... e dal Dio dell'uomo bianco". Vide che stavano cercando di aiutare il Padre, ma sapeva che non c'era niente che potessero fare e che sarebbe morto. Sorrideva: "Ho fatto la cosa giusta per mia madre". Gli chiesi cosa avrebbe fatto ora che era uscito dal corpo. "Ballerò". Danzerò per quelli che piangono e piangono, e danzerò fino a quando non torneranno a casa... la mia famiglia". Voglio che questi uomini se ne vadano, ma ballerò, fino al loro ritorno a casa. Li hanno presi tutti e mi hanno lasciato con il Padre perché gli piacevo, ma ora posso andare dove voglio. Sono libero. Sono libero". fino al loro ritorno a casa.

D: Sei libero da tutto questo e anche se ti sei ucciso e hai ucciso lui, pensi che sia stato per una buona ragione?

J: Sì. Dovevo impedirgli di fare del male ad altre persone e farci inginocchiare alla sua croce. Era potente. Era un Dio nella sua mente e quelli intorno a lui si piegavano solo alle sue parole, alle sue parole. E ora non hanno più il loro Dio disgustoso.

Allora ho fatto allontanare Julie dalla scena, lasciando il ragazzo lì per continuare il suo viaggio. Invocai il SC e chiesi perché aveva scelto di farle vedere quella vita.

J: Per amore della comunità. Spesso si fanno sacrifici quando meno ci si aspetta, anche da parte dei giovani.

D: E' stata una vita piuttosto violenta, vero?

J: Solo quella parte. Il resto era buona. C'è molto da dire sui sacrifici, sulla comunità e sull'amore. Lei ha sempre avuto molto amore. L'amore è l'amore definitivo di cui lei parla.

D: Ma anche se in quella vita ha ucciso. Pensi che sia stato per amore?

J: No. Sentiva che se l'avesse ucciso, avrebbe impedito che altri venissero radunati da altri villaggi, una volta che questo uomo potente fosse morto.

D: Perché quest'uomo di Dio non ci sarebbe più?

J: Sì, ma non li ha fermati. Troppe persone. Hanno solo sostituito quello che era morto.

D: Ha fatto quello che pensava fosse la cosa giusta da fare. (Sì) Avrebbe potuto aiutare alcune persone facendolo. (Sì) Cos'ha a che fare tutto questo con la vita attuale di Julie?

J: A volte pensa di sacrificarsi sempre per aiutare gli altri, e lo fa. Chiunque richieda la sua attenzione e abbia bisogno di sacrificio, lei lo fa. Non è salutare per lei. Ha bisogno di prendersi del tempo per se stessa e di guarire il suo dolore... il suo dolore auto-inflitto. Proprio come quando prese la radice.

D: Il modo in cui si è uccisa ha un qualche significato nella sua vita attuale?

J: Solo che è veleno prendere e ingerire quello che prende e ingerisce adesso. I medici pensano di aiutarla. Ci provano. Non la stanno aiutando.

D: Quindi pensi che le cose che le stanno dando non le facciano bene?

J: Sì, e pensando che lei stia facendo la cosa giusta, si sta uccidendo.

D: Vorresti dire, di nuovo? (Sì) Questo non lo vogliamo perché in questa vita non è la lezione da imparare, vero? (No) La lezione l'ha già imparata. (Sì) In questa vita ha del lavoro da fare. Aiuterà molte persone.

J: Molte.

D: Quindi non vogliamo che si avveleni di nuovo.

J: No. In quella vita è riuscita ad aiutarne solo pochi, ma ora può aiutare molti. Se solo non prendesse il veleno.

D: Quali sono le cose che non volete che prenda?

J: I neuro antidolorifici che le danno e i normali antidolorifici con il Tylenol... cattivo... e i farmaci prescritti con il Tylenol. (Ad alta voce) Il Tylenol sta uccidendo questo corpo! Sta colpendo il suo fegato e i suoi reni. Il Tylenol la sta uccidendo! Deve smetterla! Quando ha mal di testa, dovrebbe usa il Reiki che può farle passare il mal di testa.

D: Potete scaricare le medicine che ha già preso, dal suo corpo?

J: Sì, possiamo.

D: C'è qualche altra medicina che sta prendendo e che non volete che prenda?

J: Sì. Quello che le dà lo psichiatra non è necessario.

D: Gli antidepressivi?

J: Sì. Vogliamo che si disintossichi; smetta completamente... che non li usi.

D: Con disintossichi, volete che lo faccia gradualmente?

J: No, basta!

D: Questo avrà un effetto sul corpo se smette immediatamente di prenderli? Non vogliamo più altri danni al corpo.

J: Se smette completamente di prenderle, potrebbe sentire dei forti sbalzi d'umore. Può scegliere in entrambi i casi. Il modo migliore sarebbe quello di fermarsi completamente, ma potrebbe essere troppo difficile a livello emotivo, ma ci vorrà solo una settimana.

Non pensavo che fosse tanto per tirar fuori tutto questo del suo sistema.

D: Quindi potrebbe notare degli sbalzi d'umore in quel periodo di tempo, ma saprà da dove vengono.

J: Sì, e si equilibrerà.

D: Vogliamo che sia in equilibrio. C'è qualcos'altro che volete che smetta di prendere?

J: I suoi farmaci per il deficit di attenzione. Non c'è niente di sballato nella sua mente. È molto, molto consapevole di sé.

Ho scoperto che se il cliente assume diversi tipi di farmaci, molte volte, questi interagiscono tra di loro e spesso producono effetti indesiderati. Ho accennato al fatto che i medici parlavano di operarla al fegato. Questo sconvolge sempre il SC perché non ama la chirurgia. Diceva che il fegato si sarebbe ripreso se avesse smesso di prendere il Tylenol e altri antidolorifici. "Nessuna operazione... nessuna operazione necessaria!" Ho chiesto al SC di passare nella zona del fegato e di fare alcune riparazioni. Julie doveva fare una risonanza magnetica al suo ritorno a casa. Pensai che se i medici avessero fatto gli esami e poi avessero visto che non c'era niente che non andava, allora non avrebbero voluto operarla. "No, non lo faranno."

D: Sapete come sono i medici con le loro macchine.

J: Sì. Per loro sono una prova positiva.

Il SC disse che stava già lavorando sul fegato, allora io chiesi cosa stesse facendo. Sono sempre curiosa di sapere come lo faciano. Quando il SC lavora, diventa silenzioso, ma a me piace assicurarmi che continui a parlare per sapere come procede. In passato mi ha detto di potermi parlare mentre sta lavorando.

J: La pressione all'interno del fegato aumenta e spinge. Sto ruotando intorno ad esso con un'energia che guarisce. Il suo corpo sta accumulando l'energia mentre parliamo, in modo che io possa fare questo.

D: Quando lei torna dal dottore e lui le scatta le foto, si accorgeranno che c'è qualcosa di diverso?

J: Oh, sì.

D: Naturalmente non lo capiranno, vero? (Risi)

J: No, ma avrà un modo molto appassionato e divertente di farglielo sapere. --Il suo corpo è molto caldo dalla grande quantità' d'energia. Ne avevamo bisogno per accumularla in modo da poter fare questo lavoro. Non smette mai di stupirci.

D: Quindi sta guarendo il danno che ha fatto il Tylenol? (Sì) Stavano perfino parlando di toglierle il fegato e di metterne un altro... un trapianto.

J: E lei disse che questo le ha fatto tremare il fegato. (Mi misi a ridere.)

Questo dimostrava che il fegato ha una consapevolezza e una coscienza proprie. Ha reagito al pensiero d'essere rimosso dal corpo.

D: Non gli piaceva l'idea. L'unica soluzione che hanno e': operare.

J: Sì, di mutilare il corpo. Questo corpo ne ha gia' passate troppe. E' stato mutilato abbastanza.

D: Non vogliamo che lo mutilino ancora, vero?

J: No, non ne ha bisogno. --È una testarda.

Chiesi se potevano guardare altre parti del corpo in cui aveva dei problemi, in particolare la parte bassa della schiena. Disse: "Certo che possiamo". Chiesi qual'era la causa di quel problema.

J: Onestamente? (Sì) Il suo passato... eppure, purtroppo, è scivolata ed è caduta nella vita e nello spirito.

Mentre il SC lavorava sul corpo chiesi se c'era qualcuno di quella vita che lei conosce ora nella sua vita attuale. Disse che il fratellino era James, un buon amico in questa vita. Naturalmente mi stavo chiedendo se il Padre era qualcuno che conosceva. Mi confermò ciò che pensavo, che il Padre era suo nonno in questa vita. Durante il nostro colloquio Julie mi confidò che suo nonno l'aveva molestata da bambina. A quanto pare avevano fatto un contratto d'incontrarsi nuovamente (in ruoli diversi); per permettergli di ripagare quello che aveva fatto al ragazzino. Ma sembra che non avesse ancora imparato la lezione e che avesse portato con se quel problema sessuale. Invece di ripagare, aveva accumulato più debiti. Chiesi al SC del karma.

J: Lei ha completato il suo in passato. Quest'uomo ha molto karma. E si è ripetuto di nuovo. È un suo problema, non di Julie.

D: Julie non ha più bisogno di prendere parte in questo. Avete detto che ha lavorato sulla sua parte.

J: Molto. Lei lo amava.

D: Quindi in un caso come questo, omicidio e suicidio non sono considerati negativi?

J: Non in un caso come questo. Sembrava essere l'unica risposta per un ragazzino di quattordici anni. --Anche per lei, a quattordici anni, le cose erano cambiate.

D: Era collegato in qualche modo?

J: In qualche modo ha trovato l'amore invece dell'odio... la grazia invece della rabbia.

D: A quattordici anni ha subito una mastectomia.

J: Sì, è così.

D: C'è una qualche connessione?

J: Non con quella vita in particolare. A parte il dolore, la sofferenza e la mutilazione di se stessi. Non importa quanto si pensi che sia necessario, non è sempre necessario. Ma questo aveva a che fare anche con sua madre. Voleva il meglio per sua figlia. Voleva aiutarla. Anche se sapeva che la massa era benigna, ha insistito. E questa povera ragazza perse il seno, ma non è affatto attaccata a questo corpo. La deformità asimmetrica li ha fatti entrare e ricostruire il seno. Sua madre le disse che il tumore era canceroso, ma non lo era. Julie non sapeva la differenza. Non ha mai avuto il cancro. Sua madre chiese che il seno fosse ricostruito dopo la rimozione del tumore. E il seno, in seguito, ebbe un'orribile infezione da stafilococco... che l'ha quasi uccisa. Non ne ha ricordi. Solo di essere stata molto malata e di essere stata molto in ospedale.

Ho pensato che fosse interessante che fosse accaduto alla stessa età in cui il ragazzino aveva vissuto il suo trauma nella vita passata. Ma ora che lei comprende tutto questo non dovrebbe più avere problemi fisici. Il SC insisteva che avesse avuto già abbastanza problemi fisici.

A quel punto ho posto la domanda inevitabile: "Qual è il suo scopo?" Dovrebbe scrivere, anche se pensa che sia qualcosa di difficile. Era interessata alle pratiche curative, ma il SC non pensava che fosse una buona idea per Julie. "Pensiamo che a volte funzioni per alcune persone, ma lei deve essere connessa ad un livello molto profondo perché funzioni". È troppo empatica. Come una calamita assimila le malattie e l'energia della gente".

Ci fu una sorpresa quando le ho chiesto di suo marito. Avevano dei problemi e lui stava pensando di andare in pensione o di farsi spostare in un'altra base militare a Washington. "Credo che il pensionamento sia ancora un'ipotesi azzardata. Troppo presto".

D: Riesci a vedere cosa gli succederà?

J: Sì. Si risposa. (Questa è stata una sorpresa).

D: Vuoi dire che non rimarranno insieme?

J: No. Alla fine, anche se lei pensa che sia quello che vuole, la rende molto triste quando succederà. Lui accetterà il lavoro a Washington, e lei resterà in Virginia.

D: Julie come riuscirà a mantenersi?

J: Comincerà tornando a scuola e seguendo alcune lezioni, niente grosso. Educazione... non in un'università. Le aprirà una porta per incontrare nuove persone... connessione. Incontrerà un signore più anziano che l'aiuterà ad acquisire la fiducia necessaria per scrivere.

Il tempo a disposizione stava per finire, ma c'era un'altra domanda nella sua lista. Molte volte, mentre dormiva, parlava in altre lingue. Suo marito l'aveva perfino registrate su una cassetta. Voleva sapere cosa stava succedendo quando le accadeva questo.

J: Sta canalizzando altre vite. Ricordi... ricordi cellulari. Parla la lingua.

D: Stavo pensando che quando prese quel veleno, forse è quello che l'ha colpita in questa vita. Le ha causato dolore allo stomaco in quella vita.

J: No, c'è un contrasto tra prendere qualcosa che pensi possa aiutarti e che pensi possa ucciderti. Pensava che alla fine l'avrebbe aiutato, ma ti uccide solo in questa vita.

Il messaggio finale prima di andarsene: "Smettila di prendere i farmaci. Sappi che sei aperta psichicamente ai nostri messaggi. Ti inviamo sempre le informazioni amorevoli di cui scriverai.

Non mi capita spesso di sentire i miei clienti dopo le sedute, ma nel caso di Julie mi ha mandato un'e-mail per dirmi cos'è successo:

Prima di tutto, quella sera, sulla strada di casa (dopo la seduta), mentre andavamo fuori città per tornare in Virginia; mi sono addormentata mentre il mio migliore amica guidava. Mi ha svegliato più tardi per sapere se stavo bene perché gocciolavo, no, ero bagnata fradicia di sudore. Era come se il mio corpo fisico si fosse spento e stesse cercando di disintossicarsi delle medicine che i medici mi stavano dando. Non ho mai sudato tanto prima d'ora, né immagino che lo farò mai. Letteralmente potevo strizzare il mio vestito!

A Maggio avevo un dotto biliare aperto e una cicatrice di 14 mm che mi scaricava bile nell'intestino. La chirurgia preventiva era pronta ed ero anche sulla lista dei trapianti di fegato per un nuovo fegato con i dotti di dimensioni sane. (La nostra seduta ebbe luogo in Giugno).

Nell'ultimo mese (Settembre) ho finalmente fatto la seconda risonanza magnetica e i medici sono rimasti sbalorditi dai risultati. Infatti, dicono che è come guardare al fegato e il sistema dei dotti di due persone diverse. Avevo un dotto biliare cicatrizzato di 14 mm che non poteva chiudersi a causa delle cicatrici. Ora ho un dotto biliare di 9 mm che non presenta segni di sclerosi o cicatrici da nessuna parte. Inutile dire che un trapianto di fegato non era più necessario. Non sono più malato terminale. L'unica altra cosa che è cambiata è che ho smesso di prendere tutti i farmaci e il Tylenol per il dolore. Proprio come il mio se superiore, enfaticamente, mi ha chiesto di fare: BASTA TYLENOL! Era veleno.

Nelli stessi giorni in cui condussi questa seduta, c'erano avvisi sulla CNN e sui quotidiani che mettevano in guardia la gente sull'assunzione di farmaci contenenti paracetamolo. Il Tylenol e altri farmaci antidolorifici contengono tutti questo ingrediente nocivo che danneggia il fegato. Dopo questa sessione, ho cercato di mettere in guardia la gente sui pericoli di questi farmaci.

Ho avuto anche altri clienti che hanno sperimentato reazioni di spurgo dopo sedute come questa. Alcuni hanno avuto vomito, diarrea o sudorazione. Ogni cliente ha sintomi diversi. La cosa interessante è che il cliente è raramente preoccupato. Si rendono conto che i veleni vengono rilasciati dal corpo e i sintomi non durano molto a lungo. È un'epurazione.

Capitolo 17

UN SUICIDIO

Dopo essere scesa dalla nuvola Evelyn si trovò su una montagna, mentre osservava dall'alto la valle sottostante. C'erano molti alberi e la valle era molto profonda. Così profonda che il sole non raggiungeva il fondo. Era un posto bellissimo, incontaminato. Si trovava accanto ad un edificio in stile Cinese con tetti ricurvi, che le sembravano una specie di monastero. All'interno c'erano pavimenti in legno e l'impressione di molte cose lucenti, anche un Buddha. Questa era in un'unica grande stanza, con altre stanze laterali adiacenti. La luce entrava dall'alto, come se fosse aperta al cielo. C'erano tappeti di bambù sul pavimento, e un piccolo giardino in miniatura al centro, con un bonsai.

Rimase confusa quando guardò per la prima volta il suo corpo. Non era sicura se fosse maschio o femmina, ma vide che indossava una lunga vestaglia con un intricato ricamo viola e oro come il broccato cinese. Aveva poco più di vent'anni e capelli neri, lisci e grossolani. La sua pelle era giallo pallido, non olivastra, ne' bianca. Le sue maniche erano molto larghe e poteva vedere d'indossare un braccialetto di giada circolare sulla mano sinistra. Era anche sorpresa di vedere che aveva le unghie lunghe. Il posto aveva l'aspetto di un monastero perché non c'erano famiglie. Ognuno aveva la sua semplice stanza da letto. Ma quando mangiavano c'erano grandi tavoli dove la gente si sedeva sul pavimento. Lei li vide mangiare ciotole di zuppa.

Le chiesi di vedere se c'era qualcosa in particolare che faceva durante la giornata. Si vide scrivere canzoni e manoscritti su carta bianca lunga e rettangolare. "Sembra una tavoletta, ma non uso il pennello". È una penna. Non scrivo da sinistra a destra, vado dall'alto in basso. Sto scrivendo manoscritti illuminati". Ho chiesto cosa intendesse con "illuminati". "Con le immagini nell'angolo". È così bello. Si tratta soprattutto di parole, ma ci sono dei bordi che sono molto belli o delle lettere che sono belle. Credo di aver fatto tutto io, sia i disegni che la scrittura. I disegni sono la parte divertente. Non so se siamo religiosi o se siamo studenti. Ora sono tutti insieme in quel posto dove si mangia e sembrano tutti della stessa età. E' possibile che sia uno studente, ma non voglio lasciare questo posto". Poi è diventata emotiva. Non riuscivo a capire perché. Ha cominciato a piangere. "Non voglio andarmene. Ho tanta paura. Sono così felice qui". Aveva vissuto lì per diversi anni.

Poi l'ho portata avanti ad un giorno importante. "Andiamo tutti in questa sala riunioni. Credo che ci diranno qualcosa". --C'è un uomo che sta parlando. Credo che sia un guerriero. Ha una spada addosso. Penso che sia una presa di potere militare. Non sarà più ciò che è stato finora". Improvvisamente iniziò a parlare a voce alta, come se fosse agitata o spaventata. "Non mi piace quest'uomo! Riesco a vederlo solo ora. Ma è un esercito". Allora, per la prima volta, si rese conto di che sesso fosse. "Siamo tutte ragazze, le persone che vivono qui. Pensavo fosse un monastero perché ci viviamo, ma abbiamo tutte la stessa età e siamo tutte dello stesso sesso".

D: Ma ora è arrivato questo esercito di soldati?

E: Il loro capo è qui e sta dicendo loro di prendere il comando... cercando di dirci che tutto andrà bene, ma non andrà bene. E' un bugiardo, glielo si legge in faccia. Non siamo stupide.

D: Perché siete isolate, pensano che non sappiate cosa sta succedendo.

E: Esatto. È una scuola e un bel posto sulla cima di un passo. È difficile arrivarci, e non si vedono molte persone, ma non significa che non siamo in grado vedere la scritta sul muro. Si vede, non siamo stupide. --Sento che è una cosa terribile. Credo che intenda portare i suoi luogotenenti e che si accamperanno dove siamo noi. E la loro gente, il popolo, l'esercito, sarà in prima linea. --So che ci abuseranno. Altrimenti perché sarebbero venuti qui? Abbiamo tutto quello di cui hanno bisogno e poi ci sono tutte queste donne.

Questo non è il loro punto di arrivo. Stanno andando da qualche altra parte. --Ma ora penso che mi suiciderò!

Riuscivo a percepire la paura che cresceva in lei. Aveva difficoltà a parlarne. Ho dovuto incoraggiarla dicendole che poteva dirmi qualsiasi cosa perché avrei capito.

E: Penso che ci violenteranno e non sarà molto bello. Sono animali. Potranno anche vestirsi bene ed essere ordinati, ma non sono gentili. Per loro è piacevole. --(Lei stava ovviamente osservando tutto questo.) Per quanto tempo andrà avanti? Cosa accadrà? Forse dovrei solo andare sul burrone e saltare giù! --Penso che lo farò. Vado a farlo. --E' terribile. Non migliorerà. Penso che uscirò molto velocemente. C'è un pezzo sul bordo che è molto affilato e sporgente. Ecco perché va giù fino in fondo. È buio. --Penso che andrò a correre molto velocemente. Non avrò il tempo di pensarci e poi lo slancio mi prenderà e poi... sarà una lunga discesa. Allora starò bene.

D: Questa è una soluzione?

E: È quello che farò. Penso che lo farò. Ok, è finita!

D: Allora, cosa hai fatto?

E: (In effetti) Sono saltata giù! Non volevo vivere a quel modo.

D: Com'è stato cadere così?

E: Penso che sia stato spaventoso. L'aria risale a gran velocità, no? Le mie gambe mi fanno girare in tondo, ma sapevo che quando avrei raggiunto il fondo sarei morta, perché era molto alto. --Mi sono schiantata sul terreno là sotto. Vedo un corpo là. Sono sola e c'è molta pace. Non c'è nulla che mi disturba. Non sento alcun dolore adesso e va tutto bene.

D: Ora che sei fuori dal corpo, puoi guardare a quell'intera vita da una prospettiva diversa. Cosa pensi di aver imparato da quella vita?

E: Per lo più è stata bella, ma forse ho imparato a non resistere alle cose. Voglio dire, se resisti alle cose, diventano più difficili.

D: Ma sentivi che era l'unico modo per uscire da quella situazione, vero?

E: Avrei potuto vivere, avrei potuto aiutare le altre e avrei potuto farmi una vita dopo che se ne fossero andati. Ma non si sa mai. Forse non sarei stata viva dopo la loro partenza, perché forse avrebbero ucciso tutti. Ma non potevo saperlo. Non saprei cosa è accaduto. Beh, sono solo uomini e questi corpi sono solo cose.

D: Mi chiedevo se eri arrabbiata con loro.

E: Ero arrabbiata. Ero inorridita, ma dopo la mia morte è venuto fuori che non lo sono. È solo una cosa che è successa. Non credo che avrebbero potuto fare qualcosa di diverso. Voglio dire, erano un prodotto del loro ambiente. (Cominciò a ridere.) Mi chiedo se ho fatto un casino in tutta questa faccenda. Sono stata piuttosto drammatica.

D: Sì, ma dove andrai adesso? Lo sai?

E: Posso girarmi e c'è qualcosa dietro di me... qualcosa di leggero... qualcosa di soffice, adorabile. Ho la sensazione di poter entrare in questo posto dove ci sono già delle persone che conosco. Persone che conoscevo prima di andarci. --È come tornare dalla mamma. Non so come dirlo. Li conosco. È come a scuola. È come se tu andassi e dicessi: "Che ne pensi?". Poi pensi: "Beh, hai fatto quello che volevi fare?".

D: Vuoi dire che hai discusso quello che hai appena vissuto? (Sì) Cosa dicono di quello che hai fatto?

E: Non danno giudizi. Ti lasciano parlare. Aiuta sapere che niente è buono o cattivo. È stato bello, ma c'era anche questa intensa schifezza. --Non so cosa faremo adesso. Credo che questo sia un luogo di attesa e di riposo. Penso che avrò un'altra vita. (Iniziò a piangere.) E non so ancora come sarà. --Conosco quelle persone, sono andata con loro e mi hanno detto: "Ehi, Allora com'è andata?". Lo sapevano tutti. Penso che ci sia un luogo dove si va per discutere di queste cose.

D: Com'è quel posto?

E: La gente indossa questi vestiti bianchi. Non c'è differenza, non c'è distinzione, non c'è stato, nessuno status tra di loro. Puoi sentire che qualcuno è più maturo per la sensazione che si prova nei loro confronti, non per il modo in cui si veste.

D: E valutate quello che avete fatto?

E: La prima volta che sono entrata lì dentro, sapevo ch'era quello che avremmo fatto, ma con gioia. E' una cosa strana da dire dopo un'esperienza del genere. --E' bello essere tornata. Mi sembra di essere a casa. È un bel posto. L'altro posto è stata un'esperienza. Le persone in bianco... quella è casa.

D: Dicevi che avreste discusso cosa farete dopo?

E: Non lo so. Ho avuto un flash da cui ho capito che avrei avuto un'altra vita. Riesco a sentirmelo. È come se un cerchio venisse verso di me.

D: Qualcuno di loro verrà con te?

E: Credo che qualcuno potrebbe, ma non voglio andare ancora. Penso che sia una mia scelta. Credo che mi diano dei consigli.

D: Cosa ti dicono?

E: Sento la parola "limitazioni", come se dovessimo conoscere i nostri limiti.

D: Che cosa significa?

E: Beh, mi sono uccisa. (Rise) La discussione riguardava la vita che è appena finita. Quella era un'opzione. Non credo che sia considerata ottimale, ma se devi scegliere esperienze difficili, devi anche essere sicuro di poterle fare. Si trattava di conoscere i propri limiti. Perché se ti ritrovi in una situazione molto intensa e non riesci a gestirla, quando ti spegni allora quello è il tuo limite. Questo significa che hai superato quello che puoi fare. Si può passare attraverso le cose e uscirne con un atteggiamento diverso. Avrei potuto continuare o forse sarei arrivato in un posto diverso. Volevo che finisse. Volevo uscirne.

D: E la tua prossima vita? Ti stanno dicendo come sarà?

E: Sarà completamente diversa. Non ne sono sicura. Potrebbe essere quella in cui mi trovo adesso. Credo di sì. Vedo solo degli scorci. Non conosco tutta la storia. Vedo la vita in cui mi trovo adesso.

D: Cosa vogliono che impari nella prossima in cui entrerai?

E: Alcune cose sono ovvie. Non essere così testarda riguardo alle cose... fluire con le cose e non resistere alle cose.

Evelyn stava ricevendo alcune risposte. Identificò alcune persone nella sua vita attuale, che erano in quella vita. Però pensavo che avremmo potuto ottenere più risposte invocando il SC. Chiesi perché le mostrarono quella vita. "Così avrebbe visto che il vuoto che l'ha spinta ad uccidersi non è reale, proprio come il vuoto che sente ora non è reale".

D: Perché sente il vuoto ora? (Evelyn divenne emotiva e cominciò a piangere).

E: Perché tutte le persone con cui è arrivata se ne sono andate. Abbiamo fatto in modo che venissero insieme.

D: In quella vita Evelyn si è suicidata. Fu perché si trovava in una situazione da cui sentiva di non potersi liberare. (Sì) So che non condannate nessuno... non c'è mai ne giusto, ne sbagliato. Ma cerco sempre di comprendere cosa succede con i suicidi. So che il suicidio viene spesso condannato perché viene considerato una rottura del contratto.

E: In questo caso era un'opzione. Non era una cosa negativa. Ebbe la sensazione che lo fosse, ma non lo era. Sento che non è stata la cosa più intelligente da fare, ma lei la fece e quindi...

D: Cosa ha a che fare con la sua vita attuale? Cosa avrebbe dovuto imparare da questo?

E: La resistenza. Non arrendersi. Ha rinunciato molte volte in questa vita. Deve smetterla. Non ha senso in questo bel posto chiamato "Terra". La vita è così bella. Ha bisogno di essere felice... solo felice di ogni cosa, ogni giorno. --Scegliete di venire qui. Ci sono più dimensioni di quelle che conosci e può provare la gioia. Non è finita. Può sentire la gioia.

Fisico: Asma per tutta la vita.

E: Non vuole respirare. Ora sta resistendo alle cose. Ha trattenuto il respiro per tutto il salto, quando si è buttata. Adesso non c'è più bisogno di farlo. --A volte penso che si senta male quando non riesce a gestire le limitazioni. Possiamo toglierglielo. Non c'è davvero. Non c'è niente che non vada nei suoi polmoni. Lei crea questo problema nel corpo. Ci si è abituata, ma non ne ha bisogno. Si preoccupa sempre che le cose le facciano male. Pensa che le farà male, ma niente le farà male. È la paura. Si aspetta che succeda. Non ha bisogno di provare paura. Deve capire che non c'è niente da temere.

Sovrappeso: "L'ha voluto lei. Lo ha fatto lei! (Ridendo) Perché si sentiva al sicuro. Le piaceva. Non dovrebbe fare questo a se stessa. Semplicemente sparirà. Sa che siamo molto leggeri dentro di noi e che possiamo sollevarci da terra se lo vogliamo. E c'è ancora molto da fare. Lei non conta i suoi successi.

Capitolo 18

UN SUICIDA DAL CUORE INFRANTO

Quando Helen scese dalla nuvola, potevo dedurre dalla sua espressione che c'era qualcosa che la disturbava. Sussurrò che era tutta sola, di notte, in piedi tra le lapidi di un cimitero. C'era la nebbia e lei sentiva freddo. "Non mi piace questo posto. Mi fa venir voglia di piangere". Sembrava molto triste e sola. "Mi guardo intorno, ma non riesco a trovare quello che cerco. –Voglio solo essere triste... come se fosse morto qualcuno. –Qualcuno è morto. Sto cercando di trovare qualcosa". Poi si è resa conto di essere una giovane donna ventenne, vestita con stivali neri ed un lungo vestito coperto da un mantello. La sua voce poi assunse un accento Inglese: "Sono sconvolta. È come se cercassi qualcuno e non lo trovassi". --Penso che sto cercando il mio bambino". Poi ha cominciato a piangere: "Un bambino. Credo di aver perso il bambino. Ho perso il bambino!" Anche se singhiozzava, l'ho incoraggiata a parlarmene. "Lui era malato, ma anch'io ero malata". Una febbre. Mi sono svegliata e lui non c'era più. Sto cercando di trovarlo al cimitero. Aveva meno di cinque anni. Molto triste... molto triste. --Credo di aver perso un bambino anch'io".

Aveva perso due bambini contemporaneamente a causa della malattia. C'era solo una piccola quantità di medicine, quindi non c'era nulla da fare. Suo marito non si è ammalato, solo lei e i bambini. "È successo tutto molto in fretta". Diceva di vivere in una piccola città, sembrava che fosse Siking [fonetico] in Inghilterra. "Una piccola città... molto umida, fredda e buia". Poi ha avuto un lampo di riconoscimento del fatto che suo marito Rob nella sua vita attuale, era suo marito allora. "Vedo solo quel cimitero e mi guardo intorno... sono persa senza i miei bambini. Li hanno presi. Io non ero lì (non era cosciente). Ero malata. Non ho visto nulla. Sono nelle tombe... nelle tombe".

D: Quindi è successo mentre eri malata? Per questo non sapevi dove li hanno sepolti? (Sì) Forse tuo marito lo sa?

H: Sta venendo da me. Me lo sta mostrando... sto uscendo di testa... proprio fuori di testa. (Piangendo) Non posso... Non ce la faccio proprio.

D: È uno shock enorme. (Sì) Quindi sei guarita e te l'hanno detto?

H: Lo sapevo... Lo sapevo e basta. Sì. --Oh! Credo di aver avuto un bambino dentro di me. Sembra che fosse un bambino che è morto dentro di me.

D: Questo è quello che hanno seppellito o è un altro?

H: Era un feto e un bambino... un bambino biondo.

D: Quindi la febbre ha ucciso il bambino dentro di te.

H: Sì, è per questo che ero malata.

D: Li hanno presi e seppelliti, e ora ti mostrano dove sono sepolti?

H: È un mucchio di terra. E una lapide... una piccola croce.

D: C'è scritto qualcosa sulla lapide?

H: Forse sì... Thomas ... c'è scritto Thomas C. e una data: 1873.

D: Ma non c'era nulla che tu potesse fare, no?

H: Mi sento davvero in colpa. L'ho deluso. È il dovere. È il dovere d'avere dei figli. Mi sento come se avessi deluso mio marito.

Ho passato molto tempo a consolarla e a dirle che non era colpa sua e che non poteva farci nulla. Questo è importante perché a volte queste situazioni si ripercuotono nella vita attuale e possono essere la causa d'ogni tipo di problema (fisico e non).

D: In che modo tutto questo influisce su tuo marito?

H: È triste e deluso, ma mi ama ancora. Si sente colpevole perché pensa che avrebbe potuto fare qualcosa di più.

D: Ci sono momenti in cui nessuno può fare niente. Avevi detto che le medicine erano poche. (Giusto) --Almeno tu sai dove sono. Le hai trovate, vero?

H: Sì... in Paradiso.

D: Cosa fa tuo marito in quella città?

H: Il clero. Si occupa della chiesa. Una specie d'uomo di chiesa. Vedo vestiti bianchi e neri.

D: È come un prete?

H: Sì, ha in mano una Bibbia e una croce cattolica... sì... un uomo molto pio. Pio, pio.... È molto rispettato e la gente lo ammira. -- Mi sento una nullità.

D: Ti tratta così?

H: No, mi tratta solo come una donna. Mi tratta come una serva.

D: È così che le donne vengono trattate in quel posto?

H: Sì... e ho fallito. Perché non gli ho dato un figlio.

D: Ma gli hai dato dei figli.

H: Lo so, ma sono solo io... è quello che succede... i bambini muoiono. Fa troppo freddo qui... troppo bagnato. (Pausa) --Credo di impazzire. (con tristezza) Non voglio più restare lì. A quel punto non voglio più vivere.

D: Non pensi di poter avere altri figli?

H: No. Lui m'ignora. Mi lascia in pace. Lui si è chiuso.

D: Ma dovrebbe essere lì ad aiutare la gente in città.

H: Oh, lo fa. È solo una facciata... solo il suo lavoro. --Tra noi... non c'è contatto.

D: Quindi non è stato un matrimonio d'amore. (No) Solo per avere dei figli e prendermi cura di lui? (Sì) Quindi non c'era niente per cui rimanere lì, è questo che intendi?

H: No, e semplicemente muoio nel mio letto.

L'ho portata avanti fino a quel giorno per vedere cosa è successo. Dico sempre al soggetto che può guardare come un osservatore, se vuole. Non devono sperimentare nulla in modo fisico. "Cosa le è successo?"

H: Solo rabbia... (Pausa) Io... Mi sono uccisa. (Con arrabbia.)

D: Può guardare come un osservatore. Non sei obbligata a partecipare.

H: Vedo solo che mi pugnalo.

D: Hai detto che c'era molta rabbia?

H: Sì. Come se non fossi adatta ad essere quella persona... o ad essere con lui, sapevo che non volevo più restare. Ero così arrabbiata con me stessa... Vedo che mi pugnalo lo stomaco e il cuore. Stavo urlando. --Non c'era nessuno, ma Robert è entrato e mi ha vista morta così subito dopo. --Vedo lui che si copre gli occhi e si rattrista, ma senza emozioni... senza emozioni. Penso che sia meglio per lui che me ne sia andata. Ero inutile per lui.

D: Se non potevi avere figli, non avevi alcun valore.

H: Sì. Non ero adatta a quella vita. Dopo aver perso il bambino, semplicemente non volevo restare. Non sapevo come ci sono finita dentro. Non capivo la vita.

D: Quindi ora sei fuori dal corpo?

H: Sì. Vedo un corpo... ma sono molto più felice fuori da quel corpo. Avevo solo vent'anni.

Lei guardava mentre portavano il corpo allo stesso cimitero, scavavano una tomba, lo mettevano dentro e lo ricoprivano di terra. C'era una lapide bianco-grigia. "Becca. Rebecca".

D: C'è anche un cognome?

H: Inizia con la C.--E' solo un corpo. Grazie al cielo ne sono fuori. --Quando sono entrata in quella vita volevo portare luce nell'oscurità. Quel luogo era così buio. --Era tutto troppo difficile... troppo difficile da fare.

D: Così hai pianificato di fare una cosa che non ha funzionato come previsto. È questo che intendi?

H: Sì. Succede spesso. Semplicemente non è sicuro. Il mio cuore continua a soffrire ogni volta che vengo su questa Terra. (Era sconvolta.) Dovrei essere solo... amore... aiuto.

D: Sono cose positive. Hai avuto brutte esperienze anche in altre vite? (Oh, sì!) Dimmi cosa vedi o cosa ricordi.

H: Ehm... tante. Tante guerre. Siamo così stupidi.

D: Sei rimasta coinvolte in alcune guerre?

H: Sì... ma morì con disonore.

D: Ma quando sei entrata in quelle vite, avevi intenzione di essere in guerra? (Oh, sì.) Avevi intenzione di farlo?

H: Sì. Continuavo a pensare di poterla sopraffare. Che avrei potuto fare la differenza.

D: Anche in una situazione come quella, anche in guerra?

H: Sì. --Mi sentivo così sola e quelle volte non potevo entrare in contatto con coloro a cui volevo essere connessa.

D: Quindi hai fatto progetti che non sono andati come volevi?

H: Sì. Non come avrei voluto... Vedo solo un sacco di sangue... un sacco di morti... --Questo non succede ogni volta che vengo sulla Terra. Ho avuto diverse belle vite. Per questo ho pensato di poter fare quello che cercavo di fare. Perché sapevo che la luce era il bene ed era necessaria.

D: Avevi buone intenzioni.

H: Sempre.

D: Ma questo è ciò che succede quando si arriva qui nel corpo?

H: È come il fango... è così pesante e la gente semplicemente non mi capisce.

D: Quando entri nel corpo, dimentichi il tuo piano, vero?

H: Sì e vado a nascondermi. Mi nascondo. --Ho appena visto Rob (suo attuale marito). Era lui l'uomo! Era lui quell'uomo!

L'ho spostata in avanti fino a quando non ha pianificato d'entrare nel corpo come Helen. "Puoi guardare quella parte, dove stai pianificando?"

H: Cosa vuoi sapere?

D: Qual era il tuo piano quando sei entrato nel corpo conosciuto come Helen? È il corpo attraverso il quale stai parlando, giusto? (Sì) Vediamo qual era il tuo piano, cosa volevi realizzare. Non vogliamo ripetere gli stessi errori, nuovamente.

H: Oh, l'ha fatto di nuovo comunque, è molto sensibile. Ha dentro di sé un'energia molto forte. È come se non abbia importanza cosa faccia in particolare. Ha ancora l'energia per questo spazio... per questo nuovo tempo...

D: Che tipo di energia?

H: È per la Terra.

D: La Terra durante il periodo in cui Helen è viva?

H: Sì --Il piano era molto semplice. Tutto quello che deve fare è essere se stessa. Solo godersi la vita. Questo è tutto quello che deve fare.

D: Sembra semplice.

H: Lo rende così complicato.

D: Quindi questa volta dovrebbe solo divertirsi?

H: Sì... sì... sì... sì.

D: Porta con se questa energia di cui parli? (Sì) Dovrebbe fare qualcosa con l'energia?

H: Dice d'essere un faro di luce e questo è ciò che è.

D: Come può condividere questo faro di luce? Qual era il piano originale?

H: È per la zona in cui vive. La matrice... vicino alla griglia ora.

D: Quindi, quando ha pianificato di venire qui, sapeva che avrebbe vissuto in quella zona?

H: Lo sapeva in anticipo, sì, ma non consciamente.

D: Come può diffondere la luce se si sta solo divertendo?

H: Ama aiutare le persone.

D: Sa di essere limitata qui sulla Terra?

H: A proposito, fa abbastanza fatica. Sapendo da dove viene e sapendo cosa deve fare qui.

D: Da dove viene? Forse le farebbe bene capire.

H: Molti posti. Sirius è il suo preferito. È una viaggiatrice. Va dappertutto. Ha la capacità di vivere dove c'è bisogno di lei.

D: E non dovrebbe fare niente... solo restare lì... essere un faro di luce?

H: È importante che lo faccia. --È difficile condividere tutto con lei perché vogliamo che rimanga così com'è. Sappiamo che è frustrata. Deve essere così. La sua personalità è così forte che dobbiamo tenere a bada l'ego. --E' molto protetta. Non deve preoccuparsi.

Helen sembrava un'anima della Seconda Ondata, venuta a diffondere la sua energia per aiutare le persone. Di solito non devono fare niente, devono solo essere. Per molte persone è difficile capire come possano influenzare le persone con il solo fatto di essere.

D: Anche lei vuole ottenere qualcosa in questa vita.

H: Questo non importa, perché è tutto in movimento. Dovrebbe solo godersi la vita. Questo è il suo scopo... godersela. Ha avuto molte vite che non sono state piacevoli.

D: Quella che ci hai mostrato non era piacevole, no?

H: No... quella ora le sta causando dolore ed è bloccata nel suo corpo. Ecco perché stiamo già lavorando su di lei.

Si riferivano al cuore (la zona del torace) e all'addome, i punti in cui si era pugnalata.

D: *(Feci riferimento ad una delle sue domande fisiche). Dice di avere un fibroma nell'utero. Riuscite a vederlo?*
H: Questa non è la mia specializzazione.
D: *Quello era il punto dove si era pugnalata, vero?*
H: Sì. Molto dispiaciuta per questo. (Sospiro profondo.)
D: *La gente fa degli errori quando pensa di non farcela più. I problemi fisici sono causati dal trauma dell'accoltellamento?*
H: In parte.
D: *(Mi riferii ad una delle sue domande fisiche.) Disse d'avere una massa sul lato destro. Che cos'è? Riesci a vederla?*
H: Questa non è la mia area. Non è la mia specializzazione.
D: *Qual è la tua area?*
H: Non lo so. (risatina) Non è quella, però. È solo che... Non sono il subconscio.

Non pensavo che lo fosse, ma ci stava dando delle risposte, così l'ho lasciata parlare. Prima d'invocare il vero subconscio, volevo sottolineare ciò che questa parte ci aveva già detto. "Vuoi che si diverta? Era questo il piano... divertirsi?".

H: Il modo che lei conosce per diffondere la gioia è molto buono. Questo è ciò che vogliamo che crei. È molto necessario in questo momento.

Ho cercato di ottenere le risposte ad alcune delle domande più specifiche di Helen, ma dissero ancora una volta che non era il loro campo e non hanno saputo rispondere. "Allora, va bene se chiamiamo il subconscio e lasciamo che risponda ad altre domande?

H: Per favore, fai ciò che devi fare.
D: *Apprezzo molto le informazioni che le avete dato. Penso che le ascolterà e forse farà la differenza.*

H: Stanno lavorando su di lei.

D: Chi ci sta lavorando?

H: Le sue guide.

Quando ho provato per la prima volta a richiamare il subconscio, hanno detto che Helen stava opponendo resistenza. "C'è della paura in agguato. Per lei è difficile lasciare andare. Le sue aspettative sono molto alte". Spiegai che aveva già permesso di rispondere alla maggior parte delle domande e che ne erano rimaste poche altre. "Il suo cervello non smette di pensare". Le spiegai che si era già fermato per più di un'ora e che non lo sapeva nemmeno. Quindi non doveva far altro che mettersi di lato e lasciarci finire. Poteva osservare se voleva. La logica era persuasiva e apparentemente si rese conto che molto era già stato fatto a sua insaputa. Così ci ha permesso di procedere. La prima domanda che mi sono posta è stata: "perché hanno scelto quella vita per Helen? Questa in cui i bambini morirono e lei si suicidò".

H: Per guarirla... per guarire... (più forte) per guarire!

D: La porta ancora con sé?

H: Sì. È stata una liberazione riviverla. Per lei quel ricordo fu una liberazione.

D: Non sapeva nemmeno di portarsela dentro, vero?

H: No. Aveva un'idea, però.

D: C'è qualcuno di quella vita che lei conosce in questa?

H: Sì, suo marito... il suo attuale marito.

D: Perché sono tornati insieme in questa vita?

H: Per avere l'amore. Per finire... per fare le cose come se le era immaginate... con amore.

D: Perché lui era molto indifferente in quella vita, vero? (Sì) Quindi era per farlo tornare a lavorare sul suo karma?

H: Il suo di lei! Non apprezziamo quando la gente si toglie la vita. Fu un vero spreco e anche... come si sentiva di essere una nullità in quella vita.

D: Naturalmente ne aveva passate tante. Sentiva di non poterne sopportare altre.

H: Noi la capiamo.

D: Quindi è dovuta tornare in questa vita con lo stesso marito?

H: Sì. È un brav'uomo. Le cose vanno molto meglio... lei è ancora troppo preoccupata.

D: Di cosa si preoccupa?

H: D'essere mantenuta.

D: Sì, questa era una delle sue domande. È preoccupata per i soldi.

H: Lo sono tutti. È una cosa umana. Non sarà la preoccupazione a cui pensa.

Hanno poi continuato a rispondere alle domande che aveva sul suo lavoro e sullo sviluppo di un centro. Volevano che si rilassasse e smettesse di preoccuparsi perché tutto si stava allineando e la sua vita stava per sbocciare.

H: Capiamo che si trova ad un punto difficile. Per ora deve esserci. Sta imparando ad avere fiducia in se stessa e ad essere sotto la guida divina... la vera conoscenza richiede queste prove. Deve avere fiducia in se stessa. (Cominciò a piangere.) Stiamo solo liberando energia per lei. È così piena d'energia. Ha viaggiato in tutta l'America e ha così tanta energia. La distribuisce per tutta la Terra. La Terra ne ha tanto bisogno. È una cosa molto buona. Vogliamo sempre essere gentili con lei. Vogliamo che rimanga su questa Terra. Ha molto lavoro da fare.

Poi volevo sapere del tumore fibroide che ha detto d'avere nell'utero. Questa era la domanda sulla salute a cui gli altri non potevano rispondere. Nel mio lavoro ho trovato una risposta interessante e inaspettata ai fibromi tumorali che mi ha davvero sorpreso quando ha cominciato ad arrivare attraverso i miei clienti. I fibromi sono bambini non nati! Ho avuto diversi casi in cui le donne hanno abortito. In alcuni casi lo ritennero giustificato: troppi bambini, non potevano più occuparsene o gravidanze scomode. Dicevano che non le disturbava, ma i loro corpi diceva il contrario. Cercavano di sostituire il bambino che avevano perso. Altri casi di donne che desideravano disperatamente dei figli e sentivano che il loro orologio biologico stava per scadere. Stavano invecchiando e sapevano di non avere molte altre possibilità. Anche loro svilupparono dei fibromi. Il loro corpo stava cercando di produrre un bambino. Mi è stato detto spesso che quando un tumore fibroideo viene tagliato, i medici trovano denti e capelli al suo interno! Non è straordinario quello che il corpo umano può fare? In una delle mie ultime lezioni mi è stata data l'informazione che un erborista cinese aveva scoperto. Aveva detto che da quando la Cina ha introdotto la legge "un solo bambino", il tasso di fibroma nelle donne cinesi è triplicato. Questo dimostrava che stavano cercando di produrre figli.

La maggior parte dei casi che io ho affrontato aveva a che fare con eventi della loro vita attuale. Tuttavia, nel caso di Helen sembrava avessimo a che fare con residui della vita passata che avevamo esaminato. Aveva perso i suoi figli in quella vita e ora stava simbolicamente cercando di riportarli indietro. In questo caso il problema apparteneva al passato con l'altro corpo e non aveva nulla a che fare con questa vita, così saremmo stati in grado di lasciarlo nel passato. Volevo ancora una verifica da parte del SC. Chiesi: "Cosa ha causato il tumore?

H: Molte cose. Quella vita era solo una vita in cui lei aveva dei problemi. Era disposta a sperimentare cose dolorose per amore. (Anche in altre vite) Alcune cose sono rimaste intrappolate. -- Posso assorbire e dissolvere.

D: Questo è quello che vi ho visto fare in passato... sciogliere, assorbire e poi lasciarlo passare attraverso il corpo in modo sicuro.

H: È come una piccola bomba.

D: Lo scioglierete lentamente o come farete?

H: No, ADESSO!

D: È il momento di rilasciarlo. E anche lei è pronta. (Sì) Quindi lo Eliminate?

H: La maggior parte. È davvero un casino. (Gemeva dal dolore.)

D: Ma può essere scaricato dal corpo in modo sicuro?

H: Oh, sì... oh, sì.

D: È questa la cosa più importante su cui lavorare nel suo corpo?

H: Tutto il suo sistema nervoso e il suo cuore (sussultò.)

D: Cos'ha il suo cuore?

H: Niente. Ha solo bisogno d'essere attivato, per così dire.

D: Perché è lì che si è pugnalata. Ha lasciato un segno traumatico, per così dire?

H: Non tanto lì. E' solo che se ne ricorda. Abbiamo iniziato a lavorare su di lei molto tempo fa.

D: Quando abbiamo iniziato questa seduta?

H: Prima.

D: Meraviglioso! Sono contenta che lo facciate per lei.

H: Sono solo una persona, un'entità, non un'energia. Lei tiene molte, molte energie.

Dissero che avrebbero continuato a lavorare su di lei per i giorni successivi, soprattutto quando stava dormendo, in modo da poterlo fare delicatamente.

H: È terribilmente terribile. --Contemporaneamente, sta imparando, quindi abbiamo bisogno che dorma. A volte è così forte.

Risposero ad altre delle sue domande, ma non sono pertinenti a questa storia, quindi non le ripeterò qui.

Messaggio Finale: Ha bisogno di resistere. Continuare. È molto... molto amata, più di quanto possa contenere. Non riesce nemmeno a contenere tutto l'amore che ha dentro di sé. E noi siamo con lei e lo saremo sempre. Vi ringraziamo per questo tempo, lei è ora pronta a concludere la seduta.

La domanda del suicidio è sempre stata discutibile nel mio lavoro. Nel mio libro "Between Death and Life" si dice che il suicidio non è mai giustificato. Che non ha mai un effetto positivo e che la persona deve sempre tornare e rivivere le stesse circostanze con le stesse persone. Le sedute in questa sezione e in alcuni altri miei libri mi hanno fatto pensare se questa fosse la verità. Hanno detto che si trattava di un'opzione che è stata integrata nel piano di progetto per tutta la vita. Le sedute in questa sezione e in alcuni dei miei altri libri mi hanno fatto pensare se questa fosse la verità. Il suicidio non è mai giustificato? Porta sempre un karma negativo? O ci sono circostanze attenuanti? Ho trovato molti casi in cui la persona dell'altra vita è stata messa in una situazione insopportabile in cui non c'era via d'uscita. Dove il suicidio era l'unico modo per porre fine alle sofferenze. È giustificato in queste circostanze? In questi casi hanno detto che si trattava di un'opzione che era stata integrata nel piano di progetto per tutta la vita.

Secondo le mie ricerche sembra che le circostanze principali in cui non viene considerato qualcosa di favorevole, siano quelle in cui i contratti vengano interrotti. Quando affrontiamo le nostre valutazioni, della vita passata mentre siamo sul piano dello spirito e riesaminiamo (con i nostri consiglieri) ciò che deve essere gestito durante la vita successiva e stipuliamo contratti con altre anime partecipanti. Queste accettano di tornare e di aiutarci a risolvere gli errori del passato. Questi impegni e contratti sono presi molto seriamente e fanno parte del nostro piano. Ci sono diversi tipi di contratti. Alcuni di questi sono a lungo termine, come i matrimoni, la nascita e l'educazione dei figli. Altri sono a breve termine, amici e conoscenti che ci aiuteranno per un certo periodo di tempo. Un esempio di contratto a breve termine potrebbe essere un incontro sessuale di una notte che porta alla nascita di un bambino. Il padre ha accettato d'essere presente solo per dare al bambino la possibilità di venire al mondo e poi il contratto è finito. Quindi facciamo diversi tipi di contratti di vario tipo. Questi contratti sono presi sul serio perché le altre anime hanno accettato di spendere tempo prezioso sottratto al proprio sviluppo per aiutarci ad avanzare. Naturalmente, c'è la possibilità che abbiamo anche accettato di avanzare con voi.

Quando una persona affronta ostacoli che ritiene essere insormontabili nella sua vita (e ricordiamoci che questi sono solo ostacoli che hanno accettato di mettere lì per imparare) e si suicida come mezzo di fuga, rompe quei contratti. Questo sconvolge tutti i piani di tutte le altre persone. Il suicida deve allora ritornare e ripetere quella lezione o quella classe. Hanno fallito l'esame. Non possono "scappare". Devono recitare di nuovo la parte, stesse circostanze, stessi personaggi. Solo che la prossima volta è ancora più difficile. Ma visto ché la persona ha infranto tutti questi impegni, tutti questi contratti, le altre anime partecipanti saranno ancora disposte ad aiutare? Forse no. Dicono: "Ho interrotto la mia crescita per aiutarti nelle tue lezioni e tu mi hai scaricato. Ti sei tirato indietro. Perché dovrei farlo di nuovo per te? Dovrai aspettare il tuo turno, mentre io vado avanti con la mia evoluzione. Ti ho dato una possibilità, ora non so se posso fidarmi di nuovo di te, per portare a termine i tuoi impegni". In questo caso la crescita del suicida è fortemente ostacolata. Ciò che avrebbe dovuto essere risolto in una vita sola, ora ne richiederà molte altre.

Capitolo 19

UN SUICIDA RIPAGA IL KARMA

Quando Joan entrò sulla scena era in piedi, ma non sul terreno. Sentiva d'essere in piedi su una bolla. Le chiesi di descriverla.

J: Un po' opaco. Non è molto chiaro. Mi stringe facilmente, ma sembra una superficie espansa, che ha una tensione. Sembra solo del materiale teso. --Mi sembra di fluttuare nello spazio da qualche parte. Non vedo niente, solo il cielo e le nuvole. Ma penso che mi stia portando da qualche parte. --Ora, in qualche modo, ci sono scivolato dentro e sto galleggiando dolcemente verso il basso, all'interno. Non vedo niente. Mi sento come se stessi scendendo dolcemente da qualche parte.

D: Diventa consapevole di te stessa. Com'è il tuo corpo?

J: (Pausa) È trasparente. Quasi come se assumesse il colore grigio-bianco di una nuvola. Non ha molta sostanza. Mi sento un osservatore che si guarda intorno... --Mi sento come se stessi aspettando che qualcosa accada... che si mostri... --Un altro essere e' appena spuntato. Possiamo dire che sia appena apparso davanti a me. Come se mi portasse da qualche parte. Di nuovo, solo una forma. Grigia e molto bianca. Mi sento come se il fondo della bolla si fosse aperto. È più un vuoto, ma penso che sia come uno scivolo. Un'altra parte, credo, dell'universo. Ora si è aperta, ed è come se fossi in cielo. Fluttuo.

D: Quindi ora sei fuori dalla bolla? (Sì) Forse era solo un modo per arrivare dove dovevi andare?

J: Era la sensazione che avevo, come se fosse un passaggio.

D: Ed ora quest'altro essere amorfo ti sta portando da qualche parte? (Sì.) Cosa vedi mentre viaggi?

J: Solo cielo blu e nuvole.

D: Lascia che ti porti dove devi andare. Puoi comunicare con lui?

J: (Lunga pausa) Vuoi che io comunichi con lui?

D: Se ci riesci.

J: Mi sento come se fosse venuto a guidarmi da qualche parte. Il messaggio che ricevo è che vuole mostrarmi qualcosa.

D: Va bene. Vuoi seguirlo? (Sì.) Allora lascia che ti prenda e ti mostri qualunque cosa sia. E lo possiamo fare abbastanza rapidamente. Cosa vuole mostrarti?

J: Un sacco di angeli.

D: Dove sono?

J: Come una città nel cielo. Un raduno di tutti questi esseri.

D: Che aspetto ha la loro città?

J: Non l'ho vista. Ho la sensazione che lo sia. È come se scivolasse, galleggiasse. E sono sempre più visibile man mano che mi avvicino.

D: Come ci si sente?

J: Molto amorevole e buono. Bellissimo. --Mi sta portando tra i gruppi, credo si possa dire così. Adesso mi sto muovendo tra di loro. (Pausa) Vedo l'immagine di un grande libro aperto. (All'improvviso divenne emotiva e iniziò a piangere. Non riusciva a capire perché). Mi sento molto emotiva.

D: Va bene. L'emozioni sono un bene. Significa che è qualcosa d'importante.

J: (Piangendo) Mi sta mostrando qualcosa nel libro. Io non so cosa sia.

D: Chiedigli di dirti che cosa sia. (Pausa) Cosa vuole che tu sappia del libro?

J: (Pausa, ancora emotiva) Percepisco solo questo, ma lui mi sta solo mostrando questa vita, gli eventi e i dolori che ho passato. Torno indietro e lo guardo di nuovo.

D: Cosa pensi della tua vita, se la guardi in questo modo?

J: Come se avessi dimenticato quanto è stata dolorosa e vederla di nuovo la sta riportando a galla.

D: È importante riportarla a galla?

J: Sì. Perché ormai è finita.

D: Chiedigli perché hai dovuto rivederla?

J: Per riconoscere quanto sono progredito. Era un passaggio, è stato un completamento di tutto ciò che era preceduto.

D: Quindi era qualcosa che dovevi affrontare per completarlo. (Sì) Chiediglielo, tutto il dolore e tutto il resto, aveva a che fare con il karma?

J: Il dolore era per trovare un equilibrio. L'equilibrio non c'era. Il dolore era perché non ero bilanciata. Ed è stato attraverso questo, che ho continuato a cercare un equilibrio. Continua a dire che è questo il senso della vita sulla Terra, trovare quell'equilibrio ed ora ce l'ho.

D: (Ridacchiando) È stato difficile, vero? (Sì) Ma c'era del karma mentre trovavi il tuo equilibrio? (Sì) Può dirti da dove proveniva, in modo che tu possa capire? (Una lunga pausa) Forse può mostrartelo.

J: Sì, me lo sta mostrando. Me lo sta mostrando. È più una visione interiore di tempi in cui ero orribile, terribile, e prendevo decisioni terribili.

D: In altre vite? (Sì.) Cos'è che hai fatto?

J: Ho la sensazione d'essere stata davvero malvagia, cattiva e arrabbiata.

D: (Pausa) Quindi in un'altra vita hai fatto del male ad altre persone?

J: Sì. È quasi un modello di chi ero. È strano. Vedo come un modello piatto. È come un quadro, si potrebbe dire, ma è abbozzato e l'orrore è... Non ci sono molti dettagli. È come una fetta, il modo in cui lo vedo. È quasi come una sovrapposizione. Il potere e l'energia che avevo e il senso dell'orrore che ho creato. Non ho nessun dettaglio... solo il senso dell'orrore che ho creato.

D: Comunque, forse è meglio non entrare nei dettagli. (Sì) I dettagli non sono necessari, ma hai fatto molte cose negative? (Sì) C'è qualcuno coinvolto in quella vita, con cui hai dovuto tornare, adesso, in questa vita per ripagare del karma. O possono vederlo?

J: Si incarna attraverso mio padre in questa vita. Ha preparato diversi scenari che mi hanno causato dolore o angoscia personale, per riuscire a rendermi sensibile al modo in cui gli altri si sentono.

D: Quindi era questo il suo scopo?

J: Sì, ma lui stesso era così oscuro che non l'ho mai capito. La sfida era che lui restasse in quella negatività per sviluppare la sensibilità, per andare oltre e non farsi coinvolgere, cosa che sono riuscita a fare. Non c'era gioia in lui.

D: Ma questo era il suo lavoro per farti crescere.

J: Sì, come se un pezzo fosse incarnato, se così posso dire. (Rabbrividì) Tra le altre cose ho inflitto torture... e in una vita in cui sono stata torturata, non sono riuscita a sopportarlo.

D: Vuoi dire che anche tu hai torturato?

J: Sì, ed è per questo che sono stata torturata in un'altra vita.

D: Ci torna sempre tutto indietro, vero? (Sì) Ma cosa c'entra questo con la sua vita adesso? Non avresti ripagato anche le altre vite quando sei stata torturata?

J: Si trattava di questo. Si trattava di ripagare e non sono riuscita a sopportarlo. È stato allora che mi sono suicidata. Non potevo sopportare le torture che mi erano state inflitte.

D: Chi è che ti stava torturato? È stato qualcuno che Joan conosceva in questa vita?

J: Sì. È stato l'essere che in questa vita è Richard.

Richard è stato suo marito per trent'anni prima che lei divorziasse da lui.

D: Questo significa che l'ha torturato in un'altra vita?

J: Non lo so. Era qualcosa come la fetta che rappresentava tutto ciò che ho fatto di negativo o malvagio. È come se delle piccole cose ne spuntassero fuori e m'incarnassi in altre vite, in modo da ottenere l'esperienza di ciò che avevo fatto. Non so quanto vada indietro, ma non ho bisogno di saperlo. È come uno schema, un "attraversamento".

D: Intende dire che nelle altre vite Joan aveva inflitto molte torture e siccome era molto negativa, doveva essere torturata e trattata crudelmente in un'altra vita per essere ripagata?

J: Per sapere com'era, cosa avevo fatto.

D: Ed è stato troppo difficile per lei, quindi si è suicidata? (Sì) Come si è suicidata in quella vita?

J: Sento un fuoco. Ho appiccato una specie d'incendio. È come un granaio o un qualche tipo di edificio e ci entro dentro. Brucio.

D: Quindi mi sembra che abbia ripagato tutto. Perché ha dovuta tornare con la stessa entità, Richard?

J: Perché si è uccisa.

D: Ma aveva molte cose da fare, che per lei erano molto difficile da accettare.

J: Ma non ho ribilanciato il karma.

D: Avrebbe potuto superarlo se fosse rimasta con lui più a lungo? È questo che intende? (Sì) Era una vita intera per ribilanciare tutto? (Sì) Invece si è suicidata. Spiegale cosa succede allora, perché è come se stesse ripetendo la stessa storia.

J: Non l'ha trasmutato in una comprensione di cosa si trattasse veramente: di un'evoluzione. Ecco perché si è suicidata, perché non è mai riuscita a capire lo scopo superiore di tutto questo: evolvendosi verso la Sorgente.

D: Non aveva capito che non doveva suicidarsi. È questo che intendi? Non era questo il contratto?

J: Esatto. Doveva ottenere l'illuminazione attraverso l'esperienza.

D: Quindi, quando è tornata a questa vita, ha dovuto affrontare di nuovo la stessa storia?

J: In questo modo ho avuto l'opportunità di superare me stessa, com'ero a quel livello... alla vita.

D: E con la stessa persona... la stessa entità?

J: Sì. (Sussurrava.) E mi è stato dato un padre che aveva un campo energetico molto simile a quello di Richard. Ebbe davvero un'eco in questo, fu il padre dominante e controllante a cui riuscii a scappare crescendo e trasferendomi. Ma non avevo ancora raggiunto appieno la comprensione e la forza che deriva dal viverlo fino in fondo. Richard mi ha aiutato a diventare più comprensiva con gli altri che stanno passando attraverso delle difficoltà. Mi sarei lasciata quella parte alle spalle. Nello stato sensibile in cui ho vissuto la mia infanzia, ho attraversato qualcos'altro e quindi non l'ho mai sento, perché sapevo di avere una missione.

D: Ma sapevi che prima dovevi toglierti tutto questo di mezzo.

J: Sì, ma era anche vitale per la mia crescita e la mia forza, allo scopo più elevato di guidare gli altri velocemente; perché alla fine l'ho capito. E per dare loro comprensione, aiutarli a muoversi ancora più velocemente di quanto potessi fare io, perché non avevano tutto il tempo che ho impiegato per lavorarci.

D: Così Joan è dovuta tornare in questa vita con la stessa entità per ripetere le stesse circostanze. (Sì) Ora il suo lavoro è continuare ad aiutare le persone.

J: Non hanno tutto il tempo che ho avuto io. Tutto sta accelerando. Ci sono opportunità a cui si devono preparare in fretta.

D: Non possiamo più prenderci il tempo di lavorare su tutte queste cose?

J: Esatto. Non sulla Terra.

D: Dobbiamo ripagare il karma velocemente per toglierlo di mezzo? (Giusto, sì.) Ciò che avrebbe altrimenti richiesto molte vite umane?

J: Sì. C'è l'opportunità. Ora capisce. Può aprire molte porte alle persone attraverso la comprensione di ciò in cui si trovano, di ciò che stanno passando. Non sarebbe riuscita a farlo in un altro modo.

D: Amenoché tu non lo sperimenti in prima persona, non puoi comprendere ciò che le altre persone stanno passando.

J: Sì, non è nemmeno un'esperienza come questa. È una sensazione, il senso della loro angoscia, anche se potrebbe essere per cause diverse. Sentire la loro angoscia e sapere di poterla superare.

D: Sì. Tante persone si sentono intrappolate, vero? (Sì) Sentono di non riuscire a uscire da qualcosa. È per questo che avete scelto di mostrarglielo invece di portarla a vite passate?

J: Sì, è un modello. Penso che sia per questo che la vedo come una fetta. È come una pizza, riesci a capire, e se ci pensi non è tutta coperta di quei colori confusi e schifosi. Ma è come una gocciolina, quindi la fetta rappresenta l'essenza e c'è molta chiarezza in essa. C'è più chiarezza che altro. Queste gocce sono come la spazzatura della pizza e rappresentano le vite negative dove c'era una sorta di squilibrio. E questo è come ripulire l'ultimo [karma], l'ultimo di questa vita.

D: Perché non c'è più tempo per rivedere queste cose continuamente?

J: Esatto, sì, e così facendo si chiarisce quell'ultima piccola parte per me. Inoltre c'e' anche il modo in cui ho scelto di farlo, invece di subirlo da sola, sono io che capisco quello che gli altri sopportano. Questo li aiuta a velocizzare, così non devono essere in angoscia. Se solo potessero capire quanto e' facile uscirne. Posso farli passare velocemente.

D: Ha iniziato un ciclo di vite negative e ne è rimasta intrappolata?

J: No, è nel mix di tutte le vite. Lei è come una grossa fetta, è davvero bianca e chiara e ci sono queste macchie come sulla pizza, con tutti questi colori schifosi. E tu pensi alla pizza? Con il rosso, il marrone, l'arancione, tutto è schizzato su di lei. Estraendo da quella particolare vita in cui, a causa delle cose che avevo fatto, era arrivato il mio turno di sentire cosa significa essere torturati perché io stessa l'avevo fatto. Ma non sono riuscita a sopportarlo.

D: Era in una vita in cui faceva del male ad altre persone, quindi tutto doveva ritornare a lei.

J: Ho dovuto sperimentarlo per sapere cosa si prova e per conoscere e comprendere.

D: Ecco perché Joan ha passato così tanti anni in quella situazione finché non era sicura che fosse sufficiente. È questo che intendi?

Joan ha vissuto un'infanzia violenta, poi ha sposato un marito altrettanto violento. Alla fine ha scoperto la metafisica dopo 25 anni di matrimonio e ha avuto il coraggio di divorziare da lui.

J: Sì... che poteva farcela da sola. Questa era la cosa importante. Che aveva dentro di sé la capacità di affrontare ogni cosa.

D: Doveva essere una sua decisione?

J: Sì. Non dare la colpa o ne fare affidamento su nessuno, solo scavare a fondo e trovare la forza interiore e la comprensione interiore.

D: Perché con il biasimo si crea solo altro karma, non è vero?

J: Sì, come rinascere.

D: Ora ha raggiunto un punto in cui ha finito con questo. È finita. È nel passato. Non dobbiamo riviverlo di nuovo. E Richard? Porta ancora il karma per quello che ha fatto a Joan? Ora è fuori dalla sua vita.

J: Quello era solo un pezzo di lui, come quella roba della pizza. Lui ha le sua roba su cui lavorare. Quella roba della pizza era: "Fammi passare o dammi la possibilità di lavorarci su qualunque cosa accada. Lui ha la sua roba da gestire.

D: Questo significa che Richard non porterà alcun karma per ciò che ha fatto?

J: No, non ne porterà.

D: Perché l'ha fatto per una ragione?

J: Sì, ma purtroppo ha altri problemi che non ha affrontato. Avrebbe potuto affrontarli, ma non lo ha fatto, non era pronto. È rimasto intrappolato in quei problemi e non riusciva a lasciarsi andare.

D: Pensi che sia troppo tardi per lui per cambiare ora in questa vita?

J: Sì, per le abitudini e gli atteggiamenti. Ha chiuso troppe porte invece di limitarsi ad attraversarle.

D: Quindi dovrà camminare per la sua strada, ma non ha niente a che vedere con Joan.

J: Esatto.

D: Andrà per la sua strada.

Mi resi conto che stavo parlando con il Subconscio di Joan. Era già arrivato da qualche parte durante la seduta. È sempre evidente quando entra nella conversazione. Ho chiesto se gli stavo parlando e ha riconosciuto che lo stavo facendo. Quindi sapevo che non dovevo chiamarlo perché era già lì. Poi ho capito che potevo andare avanti e fare delle domande.

D: Penso sempre di andare nelle vite passate dei miei cliente ma voi non l'avete portata in una vita passata. L'avete portata al Libro dei Registri. Perché avete scelto questo invece di portarla in una vita passata?

J: Perché è più di una sola vita. È l'essenza di tutto ciò che lei è. Sapeva che la maggior parte delle sue vite erano molto belle ed è per questo che le abbiamo mostrato i... il colore, quelle macchie nel bianco.

Lo scopo principale era quello di mostrarle che era sbilanciata e che passare attraverso le esperienze negative di questa vita l'aveva riportata in equilibrio. E Richard non avrebbe più avuto alcuna parte nella sua vita, perché tutto questo era stato risolto (per lo meno da parte sua). Aveva svolto il suo ruolo e aveva fatto quello che doveva fare. E ora era giunto il momento che lei andasse avanti. Naturalmente, la sua domanda principale riguardava lo scopo della sua vita. Aveva molti piani e voleva conoscere il futuro. Ma il SC cosa avrebbe volute che facesse adesso che era libera?

J: Per aiutare il maggior numero possibile di persone a trasferirsi nella Nuova Terra. Toccarle dove sono e farle avanzare con la comprensione che ha acquisito. Tante persone stanno ancora barcollando nel buio, ma sono vicine a trovare la luce. Hanno bisogno di persone come Joan che li aiuti. Adesso, questo è il suo ruolo.

D: Come volete che aiuti le altre persone?

J: Che sia qualcuno di cui si possono fidare e che esca verso l'ignoto. Che confidi nella luce che lei sprigiona e che faccia quel salto di fiducia, confidando nella sua integrità che le persone rispettano e di cui si fidano. E ora, visto il coraggio di sfondare ciò che li trattiene, hanno l'opportunità di percepire la pace che li attende e la bellezza per potersi lasciare andare e superare il luogo in cui si trovavano. È come un pezzo della Nuova Terra lì per loro, perché possano sperimentare e dire: "Questo è quello che voglio". Tutto ciò che ha immaginato si realizzerà e anche di più. Sarà in grado di manifestare tutto ciò che vuole. Sta arrivando a capire come farlo.

D: Pensava di aver adempiuto alla maggior parte dei suoi contratti. (Sì) Pensava che avrebbe ricevuto un nuovo contratto. È vero?

J: Oh, sì. Adesso questo è quello che sta facendo, eleva le persone perché il suo intento è così puro, incontaminato dai suoi stessi problemi. Ha superato tutto questo.

D: So che quando entriamo in una vita, facciamo dei contratti. (Sì) Non sapevo che si potessero fare o creare nuovi contratti man mano che si va avanti.

J: Neanche lei lo sapeva.

D: Quindi se hai fatto tutto quello che dovevi fare e i contratti sono finiti, puoi farne altri?

J: Oh, sì. E continuano ad arrivare nuove visioni. Pensava che fosse così limitante, ma sta arrivando a capire che era l'esatto contrario.

D: Voi (le persone dall'altro lato) aiutate nella formazione di nuovi contratti? (Sì) Perché potete vedere quello che la persona dovrebbe fare. (Sì) La cosa più importante prima di tutto è sbarazzarsi dei vecchi contratti, le cose vecchie. Poi si può andare avanti? (Sì).

Mi sono rivolto alle sue domande fisiche. La più importante riguardava i problemi alla colonna vertebrale. Ho chiesto al SC di cercare in quella zona. "E' stato frantumato molte volte nelle altre sue vite. Oh, cielo, il prezzo che ha pagato. E' stata rimesso insieme, ma a caro prezzo. Ora che ha capito, possono tutti rimettersi in sesto e rigare dritto. --Sto spingendo. I pezzi sono fuori posto. Li sto riportando in allineamento. Non hanno abbastanza forza da soli per mantenerla stabile. Non è stata in pieno allineamento con tutto il resto e poi si gira e rigira lungo la strada".

Ho lasciato che lavorasse sulla colonna vertebrale e poi ho chiesto se avesse finito. "Quasi... Ho bisogno di un po' più di tempo". Sono rimasta in silenzio mentre finiva il lavoro e poi ha annunciato che l'allineamento era finito. Le diedi suggerimenti induttivi per farla restare in condizioni stabili. Sapevo che appena il soggetto scopre la cause, il lavoro che dovrebbe fare, allora il problema sarebbe stato rimosso e la cura sarebbe rimasta fino a quando la persona sarebbe rimasta sul sentiero che doveva percorrere.

J: Questo è l'ultimo allineamento che voleva. Faciliterà ogni altra cosa, questo allineamento d'obbiettivi. Questa è una delle cose che fa parte della svolta; fa parte delle sfide, dei tradimenti, della frantumazione della sua stessa stima, ma in accordo con il suo diventare sensibile, questa era l'unico modo. È così che era stata impostata, perché tutto ciò avvenisse in questa vita.

Messaggio Finale: Diventa molto forte nel aver fiducia e nel sapere che la missione che hai accettato di compiere fa parte dell'intero universo e sono molti che lavorano con te in tutti i regni.

* * *

Il concetto dell'omicidio è molto interessante quando lo si osserva rimuovendo tutte le emozioni. Nel mio libro Between Death and Life, ho parlato dei molti modi di ripagare un omicidio. Non è mai: "Tu mi hai ucciso, quindi io ti ucciderò!" Questo semplicemente mantiene la ruota del Karma in moto. C'è una via che si chiama "via morbida". Per esempio: potresti doverti prendere cura della tua vittima nella prossima vita. Devi dedicare tutta la tua vita a loro e non puoi concentrarti su te stesso e sui tuoi desideri. Questi devono essere messi da parte mentre tutto si concentra sull'altra persona. Questo può essere un bambino, un andicappato, un genitore che ha bisogno di cure, forse anche un capo esigente. Se ti trovi in una situazione del genere, potrebbe essere un modo diverso di vedere le cose. Non ha mai senso nella vita presente, ma quando si esamina la vita passata, è chiaro e giustificato. Quella che segue è parte di una seduta che ho avuto con una donna che è una bravissima guaritrice in questa vita, ma che ha anche avuto molte difficoltà con le relazioni e gli abusi dei genitori durante l'infanzia.

Monique attraversò due vite passate. Nella prima era stata uccisa da un esercito invasore mentre era una giovane preadolescente. Era stata infilzata allo stomaco da una spada. Nella seconda vita era un soldato romano che uccideva altri individui. Da guerriero morì di nuovo con una spada nello stomaco. Questo spiegava i persistenti problemi di stomaco che Monique aveva attualmente. Entrò in quella vita di soldato per sperimentare l'altro lato. "Faceva parte dell'apprendimento per ricordare come era stato ucciso nella vita precedente e come si sentiva questa volta a compiere l'uccisione". Non voleva vivere una vita di violenza, ma questo era quello che facevano all'epoca. Imparò la lezione che era sbagliato uccidere a quel modo e anche le persone che vennero uccise impararono una lezione. Sapevano cosa avrebbero sperimentata prima di venire. "Più di una lezione. Sperimentare ciò che l'altra persona ha provato e quindi ti rendi conto che non lo vuoi". Aveva accumulato karma a causa di ciò che aveva fatto da soldato. "Non ascoltava la sua voce interiore che diceva di non farlo. Avrebbe potuto mettere da parte il suo orgoglio e non farlo. Avrebbe potuto andarsene da qualche altra parte, ma vedi, a quel tempo i genitori pensavano che fosse un onore". Ora avrebbe dovuto lavorare sul karma. Chiesi: "Con le persone che ha ucciso?".

M: No, non necessariamente con le persone che ha ucciso, ma con le persone che sono state uccise in quel modo. Quindi forse potrebbe essere un medico, un guaritore, per guarire queste persone che sono state ferite in modo così orribile o che hanno perso una gamba o un occhio. In questo modo potrebbe aiutarli e vedere come queste persone hanno sofferto.

D: Quindi non deve essere la stessa persona che lui ha ucciso.

M: No, potrebbe essere chiunque.

D: Una volta che si impara una lezione, la si può trasformare in un vantaggio e si può andare in una diversa direzione. Giusto?

M: Sì. È molto lontano da quella frequenza di guerra da cui lui è venuto.

D: Cosa decide di fare al suo ritorno? Sarà qualcuno che aiuta la gente?

M: Sarà qualcuno che aiuta, ma sarà anche qualcuno che ha dei cari che vengono feriti e uccisi.

D: Qual è lo scopo di avere dei cari che vengono feriti?

M: Perché sperimenterà ciò che i cari di coloro che ha ucciso hanno sperimentato.

D: Bisogna sempre vedere entrambi i lati di ogni cosa, non è vero? (Sì).

Si trattava di un concetto interessante che si verificava naturalmente durante i periodi di guerra, quando molti, molti vengono uccisi. Sarebbe difficile e richiederebbe un tempo estremamente lungo per ripagare l'uccisione di ogni singola vittima. Quindi le circostanze devono essere ripetute e il ripagare consisterebbe nell'aiutare gli altri che si sono trovati in queste situazioni come vittime. Anche la svolta di aver i propri cari feriti o uccisi. Questo sembra sempre così ingiusto se visto solo dal punto di vista di questa vita presente. "Perché Dio è stato così ingiusto? Perché quella persona che era così buona, è stata ferita o uccisa? Ora forse possiamo vederla dal punto di vista delle altre persone coinvolte nello scenario. Non importa se ricordiamo le vite in cui sono avvenuti questi eventi. Ciò che si semina è ciò che si raccoglie!

Naturalmente, nel mio lavoro ho scoperto che ci si può liberare di qualsiasi karma residuo perdonando gli altri per i loro abusi contro di noi. Ma, cosa ancora più importante, bisogna perdonare te stessi. Ci vogliono sempre due persone. Ci sono sempre due facce di ogni moneta. Nessuna di queste due cose è facile da fare, ma se si vuole fermare la ruota del karma, devono essere fatte.

SECONDA PARTE

L’UNIVERSO CONVOLUTO CONTINUA AD ESPANDERSI

Le Origini
Della
Terra

Capitolo 20

RITORNO ALLE ORIGINI

Naomi si trovò in uno strano ambiente che le era alieno, appena arrivò sulla scena. Il terreno era nero come il carbone o l'ossidiana e lei era in piedi sulla parte superiore di una formazione rocciosa simile al Gran Canyon. Stava guardando in giù ai diversi strati di roccia che scendevano nelle profondità. Guardando sopra il profondo abisso, non c'era vegetazione, solo aria grigia come nuvole grigie. Le chiesi se voleva scendere. "No, devo solo stare in piedi contro la roccia e guardare. La terra non è di terreno, è come ossidiana macinata finissima, ma sto guardando le nuvole grigie... è come una nebbia grigia". Quando le ho chiesto di descrivermi il suo corpo disse di non averlo.

Questo mi era già successo così tante volte che non mi disturbò.

"Credo di essere proprio come la nuvola. Sono contro la montagna. Sono contro l'ossidiana. Mi sento come se facessi parte della nebbia. Mi sento come se tenessi le cose al fresco. Tengo le cose al fresco".

D: È questo il tuo lavoro?

N: Sì. Tengo tutto al fresco. C'è del calore sul lato opposto a me, quindi lo tengo al fresco.

D: Da dove viene il calore?

N: Viene dal centro dove si trova questo posto. Sembra il calore di un vulcano. Io non ne faccio parte. Sono semplicemente parte della nebbia.

Coloro che conoscono i miei libri sanno che non c'è nulla di straordinario nel fatto che non avesse un corpo e che fosse in forma apparente gassosa. Ho scoperto che questo fa parte del ciclo della reincarnazione che dobbiamo attraversare prima di entrare in un corpo umano. Questi casi sono riportati in molti dei miei libri. Per spiegarlo in modo lineare (anche se ora stiamo imparando che non c'è nulla di lineare perché tutto avviene simultaneamente): iniziamo prima in forma gassosa, poi come parte del terreno e delle rocce, poi piante, animali e spiriti della natura, prima di esser pronti a entrare nella complicata forma umana. Naturalmente, stiamo ora scoprendo che le tre ondate di volontari stanno bypassando questi requisiti, ma loro sono un gruppo speciale non vincolato dall'impegno nel ciclo della reincarnazione sulla Terra.

D: Fai parte della nebbia che raffredda la terra, l'aria o cos'altra?

N: Che raffredda l'intera regione. Si suppone che io mantenga tutto al fresco. È un lavorone, ma è facile.

D: Pensavo che sarebbe stato difficile.

N: No, c'è qualcosa che mi rende triste. Tenere tutto al fresco quando c'è troppo caldo. Se c'è troppo caldo, c'è distruzione.

D:Quindi potrebbe essere pericoloso se il calore si accumulasse troppo?

N: Sì. Questo è il mio lavoro... solo la nebbia. Perché se non lo tengo al fresco, il pianeta salterà in aria.

D: Ci sono altri che ti aiutano a farlo?

N: Sì, sono tutti quelli della nebbia. È un gruppo.

D: Quindi voi vi definite: "La Gente della Nebbia" e tenete tutto al fresco, così il pianeta non salterà in aria.

N: Sì, perché il pianeta è nuovo. Si è formato di recente. Il nucleo del pianeta è caldo e il nostro compito è quello di mantenere la nebbia. Si raffredda in modo che altre forme di vita vi si possano avvicinare.

D: Non possono venire se fa troppo caldo?

N: Esatto.

D: Quindi il vostro compito è quello di mantenerlo fresco, in modo che alla fine la vita si formi?

N: Sì, è esatto.

D: Ti piace quello che fai?

N: È quello che ho scelto di fare. Lo teniamo tutti insieme perché è ciò che abbiamo scelto.

D: Vuoi dire che avresti potuto scegliere qualcos'altro?

N: Sì, ma questo è quello giusto. Questo è più difficile da fare. La Gente della Nebbia può farlo. È solo che è noioso continuare a trattenere il calore.

D: Ma questo è un nuovo pianeta?

N: Sì, si sta formando adesso.

D: Non ci sono piante o altre forme di vita su di esso?

N: No. Ha solo il calore che viene raffreddato e l'ossidiana scura che è stata raffreddata dalla nebbia.

D: Eri presente quando si stava formando?

N: Sì, ho accettato di far parte della squadra originaria.

D: Hai visto il pianeta mentre si stava formando? (Sì) Puoi dirmi com'è stato?

N: La palla di luce arriva e poi diventa più calda poi il più caldo diventa ancor più caldo. Diventa fuoco. Intorno al fuoco si formano molecole di materia che si raggruppano assieme e formano l'ossidiana nera. L'ossidiana nera si forma intorno al fuoco. Il fuoco rimane all'interno e continua a costruire il pianeta, ma deve avere la nebbia per raffreddare la materia, così la materia diventa solida.

D: Se continuasse a diventare sempre più caldo, scoppierebbe?

N: Sì, non si formerebbe. La luce non verrebbe a formare il calore. Il calore non formerebbe le molecole che formano la materia. Sarebbe stata semplicemente luce.

D: Da dove è venuta originariamente la sfera di luce?

N: Sorgente. La Sorgente invia la sfera di luce.

D: Allora la sfera di luce genera il calore e le molecole da sola?

N: Sì, e poi le diverse persone che scelgono - non sono persone secondo la vostra terminologia - le diverse entità con le diverse energie si formano intorno a ciò di cui c'è bisogno.

D: Ognuno ha il suo lavoro specifico?

N: Sì, esattamente.

D: Cosa scelgono di fare gli altri?

N: Alcuni di loro hanno scelto di diventare il punto di luce originale. Essere i punti di calore intorno alla luce formando una sempre maggiore intensità vibrazionale per cercare di espanderla nel calore. Nel fuoco della materia che attira la materia. Gli esseri energetici che vengono a far parte della materia. E le persone, gli esseri energetici, che sono venuti a far parte della solidità, della solidità nera. E gli esseri che sono venuti a far parte della nebbia. E ci sono altri esseri che aspettano di entrare a far parte delle altre formazioni che avranno luogo.

D: Quelli che verranno dopo che si sarà raffreddata?

N: Esatto.

D: Dopo che il pianeta si è formato e raffreddato, gli altri esseri se ne andranno?

N: Alcuni se ne andranno, altri no. Alcuni restano dentro. Alcuni diventano altre forme di vita. Ognuno ha la possibilità di scegliere cosa può diventare. Alcuni hanno bisogno di diventare materiale vegetale. Alcuni diventano altri aspetti dell'aria, altri aspetti dell'acqua, altri aspetti dei minerali, altri aspetti dell'ignoto che questo pianeta non ha.

D: Quindi alcuni non se ne vanno subito. Rimangono per aiutare lo sviluppo?

N: Sì, è esatto.

D: E voi restate lì finché non si è raffreddato abbastanza?

N: Sì, finché non c'è la formazione d'acqua sul pianeta. Poi sono libero di fare un'altra scelta.

D: Devono avere l'acqua. Non è vero?

N: Alcuni pianeti ce l'hanno. Alcuni pianeti non ce l'hanno. Questo pianeta sceglie d'avere l'acqua.

D: Quindi l'acqua non è sempre necessaria per la formazione della vita? (No) Alcuni luoghi vivono di altre cose?

N: Sì, esattamente. Molte varietà.

D: Ma tu non hai nulla a che fare con la formazione dell'acqua?

N: No e nemmeno con la formazione di dove andrà l'acqua. Se vorrò, in quel momento, potrò scegliere di far parte dell'acqua che rimarrà e formerà altre forme di vita.

D: Allora devi aspettare fino a quel momento per decidere.

N: Sì, esattamente.

D: Hai sempre fatto questo tipo di lavoro?

N: No. Sono stato il calore. Sono stato la luce. Sono venuto dalla Sorgente molte volte in molte regioni diverse, in molte forme diverse.

D: Quando finisci il lavoro, torni alla Sorgente?

N: A volte, sì. A volte vado direttamente in altri luoghi.

D: Continui a progredire? (Esatto.) Tutto questo richiede tempi molto lunghi. (Sì) Anche se mi è stato detto che il tempo non esiste.

N: È solo quello che si fa. Nessuna misurazione.

Era ovvio che questo avrebbe potuto richiedere un tempo inimmaginabile, eoni, quindi la feci avanzare a quando aveva completato il suo lavoro d'essere parte della nebbia per raffreddare il pianeta. "Cosa stai facendo adesso?"

N: Ora sto diventando parte di una piscina d'acqua che si trova in una piccolissima parte ombreggiata della roccia. È la formazione iniziale d'un corpo d'acqua. Gli altri esseri possono venire con me e anche loro possono diventare parte di questa piscina. Questa piscina crescerà, inizia come una goccia. Non sono io la goccia originaria. Facevo parte della formazione dell'acqua.

D: Mi stavo chiedendo da dove venisse l'acqua.

N: Viene dalla nebbia che si forma in gocce. Poi diventa una piscina.

D: All'inizio nasce come una piccola piscina?

N: Esatto.

D: Pensa che si allargherà?

N: Sì e la Gente della Nebbia sta arrivando a formare corpi d'acqua più grandi. Stanno portando altri esseri che formeranno parti della catena dell'acqua che svilupperà la vita vegetale e animale su questo pianeta.

D: Allora l'acqua deve essere presente per prima, in modo che le piante e gli animali possano svilupparsi? (Sì) Ti piace far parte dell'acqua?

N: Sì, mi piace la sensazione dell'acqua. Non è molto diversa dalla nebbia. Tutto è proprio così, però è una bella sensazione.

D: Nessuno è più importante dell'altro perché tutti hanno un ruolo da svolgere.

N: Esattamente.

D: Qualcuno ti dice cosa fare?

N: No. Ti è stata data la tua impronta quando sei arrivato.

D: Il tuo imprinting [fa riferimento al processo di impianto delle memorie] ti dice quale sarà il tuo lavoro?

N: Sì. Quando sono diventato la nebbia, alla fine del periodo della nebbia, ho fatto la scelta di diventare la goccia. La goccia è finita in una piscina. Ora ho la possibilità di scegliere se diventare una forma animale o vegetale, o una forma d'aria evaporativa.

D: Andiamo avanti. Cosa decidi di fare dopo?

N: Decido di diventare l'aria, l'aria evaporativa. Voglio essere attorno al pianeta.

D: Prima creavi l'acqua, ora la fai evaporare. (Sì) A cosa serve l'evaporazione?

N: È per formare un'atmosfera intorno al pianeta.

D: Quindi deve avere un'atmosfera oltre all'acqua.

N: Questo pianeta sì. Non tutti i pianeti devono averla. Ci sono molte varianti diverse. Ognuna è adatta a quel luogo.

D: Cosa fai quando diventi parte dell'evaporazione?

N: Formo uno scudo attorno a questo pianeta che si espande verso l'esterno per la crescita del pianeta. In modo che serva da barriera per altri esseri dell'aria che potrebbero entrare per influenzare l'aria su questo pianeta. Altri esseri dell'aria... diversi... diversi... si direbbero che sono gassosi... diversi gas.

D: Capisco ciò che vuoi dire. Questi sarebbero gas che non sarebbero favorevoli a ciò che state cercando di creare qui?

N: Esatto. Ciò di cui questo pianeta avrebbe bisogno per il suo funzionamento ottimale. Deve essere la giusta combinazione dei materiali evaporativi che provengono dal pianeta stesso. Alcuni vengono dall'esterno del pianeta. Quindi si forma una miscela per l'atmosfera del pianeta.

D: Voi siete quelli che prevengono i gas sbagliati dall'entrare sul pianeta.

N: Sì, esattamente. Sulla barriera esterna tra questa e altri tipi d'aria. Per mantenere la barriera esterna protetta. Schermato è la terminologia più appropriata dalla lingua disponibile.

D: Il linguaggio è sempre difficile. (Sì) Questi sembrano lavori molto importanti che avevate all'inizio.

N: Non sono diversi dagli altri.

D: Cosa fai dopo che l'atmosfera si è formata e la vostra parte in quel lavoro è completa?

N: Quando questo particolare incarico è finito, torno in un luogo di riposo.

D: Non devi continuare in altre forme?

N: Posso... Posso... Ma ho scelto di andare in un luogo di riposo. Il luogo di riposo è dove si trova la Luce.

D: Puoi parlarmi della Luce?

N: La Luce è solo una luce dove non succede nulla. Noi siamo semplicemente la Luce. Non c'è nient'altro che si debba fare o essere o che si debba imprimere o far nascere dal Sé. Semplicemente siete un tutt'uno con il Tutto, quindi c'è un senso di completamento.

D: Vi riposate a lungo? (Sì) Ok, passiamo al momento in cui decidi di lasciare il luogo di riposo. Qual è il tuo prossimo incarico?

N: Sono sulle correnti che portano le cose da un luogo all'altro. Sono una corrente. Simile ad una corrente d'aria, ma non all'aria. Non c'è una parola, ma direi che è come una corrente combinata di elettricità, luce, aria e pensiero. È una combinazione.

D: Pensavo a correnti come il vento.

N: Sì, funziona in modo simile, ma è diversa. È l'aiuto del movimento della coscienza, della consapevolezza. È una corrente evolutiva, secondo il vostro linguaggio. Serve ad assistere una galassia ad evolversi, quindi la corrente deve fluire nella galassia e attorno a tutto il contenimento della galassia.

D: Pensavo che tu stessi parlando del vento sul pianeta.

N: No, questa è la galassia e il cosmo che richiedono assistenza nel muoversi. E la corrente assisteva nello spostamento verso la direzione desiderata.

D: Ma hai detto che è anche per aiutare il movimento nella coscienza? (Sì) Che cos'è la coscienza che sta muovendo?

N: È di muoversi in una coscienza spirituale, per mancanza di una parola migliore, una coscienza di armonia, una coscienza di consapevolezza. È la vibrazione dell'amore.

D: Quindi a questo punto ha ancora a che fare con galassie e corpi più grandi?

N: Sì. Si tratta di dare un diverso livello di esperienza, un livello più ampio d'esperienza alla galassia.

D: Cosa intendi con un altro livello d'esperienza?

N: All'interno della galassia tutti i pianeti, tutti gli esseri, tutte le forme di pensiero, tutte le coscienze all'interno della galassia hanno un certo livello, quando la galassia è quasi completa di quel livello, ce ne deve essere un'altra. Un'altra corrente portata in modo che il movimento possa andare oltre il limite di dove si trovi l'attuale movimento.

D: *Tutto questo fa parte della creazione di altre cose? (Sì) Che tipo di cose possono essere create in questo modo all'interno della galassia?*

N: Tutto ciò che le forme di pensiero portano avanti. Tutto ciò che la materia vuole manifestare. Tutto ciò che ha una linea... è una linea di luce che si può formare. È come una luce che si può attingere in ciò che può essere formata. Può creare qualsiasi cosa che le forme di pensiero portano alla luce.

D: *Quindi gli altri spiriti come te, sono quelli che portano le forme di pensiero?*

N: Sì, è esatto.

D: *Quindi possono creare tutto ciò che vogliono?*

N: È esatto. Tutto quello che devono fare è attingere alla linea di luce.

D: *Nessuno dice loro cosa fare?*

N: No. Elevano la coscienza della galassia, in modo che gli altri sappiano di poterlo fare, ma devono portarla al livello superiore prima che diventi disponibile.

D: *E la creazione della vita su questi pianeti? Hai nulla a che fare con questo?*

N: No. Io porto solo la corrente. Io sono solo la corrente.

D: *Ti piace di più?*

N: Sì, perché posso vedere di più. Riesco a vedere come tutto il resto si inserisca nel Tutto.

D: *Pensi che entrando nel corpo fisico di una pianta o di un animale tu abbia ristretto la tua visione?*

N: È una visione diversa. Non è tutto onnicomprensivo, come all'interno della galassia. Per poter vedere la visuale della galassia all'interno del funzionamento dei pianeti. Per vedere come tutto s'incastra all'interno di una galassia e poi come quella galassia si connetta con il cosmo, al momento è più interessante. Le visuali sono diverse.

D: *Alla fine smetti d'essere la corrente? (Sì) Cosa succede in quel momento?*

N: Posso scegliere un altro luogo dove stare.

D: *C'è così tanto da scegliere, vero?*

N: Sì, è così.

D: Qual è la prossima cosa che scegli di fare?

N: Scelgo di andare in un luogo d'apprendimento. È un posto dove vanno tutti... tutti gli esseri ci vanno. Chiunque scelga di andarci, può andarci quando ha bisogno d'imparare di più... non ho l'altra fonte.

D: Parlami di quel posto.

N: Ha tutto quello che abbiamo bisogno di sapere.

D:Che tipo di forma hai quando vai in un luogo di apprendimento?

N: Solo coscienza.

D: Tutto si restringe a questo? Imparare e creare?

N: Sì, evolversi. Semplicemente chiedi d'imparare e ti viene dato. Automaticamente lo conosci.

D: Nessun insegnante?

N: No. Ti viene dato... viene dato alla tua coscienza.

D: Cosa preferisci imparare in questo luogo?

N: Preferisco studiare la vastità di ciò che la Sorgente ha creato. Ho imparato parti e pezzi di galassie, di universi, di pianeti e di forme di vita; ma voglio imparare la vastità dell'intera creazione, in modo da poter essere al di là di ciò che vedo ora. Perché i miei attuali livelli del cosmo includono galassie e pianeti, e minori -- non minori -- ma ciò che è minuto e quindi voglio la vastità più grande.

D: Hai imparato che c'è qualcosa di più grande?

N: Sì, non si ferma mai. Tutto il creato si espande, così la vastità che ricevo nel mio essere in questo momento, sarà una vastità maggiore da riconoscere in un altro momento.

D: Quindi c'è mai un momento in cui si può imparare tutto?

N: Si può tornare alla Sorgente per riposare.

D: E quando sei lì puoi conoscere tutto? (Sì) Questa è una grande quantità di conoscenza. Passi molto tempo nel luogo dell'apprendimento?

N: Sì. A questo punto, voglio conoscere Tutto del tempo.

D: E stai assorbendo tutte queste informazioni?

N: Esatto.

Questo va di pari passo con quello che il SC ha detto molte volte, che abbiamo tutti la conoscenza e tutte le risposte dentro di noi. Non c'è davvero alcun bisogno di cercare al di fuori di se stessi. Si può imparare ad attingere a questa incredibile fonte d'informazioni.

D: Cosa farai con tutte queste informazioni dopo averle assorbite?

N:Le trasmetterò ad altri, dove altre parti di questo informazioni sono necessarie. Ci deve essere disponibilità da parte loro. Ci deve essere apertura. Ci deve essere anche il loro livello di disponibilità ricettiva.

D: Quindi lo trasmetterai all'esterno?

N: Sì, gli esseri che la raccolgono sono al livello di recettori e la mettono in atto o ricevono o trasferiscono.

D: È come un faro che la trasmette ovunque.

N: Esattamente.

D: Quindi non hai alcun desiderio di entrare in un corpo fisico? (No.) Sarebbe limitante, non è vero?

N: Non sarebbe limitante, perché non saprei cosa sia limitante. Ma non sarebbe della vastità a cui ho accesso in questo momento.

D: Sei consapevole di parlare attraverso un essere umano, un corpo fisico? (Pausa) Sei consapevole che stai comunicando con me?

N: Sto inviando i raggi all'essere perché l'essere li invii a te.

D: Non sei in questo essere attraverso il quale stai parlando?

N: No. È piuttosto come le vostri torri di trasmissioni, per il vostro sistema telefonico o il vostro sistema radio... le vostre onde. È direttamente a questo essere.

D: Ho scoperto che l'unico modo in cui possiamo condurre questo tipo di comunicazione è quando li metto in questo stato di coscienza. Allora sono ricettivi.

N: Sì, è corretto. Una fisicità non può mantenere il livello.

D: Perché hai scelto di passare attraverso di lei oggi?

N: Lei è disposta a ricevere le informazioni.

D: Naturalmente, con il volume d'informazioni che tu hai, non vogliamo sovraccaricare il suo sistema.

N: Certamente. Lei ha la tendenza a sovraccaricarsi, ma questo non lo vogliamo.

D: Quindi pensate che sia giunto il momento che lei sappia di più e abbia più informazioni?

N: Sì, il veicolo è pronto. Le linee di trasmissione sono state collegate. Sarà una trasmittente, una trasmittente umana. Non importa cosa farà in quale forma. La trasmissione avverrà attraverso di lei.

D: Quindi può continuare la sua vita normalmente?

N: Esatto. Passa attraverso di lei come se fosse un veicolo intorno all'atmosfera. Il veicolo è simile al pianeta Terra in quanto ci sono vibrazioni e matrici e atmosfere, e ogni genere di cose intorno alla Terra che alimentano la trasmissione.

D: Volete che trasmetta così com'è o cosa?

N: Sì, esatto. Lei trasmette anche solo attraverso l'essenza del sé, l'essenza fisica, l'essenza dell'atmosfera intorno al fisico.

D: Quindi non deve scriverlo o parlarne?

N: Non è necessario. Può farlo se lo volesse, ma sarà trasmesso perché il livello di trasmissione è tale che molti non riuscirebbero a capire queste parole scritte o dette. --Questo è li sentiero che ha scelto. Lei è come una torre radio che sintonizza il pianeta, quelli su di esso, in esso, e intorno ad esso.

D: Ci sono altri esseri sulla Terra che fanno la stessa cosa? (Sì) Ne sono consapevoli?

N: Alcuni lo sono. Pochi lo sono. La maggior parte di loro, non lo è.

D: Questa è una delle cose che voleva sapere. Qual è il suo scopo? Che cosa è venuta a fare qui sulla Terra?

N: È un dispositivo di sintonizzazione e trasmissione. Lo sta facendo come fosse un dispositivo. Raffina il fisico, l'atmosfera intorno alla fisico. E gli altri corpi o le parole che si usano su questo pianeta: il fisico, il mentale, l'astrale e lo spirituale. È stata una sua scelta. Continuerà a servire come dispositivo fintanto che è nel corpo. Ha fatto questo servizio per tutta la sua vita. È stata collocata in vari luoghi in modo che le trasmissioni potessero essere sintonizzate, inviate in vari luoghi in modo che le trasmissioni fossero "amplificate".

Sembrava la descrizione di uno dei volontari della Seconda Onda. Sono descritti come fari, trasmettitori, generatori e canali per trasmettere energia positiva agli altri. (Per ulteriori informazione fate riferimento al mio libro "Le Tre Onde dei Volontari e la Terra Nuova").

D: Mi avete già detto in passato che ovunque andiamo lasciamo un po' della nostra energia.

N: Sì. Non è energia di per sé, nella vostra terminologia. È una combinazione di cose che accedono e portano alla luce più di ciò che deve essere portato alla luce. Voi la chiamate "energia" nella terminologia di questo pianeta. Si potrebbe chiamare "energia", ma è più raffinata di così. È un adattamento molto più sottile, una trasmissione sottile che assiste nel rendere sottile ogni cosa circostante e permette più luce.

D: Qual è lo scopo di fare tutto ciò in questo momento della storia della Terra?

N: Affinché la Terra possa presentare un livello più alto nella sua evoluzione ed eliminare i corpi o le energie più pesanti, più scure, più dense, meno luminose; comunque vogliate chiamarle, le essenze che trattengono il pianeta.

D: Quindi, questi sono quelli che se ne vanno?

N: Sì, è esatto.

D:Quindi si può avere più luce, più conoscenza e più informazioni?

N: Sì, è esatto. La maggior parte delle trasmissioni che arrivano possono rifinirla ad un ritmo maggiore... un ritmo più veloce.

D: Ci sono altre persone che ora stanno arrivando per fare tutto questo?

N: Sì, esatto, sono in molti. Lo fanno attraverso le loro risate, attraverso i loro giochi, attraverso la loro musica, attraverso i modi d'essere meno strutturati.

D: Ma lo stanno facendo senza rendersene conto.

N: Sì. Ci sono molti che sanno, ma ci sono molti che non possono sapere a causa del luogo in cui si trovano. Perché se si sapesse, allora gli esseri che li circondano tenterebbero d'interromperli.

D: Sarebbe consigliabile che non ne parlasse?

N: Lei saprà quando parlarne e saprà quando non farlo. Alla maggior parte degli esseri intorno a lei in questo momento non ne può parlare di questo. Non capirebbero. Ci sono esseri più oscuri e più densi che tenterebbero in modo significativo di fermare le trasmissioni.

D: È per questo che la maggior parte delle persone lo fa in segreto?

N: Sì, è così. Nella terminologia di questo pianeta appaiono come dei solitari ed in effetti sono luce. Provengono dalla Sorgente, sono diretta trasmissione e nella vostra terminologia, sarebbero "ad alta tensione".

D: Ma tutti provengono dalla Sorgente, vero?

N: Sì. Tuttavia, ci sono quelli che per libero arbitrio non hanno la volontà all'interno del Sé, di produrre più luce.

D: Quindi dipende tutto dal libero arbitrio dell'individuo?

N: Sì, almeno su questo pianeta.

D: E alcuni di loro hanno rifiutato. (Sì) Sono rimasta sorpresa di tornare alla vita della creazione del mondo. Pensavamo di tornare a delle normali vite passate. (Risata)

N: Questo è normale per questo essere.

D: Succede sempre più spesso quando lavoro con le persone. Tornano all'imprevisto. (Sì) Adesso è quel momento nel mondo, credo.

N: Sì, e fa parte della tua evoluzione.

D: La mia evoluzione?

N:Sì, esattamente, perché tu sei un trasmettitore della Sorgente.

D: Un tipo diverso da lei.

N: Sì, questo è preciso.

D: So che le informazioni che ho ricevuto sono molto, molto diverse da quando ho iniziato.

N: Sì, esattamente e continueranno a cambiare.

D: Dico sempre che non ci date mai più di quanto siamo in grado di gestire.

N: È corretto.

D: E io continuerò a darlo al mondo?

N: Sì, tu hai contribuito molto all'infiammazione, all'accensione, all'attivazione, dell'evoluzione delle anime e dell'essenza planetaria.

D: Il lavoro continuerà a crescere?

N: Sì. Quindi vi lasciamo con una trasmissione per entrambe, per esseri più leggeri e per l'essenza della grazia.

Messaggio Finale: Lei deve mantenere il Sé, in modo che il Sé sia sempre consapevole di Sé. E non permettere che il Sé sia monitorato, che sia sopraffatto, che sia manipolato o che sia usato in qualsiasi altro modo che non sia per un essere che le camminerà accanto. E noi siamo sempre con lei.

D: Io vi chiamo il subconscio. Hai detto che non ti interessa come ti chiamo. (Risi)

N: È corretto. Sappiamo che il sé ha bisogno dei nomi per connettersi.

D: Ma non ho dovuto chiamarvi oggi, perché eravate già qui.

N: Esattamente. Noi siamo sempre qui.

Capitolo 21

ADATTAMENTI

Ella era così impaziente di entrare in trance che non mi lasciò nemmeno finire l'induzione. Stava già camminando tra giardini straordinari pieni di fiori meravigliosi C'erano volatili colorati tra gli alberi. Poi vide una struttura in stile Romanico che sapeva essere un'enorme biblioteca. "In parte 'e una biblioteca, ma puoi fare un sacco di cose li dentro." Sembrava un luogo famigliare e sapeva d'esserci già stata in passato. Era ansiosa di salire i gradini ed entrare nell'edificio. "Un mio amico sta aprendo la porta. Qualcuno che conosco da sempre. Lui ha molta conoscenza."

D: Sa perché sei venuto?

E: Sembra che sappia sempre tutto di me.È molto gentile e cortese. Credo che mi stesse aspettando.

D: C'è qualcosa che sei venuto a vedere?

E: Vengo a discutere. Ora sembra che lo sfondo sia cambiato. Sono in presenza dei "miei dodici". I miei consiglieri. Ce ne sono tre in basso, sette al centro e due in alto. Sono seduti e io sono di fronte a loro. Il mio amico è alla mia sinistra e mi incoraggia a parlare al consiglio.

D: Sono in dodici compreso il tuo amico o lui è separato?

E: Lui è separato.

D: Lui ti incoraggia a parlare al consiglio? (Sì) Di cosa vuoi parlare?

E: Oh, ci sono cosi' tante cose. Molte cose. Con chi ho l'opportunità opportunità di lavorare? Sento che lavorerò con coloro che non sono nati qui su questo pianeta. Sto sviluppando relazioni e legami con diverse persone... cercando una maggiore conoscenza. --Ce ne sono tre in basso. Ce ne sono sette nel mezzo e due sopra. Mentre guardo il consiglio, quello a sinistra in alto apre appena la bocca ed esce una scintilla di luce. Sta succedendo qualcosa.

D: *Ma tu stai chiedendo loro con chi stai lavorando o con chi dovresti lavorare?*

E: Penso che sia con chi ho l'opportunità di lavorare. Credo che sia nella vita attuale. --Quando aprono la bocca, è come se succedesse qualcosa. Come se si aprisse una porta.

D: *Quindi stai dicendo che non hanno bisogno di comunicare con te?*

E: Quelli in basso riesco più o meno a capirli. Quelli al centro, non riesco a capire bene quello che dicono. E quelli in alto comunicano in modo diverso che non capisco. I tre in basso sono con me per la maggior parte del tempo. Mi trovo davanti al consiglio per... è come se cercassi il permesso di fare diverse cose. E loro discutono, ci pensano o mi consigliano, ma questi sono il mio consiglio.

D: *Hai detto che i tre in basso sono con te la maggior parte del tempo. Cosa intendi, sono delle guide o cosa?*

E: Non saprei. So solo che sono energia. Non saprei dire cosa sono, ma quello al centro, in basso tra i tre, comunica con me in modi che io possa comprendere meglio. E' come se fosse elettrico.

D: *Quando comunica? Mentre dormi o cosa?*

E: Penso in ogni momento.

D: *Hai detto che volevi sapere di quelli con cui avresti lavorato?*

E: Esatto. Quelli con cui hanno deliberato che io possa lavorare. Ho già il permesso. E' solo che non mi rendo conto e non ho fiducia in me stesso per capirlo.

D: *Beh, quando sei in un corpo umano percepisci le cose in modo diverso.*

E: Esatto. Io già lo so e loro sorridono. (Risate) Stanno comunicando amore. --Ora mi stanno portando da qualche parte.

D: *Chi ti sta portando?*

E: Non lo so. E' come se mi spingessero un po' indietro e a destra.

D: *Vediamo dove ti porta.*

E: Sono in un luogo, ma non so su cosa mi trovo. Non so nemmeno se sono in piedi, ma sto guardando dove lavorerò. Sto vedendo vari pianeti. Vedo vari sistemi stellari. E' vastissimo. Mi viene mostrato tutto questo in modo che io possa ricordare, ma già lo so. ricordare, ma questo lo so già. E' un certo numero di pianeti diversi. E' un sistema a due stelle... una stella binaria e dei pianeti attorno. Non è l'unico posto, ma è principalmente quello su cui sono focalizzato. Interessante. Ci sono molte creature diverse. Alcune si stanno appena schiudendo.

D: Schiudendo? Vuoi dire che adesso si stanno formando o cosa?

E: Esatto. Sono all'inizio... hanno appena iniziato. Sto vedendo le diverse piccole, piccole forme di vita.

D: Dove sono queste forme di vita?

E: Sui vari pianeti. I diversi pianeti hanno diverse forme di vita. Ce ne sono molte da tenere sott'occhio. Ce ne sono molte da aiutare. Ce ne sono molte da osservare per poi introdurle in luoghi diversi. Facciamo esperimenti. Osserviamo e consideriamo cosa possa funzionare, per poi introdurlo nell'atmosfera ed inserirlo in quel particolare corpo planetario... con il permesso di quel corpo. Il corpo planetario è una parte del processo. È una dinamica totale.

D: Quindi vuoi dire che il pianeta stesso deve dare il permesso alle diverse forme di vita che accetta di vivere su di esso?

E: Sì, e anche dei sistemi solari di cui fanno parte.

D: I sistemi solari devono dare il permesso o solo il pianeta?

E: Tutti devono essere d'accordo.

D: Ma hai detto che ci sono molte forme di vita diverse?

E: Sì, e sto lavorando con molte persone diverse per fare questo lavoro. Ce ne sono alcuni che sembrano come ragni stranissimi, che sono molto bravi in matematica. Ce ne sono altri che... oh, sembra quasi la scena del bar in Star Wars. (Rise)

D: Ma ogni cosa è viva. Non deve avere le stesse forme, vero?

E: Oh, no, certo che no.

D: Qualunque cosa si adatti a quell'atmosfera?

E: Esatto. Ma quelli che ci stanno lavorando erano su un'astronave o diverse astronavi. Ma ce n'è uno in particolare dove andiamo, osserviamo, calcoliamo e sperimentiamo con ciò che potrebbe funzionare su quel pianeta. E quali varie forme potrebbero e riuscirebbero ad evolversi in base ai nostri esperimenti su altri pianeti. E tutti noi sulla astronave discutiamo e proviamo cose diverse. Abbiamo molti approcci diversi perché abbiamo diverse origini.

D: Tutto questo è fatto sulla stessa astronave?

E: Sì, abbiamo molte astronavi diverse, ma ci piace questa in particolare. Ce n'è una nel mezzo e poi ce ne sono sette attorno. Questa è di dimensioni superiori. Possiamo fare quasi tutto, qui dentro, anche se a volte, quando scendiamo sul pianeta, siamo su un'astronave più piccola. A volte scendiamo solo con una parte della nostra comprensione o del nostro essere laggiù... solo una parte della nostra coscienza.

D: Quindi non dovete utilizzare tutta la coscienza?

E: No, solo una porzione, abbastanza per scendere sul pianeta e vederlo. Si può viaggiare in quel modo solo con la propria coscienza, oppure ci può portare dietro tutto il resto. I tuoi strumenti o ciò che hai a bordo dell'astronave. Si può farlo in un modo o nell'altro o in entrambi i modi. Non ha davvero importanza, si fa ciò che è necessario. Siamo in molti, siamo un'intera brigata. Siamo in molti, di diversa provenienza e siamo qui per espandere la luce. Questo è quello che stiamo facendo. Stiamo espandendo la luce. Stiamo entrando in parti dell'ignoto, ma sulla base del nostra conoscenza e della nostra esperienza... tutti insieme ci aiutiamo a vicenda ad aggiungere diverse forme e varietà di vita su questi pianeti diversi.

D: Ma voi non vivete su questi pianeti? Vivete sulle astronavi?

E: Esatto. Non è da dove provengo, ma questo è il mio lavoro ed è quello che mi piace fare. E mi piace il cameratismo con il resto del gruppo. Ce n'è uno che sembra... la descrizione più vicina sarebbe una mantide religiosa. Solo molto maestosa, molto vecchia, molto esperta. E' un'incredibile fonte di conoscenza e d'informazioni.

D: Questi esseri sono tutti diversi e hanno lavori diversi?

E: Sì, ma condividiamo e lavoriamo tutti assieme.

Le ho chiesto come percepisce il suo corpo. "Posso essere qualsiasi cosa io voglia".

D: Hai la capacità di cambiare forma? (Sì) Anche gli altri lo fanno?

E: Non lo so. Ognuno è diverso, ma sì, posso essere ciò che voglio. C'è una cosa che mi piace particolarmente. Immagino che lo chiameresti un abito lungo; ha diversi colori brillanti che sono energie. C'è una ragione e uno scopo dietro. Sono energie diverse. Non è necessario avere un corpo. Puoi essere solo una coscienza, se vuoi.

D: Come percepisci te stessa, nella tua forma normale se non ti trasformi in qualcosa?

E: Sono relativamente alto, snello, non ho nulla in comune con il mio corpo terrestre. Volevo sperimentarlo e vedere la differenza. Davvero alto. --Si può essere quello che si vuole.

D: Quindi questa non è la tua casa, ma è dove fai il tuo lavoro?

E: Sì, perché mi rende felice. Ma torno a casa. Che è in una dimensione diversa, molto diversa. Si passa attraverso un portale per --oh, come dite voi? --Sono diverse autostrade energetiche. Puoi farlo in questo modo o puoi semplicemente pensarci ed essere qui.

D: Mi chiedevo se ci voleva molto tempo per raggiungere il tuo pianeta natale.

E: E' istantaneo. Infatti, puoi essere in entrambi i luoghi simultaneamente. Si può essere in più posti. E conosci te stesso, puoi andare tra una e l'altra delle tue identità, qualsiasi cosa ti porti gioia. Ma si può essere chiamati in luoghi diversi da altri. L'energia ti richiama. Eppure puoi restare dove sei e una parte della tua energia torna indietro per gestire qualsiasi cosa, per comunicare, per essere parte di quella vita. Ci sono così tante possibilità, ma questo mi porta gioia. Il cameratismo, siamo in tanti, ma alcuni di noi sono molto abili, molto avanzati. Più vecchi --non più vecchi-- più esperti. Altri sono più avventurosi. Alcuni lo fanno da un'eternità. Io sono relativamente nuovo di questo lavoro.

D: Anche quelli che lo fanno da eoni ancora apprezzano ciò che fanno?

E: Sì, certamente. Altrimenti sarebbero da qualche altra parte. Possono andare dove vogliono.

D: È questo il lavoro principale che stai facendo in questo momento?

E: In base al mio background, in base ai luoghi in cui sono stato. Porto esperienza, emozioni, e poi quando le forme di vita arrivano a un punto in cui possono incorporarle, allora suppongo che questa sia la mia competenza, instillare emozioni. Come abbiamo qui sulla Terra. Siamo tutti combinazioni di molte variazioni. Quindi in base al mio passato, porto questa conoscenza e ne discuto con i miei colleghi. Perche' vogliono avere forme di vita che possono sperimentare piu emozioni di quelle che hanno sperimentato loto. Vedono che c'e' un dualismo. Puo' essere molto difficile, ma puo' anche essere molto soddisfacente.

D: Quindi alcuni degli esseri sull'astronave non provano emozioni?

E: Non nella stessa misura in cui le proviamo noi... non tutte le emozioni, no.

D: Perché hai questo profilo, la percezione delle emozioni?

E: Perché sono stato sulla Terra. Ho vissuto la Terra.

D: È da lì che provengono le emozioni?

E: Sì. Beh, quella parte del mio DNA... fa parte della mia comprensione. E' una parte della mia codifica e decodifica. È una parte di come sono cambiato. La mia codifica è cambiata, incorporiamo la nostra diversità di codice in diverse forme di vita. Prendiamo filamenti dai vari raggruppamenti dei miei colleghi. Prendiamo i nostri filamenti... il modo più semplice per spiegarlo è dicendo che è un codice. Per me è più del DNA ---un processo di codifica. Ne prendiamo una parte, mescoliamo le variazioni e poi le instilliamo in forme di vita su vari pianeti che hanno raggiunto un certo stadio.

D: Quindi stai dicendo che non avevi emozioni prima di assumere un corpo sulla Terra?

E: Avevo delle emozioni, ma non la stessa gamma. --Vedo un ventaglio. Se apri tutto il ventaglio, in ogni piccola piega del ventaglio c'è un'emozione diversa. Su alcuni pianeti il ventaglio è aperto solo un po', su altri pianeti il ventaglio è aperto un quarto o metà o tre quarti. Ma qui sulla Terra è aperta --non proprio tutta l'ampiezza del ventaglio, ma piuttosto aperta - e abbiamo tutti diverse emozioni che superiamo, vivendo qui. Impariamo quelle energie e impariamo ad accumularle e impariamo a controllarle. E fino a quando non abbiamo imparato ad accumularle o controllarle non siamo più o meno pronti alla maturità e possiamo proseguire.

Mi è stato detto che le cose principali che veniamo ad imparare alla scuola della Terra sono le emozioni e le limitazioni. Questo è ciò che rende questo pianeta il più impegnativo del nostro universo.

D: Perché le emozioni sono molto complesse sulla Terra, vero?

E: Oh, incredibilmente ... incredibilmente. --Da dove provengono i miei colleghi ci sono luoghi dove hanno alcune emozioni, ma non l'intera gamma... non proprio una comprensione. C'è disorientamento. Vedono tutto quello che è successo qui. Vedono tutto quello che sta succedendo in ogni angolo. Basta concentrare l'attenzione e si può vedere. Lo si può sentire. Lo si può conoscere.

D: Hai detto che non hanno l'intera gamma di emozioni, ma quali sono quelle di base che la maggior parte di loro avrebbe?

E: Capiscono l'amore e la rabbia... l'amore per gli altri, l'amore per la famiglia e la rabbia in... Sto pensando a un "rettiliano" ... una comprensione per l'amore e molta rabbia impulsiva. Può essere entrambe le cose, ma non ha le gradazioni delle forme superiori di compassione, forme superiori di multiple emozioni allo stesso tempo. Noi sulla Terra possiamo essere arrabbiati, tristi, felici, entusiasti, contenti, gioiosi e velenosi allo stesso tempo. E questo è strano per loro, perché loro vivono principalmente in un'unica emozione e non in più emozioni contemporaneamente.

D: Perché gli esseri umani sono creature molto complicate.

E: Sì, e può essere molto difficile, ma può anche essere esilarante... assolutamente esilarante essere qui.

D: Se questi esseri hanno queste due emozioni di base, devono essere emozioni molto forti.

E: Hanno emozioni come la gelosia, anche se la considerano una malattia mentale. Hanno anche una maggiore comprensione dell'unità, in quanto siamo tutti una cosa sola e sperimentano quell'unità. Qui sulla Terra abbiamo attraversato una lunga fase di emotività in cui ci sentivamo come se fossimo separati. Abbiamo imparato molto durante questo periodo di tempo in cui vedevamo la vita in questo modo.

D: Questo significa che l'essere che sei, lì su quell'astronave, esiste simultaneamente a questa persona sulla Terra con cui sto parlando? Capisci di cosa sto parlando? (Sì) Perché sai che stai parlando attraverso un essere umano. (Sì) Esistete entrambi nello stesso momento o cosa? (Sì) Quindi tu esisti sulla navicella nello stesso momento in cui parli attraverso Ella? (Sì) Puoi spiegarmi come ci riesci?

E: Diverse parti della coscienza.

D: Quindi questo significa che Ella ha avuto altre vite passate sulla Terra? (Sì, sì.) Le emozioni che ha provato in quelle vite sono trasferite a te? (Sì) Quindi tu non devi effettivamente vivere quella vita? (Esatto.) Questo è quello che sto cercando di capire. Stai ricevendo le emozioni da lei per osmosi o qualcosa del genere?

E: Esatto. Questa è una delle ragioni per cui lei è a bordo della navicella. Lei è, come dici tu, "ritoccata", cosicché i suoi codici possano essere scaricati e trasmessi contemporaneamente ad altri.

D: Tutto questo viene fatto in laboratorio o qualcosa del genere?

E: Ci sono diversi modi per farlo.

D: E più o meno viene messo in una banca dati o qualcosa del genere? Sto cercando di usare i nostri termini.

E: Come un computer, se si pensa a una grande banca dati di un computer accessibile a tutti nell'universo. Se vogliono avere quell'informazione, possono averla. Tutto viene condiviso. È tutto uno.

D: Allora quella parte emotiva viene scaricata su altri esseri di altri pianeti?

E: Se lo vogliono, sì.

D: Gli esseri umani hanno il libero arbitrio, quindi questi altri esseri hanno lo stesso libero arbitrio?

E: Sì, naturalmente.

Una delle domande della lista di Ella aveva a che fare con un'esperienza vissuta da bambina. Era in macchina mentre sua madre guidava e vide un'enorme astronave. Le ho chiesto se potevano raccontarle di quell'esperienza.

E: Sì. (Divertita) In realtà era una piccola navicella. Lei pensa che fosse grande.

D: Era una bambina, forse è per questo, le cose le sembravano più grandi.

E: È vero, era piccolo rispetto ad altri che abbiamo. Ce ne sono altri che per gli standard umani sembrerebbero immensi.

D: Ho sentito dire che alcuni sono grandi come una città.

E: Oh, più grande... più grande.

D: L'ha visto davvero quando era in macchina con sua madre?

E: Sì, l'ha visto.

D: Anche sua madre l'ha visto. (Sì.) È successo qualcos'altro quel giorno? (Sì.) Può dirglielo?

E: Sto cercando di farle vedere quello che vuole vedere. Ci sono vari compartimenti, camere, si potrebbe dire, diverse funzioni per le diverse parti e varietà di scienziati a bordo. Conosce queste persone.

D: Per colpa sua o per colpa sua?

E: A causa di se stessa. Lei lo sa. Era disorientata da piccola e non volevamo farle del male. Ha molto da fare in questa vita.

D: Come è arrivata a questo mestiere?

E: Era solo una parte del suo sé cosciente.

D: Quindi non è stato necessario portarla fisicamente fuori dall'auto?

E: Si può fare in entrambi i modi. È stata sia fisicamente a bordo che cosciente. Lei si separa un secondo, come dice lei, perché il tempo non è quello che pensa. In sostanza si può dividere un secondo, e quando si divide un secondo, lo si smonta e si blocca dov'è lei. Poi è libera di essere in un'altra dimensione.

D: Quindi accade molto rapidamente? (Oh, sì.) Quasi simultaneamente, in realtà. È questo che intendi?

E: Sì, ma questo è stato fatto più tardi nella vita. Questa volta le è stato permesso di vedere perché questo avrebbe innescato un ricordo perché avrebbe aiutato il suo risveglio. Aveva bisogno di vederlo.

D: Anche sua madre è stata rapita?

E: No, la madre non è necessaria.

D: Questo non fa parte dell'esperienza di sua madre? (No.) Ma sua madre l'ha visto, però.

E: Sì, per convalidare per Ella più avanti nella vita che non se lo stava inventando. Ha avuto la convalida, e con questo ha dato più credito a quel pensiero e più comprensione.

D: Ha detto che non è stata l'unica volta che le è successo questo? (No.) È successo prima o dopo?

E: Prima e dopo... molte volte dopo.

D: Qualche tempo fa hai detto che è stata presa e "ritoccata"?

E: Ritoccato, come capiresti. Significa che la coscienza è cambiata. Non è riformulata. Viene aggiunta in modo che possa affrontare la vita qui sulla Terra, in modo che possa realizzare ciò che è venuta a fare qui.

D: Anche lei ha detto qualcosa sul DNA.

E: Come gli umani capirebbero, quando cercano di vedere i componenti di ciò che sono, cercano di vedere soprattutto il loro DNA. Ma non capiscono che c'è molto di più. È come se fosse un processo di codifica matematica. Anche intorno a te c'è un magnetismo che interagisce. Ci sono i magneti della Terra. Ci sono i magneti umani. Affinché la scintilla della vita si attacchi al corpo per funzionare, tutte queste cose devono essere allineate. E a volte l'allineamento deve essere modificato e cambiato. "Ritoccato", come molti direbbero. Entrare in allineamento perché a volte i corpi umani cadono fuori allineamento. Non è come se fosse migliore o peggiore. È solo l'allineamento per mantenere quell'entità, quella persona, quell'unità, in allineamento, è... Suppongo che sarebbe come un controllo. Si va da un medico sulla Terra che ti controlla e si assicura che tu stia funzionando correttamente. E se non lo sei, loro cercano di metterti in allineamento con un corpo funzionante, sia per le cose che fanno, sia per le cose che suggeriscono, sia per i farmaci. Hanno varie forme. Hanno molti farmaci qui sulla Terra in contrapposizione alle erbe e al modo naturale di fare la stessa cosa. Ma noi non lo facciamo. Ci riallineiamo in modo che sia l'entità più equilibrata e più capace di subire ciò che deve fare.

D: Sembra che probabilmente anche voi usiate l'energia.

E: Sì, energie, cristalli. Molte diverse, come lei dice, modalità.

D: Perché se il corpo si disallinea, è allora che arriva la malattia, no?

E: Questo non deve preoccuparsi della malattia.

D: Sì, sembra essere abbastanza in salute. Ma quando la persona media si disallinea, è allora che si manifestano le malattie?

E: Sì. Ma ci sono anche cose più alte che possono essere successe, come arrivare in questa vita, scelta per aldare oltre.

Ella voleva sapere se aveva fatto un contratto quando era entrata in questa vita. Dissero: "Era un accordo". Ma quando chiesi quale fosse l'accordo, mi risposero che non potevano dirglielo in quel momento.

D: Ok, sta adempiendo al suo accordo?

E: Sì. La sua vita cambierà in modi che non può nemmeno immaginare. Voleva molti cambiamenti.

D: Cambiamenti positivi?

E: Non si tratta di cambiamenti positivi o negativi. Sono cambiamenti che lei ha accettato. Tutte le cose sono buone... tutte le cose. Sarà contenta.

D: Ma non volete dirle altro in questo momento? (No.) Va bene così. Sarà una sorpresa.

E: Capirà lungo la strada. Non è ancora il momento. Quando sarà il momento giusto, saprà di cosa si tratta.

Poi siamo arrivati alla domanda "eterna", quella che ogni cliente vuole conoscere. "Che cos'è il mio scopo? Perché sono qui? Cosa dovrei fare?" La risposta fu la stessa che ho già sentito innumerevoli volte: "E' qui per aiutare." Non dicono mai che siamo qui per divertirci, fare sesso, bere e fare tanti soldi. Oh dannazione! Dicono sempre che siamo qui per aiutare la gente, per aiutarci reciprocamente.

D: Avete detto che quando è tornata all'astronave, è stato per regolare il DNA e per apportare miglioramenti al corpo. Esatto?

E: Regolare il codice. Lei lo interpreterebbe come DNA, ma noi lo consideriamo più come il codice. Ci sono anche altre cose che accadono.

D: Mi è stato detto che il DNA sta cambiando in tutti in questo momento.

E: Sì, sì. È per via delle energie. Le energie stanno cambiando.

D: Le vibrazioni e le frequenze stanno cambiando, vero? (Sì.) Mi è stato detto che il DNA o il codice deve essere cambiato per adattarsi alla frequenza. (Sì.) Perché la Terra stessa si sta evolvendo. (Sì.)

Stavo cercando esaurire la lunga lista di domande che Ella aveva preparato. La maggior parte riguardava la possibile associazione con gli ET. Ricordava consapevolmente piccoli frammenti di possibili esperienze. "Perché avrebbe dovuto andare su diverse astronavi?"

E: Motivi diversi... entità diverse con cui si interfaccia...diversi scopi. Ha ampliato il suo scopo.

D: Ebbe la sensazione che le persone incontrate su queste navicelle, le conoscesse da molto tempo. (Sì.) Quasi come fossero amici o familiari.

E: Lo sono.

D: Sto cercando di comprendere la differenza tra voi e lei. Ha avuto altre vite su altri pianeti?

E: Oh, certo. Molte forme di vita. Molti pianeti diversi, sì. Tutte le vite sono uguali. Non è lineare. Questo sta accadendo ora.

D: Perché ha scelto di venire sulla Terra? Il corpo umano è molto diverso.

E: Per aiutare a portare la luce su questo pianeta, per aiutare la sua gente... per aiutare.

D: Stanno arrivando in molti, vero?

E: Sì. Vengono per aiutare... ognuno in modo diverso.

D: E quando Ella finirà il suo lavoro qui, tornerà sul lato dello spirito?

E: È al di là di quello che consideri il lato spirituale. È piuttosto la luce che va verso la luce.

D: Tornerà alla Sorgente?

E: Se vuole, ma questo è quasi come se andasse oltre la Sorgente. Si passa attraverso la Sorgente per andare in quest'altra dimensione.

D: È questa l'enorme luce brillante che alcuni dicono d'aver visto?

E: Creatore, sì. Andare oltre per espandersi.

D: Quindi c'è più di quanto si possa capire, vero?

E: Oh, sì, molto più di quanto il cervello lineare possa centralizzare.

Nel mio lavoro mi è stato detto che alla fine avremo imparato tutte le nostre lezioni sulla scuola della Terra, e ci laureeremo, per così dire. Ci laureiamo in tutte le scuole (sulla Terra e altrove) e torniamo alla Sorgente. Pensavo che quello fosse il massimo, la destinazione finale.

E: Capire che ci sono vari livelli di Creatore. Ci sono i Creatori, e poi ci sono, come dici tu, le madri e i padri di quei Creatori. E ci sono le madri e i padri di quei Creatori. Ci sono così tanti livelli diversi che è difficile da concettualizzare per il cervello umano. Con le capacità che si sceglie di utilizzare nel presente, è difficile da concettualizzare. C'è l'oltre Creatore e questo significa andare oltre il Creatore per la creazione dall'altro lato.

D: Questa è una delle domande che la gente mi fa quando parlo di Dio o della Sorgente. Mi chiedono: "Chi lo ha creato? È di questo che stai parlando? (Sì.) In questo modo si andrebbe avanti all'infinito, vero? (Sì.) Quindi non c'era davvero nessun "inizio". (Rise) Sto cercando di capire.

E: Sì, ma l'inizio è anche la fine che è anche il mezzo. E' anche l'adesso.

Questo cominciava a confondermi la mente. "Mi è stato detto che tutte le nostre domande non avrebbero mai avuto risposta, perché la mente umana, non il cervello, non ha concetti per capirlo".

E: I concetti su cui basarsi per determinare che questa è la verità, ma anche capire che in questa forma umana si usa solo una piccola, piccola parte cosciente di ciò che ci portiamo dentro. E la portiamo dentro in ogni singola cellula del nostro corpo. Ce lo portiamo dentro in ogni singola cellula.

D: Mi è stato detto che non ci sono concetti che ci spieghino davvero come comprenderlo.

E: Ok, però ad un certo punto lo capirai.

D: Mi è stato detto che alcune informazioni sono come un veleno invece che una medicina, perché non le possiamo capire e giungeremo alle conclusioni sbagliate.

E: Questo è vero.

D: Mi hanno anche detto che dovevano stare molto attenti a come esprimevano le cose, perché potevano essere male interpretate.

E: Questo è vero. Verissimo.

Era ora di smettere di filosofare e di tornare al tema della sessione. "Ma se siete sulla navicella, potete vivere quanto volete? (Sì.) "Non avete limiti come gli umani?" (No.) "E dicevate che siete una coscienza che può assumere qualsiasi forma che volete". (Sì.) "In questo modo non ci sarebbe alcun modo di morire, per così dire." (Sì.)

E: Nessuno di noi muore.

D: Lo so che non moriamo. Semplicemente cambiamo. Entriamo in una forma spirituale quando lasciamo il corpo. Quindi non si tratta veramente di morire. Si sta solo cambiando forma in quel modo. Ma tu non hai un corpo fisico. Un corpo fisico ha i suoi limiti.

E: Esatto. La scatola in cui vi mettete, in cui mettete la vostra coscienza, ha i suoi limiti. Ed è su questo che stiamo lavorando, su questi limiti, per renderla una scatola migliore in modo che duri più a lungo.

D: Dobbiamo avere un veicolo in cui vivere.

E: In realtà, no. Si può vivere anche senza il veicolo se questo è quello che scegliete di sperimentare. Questa è una vostra scelta.

D: Stavo pensando che sulla Terra dobbiamo avere un veicolo.

E: Ci sono molte coscienze. Alcune sono viste come "orb" [sfere]. Queste sono coscienze. A volte quello che voi considerate un singolo orb, è un'intera civiltà tutta all'interno dello stesso globo. La forma di un cerchio, di una sfera, è il veicolo perfetto, la forma perfetta con cui si può entrare in questa atmosfera, entrare in questa densità e non rimanere bloccati. E' la forma perfetta per questa particolare densità nel poter vedere, guardare, viaggiare, sperimentare, senza rimanere bloccati. Perché la maggior parte non vuole rimanere bloccata nell'atmosfera pesante e letargica e nelle energie che esistono su questo pianeta. Solo i più forti si avventurano. Solo ai più forti è permesso stare qui.

D: Perché quando rimangono bloccati devono continuare a tornare, ancora e ancora, giusto?

E: È una loro scelta. Questo sta per finire, ma è una loro scelta.

D: È quello che sto scoprendo, che non sono in molti ad avere ancora del karma.

E: Prova a vedere una grande forma, diciamo una forma di diamante, con molte, molte, molte, molte sfaccettature. Ogni vita è simile ad una sfaccettatura diversa di quel diamante e una volta che hai completato quella sfaccettatura, non devi più occupartene. Ma alcune superfici, alcune sfaccettature, richiedono molte vite per essere completate. Si lavora su molte sfaccettature allo stesso tempo. È più rapido farlo in questo modo, inoltre molte anime sono piuttosto ansiose di sperimentare cose diverse contemporaneamente. Ma una volta completato ciò che è su una sfaccettatura, allora non devi più occupartene. Si può tornare indietro e aiutare gli altri con quella stessa sfaccettatura, ma non è qualcosa a cui si è legati, o a cui si è obbligati karmicamente.

Pensalo come un cerchio e questo è ciò che molte persone su questo pianeta pensano in termini di karma, per quanto riguarda la ruota del karma. Vedono da un lato del cerchio, provando esperienze di vita che sono impegnative. E poi dall'altro lato del cerchio karmico vedono esperienze che sono più gratificanti o piacevoli per loro. Come gli umani stanno imparando, il modo per uscire da quel cerchio è di andare all'interno. Quindi se hai un cerchio che gira e gira percepito come buono da un lato e percepito come difficoltà da un altro, basta andare dentro dove sei neutrale. Così non siete né buoni, né cattivi. Non prendete alcun giudizio su tutto ciò che accade nella vostra vita. Siete neutrali. Quando siete neutrali, capite che sia le buone che le cattive percezioni vi giungeranno in uno stato neutrale. Ma continuate a rimanere neutrali in qualsiasi cosa vi venga in mente nella vita, allora vi allontanerete da quel cerchio karmico.

D: Io la chiamo la "ruota karmica", ma è la stessa cosa.

E: Ruota, sì, come preferisci, potrebbe anche essere una sfera. Potrebbe essere una palla. Si potrebbe vederla in due dimensioni, una dimensione, tre dimensioni. Ma mentre si va all'interno, che simbolicamente è un andare dentro di sé, visto che siamo l'universo. Quindi andate dentro di voi e siate neutrali. E mentre siete neutrali, siete lontani da quel ciclo karmico e solo essendo neutrali potete andare avanti.

D: Ho molti clienti che sono così impantanati nel karma delle cose che percepiscono aver subito dalle persone nel corso delle vite, che non ne riescono ad uscire. Non vogliono lasciar perdere. Sono proprio bloccati lì.

E: Possono liberarsi nel giro di pochi secondi, ma ha a che fare con il cambiamento della percezione di non essere più vittime. Se si percepiscono come vittime di qualcosa che è nel passato, vi si aggrappano per una ragione. Stanno imparando da questo. Si nutrono di quella energia. Stanno sperimentando ciò che vogliono sperimentare e lo faranno fino a quando non vedranno che c'è una via diversa e poi andranno a sperimentare l'altra via. È solo una questione di percezione e si può cambiare la percezione nel giro di pochi secondi.

D: Questo è il mio compito di fargli vedere che si sono ammalati, aggrappandosi a cose vecchie che gli sono state fatte.

E: E ci vuole così tanta energia. Perché sprecare le vostre energie in questo modo?

D: Cerco di farglielo vedere e di farli riflettere, in modo che se ne possano liberare.

E: Esatto e quando se ne renderanno conto, lasceranno andare e assumeranno una prospettiva diversa. Ci siamo passati tutti. L'abbiamo fatto tutti. Tutti l'abbiamo sperimentato.

Messaggio Finale: Molto amore. Aiuterà molte persone. Parleremo con lei più avanti. Siamo sempre qui. Comunichiamo spesso con lei quando dorme. Lei è nel processo in cui il suo sogno è la realtà e la realtà è il sogno. Questo s'invertirà.

Capitolo 22

LA CREAZIONE DEGLI ESSERI UMANI

Tim era un giovane carpentiere che diceva di non sentirsi mai al sicuro, ma era sempre la vittima. Aveva molte paure irrazionali e questo attirava molti eventi negativi, indesiderati nella sua vita. La spiegazione che ricevette dal SC fu qualcosa che non sarebbe mai stato in grado di anticipare o immaginare.

Quando Tim scede dalla nuvola, sembrava essere da qualche parte nello spazio aperto. "Vedo luce... l'universo. E' come una nebula. E' bellissimo, molti colori. Vedo molte luci, stelle e spazio. Non so dire se sono davvero nello spazio o in una navicella. Forse sono solo un punto nello spazio. --C'è un posto qui dove vorrei andare. --Adesso sono sceso in un luogo che è molto verde. Non so esattamente come sono arrivato qui. Di sicuro mi sono piaciute le luci. --Sto scendendo attraverso la nebbia e le nuvole... la nebbia... difficile vedere oltre. Ora che sono giù è difficile vedere qualcosa. È verde con una fitta nebbia".

D: Che sensazione ti da ciò su cui sei in piedi?

T: Morbido e umido, un po' muschiato. Ci sono degli aghi di pino e anche qualcosa che fruscia... forse dei rami. --C'è qualcosa di molto tranquillo in questo posto... molto familiare. Sembra essere costantemente nebbioso qui.

Quando gli ho chiesto di guardare il suo corpo, abbiamo avuto una sorpresa. Il suo corpo era coperto di pelliccia, era grande e potente.

"E' grande, come un gorilla. Non credo che sia un gorilla, il fatto è che non riesco a riconoscerlo. Direi come un gorilla... forse grande come un Sasquatch o un Bigfoot. Ma per quanto primitivo sia questo essere, è anche molto più in sintonia con il proprio ambiente rispetto ad altri corpi. Ha un'unità con questo luogo. Altre forme che ho conosciuto non sono in sintonia con l'ambiente circostante come questo. Sente la vibrazione della terra. È molto piacevole. È molto tranquillo e molto in armonia con la vibrazione di questo luogo".

D: Non riesci a vedere molto di ciò che ti circonda?

T: No, questo è un luogo nebbioso. È interessante. C'è molto mistero qui, ma questo guscio, questo corpo, sembra conoscere questi misteri. Però non sono abbastanza in contatto per capire quali siano.

D: Cosa vuol dire che ci sono dei misteri?

T: Sono una persona abbastanza visiva, ma è piuttosto difficile vedere qui. La vista non è necessariamente il migliore dei sensi da usare. E questo corpo non si affida tanto alla vista. Si affida ad aspetti più intuitivi.

D: Credi che in questo posto ci sia sempre nebbia e umidità?

T: Prevalentemente, penso di si. In questo corpo, in questo luogo, interagiscono molto bene, eppure non sono in grado di dare un senso a ciò che questo corpo percepisce. La vibrazione qui è viva e questo corpo sa cosa significa. Ho difficoltà a capire cosa significano queste vibrazioni. Sono così a mio agio qui, al punto di non perseguire alcuno di questi misteri. Sono a mio agio e non ho bisogno di approfondire.

Il suo cibo consisteva principalmente di frutta che trovava nella foresta. "Principalmente questo luogo è una foresta". È una foresta montagnosa e fitta, per lo più avvolta da una strana nebbia. Nella foresta ci sono cose da mangiare che sono simili ai frutti".

D: E tu riesci a trovare queste cose più per istinto che attraverso la vista?

T: Sì. È come se mi chiamassero, e so che sono lì, ma non li vedo di per sé. Voglio dire che potrei, ma non è questo il senso primario.

D: C'è un posto dove vivi?

T: In realtà ce ne sono diversi. Uno è come una casa sull'albero piuttosto naturale, se vogliamo, e un altro è più simile ad una grotta. Entrambe servono a due scopi, a seconda delle stagioni o del tempo. Se è più limpido, mi trovo sull'albero. E se è più inclemente, passo del tempo nella grotta.

D: Quindi avete il tempo lì?

T: Sembra che sia soprattutto pioggia o nebbia.

Non viveva con nessuno. Era per lo più solo. C'erano altri come lui in questo luogo. "Sono rari, ma esistono. È un territorio fisico molto vasto". Quindi non aveva bisogno di nessuno. "Trovo che questo luogo nel fisico sia molto tranquillo e mi permetta di contemplare il mio essere interiore". Il mio tempo trascorso nella luce. Questo corpo difficile è molto intuitivo. È molto potente e anche molto in sintonia con l'energia superiore".

D: Hai detto che ti piace essere in sintonia con la luce. (Sì) Cosa intendi dire?

T: E' facile calmarsi, andare all'interno ed essere in sintonia con il mio io più elevato.

D: Pensavo che un animale non pensasse davvero a cose del genere.

T: Questa è una tipica risposta umana. Anche gli umani sono animali e per la maggior parte del tempo non molto illuminati. Spesso, troppi conflitti per essere veramente in sintonia con ciò che sono veramente. Quindi questo essere è molto più contemplativo e ha meno necessità di nutrirsi e di proteggersi o di difendersi fisicamente, in questo luogo. Ha tutto ciò di cui ha bisogno.

D: Sembra che ci siano anche altre tipologie d'esseri, no?

T: Ce ne sono altri in questo luogo. Ci sono altri esseri come me, ma anche in questo caso siamo piuttosto solitari e non ci riuniamo spesso. Ancora una volta, questo essere e il modo in cui interagisce con il suo ambiente mi sono totalmente estranei, non sono abituato a tutto questo. Interagisce su una base totalmente intuitiva e non come ciò che conosciamo di solito, quindi sto avendo difficoltà a descrivere questo essere. Sa dove si trovano gli altri esseri e sa come interagire con loro se lo scelgono, ma in genere sceglie la luce. Ha bisogno di essere solo.

D: Che aspetto hanno gli altri esseri, quelli che non ti assomigliano?

T: In realtà non li vedo. Li intuisco. Li sento ma non so cosa siano. Non ho molto a che fare con loro. Ci sono creature che sono simili a degli uccelli, forse, ma per quanto riguarda la loro descrizione, non funziono in questo modo. Non li vedo di per sé.

D: Perché la vista non è il senso primario. (Sì) Mi chiedevo solo se avevi bisogno di un qualche tipo di compagno.

T: È successo, anche questo è intuitivo ed è qualcosa che, quando serve, si prende cura di sé.

D: Ma non dovete restare insieme? (No) --Ma questa luce di cui parlavi, come la percepisci?

T: È ovunque. È come se il mio corpo fisico sapesse di cosa ha bisogno e quando ne ha bisogno e se ne prende cura; ma questa luce è davvero ciò che sono. È la mia connessione con l'universo, se così possiamo dire. Posso vedere attraverso ogni cosa. Non devo concentrarmi su una sola cosa. Posso vedere tutto.

D: Questo succede ogni volta che si lavora con la luce? (Sì) Apre la tua capacità intuitiva, immagino si possa dire così.

T: Sì, lo sto studiando proprio ora. La sto guardando ed è bellissimo! È come se fossi in un corpo fisico da qualche parte e simultaneamente fossi anche l'universo.

D: Quindi ogni volta che pensi alla luce, diventi l'universo?

T: Sì. Posso concentrare la mia attenzione ovunque e sono lì. Ho questo corpo fisico, questo essere silenzioso tra le nebbie, eppure sono nell'universo. Non solo dell'universo fisico, ma anche quelli al di là dell'universo fisico. Si tratta solo di scegliere dove dirigere la mia attenzione. Posso focalizzarla lì, eppure è quello a cui stavo alludendo prima. Ci sono molti misteri qui. Ci sono molte cose su cui posso concentrare la mia attenzione, eppure non sembra che mi interessi molto eccetto la luce. Assorbirla, berla ed essere tutt'uno con essa.

D: Può descrivere com'è la luce?

T: E' tutto molto ampio. Si concentra e credo che per mancanza di un modo migliore di dirlo, immagino che per descriverlo, sarebbe come nel tuo terzo occhio, eppure è ovunque. Se guardi nello spazio profondo con un grande telescopio, ci sono molte cose su cui potresti concentrarti, eppure non c'è nulla su cui potersi concentrare. Dipende da come vuoi vederlo.

D: Hai anche detto che puoi vedere oltre l'universo fisico. Cosa intendevi dire?

T: L'universo fisico, per quanto vasto possa sembrare a chi ha un corpo fisico, in realtà è piuttosto piccolo. Non c'è davvero molto di per se'. Ce ne sono molti che sono tanto più vasti di quello fisico. E abbiamo l'essenza d'ognuno di questi universi, dentro di noi. Abbiamo emozioni e capacità mentali e capacità eteriche, che fanno tutte parte di questi altri universi e anche quelli fanno parte del nostro essere. In realtà è proprio questa la parte principale della nostra esistenza. Siamo così presi nella modalità di sopravvivenza e questo è il bello di questo luogo. La sopravvivenza è una certezza in questo posto.

D: Non c'è bisogno di fare niente o di essere qualcosa. (Esatto) E' raro, non è vero?

T: Lo è. E questo corpo fisico si prende virtualmente cura di se stesso. Sa esattamente come e dove trovare il suo sostentamento senza sforzo.

D: E sei molto vicina agli altri sensi.

T: Esatto, per me è molto confortante essere un tutt'uno con queste altre parti.

Era una creatura interessante, ma mi chiedevo come portare avanti la storia. In un posto come quello ogni giorno è molto simile al successivo. Qui ho deciso di spostarlo ad un giorno importante. Non sapevo se sarebbe stato in grado di trovarne uno in cui sarebbe successo qualcosa di diverso. Ma mi ha sorpreso quando gli ho chiesto cosa riusciva a vedere. "Sono stato trasportato. Non sembra essere qualcosa contro la mia volontà, come se avessi accettato d'essere trasportato".

D: Cosa intendi con "trasportato"?

T: Non lo so, sono su una astronave destinata alla Terra.

D: L'astronave è arrivata nel luogo dove vivevi?

T: Sembrava essere parte della civiltà che c'era, come parte della tecnologia che era la nostra razza.

D: Ma non ne eri coinvolto nel luogo in cui vivevi?

T: Esatto.

D: Quindi c'erano altre parti del pianeta che erano più evolute?

T: Sì, e in un modo o nell'altro, ho accettato d'essere trasportato altrove.

D: Quelli che ti stanno prendendo sanno quanto sei intelligente?

T: Da questo punto di vista siamo tutti più o meno uguali. Siamo tutti molto intelligenti. Altamente in sintonia con l'universo. Fa parte di una missione. Quello che mi è piaciuto di questo corpo è stato quanto libero ed intuitivo fosse nel suo ambiente. Ma abbiamo la capacità di cambiare forma. Il corpo può assumere qualsiasi forma fisica desideri. Nel suo ambiente non ce n'è bisogno, ma lontano da casa, c'è il bisogno di diventare forme diverse. Noi abbiamo la capacità di fare anche questo.

D: Per sopravvivere e adattarsi? (Sì) Qualcuno è venuto a prenderti?

T: Sì. Fa parte dell'accordo che avevamo ed era più che altro una chiamata. Non sono venuti a prendermi di per se, visto che avevano mutuamente accettato di andare in missione e adesso ci stiamo dirigendo da qualche parte. Questo fa parte di ciò che facciamo con i nostri creatori. Aiutiamo a generare nuovi luoghi e a volte anche nuove forme di vita.

D: Ma non ricordi l'accordo finché non vai con loro?

T: No, perché non è necessariamente in tempo lineare. È solo una sorta di trattamento superficiale - questo è ciò che facciamo - hai il tempo di contemplare, poi devi andare a manifestare la tua contemplazione e noi ci aiutiamo a vicenda a farlo. Ma una parte di tutto questo, credo, fosse il tornare alla grotta o all'abitazione per chiarirsi e ottenere chiarezza. E così ho avuto il mio tempo per chiarirmi ed ora è il mio momento di andare a completare la mia missione con gli altri.

D: Lì eri così felice perché era così confortevole e perfetto. Ti dispiace andartene?

T: Sì, mi dispiace. Queste missioni sono molto piacevoli e molto fruttuose, ma spesso sono anche irte di pericoli.

D: In che modo?

T: Solo il fatto che ci siano energie e forme di vita che non sono così evolute, ma sono programmate per avere paura. E noi facciamo molta programmazione. Infatti, programmiamo alcuni dei gusci fisici che altre essenze assumono. Programmiamo alcune di queste in modo che le altre essenze possano fare esperienza con questi altri tipi di energie, ma non sempre sono le cose più desiderabili da fare.

D: Questo fa parte del processo di creazione di cui parla? (Sì) Ma ora che siete sull'astronave, devi cambiare forma o rimani nella stessa forma?

T: Rimaniamo nella stessa forma, per la maggior parte del tempo. La grande forma pelosa, per mancanza di un modo migliore di dirlo. Non credo che sia effettivamente una pelliccia di gorilla, ma questa è la mia descrizione.

D: Che aspetto hanno gli altri esseri sull'astronave?

T: Sono più o meno come me. Andiamo in alcuni posti e cambiamo il nostro aspetto fisico per non turbare la programmazione degli altri esseri che incontriamo. Il più delle volte è così che si fa.

D: Quindi anche loro hanno un aspetto peloso come te?

T: Peloso non è esattamente... questa è solo la mia descrizione. È più simile ad una luce scintillante, molti pezzettini di luce. Non è pelliccia.

D: Sai qual è la tua missione sulla Terra?

T: Far parte di una collettività. Abbiamo tutti cose che abbiamo elaborato individualmente nella nostra classe di visualizzazione, se così si può dire. Quando eravamo a casa durante la nostra contemplazione di ciò di cui l'universo ha bisogno per espandersi e così ognuno di noi ha le proprie missioni e i propri destini individuali. Ma abbiamo anche una missione collettiva che è stata decisa.

D: Sapete cosa farete quando arriverete sulla Terra?

T: Sì, la colonizzeremo.

D: Questa è la missione più grande o la parte più piccola?

T: Questa sarebbe la parte più grande di questa missione, ma anche una parte più piccola.

Decisi di portarlo avanti a quando l'astronave era arrivata sul pianeta Terra e gli ho chiesto perché ha scelto quel pianeta.

T: Qualcun altro, un'altra forma di vita, l'ha messo insieme in modo da renderlo più facile per noi. In modo che non dovessimo fare tutto da zero. C'è già un processo che supporta le forme di vita: un pianeta e un'atmosfera. Non dobbiamo farlo, anche se ne siamo capaci. Di solito non ce ne occupiamo.

Questo va di pari passo con parti dei miei altri libri. Un tipo di esseri creatori, all'inizio, ha creato le galassie, i pianeti e alla fine le altre cose essenziali necessarie sulla Terra. Ci furono altri esseri che arrivarono sul pianeta quando si è raffreddato abbastanza per iniziare il processo di semina della vita (in qualsiasi forma). Alcuni dovevano stabilizzare l'atmosfera e sviluppare i mari. Poi per iniziare il processo di semplici organismi monocellulari e di vita vegetale. Molte cose dovevano essere pronte prima che la vita animale potesse essere introdotta.

T: Il pianeta stesso è, a pieno titolo, vivo. È un'entità vivente e noi lavoriamo con essa per creare vibrazioni che funzionino in questo luogo. Deduciamo quale tipo di radiazioni e vibrazioni questa entità (la Terra) abbia e poi creiamo dei gusci fisici che proteggeranno le essenze dalle radiazioni di questo luogo, tra le altre cose. Non solo radiazioni, ma molte altre vibrazioni che qui esisteranno e si perpetueranno.

D: Ci sono altre forme di vita lì?

T: La vibrazione dall'alto... dall'oltre il fisico, è viva. Ma noi siamo qui principalmente per colonizzare con la forma umana. Siamo in grado di fare l'intero processo. Occasionalmente, l'abbiamo già fatto, ma non qui sulla Terra. Siamo qui per lavorare con altre specie per creare la forma umana.

D: Mi stavo chiedendo delle piante, una fonte di cibo già messa a terra.

T: Sì, già ci sono. È stata popolata da forme di vita inferiori come cellule e batteri, su, su fino alle forme vegetali, anche alcuni pesci ed esseri di tipo oceanico. Ma lavoriamo soprattutto con altre specie per creare gusci fisici superiore per essenze elevate. Lavoriamo principalmente con gli esseri umani.

D: Sono già stati portati sul pianeta?

T: In questa fase, no. Succede piuttosto rapidamente. Una volta stabilita la base del pianeta per la sua capacità di sostenere la vita, siamo in grado di popolarlo piuttosto rapidamente con tutto ciò che è necessario.

D: Quindi gli animali provengono da qualche altra parte, o come funziona?

T: Alcune specie vengono create, altre vengono portate da altri luoghi, altre ancora vengono ibridizzate. Sono un tipo famigliare di cose che potresti vedere di luogo in luogo. Più o meno dipende dalla specie.

L'intera storia è stata riportata nel mio libro *Keepers of the Garden* e The Custodians. Trovo interessante che mi venga data sempre la stessa storia in multiple sedute attraverso clienti diversi. Il che da validità alla verità dietro a questa versione delle nostre origini.

D: Sembra che tu lo faccia da molto tempo. C'è qualcuno che ti dice dove andare e cosa fare?

T: Nessuno in particolare. È come una collettività. Abbiamo un legame piuttosto stretto tra di noi. Non siamo isolati come gli esseri umani nel loro guscio.

D: Pensano di essere tutti soli. (Sì) Ma per voi è diverso?

T: Esattamente. C'è un senso di sé e un senso d'identità, non è così isolata come l'esistenza umana.

D: Quindi quando venite sulla Terra e lavorate alla creazione dei gusci umani, siete lì da molto tempo? (Sì) Sei in grado di vedere molti cambiamenti, animali, piante, tutto quanto? (Sì) Quindi, una volta che gli umani si sono stabiliti, c'è un piano per tutto questo?

T: Sì, è stata fatta un sacco di programmazione. Gli viene data un'enorme capacità per la conoscenza interiore, ma fa parte della progettazione che non riescano ad accedervi tanto quanto sanno di poter fare. Ed è un altro - non conosco un modo educato per dirlo - esperimento cosmico. Noi lavoriamo sempre con la creazione. Proviamo sempre cose nuove un po' dappertutto. Questo è ciò che l'universo è: sempre in espansione.

D: Una volta che le forme umane sono state create, non possono vivere senza anime. Giusto?

T: Giustissimo.

D: Cosa intendete fare al riguardo? Avete dei progetti?

T: In che modo un guscio assume l'anima-zione? (Sì) Dipende da quell'essenza individuale, quella che noi chiamiamo "anima" e spesso determinano anche il modo in cui un guscio si dispiega e si forma. Contribuiscono a creare la vibrazione di ogni guscio individuo.

D: Beh, dopo aver fatto tutto questo, rimanete sulla Terra o decidete di tornare indietro?

T: La maggior parte delle volte torniamo indietro. Lo facciamo sempre, alcuni sono "osservatori" e restano. Ma di solito con un inconsapevole accordo che fanno una cosa del genere. Nel mio caso, non sapevo che sarei rimasto indietro. Non me l'aspettavo. Ci fu un attacco e quelli che sono scappati sono riusciti a fuggire, ma non sono riusciti a tornare per cercare quelli che erano rimasti indietro. Questo è quello che credo sia successo.

D: Dimmi cos'è successo?

T: Ci sono stati alcuni primitivi, umani programmati, se vogliamo, umanoidi, e la loro programmazione divenne deframmentata e di hanno attaccato. Non capivano come usare la tecnologia che era stata lasciata in loco. Molti di noi sono fuggiti, ma io no.

Questo mi suonava familiare. Credo che sia lo stesso evento che Bartolomeo ha raccontato dei primi umani, nel mio libro L'Universo Convoluto, Libro Uno. Volevano le macchine miracolose e la tecnologia per se stessi. Ma dopo aver ucciso gli esseri creatori, scoprirono di non avere la conoscenza di come usare i dispositivi. Così il loro progresso si fermò e cominciarono a regredire.

D: Quindi lei è rimasto indietro?

T: Sì. Secondo la rotazione terrestre, per il tempo terrestre, nel tempo lineare, sono rimasto qui molto a lungo. In anni terrestri sono quasi eterno.

D: Non c'era modo di tornare indietro? (No) Come ti sentivi a riguardo?

T: Non mi è piaciuto affatto. Ho passato moltissimo tempo a contemplare la luce e a creare. Passando la maggior parte del tempo a respingere i primitivi. E poi non solo a respingerli, ma a cercare di educarli. Cercando di riprogrammarli in modo che la loro programmazione non fosse così dirompente. E al fine d'essere in grado di dar loro alcuni dei doni che ho. Ma non è sempre stato facile. Non si fidavano a causa della loro programmazione. La loro mancanza di fiducia creava attacchi. - Rese più facile non pensare da dove provenivo.

Era il momento di riportare la sessione a Tim, l'umano sul letto che stava condividendo tutto questo. "Ti rendi conto che ora stai parlando attraverso un corpo umano mentre parli con me? (Sì) "Il corpo che chiamiamo Tim?" (Sì) "È questa una delle forme che hai assunto quando sei rimasto?".

T: No. La mia forma fisica alla fine è morta molto tempo fa, ma in anni terrestri sarebbe inimmaginabile quanto tempo sia rimasta.

D: Sei rimasto sulla Terra e sei passato attraverso molte altre forme fisiche durante altre vite. Giusto?

T: Si, sono tornato qui dopo quella prima vita.

D: Così la tua essenza alla fine è entrata in Tim.

T: Esatto.

D: Perché hai deciso di entrare nel corpo fisico di Tim? Avevi un contratto o qualcosa del genere?

T: Ci sono molte cose che sono state lasciate incompiute, cose che dovevano essere finite - non solo completate - ma anche iniziate.

D: Quindi hai deciso di entrare nel corpo di Tim da bambino?

T: Sì. In realtà prima della formazione del suo corpo. Ho scelto la sua situazione e questo corpo, perché sapevo che sarebbe stato un corpo forte e lo è stato.

D: È un corpo che potresti usare per raggiungere i tuoi scopi? (Sì) Questo corpo ha accumulato del karma? Questa è una delle cose che ci chiedevamo, se aveva del karma che non aveva ripagato.

T: No, non necessariamente. Penso che gli umani stiano cercando di capire, ma la programmazione originaria è piuttosto limitativa. Una delle cose che potrebbe fare, se lo volesse, è semplicemente riscrivere la programmazione e questo è tutto ciò che è il karma. Non è, per usare il vernacolo, intensamente come gli umani vogliono usarlo. Penso che sia qualcosa che lui dovrebbe conoscere perché per qualche ragione, si è bevuto l'intensità delle credenze di qualcun'altro, credenze religiose.

D: Quindi ha il potere di creare. Può creare tutto ciò che vuole nella sua vita. Sai che è possibile, vero?

T: Assolutamente sì.

D: Ma ha dimenticato che può farlo.

T: Sì, parte del viaggio dell'essere umano è l'accordo dell'amnesia.

D: Immagino che altrimenti sarebbe troppo complicato. (Risata)

T: Non necessariamente. È solo programmazione e potremmo organizzarci diversamente. Ma rende più semplice il progetto originale.

D: Ma sarebbe possibile risvegliare questa capacità di creare?

T: Oh, assolutamente!

D: Perché ci sono molte cose che vuole fare nella sua vita.

T: Sì. C'è un senso di pericolo in cui si è immerso, in parte sulla base di alcune lezioni che ha dovuto attraversare.

D: Nelle altre vite?

T: Sì. Ma fa parte del presente e solo i coraggiosi e gli avventurosi possono far avanzare il processo. Lui è coraggioso e avventuroso, ma ha sicuramente paura in cuor suo di alcune di queste cose.

D: Non è il momento di risvegliare queste capacità?

T: Sì. Il tempismo è meraviglioso, ma ha alcune cose che vanno ben oltre ciò che la vostra storia registrata è in grado di spiegare. Alcune di queste cose potrebbero essere concepite come minacce.

D: Ma vuole crearsi una bella vita. Una buona carriera e non c'è nessuna minaccia in questo. Vuole solo una vita felice.

T: Pero, parte del suo contratto era di essere qualcosa di più. Credo che debba superare le sue paure. Sono la cosa più grande che mette il bastone fra le ruote agli esseri umani. Sarà al sicuro. È sempre preoccupato del pericolo. È sempre preoccupato di scoprire alcune di queste verità e di cosa potrebbe significare portarle avanti, ma non è necessariamente una cosa di cui deve preoccuparsi. Possiamo occuparcene noi. --Se passasse più tempo a contemplare la luce, la contatterebbe. In realtà lo chiamerebbe, ma ha difficoltà a credere che questo contatto avverrà. E non spetta a me dirglielo. Deve scoprirla da solo.

Era il momento di porre l'inevitabile domanda: "Qual è il mio scopo?" Tim aveva una carriera, ma sentiva di dover fare qualcos'altro. Voleva un consiglio. Gli era stato detto di molte possibilità che poteva perseguire. "Se si dedicasse a ciò che conosce nel suo cuore, potrebbe farsi strada nel vostro spazio e nel vostro tempo della vostra cultura". Se solo decidesse e fosse determinato che questo è ciò che vuole fare e che lo farà a prescindere dal resto, tutto il resto si dissolverebbe facilmente".

D: Ora si renderà conto che questa è un'altra parte di sé, che ha creato in passato. Può creare tutto ciò che vuole. Ha solo bisogno di fiducia, no?

T: Sì, c'è un aspetto su cui ho avuto difficoltà a lavorare nel mio tempo da creatore, dove credevo d'essere stato tradito e forzato a rimanere qui. Ma in realtà, era qualcosa che avevo accettato da una prospettiva superiore che in qualche modo non ricordavo. Pensavo di sapere tutto. Pensavo d'essere onnisciente. Era qualcosa, in qualche modo, che mi era sfuggito. E quando ero qui, in realtà ero l'ultimo della mia specie e ho passato molti anni terrestri qui da solo. E mi sono concentrato molto su quello che consideravo il tradimento d'essere lasciato qui. Ci sono voluti molti, molti anni per superare il tradimento e realizzare che in realtà era qualcosa che avevo prestabilito. Ho creato la mia realtà e Tim ricorda ancora quel tradimento e ha attirato un po' di tradimento nella sua vita attuale. Penso che abbia solo bisogno di concentrarsi su ciò che deve creare piuttosto che sulla paura o su ciò che non vuole creare. Invece di concentrarsi sul tradimento, dovrebbe concentrarsi sul fatto che l'ha creato per le lezioni che deve imparare. Può quindi andare avanti concentrandosi su ciò che vuole veramente piuttosto che su ciò che non vuole. Perché, come sappiamo entrambi, se ci si concentra su qualcosa, la si attira, che lo si voglia o no.

D: Questo fa parte della paura che sente nello stomaco?

T: Sì. In qualche modo crede che non dovrebbe usare quello che ha imparato in tempi antichi, perché in qualche modo non è corretto. Da qualche parte lungo la strada ha preso l'impegno di non usare le abilità che gli ci sono volute vite per imparare. Come se dovesse legarsi il braccio dietro la schiena per una specie di distintivo d'onore. Ha bisogno di slegare le braccia e di usare ogni risorsa a sua disposizione. --Non gli piace prendere decisioni. Ma se decide che può far funzionare qualcosa, può farla funzionare. Non c'è molto da drammatizzare, ma gli piace fare un gran dramma per quanto riguarda alcune di queste decisioni. E gli piace aspettare a lungo. Credo che sappia d'essere eterno in un certo senso, quando non è nel suo corpo fisico. Ma è in un altro e quindi tende ad aspettare un tempo terribilmente lungo prima di prendere decisioni. A volte gli fa bene, ma a volte no.

Chiesi al SC di guardare dentro il corpo di Tim per vedere se c'era qualcosa di cui dovevamo preoccuparci. Non aveva lamentele fisiche, ma ho pensato che non fa mai male controllare. Tuttavia, non riuscirono a trovare nulla di sbagliato. "È un bell'esemplare. Un buon guscio. Questi così non erano progettati per una lunga durata. Era una decisione del design iniziale. Possono essere programmati per durare molto più a lungo, di quanto si creda in questa era corrente. Potete creare il corpo che volete abitare."

Messaggio Finale per Tim: Conosce molto, ma più si conosce, più non si conosce. Ci sono certe cose che conoscerà se solo le perseguisse e a volte i fallimento più grande è di non fare assolutamente niente. Devo solo muoversi e farlo.

Capitolo 23

SEPARARSI DALLA SORGENTE

Quando Brenda scese dalla nuvola era notevolmente emotiva. Volevo ovviamente sapere cosa stava vedendo che le causava questo stato emotivo. Disse che era come un città, ma una che non aveva mai visto prima d'ora. Molto bello, bianco puro, con edifici molto lisci. Quasi luccicavano, come il marmo. Poi si è concentrata su un edificio che si trovava più in alto degli altri: "Bello". Molto fluido, senza spigoli, molto liscio". Non c'era vegetazione, solo questo edificio molto bianco, quasi come una perla. "È molto grande. Ora lo vedo da un punto di vista diverso. Ci sono due enormi colonne bianche davanti. Guardo dentro ed è un grande spazio aperto. Ha la forma di... --ha quasi la forma di una foglia appuntita ad entrambe le estremità-- un ovale! Bello, molto fluido. Il soffitto è una cupola aperta in cima, il che non ha senso. Architettonicamente, non so come starebbe in piedi". Poi si è trovata all'interno della stanza e ha visto luci tutt'intorno, quasi come sfere (orb).

Allora le ho chiesto di percepire se stessa. Lei sospirò: "È interessante. Non ho la sensazione di alzarmi o abbassarmi quando me lo chiedi. Non ho il senso di me stesso. Mi sento come se fossi in una sfera. Non capisco". L'ho incoraggiata a parlarne perché quando il cliente ne parla tutto diventa più chiaro. "Sono in una sfera di colore, è molto agile. Ci sono molti blu e verdi, alcuni gialli. E mi sento come se piccoli impulsi elettrici attraversassero il mio corpo. Non è spiacevole, ma mi sento come se non ci fosse né su né giù, quindi sono un po' disorientata. (Pausa) Vado da qualche parte, questo è un luogo dove si va per andare da qualche altra parte. È una stazione di trasporto. Si va lì e poi vai da qualche altra parte". A quel punto divenne emotiva e iniziò a piangere silenziosamente. Chiesi cosa stesse causando queste emozioni.

B: Non ne sono sicura. Non sono turbata; non sono spaventata o triste, è solo.... L'emozione è molto grande. Questo posto è solo un po' troppo. Tutto è in sfere; sono tutti delle sfere. La stanza in cui mi trovo non è una rotonda perfetta, è un ovale. Ora mi guardo intorno di più. Ai lati, ci sono molte di queste sfere. Sembrano quasi sfere di cristallo, ma sono molto fluide. Le sfere sono probabilmente di mezzo metro, forse un metro di diametro. Sono tutte intorno alla stanza, all'interno dello stesso piano. Continuano a spostarsi, quindi non ha senso per me, ma queste sfere sono come degli amplificatori. Sono una fonte di energia, o una fonte di potenza. Interessante, stanno cercando di essere molto gentili, tipo: "Ok, basta che guardi le sfere". --Ora questo luogo sembra diverso. Ha la stessa forma, ma il soffitto non è aperto. Non è più bianco, è una stanza più scura. Non che sia una cosa negativa, è solo che non è così illuminato. Così sembra più chiusa. E ci sono queste sfere luminose lungo tutto il perimetro della stanza, ovunque io guardi. Sono sullo stesso livello. E si irradiano tutte verso le altre e io sono nel mezzo. (Un respiro profondo.) È sicuramente una stazione di trasporto.

Stavo cercando di scoprire se c'era qualcuno al comando. C'era un modo per differenziare tutte queste sfere? Come sapere dove andare? Disse che non riusciva a distinguere nessuno. Poi un sussulto mentre aveva una rivelazione. Sussurrando disse: "Accidenti, è come se tu lo sapessi! È come se quando vieni qui e sei qui in piedi, allora ti sembra di essere già programmato". Il suo corpo cominciò a tremare: "Quando mi fai la domanda, sento una risposta nella mia mente, ma non riesco a vederli in questa stanza. Così, quando mi hai chiesto cosa dovevo fare, ho sentito: "Ti ci porteremo noi".

D: Chiedi loro dove dovrebbero portarti?

B: (Ad alta voce) Dove andiamo? (Pausa, e poi divenne emotiva.) Nel Sole! Il Sole non è esattamente quello che pensiamo che sia. In realtà si va nel mezzo e poi si esce dall'altra parte, non è il nostro

Sole. È il Sole di tutti i Soli. È il Sole centrale di tutti i Soli. (Piangeva delicatamente) È da dove tutti proveniamo. È casa!

D: Beh, se quella era casa, cosa ci fai in questo luogo?

B: Sono come delle stazioni esterne, le chiamano così. Si va alla stazione esterna.

D: E sei arrivata li da qualche altra parte?

B: Sì, dal Sole. E' come quando sei nel Sole, è come... una piscina. Bisogna venire alla stazione esterna per prendere forma.

D: Quindi quando lasciate il Sole e andate alla stazione esterna, siete solo queste sfere?

B: (Sussurra) Oh, mio Dio! Sì, è così perché non hai una forma. Io la vedevo nell'altra direzione. Ma sì, sì, è così. Quando sei nel sole non hai forma. È come fosse in tappe; quando esci non hai forma, quindi ci sono alcune cose che devi fare. È quasi come se ti conglomeri; ti unisci. (Disse tutto questo con un senso di sorpresa, di scoperta di qualcosa.) I pezzi si uniscono per creare una forma che ora sei diventato. E non si può fare tutto in una volta. È quasi come se fosse a tappe. Devi andare prima in questo unico luogo e poi si fonde. E poi vai.

D: Quindi quando sei in questa luce, questo Sole, non hai alcuna forma?

B: No, è come il mare. È divertente perché è molto luminoso, ma non è caldo. Ma si muove. Si potrebbe pensare che sia caotico, ma non lo è.

D: Hai detto che non è il Sole del nostro Sistema Solare.

B: No. E' il Sole di tutti i Soli.

Questo è il modo in cui molti dei miei clienti hanno descritto la Sorgente o Dio.

D: Allora perché lasciate questo posto per andare in queste stazioni esterne?

B: Perché vogliamo. (Rise) Bella domanda, perché vogliamo. È quasi come se fossimo dei bambini o qualcosa del genere. È molto luminoso e molto beatifico. Sì, è quasi come quando sei un bambino e vuoi andare ad esplorare. C'è così tanto entusiasmo a riguardo. Ti fa saltare il cuore come fossi un bambino. È un gioco, quindi vuoi andare a giocare.

D: E te lo lasciano fare? Ti lasciano andare via?

B: Non è nemmeno "lasciar andare". È così interessante perché quando dici "ti lasciano andare", è come se tutti decidessimo e ce ne andassimo. (Rise)

D: E poi vai alla stazione esterna e diventi questa sfera come tua prima forma?

B: In realtà, si comincia a prendere forma prima ancora di arrivare alla stazione esterna. È così interessante! Vedo il Sole e ci sono come queste bellissime dita di luce che escono fuori. E sono semplicemente bellissime! È come se queste dita di luce venissero fuori e poi cominciano ad unirsi in questa incredibile forma di colore in movimento. Allora arrivano a queste sfere di luce.

D: Poi finalmente formano una sfera.

B: Esattamente! Sì.

D: E poi sei lì, sulla stazione esterna e ti dicono che è ora di andare da qualche altra parte?

B: Esattamente. Ed è allora che l'energia inizia a...

Sembrava che stesse guardando qualcosa che trovava interessante. Il problema sarebbe stata la sua capacità di descriverlo.

B: La prima volta che si comincia a sentirsi separati. Un senso di sé. È così interessante. È strano. È quasi come se sentissi un senso di confine, mentre prima non sentivi nessun confine --c'era solo un senso onnipresenza. E poi ti senti quasi come i margini esterni di te stesso.

D: Cominciavi a sentirti separato?

B: Beh, perché ti senti più piccolo. (Rise) È così interessante perché non ho un senso di noi, o di te, o di me. Ma è quando il senso di sé inizia per la prima volta a sentire la propria identità. Però non è proprio vero, è un'illusione. È quando l'illusione ha inizio, ma è come uno strumento necessario che devi avere. Non mi sono mai sentito così prima d'ora. Quando sei nel Sole, ti senti come un bambino. È saggio --è la cosa più saggia che tu abbia mai provato in vita tua, ma anche la più gioiosa e innocente. È una combinazione di saggezza e innocenza e quindi è quasi un modo per proteggersi. È quasi come dire: "Mentre andate avanti, bambini, dovete avere un po' di protezione". E per farlo dovete avere un po' di senso di sé. Non ho idea di quanto tempo ci voglia, ma è un processo. Allora vai avanti e si comincia a sentire un senso di sé. Davvero, a me sembra la prima volta.

D: Quindi questo fa parte del processo prima che tu possa lasciare la stazione di trasporto.

B: Esattamente.

D: Poi puoi andare ad esplorare.

B: Puoi andare ovunque.

D: Sai dove andrai?

B: Dove mi trovo? In questo momento? Sono andato sulla Terra. Ho scelto la Terra. Ma non l'ho scelta per prima! --Sono andato in un posto blu. Blu? Oh, mio Dio! Non vedo il luogo. Dicono che sono andata in un posto blu per primo per accumulare conoscenza. Oh, è così interessante! Ci sono tutti questi diversi livelli in tutti questi posti diversi. E in realtà non ci sono livelli, ma il posto che ho scelto era molto fisico. Ma per andarci, c'erano alcune cose che dovevi sapere. Sono come degli strumenti. È come andare a scuola. E tutto quello che vedo quando gliel'ho chiesto è blu, come il pianeta blu. È un luogo fisico, ma non è un riferimento alla Terra. È il pianeta blu. Ho la sensazione dell'oceano.

Molti altri clienti mi hanno descritto di provenire da un bellissimo pianeta d'acqua, dove vissero le loro vite come diversi tipi di creature marine. Non avevano alcuna responsabilità e una tale libertà che non volevano andarsene.

B: Sto osservando come se stessi guardando un film. Non mi sembra di essere lì, mi sembra di osservare qualcosa. Non sento nessuna emozione legata a questo, ma vedo oceani, vedo balene e delfini. Respiro sott'acqua. Non mi sembra acqua, sembra più densa dell'acqua. Sembra una specie di medium. È molto fluido, è più pesante dell'aria, ma non è pesante come l'acqua. Non è fredda, è liscia, è come la seta e quando la guardi brilla un po'. Mi sento fluida e non sento la mia forma. Non mi sento come un delfino o una balena. Vedo delfini e balene. È strano, ma è quasi come se avessi un panno di seta e lo tirassi attraverso l'acqua, e' questo che sono. Ho un po' di sostanza. Sono un po' più densa di quello che mi circonda, ma faccio fatica a descrivermi. Non riesco a vedermi, ma mi sento molto fluido. E tutto è basato sul nuotare. Non c'è nulla che cammina su due gambe.

D: Non vedi nessuna terra? (No) Allora cosa devi fare in quel posto blu?

B: Quello che mi dicono è: "Sei codificato". Hanno usato la parola "codice". Codificato con cosa? Allora sento: "È tutto un passo nella creazione della forma". Devo essere codificata e devo essere codificata in un luogo fluido. Avviene tutto attraverso la vibrazione. Non hanno detto "vibrazione", hanno detto che è tutta "energia".

Cominciò ad avere difficoltà a trovare le parole giuste per descriverlo. Questa è una cosa comune. Le ho detto di fare del suo meglio.

B: Dicono che vengo codificata. E poi tutto è costruito a partire dal fluido. Man mano che si procede, si passa attraverso il luogo del fluido. E questo posto fluido è molto blu. E posso vedere forme che sembrano balene; ma non è proprio una balena, però gli assomigliano. E sento dei toni come quelli dei delfini. Ok, uno mi sta venendo incontro proprio ora e sta facendo rimbalzare i toni avanti e indietro. E mi stanno costruendo. Questa è una parola interessante per noi: costruito. Mi sembra molto clinico quando lo dico, ma non sono attaccata alla parola. È così interessante, è come se il mio corpo venisse costruito.

D: Fa parte della codifica di cui parlavi? (Esattamente.) Quindi devono prendere l'essenza che eri, in altre parole e poi trasformarla in qualcosa di più solido?

B: Esattamente! Ed è qui che me lo fanno. È lì che sono costruita o dove sono stata costruita. Il modo in cui lo vedo è così interessante perché è proprio una cosa basata sui fatti, come se fosse proprio così. Viene fatto tutto attraverso i toni, come se questi toni stessero venendo fuori.

Faceva fatica a spiegare quello che vedeva. Disse: "È così strano, sembra un film di fantascienza". A quanto pare stavano costruendo una forma umana, e lo fecero con i toni. Si vedeva con gli altri mentre uscivano dall'acqua come persone a grandezza naturale, non come piccoli neonati. Stavano uscendo dall'acqua come persone completamente sviluppate ed erano in molti. L'eccezione era che non avevano ancora tutti i loro "dettagli". Avevano tutti lo stesso aspetto, gambe, braccia, corpi, ma senza caratteristiche particolari. Ora li vedo maturare davanti ai miei occhi". Ora la gente sta ricevendo capelli e occhi. Vengono creati. --Eppure non vedo nessuno che lo faccia".

D: Quindi cosa farai con la forma una volta creata?

B: Ora riceviamo la conoscenza. Ora entriamo in questo --sembra più una struttura, non mi sembra più d'essere in natura. Ci sono delle persone, un edificio, anche se non lo riconosco. È un dato di fatto, e sì, è così che si fa. Si entra qui e --sembra che succeda molto velocemente ma non ho un senso del tempo.

D: Permettimi di farti una domanda prima di andare oltre. Perché hanno fatto apparire la tua forma come un umano? Poteva essere qualsiasi altra cosa, no?

B: Perché avevo scelto la Terra. Sì, poteva essere qualsiasi cosa.

D: Ma in questo caso tutti assomigliavano agli umani?

B: Questa è un'ottima domanda. Lasciami guardare davvero bene. Ho detto subito "umano" perché ha le stesse dimensioni e la stessa altezza --braccia, gambe, testa, torso. Ma no, non lo siamo. Sembra che potrebbe essere umano, ma non prendono forma come un umano. È il modo in cui sono fatti. Quindi sono fatti in modo diverso, come abbiamo visto. Non nascono come un umano, quindi non sono un umano. È interessante; è quasi come se fosse la forma migliore che si possa prendere per quello che si sta facendo --quello che stanno facendo loro.

D: Va bene. Quindi ora sei all'interno di questo edificio e hai detto che lì ottieni la conoscenza.

B: Sì. C'è un tavolo, ci sono dei documenti sul tavolo e persone sedute intorno al tavolo. È come se ci fossero dei piani o qualcosa sul tavolo, i documenti. E il tavolo è illuminato da sotto. E le persone che sto guardando assomigliano a... Sono tutti tipi di esseri diversi! Oh, wow! È interessante perché la forma basilare è umana -braccia, gambe, torso, testa, occhi- è la stessa per tutti. Ma ci sono alcune cose che sono diverse, quindi sai che non sono una forma umana. Come una persona, i loro occhi sono diversi; non ci sono palpebre, non ci sono ciglia. Ci sono diverse persone sedute attorno a questo tavolo; hanno dei vestiti addosso. È come se stessi osservando, mi viene mostrato tutto questo.

D: *Qual è il loro scopo con i documenti?*

B: È così strano, perché quando glielo chiedo-- beh, naturalmente! Lo sapete! Qui è dove preparano il piano. Il piano per dove andrai dopo. Ci sono sette di noi che sono appena entrati nella stanza.

D: *Siete in sette nel tuo gruppo?*

B: Esattamente! Siamo in sette ad uscire dall'acqua insieme. Ed ora si passa al prossimo posto. La cosa peggiore è che non vedo dove stiamo andando. (Sigh) Qui è dove si va e se ne parla. È come se le decisioni fossero già state prese ed è qui che te le presentano.

D: *Cosa ti hanno detto?*

B: Hanno detto che andrò sulla Terra.

D: *Sapevi cos'era la Terra?*

B: No. Mi sento molto strana perché... Logicamente non si passa da un luogo all'altro in questo posto. Sto guardando da una direzione e loro sono molto gentili con me, si vede. È come se dicessero: "All'interno della tua comprensione dobbiamo mostrartelo in questo modo, in modo che tu possa farti un'idea di quello che sta succedendo". Ok, quindi sono in una forma. E poi all'improvviso sono informe e non sono sicura di dove mi trovi.

D: *Puoi chiedergli perché devi andare sulla Terra? Perché quel posto?*

B: Stanno cercando di mostrarmelo in un modo che io possa capire. È quasi come se tutto vibrasse in armonia e si sprigionassero i colori. È come se vedessi le cose da lontano. Vedo molti pianeti. E la cosa strana è che non riconosco nemmeno il nostro. Come non riconosco Mercurio, Venere o il Sole. Ma vedo tutti questi pianeti ed è come un'orchestra: vibrano tutti in armonia. Ed è molto fluido, si muove. Così mi mostrano che tutto è in armonia. Poi quando guardo oltre e mi mostrano la Terra -- La Terra in questo momento è stonata. È come un pianoforte che ha bisogno di essere accordato. La Terra non è in tono, è diventata piatta.

D: *È stonata, non è in armonia con il resto. (Sì!) Allora è facilmente percepibile.*

B: Davvero! Quando la guardo da lontano è come se tutto fosse in armonia. Anche se non la sento, mi sembra quasi musicale. E' così! Mi sembra quasi che vibri, anche se non tutto vibra esattamente allo stesso modo. Però tutto è armonico come un'orchestra, tutti questi strumenti diversi sanno suonando. Suonano tutti la stessa melodia o la stessa canzone e sono tutti in armonia. (Si!) Quando mi hanno fatto rivolgere lo sguardo alla Terra - era come ascoltare l'orchestra più bella che avessi mai sentito in tutta la mia vita e se qualcuno fosse andato lì dentro e avesse iniziato a suonare un pianoforte strimpellato. Ti assicuro che si sentiva. Quindi si distingue. Si nota nell'orchestra del tutto, di tutte le galassie di tutto ciò che è mai stato: c'è un punto piatto. Ora ho visto --è strano perché continuo ad andare sempre più lontano, sempre più lontano, sempre più lontano, sempre più indietro nella mia prospettiva-- così come la vedo, nel nostro angolo di questo enorme spazio, la Terra è piatta. Non siamo l'unico posto che è piatto --ce ne sono altri molto lontani-- ma ora mi sto avvicinando. In tutti gli universi che ci sono vicini, la Terra è notevolmente....

D: Il principale che sta causando un problema.

B: Esattamente! È stonata. Fuori sintonia. Sembra così stridula. Quindi aiuteremo a riaccordarla.

D: Come ti senti a proposito di questo lavoro?

B: Entusiasta. L'altra cosa è che il risultato non è sicuro. Non sappiamo se ci riusciremo. In altri posti dove siamo già andati in passato, eravamo molto sicuri. Si può entrare: basta fare questo, questo, quello e quello, e tutto torna subito alla normalità. Ma ho appena avuto un flash che non siamo esattamente sicuri.

D: Quindi in altre vite hai già fatto cose del genere?

B: Sì. Siamo sintonizzatori.

D: Sapete come farete questo lavoro?

B: Vedo un colore. È tutto nel colore, è nella vibrazione del colore. --Siamo in tanti, io non sono l'unico. È un "noi". Oddio! Ce ne sono stati diversi prima di me, diversi dopo di me --è un "noi". Ora vedo la rete. È una coperta, è una ragnatela intorno alla Terra. Ed è come se ci fossero diversi strumenti. Sta tutto nella vibrazione. C'è bellezza nella sua semplicità. Non è così facile, ma è come se tutti potessero cantare. Questi toni, queste alte, bellissime, colorate vibrazioni di tono. Alcuni luoghi sembra che siano sotto il catrame, simile a fango denso. Non si tratta di pulire il catrame --stanno cercando di mostrarmi un'immagine, è un esempio.

Alcune persone si impigliano nel tentativo di pulirlo cercando di togliere il catrame --non è così che si fa. Ciò che è necessario fare è: entrare all'interno e cambiare la vibrazione e poi il catrame si trasforma. Non si tratta di pulirlo o spazzarlo via, ma di cambiarlo da una cosa ad un'altra.

D: Quindi stai andando sulla Terra. Entrerete in un corpo e come farete questi cambiamenti?

B: Cavolo, non ero in un corpo subito. --Sto vedendo la Terra e attorno alla Terra-- è diverso da come pensavo. È quasi come ci fosse un tessuto o una coperta. Ma non è pesante come una coperta. È tessuta, però, perché vedo che c'è ordine. Sembra una griglia o carta millimetrata, ma è fluida ed è intorno alla terra. E ci sono più di uno --ci sono molti strati di questo tessuto, o di questa sostanza che è attorno alla Terra. E mi vedo prima all'interno di questi strati. E all'interno di questi è quasi come se si staccassero degli imbuti. È come se ci fosse un grande tessuto sopra la superficie della Terra e c'è un imbuto che scende fino ad un punto sotto la Terra. E quando tutto è naturalmente sano e felice, appaiono su tutta la Terra in momenti diversi, in luoghi diversi. E sembra molto organico e molto fluido. E sembrano come dei pettini. Scendono e ci sono questi punti. Entrano nella Terra e in un certo senso, si riciclano. E' tutto in movimento. E la superficie della Terra sembra permeabile. Quindi ci sono alcuni punti sulla Terra che sono diventati duri. Sembra quasi morta; ho la sensazione di soffocamento.

D: Sono difficili da penetrare?

B: Sì! È proprio questa la parola giusta. È difficile da penetrare. E siccome è difficile da penetrare, ora dobbiamo scendere sottoterra, sotto la superficie e farlo in superficie. Non possiamo più farlo dall'alto. E ce ne sono molti, ce ne sono molti.

D: Come lo farete in superficie?

B: Si porta quell'energia --ok, ora lo vedo. Quando eravamo sopra la Terra, eravamo come punti di luce come amplificatori o attivatori. L'energia entra e arriva in questi punti di luce e poi si amplifica e viene diretta verso la Terra. Ora è necessario avvicinare quell'amplificazione alla Terra, quindi è più forte. Così quei punti di luce ora si sono spostati verso il basso sul pianeta, quindi ora diventerà più forte perché deve penetrare più a fondo. Quindi sta entrando nella Terra, in profondità sotto la superficie della Terra. Prima funzionava dall'alto. Non si può più farlo in questo modo, è troppo spesso. --Ci sono ancora l'isola delle persone, gli esseri che sono là fuori sulla griglia, ma alcuni di noi sono qui sul pianeta.

Volevo sapere se era consapevole di parlare attraverso un corpo umano fisico e con riluttanza riconobbe che a volte ne era consapevole. Così le ho chiesto quando ha deciso di entrare in un corpo fisico. Se stava facendo un lavoro così importante senza un corpo, perché era necessario?

B: Era stato fatto un accordo. Stavo guardando il corpo umano in cui mi trovo. E mi chiedevo: "Sono sempre stata in questo corpo umano? L'io che sta parlando non è sempre stato in questo corpo umano. Sono entrata più tardi. Era un accordo. Questo mi confonde un po'.

D: Vediamo se riusciamo a spiegarlo. Vuoi dire che l'io che sta parlando non è quello che è nato nel corpo?

B: No. Sono entrata dopo. (Pausa) Il linguaggio umano non è predisposto per questo.

D: Lo so. Mi è stato detto molte volte che la lingua non è sufficiente.

B: Mi hai chiesto se sono nato in questo corpo umano, e mi sento come se non lo fossi. Ma ne ho i ricordi. Ho ricordi fin dall'inizio. Non è che non ci fossero ricordi. Ma è come se non fosse necessario che io fossi qui fin dall'inizio di questo corpo umano. Sono arrivata dopo. Sono entrata quando la coscienza-È così interessante da guardare perché non è come se fossimo separati, ma è come se una parte di me non fosse così sviluppata. Poi mi sono chiesta perché non sono scesa prima, ma ero occupata da qualche altra parte. Quindi è quasi come se facessi scendere una parte di me. Perché "io" non ero necessaria quando ero una bambina o quando questo corpo era un infante. Avevo bisogno del corpo quando il corpo era più sviluppato.

D: L'altra parte era lì fin dalla fanciullezza?

B: Esattamente. Quindi è come se una parte di te venisse giù - e non voglio prenderla alla leggera. Non voglio farlo sembrare un robot. Ma la parte più sottosviluppata di te scende e impara tutte le lezioni dall'inizio e ha tutte quelle esperienze. È come quando si va da un medico - prima si va da un medico normale e poi si va dallo specialista. Capisci cosa intendo dire? Poi arriva la parte specialistica di te. E così la parte specialistica è la persona che sta parlando adesso, che è stata chiamata ad entrare perché è la parte specialistica che ha le capacità. Quindi "io" che sto parlando non sono nata in questo corpo, ma una parte di me sì. Quindi c'è questo accordo e tu in un certo senso ti unisci e poi diventi. Non è che ci siano due esseri in questo corpo. Non è affatto così.

D: È una fusione dei due.

B: Giusto. Fusione è una buona parola.

D: Quanti anni aveva il corpo quando è successo?

B: Dodici.

D: Quindi la fusione è avvenuta a dodici annù (Sì) È successo un incidente o qualcosa del genere in quel periodo?

Brenda ha cominciato a diventare emotiva. Quando questo accade so che abbiamo toccato qualcosa d'importante. Così l'ho gentilmente incoraggiata a parlarne e a dirmi cosa la preoccupava. Con un profondo sospiro, continuò:

B: L'ho fatto al contrario. Nella mia testa c'è un po' di confusione, perché la vedo da due punti di vista diversi. La vedo dal punto di vista del bambino che era nato. Questa parte non la capisco. È così interessante perché sto cercando di trovare l'io, ma non c'è nessun io. È come se stessi osservando da dove viene l'emozione. Ed è perché stavo lottando per definire l'io, ma non ci riuscivo. Poi ho fatto un po' di retromarcia ed ho osservato. Ho osservato Brenda da bambina a confronto con l'essere che era davvero uno dei custodi --non so se sia la parola giusta-- ma una persona che è venuta...

D: Era quella che vedeva come un'amica immaginaria?

Brenda ne aveva parlato durante il colloquio iniziale. Da bambina aveva un'amica immaginaria che per lei era molto reale. Questo non è insolito. Molti bambini li hanno e anche se sono invisibili a tutti gli altri, interagiscono con loro. Mia figlia maggiore ne aveva uno, insisteva persino perché le preparassi un posto a tavola e mi chiedeva di prenderle la mano quando attraversavamo la strada. Non l'ho incoraggiata né scoraggiata. Sapevo che per lei era reale. La chiamava "Julia", così quando è nata la mia seconda figlia, l'ho chiamata Julia perché ero così abituata a sentire quel nome. L'"amica" scomparve in quel periodo. Alcuni genitori ritengono che i loro figli stiano impazzendo quando parlano di (e con) un amico invisibile. Dico loro di non preoccuparsi, quello che sta succedendo è perfettamente naturale e l'"amico" alla fine scomparirà. Quando quello di Brenda se n'è andò, lei si senti molto sola e abbandonata. Questa era una delle sue domande. Voleva una spiegazione di ciò che stava accadendo quando era bambina.

B: Quando era piccola. Sì, ero una di loro. Gli esseri di luce.

D: Quindi è come un piccolo custode?

B: Esattamente! Ma era più di questo. Si trattava di tonificare il corpo. Molte delle forme umane, quando l'anima entra, non sono calibrate ad una velocità che possa effettivamente resistere all'entrata di un essere vibrazionale superiore. Così, quando il bambino è entrato, è stato calibrato fin dall'inizio. È quasi come se vedessi dei colpetti sui piedi, il che è così strano. È come se questi schemi vibrazionali fossero stati impressi in tutto il corpo, le ossa e il sistema cellulare, fin dall'inizio. Quindi è una calibrazione. I corpi sono scelti con molta attenzione per acquisire gli strumenti necessari per eseguire il lavoro in seguito. Così, quando l'anima entra --adesso la vedo direttamente-- cioè quando il custode scende. Lì c'è un po' di coscienza, ma non è la piena coscienza. L'essere di luce non è ancora nato dentro quel corpo. Lì c'è un'anima, sì, ma è solo un po' dell'anima. L'anima è un'anima enorme, ne entra solo una piccola parte, ed è in fase di preparazione. Viene plasmata e ne fa parte. Quindi non ero proprio io. Era parte di me, ma non era tutta me stessa. Così il custode è sceso --non un custode, ma un protettore-- un protettore è venuto giù e ha aiutato a preparare il corpo. Il corpo deve essere preparato per le vibrazioni più elevate, perché molte volte in passato quando abbiamo fatto questo, quando l'essere vibrazionale più elevato entra in un corpo, il corpo non riesce a farcela e va in corto circuito.

D: Ho già sentito dire che a volte il corpo, il bambino, muore.

B: È successo! Quindi stiamo molto attenti a calibrarlo e poi mettiamo il corpo in un posto --è quasi come se fosse annidato. Torniamo, controlliamo e ci assicuriamo che il corpo proceda come dovrebbe. E ci deve essere un certo tipo di mente. Gli impulsi elettrici nel cervello sono diversi. Ci sono più aree. Ho visto la parte posteriore del cervello, lì è diversa. All'inizio li c'è più attività. È come se gli impulsi elettrici fossero messi lì. Poi si osserva, quindi lo si fa progredire. Lentamente, cominciamo ad introdurre più luce. La vedo come una luce azzurra molto, molto leggera che viene portata nel corpo da diversi posti. I piedi. Sembra la clavicola. La parte posteriore del collo, la parte superiore della testa, la zona del terzo occhio, i punti sotto al naso interessante! I punti vicino alle orecchie. E così la luce viene portata gradualmente, lentamente col tempo. Si usano gli impulsi e ci sono anche diverse sequenze di simboli.

D: Come se ci fosse un'attivazione?

B: Sì, all'interno del corpo. Poi c'è un punto in cui tutto è deciso e quest'anima viene contattata ed interpellata. Non è separata quando dico che viene contattata, ma c'è un accordo che viene fatto per poter procedere. E poi entriamo in gioco noi.

D: Qual è l'accordo? Permettere all'altra parte di entrare?

B: Tipo: "Sei pronto? Ti sembra giusto?". Quando l'anima entra per la prima volta e quando facciamo l'accordo per la prima volta, tutto allineato. Quando un'anima inizia a svilupparsi sulla Terra, le cose cambiano. L'anima potrebbe aver scelto un'altra strada. L'anima potrebbe voler andare da qualche altra parte. L'anima potrebbe non volerci andare più, quindi dobbiamo chiederglielo di nuovo. A volte quei contratti si rompono, a volte succede qualcosa d'imprevisto nella vita. La Terra è come un Jolly --non si sa mai cosa succederà quando si arriva qui.

D: E hanno il libero arbitrio.

B: Hanno il libero arbitrio, quindi può accadere qualsiasi cosa. Così torniamo, parliamo e chiediamo se è ancora opportuno; se sono ancora d'accordo.

Molto di questi concetti sono stati spiegati nel mio libro Le tre Ondate di Volontari. Parte del salvataggio della razza umana da se stessa, è stato l'ingresso di anime nuove e pure nei corpi umani. Anime che non avevano mai conosciuto o accumulato karma e che quindi non erano bloccate. Questo può essere in relazione con le esperienze di ET che molti ritengono essere negative. Le nuove anime hanno un'energia totalmente estranea all'esperienza umana, quindi non possono entrare in una sola volta. Quando ci hanno provato in passato, il risultato è stato all'aborto del feto. Quindi doveva essere fatto più lentamente, ad intervalli graduali, in modo che il corpo potesse adattarsi prima che il resto dell'energia arrivasse in seguito. Questo spiegherebbe le ripetute visite di ET, extraterrestri, perché il loro compito è quello di continuare a monitorare i corpi e controllarli per vedere se tutto funziona correttamente. Così gli impianti o i monitor sono stati inseriti nel corpo per tenere la persona sott'occhio. Questo spiega anche la diminuzione delle segnalazioni di rapimenti, perché il lavoro è ormai terminato. Le anime sono entrate (le 3 ondate che ho scoperto) e ora ce ne sono abbastanza sulla Terra per portare a termine il lavoro, quindi non ce n'è più bisogno. La maggior parte dei casi di rapimento di cui si sente parlare, sono avvenuti diversi anni fa. Oppure si tratta di controlli di routine che vengono eseguiti per assicurarsi che il corpo funzioni correttamente in questo strano e spesso ostile ambiente.

Questo spiegherebbe anche il programma di ibridazione che in molti hanno descritto come negativo. La produzione di corpi o ricettacoli senza danni che sarebbero ricettivi all'alta energia delle anime in arrivo. Una combinazione di geni, ma soprattutto una fusione delle energie affinché l'anima possa vivere nel corpo. È sorprendente che molte delle persone con cui lavoro dicano di non sentire di appartenere a questo posto, che questa non è la loro casa. Poi, mentre sono in trance, si rivelano essere o un principiante venuto direttamente dalla Sorgente, o un essere di energia o luce che non è mai stato in un corpo umano prima d'ora.

(Continuando)

D: Questo è ciò che è successo quando ha avuto quell'esperienza all'età di circa 10 o 12 anni? (Aveva delle visite di notte nella sua stanza che pensava fossero legate all'ET).

B: In quel momento la mente umana non lo sa. La mente umana non ne è pienamente consapevole in quel momento. In quella fase della sua vita non era pronta a ricevere queste informazioni. Adesso abbiamo portato tutto ciò che potevamo per metterla a suo agio. E le abbiamo riportato l'amica che conosceva quando era più giovane.

D: Durante l'esperienza ha detto di ricordarsi di non potersi muovere.

B: Sì, è interessante. Lo facciamo il più dolcemente possibile e molte volte lo facciamo quando la persona dorme. Lei però era sveglia, che è il modo in cui doveva succedere. Era abbastanza sviluppata da poter sopportare tutto questo. È successo nel modo in cui doveva essere. È quasi come un'anestesia, si mette la persona fuori combattimento in modo che non possa muoversi. Ma è una cosa piacevole e ne escono senza che se ne ricordino. Oppure si ricorda di un bel sogno, o qualcosa del genere. Non deve essere un posto spaventoso. Aveva una mente molto forte e testarda, così quando ha iniziato ad accadere, ha scelto di restare sveglia.

D: A volte le persone lo percepiscono come qualcosa di negativo.

B: Sì, perché dal punto di vista di un bambino non riusciva a muoversi e la cosa sembrava invasiva. Ma non lo era.

D: Disse che sembrava come se stessero facendo delle cose al suo corpo fisico.

B: Beh, fu così. L'essere di luce si stava muovendo. Era come una calibrazione finale. Non quella finale, ma quella che deve essere fatta prima che l'altra energia entri. Ci sono alcune cose che devono essere fatte per prepararsi.

D: Ciò che percepì come entità intorno a lei --sono loro che l'hanno aiutata in tutto questo?

B: Sì. E vennero messe in una forma che lei poteva comprendere in quel momento.

D: Perché sai che qui sulla Terra si parla di ET. La gente non capisce cosa siano.

B: No, ma adesso lo vedo.

D: Fa parte del loro lavoro aiutare in tutto questo processo?

B: Sì. Uno di loro è molto bravo in quello che fa, riesce a sentire il corpo. Sente il corpo e lo porta in perfetta calibrazione e allineamento con la luce che si muove. L'essere di luce entra nel corpo umano, così quando il corpo umano si sveglia al mattino, non si accorgerà nemmeno della differenza. È una perfetta fusione armonica.

D: Eccetto il fatto che sentono di dover avere qualcosa da fare.

B: Sì, perché è allora che comincia a fare effetto.

D: Ci sono molte persone che ricordano esperienze come questa e le percepiscono come negative. Non capiscono cosa sta succedendo.

B: La Terra è un luogo molto negativo. Non sempre --non deve esserlo. Ma è più difficile rimanere nel positivo, soprattutto per i molto --non voglio usare la parola "potenti"-- ma per quelli che sono sensibili. Se c'è un luogo di confusione e si connettono ad un flusso d'energia, dato che ci sono così tanti flussi negativi che sono così potenti, è facile allinearsi a quel flusso di pensiero. Dobbiamo consapevolmente raggiungere il flusso di luce, quello dell'amore, perché qui sulla Terra l'automatico è la paura.

D: Quindi ciò che percepiscono come negativo non lo è veramente.

B: Giusto. Esattamente.

D: C'è qualcosa di più, ed è un accordo che la persona fa prima di entrare.

B: Fa tutto parte di questo ed è tutto molto buono.

D: Ci sono molte persone con cui ho lavorato che hanno detto di sentirsi violate. Si sentono come se gli fosse fatto qualcosa senza il loro permesso.

B: No, non è affatto così. Avevano gia' dato il loro permesso. È un dispositivo di protezione per un bambino. Non mostreresti ai dei bambini un film orribile, perché non lo capirebbero - non saprebbero che non è reale. Li proteggi. Gli mostri i film della Disney. E poi quando hanno 16 o 17 anni, possono vederlo perché possono capire che non è reale. E così ci sono certe cose che vengono messe in atto come protezione.

D: Va bene. Ma ora la fusione è avvenuta e questo essere di luce è dentro di lei, vero? (Sì)

Brenda aveva notato che le sue capacità psichiche si stavano risvegliando. Cominciava a capire chi è. Questa era una delle cose che voleva sapere. "Ci è voluto molto tempo, vero?"

B: Sì. C'erano molte cose che dovevano essere fatte prima.

Naturalmente, un'altra delle sue domande riguardava il suo scopo. Cosa avrebbe dovuto fare della sua vita? Qual era il piano?

B: È la Terra. Deve portare la vibrazione più alta e ancorarla alla Terra. È codificata per farlo. Ce l'ha dentro.

D: È per questo che mentalmente le sono state date le informazioni sui cristalli?

B: Sì, l'aiutano. I cristalli amplificano e facilitano il lavoro. I cristalli sono un tutt'uno con lei; i cristalli la ascoltano e lei ascolta i cristalli. I cristalli sono vivi; i cristalli sono un'altra forza. È un mondo completamente diverso. È un campo di forza completamente diverso che deve essere usato. È qui intorno a questo pianeta da sempre. I cristalli sono una forza energetica che va oltre la vostra più sfrenata immaginazione. Non sapete come usarli, l'avete dimenticato. In realtà, quell'energia vi è stata tolta. Altre civiltà hanno abusato di quel potere, quindi è stato portato via.

D: Quindi ora dobbiamo recuperare la conoscenza.

B: Molti dei cristalli stanno dormendo. Alcuni dei cristalli di questo pianeta sono ancora attivi. Ma possono essere risvegliati e sono destinati ad esserlo. E si risvegliano attraverso la vibrazione. La vibrazione può essere prodotta in molti modi diversi. Può essere fatta concentrandosi sull'intento e lei sa come farlo. Raggiungendo quelle griglie che hanno molti livelli - non ce n'è solo uno. Lei ne ha visto solo uno. Ci sono molti, molti strati di questi campi d'energia intorno alla Terra. Quello che lei deve raggiungere è il più lontano --è quello viola. Deve ricordarsi di lavorare con quello viola. Ha lavorato con quello verde. Naturalmente, il bianco è sempre lì, ma quello viola è di trasformazione. E quando lo porti dentro, risuona perfino con le ossa del tuo corpo. Allora inizia uno schema vibrazionale che viene poi diretto verso la Terra e risveglia le pietre addormentate.

D: Nel mio lavoro mi è stato detto che anche il corpo è in parte cristallino.

B: I vostri insegnanti qui direbbero che il cuore è cristallino, il che è vero. Ma tutto il corpo è cristallino.

D: Per questo vibra, come hai detto prima?

B: Esattamente. Ecco perché bisogna darle di più.

D: Ma il suo cammino è quello di lavorare con le pietre che aiutano le vibrazioni della Terra.

B: Esatto. Ci saranno altri che l'aiuteranno. Mentre lei lavora con la Terra, inizierà a cambiare la vibrazione e le persone diventeranno disorientate. È interessante, se si dà un lavoro alle persone, se si dice loro di aiutare ad elevare la vibrazione della Terra, se si dice loro di farlo, non possono fare a meno di elevare la vibrazione dentro di loro. Quindi è importante sapere che alcune persone non lo faranno per loro stessi. Invece di dire: "Posso aiutarvi ad aumentare le vostre vibrazioni", potreste riunire le persone e dire: "Abbiamo davvero bisogno di andare a guarire il pianeta laggiù". E poi, facendolo, le persone aiutano ad aumentare le loro vibrazioni.

D: Hai detto che questo può causare disorientamento?

B: Non con le persone che fanno questo lavoro. Quando la vibrazione della Terra comincia a salire, tutto comincia a cambiare. Quindi per le persone che sono disorientate, che non sanno cosa fare, non sono in risonanza, non sono sullo stesso piano quando dici che devi alzare la vibrazione dentro di loro, chiedi loro di aiutare gli altri. Perché se aiutano gli altri in qualche modo - se aiutano un animale, se guariscono una pianta, se si sentono come se stessero aiutando gli altri, o aiutando il pianeta, allora la loro vibrazione aumenta. È abbastanza semplice: il suo obiettivo principale è quello di riunire le persone per dirigere la vibrazione verso la Terra dove non potrebbe più passare.

D: Stava lavorando con la guarigione.

B: Questa è una barra laterale. Quando riunisce gruppi più grandi per portare quell'energia dentro la Terra, è molto più forte rispetto ad persona da sola. Se una o due persone come nucleo ne portano altre dentro, si amplifica ancora di più.

D: Possono aiutare con l'energia combinata.

B: Sì. Tutti hanno qualcosa da condividere e l'energia di ognuno è un po' diversa. Quindi, quando si uniscono, è come un'orchestra. Ed è semplicemente bellissima. E quindi l'orchestra, tutti i pezzi si uniscono perché ognuno aggiunge la propria parte unica. Quindi, in realtà, più ce n'è, meglio è.

D: E vogliamo riportare la Terra in armonia.

B: Esatto. Va in entrambe le direzioni. E come lo fai in te stesso, all'interno della tua famiglia, o all'interno del tuo gruppo, poi lo fai per la Terra ed esce nell'Universo. Fa tutto parte del progetto.

D: Tutto influisce su tutto il resto. Le cose stanno davvero accelerando. Sempre più persone si stanno risvegliando alle loro capacità, vero?

B: Non c'è altro modo. Devono farlo, questo è il momento. Non è più il tempo delle cicale. Quando ci veniva dato un po' di tempo. Adesso è il momento.

D: Ho lavorato molto con quelli che chiamiamo UFO ed ET, ma le cose stanno diventando più complicato di quanto si pensi.

B: Oh, c'è molto di più. Sono qui da sempre. Fanno parte dell'evoluzione di questo pianeta da sempre.

D: Quindi, quando le persone hanno queste esperienze, quello è il momento in cui vengono attivate.

B: Sì, esattamente. Il corpo deve essere calibrato ad un livello vibrazionale più alto, in modo che le altre energie possano entrare e lavorare attraverso di loro.

D: Mi è stato detto che coloro che non si sentono a proprio agio, semplicemente li liberate dal programma.

B: Oh, esattamente. Grazie al libero arbitrio di questo pianeta possono fare delle scelte in gioventù e intraprendere un percorso completamente diverso. E questo è perfettamente accettabile. E poi vengono liberati dal contratto. E va bene.

D: Perché alcuni di loro dicono che sia troppo negativo e vogliono uscirne.

B: Si mettono in quel flusso di pensieri negativi o di paura --e a volte questo fa parte del loro percorso.

D: Questo è quello che mi è stato detto. Non vuoi comunque quel tipo di persone nel programma e puoi liberarle se vogliono uscire.

B: Esattamente. In qualsiasi momento, sì.

Capitolo 24

TROPPO E TROPPO PRESTO

Quando Tanya scese dalla nuvola ebbe la sensazione di essere in pieno spazio perché non c'era altro che il vuoto. Non era spiacevole, però non riusciva a vedere nulla. Decise di andare verso il basso invece di uscire ed inoltrarsi nello spazio. Sembrava non esserci alcuna differenza fino a quando improvvisamente non sentì di non potersi più muovere. "Vorrei dire che sono in una specie di capsula. Non so dove mi trovo, ma sono racchiusa in qualcosa. --Non ho un corpo. Non riesco a avanzare, né in alto, né in basso. Sono tutte queste macchioline scure. --Mi sento come se non fossi nato. Non ha alcun senso. --Non ho ancora deciso cosa voglio essere. --Mi sento come se fossi dentro qualcosa, ma è qualcosa di cui faccio parte o che ho fatto e... non so cosa voglio essere, quindi non ho una direzione".

D: Vuoi dire che nessuno ti ha detto cosa devi fare, dove andare o altro?

T: Capisco la tua domanda, ma non sento nessun altro che mi parli o mi dica qualcosa. Dipende solo da me.

D: Quindi hai la scelta? Puoi fare tutto quello che vuoi? È questo che intendi? (Sì) Questo è importante. Molte persone non hanno scelta. Devono fare quello che gli viene detto.

T: Ho fatto tutto questo. Ho pagato i miei debiti. Ora ho delle scelte che posso fare da solo. --Ora non so cosa farò.

D: Come ti vedi?

T: Sono un punto di un qualche tipo d'energia o di processo mentale... perché sto pensando. Non ho nessuna caratteristica fisica. Sono solo circondata da questa massa di cose con cui lavorare. --Ma sono bloccato. Non so cosa voglio fare. Non so in che direzione andare. (Frustrata)

D: Vuoi fare qualcosa di diverso o qualcosa che non hai mai fatto prima?

T: Sì. Qualcosa di più di quello che ho fatto prima... qualcosa che ha più significato. L'altra volta era qualcosa che dovevo fare. Ora voglio fare qualcosa al di fuori di me stessa. (Piangendo) Non so come spiegarlo.

D: Le altre erano come dei compiti che dovevi fare?

T: Sì. Finire il materiale o finire i lavori che non avevo terminato. Ho fatto quasi tutto, sì, credo di aver finito tutte le basi. (Sussurrando e piangendo.) Eppure ci sono ancora delle cose da fare. --Non so proprio cosa voglio fare.

D: Hai qualche idea, qualche opzione a cui pensare?

T: Sì, ma se faccio quello che voglio fare, influirei su così tante persone. --C'è più luce. Non è più così buio.

D: Cosa vorresti fare che influenzerebbe così tante persone?

T: Voglio far parte del cambiamento. Parte dell'influenza... il cambiamento per il meglio. Voglio tornare, per questo ha a che fare con un ciclo. Voglio essere presente all'inizio del nuovo ciclo e farne parte.

D: Qualcuno ti ha detto che sta arrivando o lo sai e basta?

T: Entrambe le cose. Me l'hanno detto e ora lo sento. La fine del ciclo... l'inizio di un nuovo ciclo un tipo completamente nuovo di vita.

D: Sembra davvero fantastico... davvero grande. Hanno detto perché il ciclo doveva finire?

T: Come tutte le cose doveva finire. Quando le cose sono vissute, sono vissute. Si tratta della fine e un nuovo ciclo sta per iniziare. Le cose non restano mai le stesse. Sono sempre in cambiamento, ma questo è un enorme cambiamento. Si tratta di cicli, dentro a cicli, dentro a cicli, dentro a cicli.

D: Diversi dagli altri?

T: Diverso per questo posto.

D: Di quale posto stiamo parlando?

T: Per la Terra.

D: Quindi i cicli sono avvenuti per altri luoghi, ma questo è un grande passo per questa zona?

T: Sì. Qui sono successe tantissime cose. Io ne ho vissute alcune. Avevo aiutato. Sono passata attraversato diverse fasi. Conosci le fasi... eppure, ho paura di come potrebbe finire. Non è ancora pronta per finire, ma c'è quasi. Il ciclo non è completo e non è finito con quello che dovrebbe fare e molto dipende da questo. Le persone devono cambiare e io voglio farne parte. Voglio aiutare con il cambiamento e questo mi spaventa.

D: Perché ti spaventa?

T: Perché, può essere che non sia brava a farlo?

D: Penso che se vuoi qualcosa così tanto, sarai brava a farlo. Tu hai il desiderio, non è vero? (Piangendo: Sì.) Hai detto di aver attraversato altre fasi?

T: Sì e le ho mandate a puttane... scusa il linguaggio.

D: Che cosa è successo? Raccontami.

T: Il ciclo di questo pianeta. Sono stata aggressiva nei miei desideri di cambiare le cose troppo velocemente, ed è lì che mi trovo adesso. Ho paura di essere troppo aggressiva, eppure mi sento frustrata.

D: Cosa facevi allora?

T: Ho introdotto certe cose troppo velocemente. Introdussi cambiamenti nel pensiero... cambiamenti biologici.

D: In che periodo di tempo?

T: Quando la vita era giovane. Era diversa da quella attuale. Ci sono così tanti momenti diversi che non riesco a ricordarli tutti. -- Pensieri... perché si poteva influenzare il pensiero in quel periodo di tempo. Ero diversa da adesso. Voglio dire che era una sostanza lattiginosa. Un pensiero era come una sostanza lattiginosa. Era più facile da influenzare. Era unito... era una sostanza lattiginosa. Riesci a capirmi? (Irritata con se stessa.) Vedi, le cose visivamente non erano come sono ora. Oggi ci sono angoli, punte taglienti, punti neri e i processi di pensiero sono semplicemente terribili. Fa così tante cose terribili. Non è puro come era una volta.

D: Con le sostanze lattiginose scorreva tutto liscio?

T: Sì, di per sé, era più completo. Non era individualizzato. Processi di pensiero... individuali. Eravamo individuali come individui. Vedi te stesso come un individuo, non tanto come un giocatore di squadra. Tu eri tu.

D: Non erano ancora pronti a capirlo?

T: No. Rabbia. Era la rabbia tra di loro. Emozioni che non facevano parte di ciò che avevano all'inizio. Il cambiamento è stato un po' troppo brusco.

D: Intende dire che hai introdotto un nuovo modo di pensare per il quale non erano pronti?

T: Sì. Non ero solo io. Ero con un gruppo, ma ero sempre io, perché facevo parte del gruppo. Questo li ha resi consapevoli di cose di cui prima non erano consapevoli. Un po' come Adamo ed Eva. Improvvisamente erano consapevoli delle differenze. Volevo che fossero pronti. Volevo che si muovessero. Volevo dire che li avevo aiutati, ma era troppo presto. La rabbia non era qualcosa che avevano prima. Ci sono stati degli abusi. Non si è dissipata. Si è trasformata in qualcosa di peggio. Cominciarono a farsi del male a vicenda. Avremmo dovuto sapere che non erano pronti.

D: Come potevi saperlo?

T: Perché eravamo molto più avanzati di loro. Per lo meno è così che ci vedevamo.

D: Non sapevate come le persone e la natura umana avrebbero reagito. Lo avete fatto con buone intenzioni.

T: Sì, ma c'era lo stesso del male, ora capisco. Questo era quello che volevamo fare. Non ci abbiamo pensato abbastanza. Non siamo stati abbastanza premurosi.

D: Eravate fisici allora?

T: Non siamo scesi in quel momento. Eravamo in uno stato mentale. Eravamo fisici, ma non siamo scesi. E' stata un'influenza del nostro stato mentale. Siamo scesi più tardi.

D: Quindi avete deciso di fermarvi perché la cosa vi stava sfuggendo di mano?

T: Sì, ma era già troppo tardi. Non potevamo tornare indietro e col tempo la situazione si è aggravata.

D: Quindi nessuno vi ha puniti o vi ha detto che non avreste dovuto farlo?

T: Si viene puniti, in un certo senso. Voglio dire, quando sai di aver causato qualcosa, ed è ancora lì. Nessuno doveva puntare il dito e dire: "Guarda cosa hai fatto". Sai cosa hai fatto. Ma devi ancora rimediare ai tuoi errori. Se fai due più due e ancora ti risulta cinque, devi correggere.

D: Hai detto che in un altro momento siete scesi?

T: Più tardi. È stato più tardi. Credo in anni terrestri sia stato molto tempo dopo, ma non siamo tornati giù.

D: Tu e quello stesso gruppo?

T: Sì. Quella volta ci siamo mescolati a loro così com'eravamo. Fisicamente, sì. Era tempo per loro di accettare e potevano accettare, così siamo scesi in quello stato. La vita era diversa quando era il tempo di nuvole lattiginose. Non era la stessa cosa. Era fisica, ma non era così fisica. Era uno stato leggermente alterato. Non riesco a spiegarlo. --Quando sono scesa, era tutto diverso dall'altra volta. Questa volta il mondo era anche più fisico, non che prima non lo fossero. (Frustrata.)

Penso che volesse dire che era più solido.

D: Hai fatto di nuovo degli errori?

T: Sì. Mi sono fatta coinvolgere fisicamente. --Sesso.

D: Perché l'hai fatto?

T: Perché si fa mai qualcosa? Non pensi correttamente.

D: Volevi fare qualcosa che non avevi mai provato prima?

T: Sì, ma non era la cosa giusta da fare. Non era il momento. E non era appropriato. Non era giusto.

D: Il resto del gruppo ha fatto la stessa cosa?

T: Alcuni, ma non tutti, no. La maggior parte di loro non lo fece. Penso che tre di noi dovettero rimanere. Non so dove siano gli altri due.

D: Perché ti hanno fatto restare?

T: Perché non potevo tornare indietro. Nel farlo ho cambiato la mia vibrazione... facendomi coinvolgere. Perché ho interagito con le persone, ora fanno parte della mia vibrazione.

D: Oh, ora capisco. Hanno abbassato la tua vibrazione perché erano più densi? (Sì) Dovevi aiutarli in modo diverso.

T: Sì. Dimostrando, mostrando loro le cose, insegnando. Lo stavo facevo, ma poi mi sono fatta coinvolgere troppo.

D: Allora, cosa è successo in quella vita? Sei rimasta lì?

T: Ci sono rimasta e alla fine sono stata uccisa. Qualcuno divenne geloso. Non lo so esattamente. Non ricordo bene, ma qualcuno divenne geloso e mi uccise. Ma è andata bene così. Era ora di andarsene.

D: Ma tutti fanno degli errori. Nessuno è perfetto. È così che impariamo. --Hai detto che volevi aiutare la gente?

T: Questo cambiamento che sta arrivando. Ci sarà un cambiamento. Molto dipenderà da quanto le persone sono cambiate internamente. Potrebbe essere un cambiamento enorme per molte, molte persone, o potrebbe essere un cambiamento solo per poche persone. E gli altri non saprebbero che tutto questo è successo perché non ne sono consapevoli. Ecco perché è così importante che più persone ne siano consapevoli.

D: Hanno tutti il loro libero arbitrio, quindi è per questo che può influenzare tutti in modo diverso?

T: Esatto. Immagino che io sia solo preoccupata di non conoscere il modo giusto di farlo. Voglio che qualcuno mi aiuti. A dire il vero c'è moltissimo che potrei fare o per lo meno penso di poterlo fare. Desidero solo avere qualcuno con cui farlo.

D: Hai vissuto altre vite come un essere umano?

T: Oh, moltissime.

D: In queste altre vite, hai vissuto una vita normale?

T: Normale in sostanza. Alcune vite sono molto buone. Altre vite molto riparate. Altre vite erano appena tirate dentro e non volevo parlare con nessuno.

D: Quindi hai dovuto sperimentare molte cose. Non sei sempre stata in una posizione in cui potevi influenzare drammaticamente le persone. (No) Così, quando hai fatto quell'errore, hai dovuto continuare a tornare sulla Terra in corpi fisici.

T: Infatti... abbastanza spesso in periodi di tempo diversi.

D: Ma ora ti stai preparando per qualcosa di molto importante. Pensi d'essere pronta a fare una cosa del genere?

T: Voglio essere pronta. Ho sempre voluto farlo da sola fino a poco tempo fa. Ora non lo so. Sento di aver bisogno di qualcuno con cui confrontarmi. Qualcuno con cui posso lavorare, in modo da scoprire se pensano che abbia un senso o a un certo punto che lavorino e lo facciano con me.

D: Puoi chiedere a qualcuno se può venire a parlare con te prima di prendere una decisione?

T: Ho chiesto a qualcuno, ma non so il suo nome. È con me da molto tempo. Lo conosco, ma non lo conosco. Non vedo un volto su di lui, ma sento una presenza.

D: Cosa gli chiedi?

T: Che diventi fisico... che scenda. Ho passato tutta la mia vita a parlare nella mia testa... parlando e non ottenendo risposte in quel modo. Voglio qualcuno con cui mi possa relazionare. --Lui verrà? Non mi importa come lo farà, basta che scenda a parlare e stia con me.

D: Così non sarai sola. (Sì) Ti hanno detto come devi influenzare le persone o come dovevi aiutare con questo cambiamento?

T: Solo essendo me stessa. Credo d'aver pensato che sarebbe stato più complicato. Pensano che io possa farcela.

D: Quindi la cosa principale è di trovarsi sulla Terra quando tutto questo sta accadendo? (Sì) Hai detto che ci sarebbero state molte persone che sarebbero andate in una direzione diversa.

T: Dipende da dove si è sintonizzati. Che cosa vuoi? Dove sei sintonizzato? Chi credi di essere? Tutte queste cose sono domande che ti porteranno dove stai andando. Se capisci tutte le cose che ci sono là fuori e tutte le cose che sei. Ma la gente sembra che ancora non capisca. Sono ancora chiusi. Non puoi farli capire. Non importa cosa fai, non puoi fargliela capire.

D: Se dovessi parlare con loro, cosa gli diresti che dovrebbero vedere?

T: Che non sono fisici. Non sono chi pensano di essere quando si guardano allo specchio. Che sono qualsiasi cosa che immaginano di essere. Che sono parte di una vita completamente diversa da quella che la Terra gli presenta. Così individualizzati, così separati, così divisi. Devi andarci, ma dovete anche tornare indietro. Non tornano indietro dove dovrebbero essere. Rimangono individualizzati. Pensano d'essere un individuo, quando tornano insieme. Non riesco a spiegarlo.

D: Si vedono come un individuo.

T: Tagliati fuori. È così che mi sento anch'io, perché mi sento tagliata fuori da quello che dovrei fare. Quindi anch'io ho ancora quella parte in me.

D: Quindi tu dovresti mostrare alle persone che non sono individui?

T: È quello che voglio fare. Che facciamo tutti parte del tutto. Non so come farcela.

D: Allora come sei venuta sulla Terra per fare questo cambiamento?

T: Ricordo d'essere venuta qui per un periodo molto breve. Credo d'esser stata nel corpo di un uomo in Inghilterra. Lavoro molto dall'altra parte quando muoiono, ma hanno idee così fisse e a volte ci vuole molto tempo prima che si rendano conto di dove si trovano. È stato in tempo di guerra... sono morti in tanti. La confusione ti rende più pauroso quando si muore. Rende più difficile trovare se stessi. Il guscio è spento, la paura è così spessa e pesante che è difficile per loro scoprire chi sono. E ci vuole molto tempo dall'altra parte per andare oltre. Ho pensato che forse avrei potuto aiutare da questo lato e così ho fatto. Ho preso un corpo per, non so, tre mesi. L'anima originale aveva deciso di lasciarlo e di non tenerlo più. Non poteva sopportare la morte. Non gli piaceva vedere la morte. Questo è quello che volevo fare. Volevo vedere se potevo fare la differenza da questo lato prima che morissero. E alcuni sì, altri no, così sono tornata indietro. Sono tornato indietro e sono venuto qui come persona fisica per continuare. --Volevo essere una specie di luce o un aiuto o un interprete. Non sapevo esattamente come avrei fatto, ma volevo essere qui per i cambiamenti.

D: È stato allora che hai deciso di entrare nel corpo che è diventato Tonya? (Sì) Quella volta sei venuta da bambina.

T: Sì. I miei genitori erano brave persone. Erano persone gentili. Mi davano lo spazio di cui avevo bisogno. L'opportunità era disponibile in quel momento ed ero di fretta. Le cose iniziavano ad accalerare. Se non altro, più persone erano a conoscenza degli UFO. Pensavo che questo sarebbe stato un inizio, ma non lo è stato.

D: (Risi) Non lo è mai, vero?

Tonya è una di quelle rare persone che ricorda tutto della nascita ed infanzia. Di solito, quelli sono primissimi ricordi dell'altro lato e della nascita ecc.. Vengono dimenticati quando si entra nel corpo del bambino. I suoi genitori non hanno scoraggiato quei ricordi, al contrario la incoraggiarono a ricordare e parlarne.

T: Ho dimenticato alcune vite, ma quelle che ricordo di solito hanno a che fare con persone che conosco in questa vita. In un paio di vite, ho avuto amici che ho ancora in questa vita. Sono stata in grado di riconoscerle. --Non ho dimenticato perché non volevo essere tagliata fuori. Volevo le lezioni. Volevo rimanere connessa il più possibile e mi sembrava di poterlo fare.

D: Credi di aiutare ad influenzare le persone?

T: A volte non mi rendo nemmeno conto di quanto. Altre volte penso di no, ma credo di sì.

D: Ti rendi conto che ora sta succedendo qualcosa alla Terra, ora che sei qui?

T: Sì. Riesco a sentire i cambiamenti. E molte persone lo sentono. Non sono l'unica. Molte persone sanno che stanno accadendo molte cose. Molte cose stanno cambiando. È di questo che voglio far parte. Mi sento come se mi mancasse qualcosa.

D: Cosa intendi?

T: Mi sento così chiusa dentro. Non lo so esattamente. Mi sento stretta e chiusa dentro. (Iniziò a sentirsi a disagio) So che ce ne sono altri qui. Dove sono? (Piangendo) Dove sono? Perché sono chiusa qui? Ecco perché mi sento chiusa. Non so dove siano.

Decisi d'invocare il SC e chiesi perché aveva scelto di mostrare queste informazioni a Tonya.

T: Perché è dove si sente di essere. Se è lì che si sente di essere, quello è ciò che vede. Non perdere tempo. Condensa e falla finita.

Chiesi quale fosse il suo scopo in questa vita e il SC mi indicò che non era il momento giusto per saperlo. Lo saprà più tardi. "È impaziente. Ecco perché la sua vita è stata così dura. È impaziente di fare le cose. Sta facendo delle cose. Più di quanto sappia. A volte pensiamo di non essere nulla". Non volevano darle alcun consiglio in questo momento. "Continua a fare quello che stai facendo. Arriveranno, le risposte di cui ha bisogno. Le risposte che sta cercando. Verranno a lei. I libri di cui ha bisogno e i posti in cui deve andare. Verranno se ne avrà bisogno. Lei sarà felice. Sarà contenta dei cambiamenti, ma c'è ancora un po' di tempo. In anni della Terra, il vostro tempo, sembra un'eternità, ma è solo breve momento. Tutto sta per cambiare nel mondo... cambiamenti rapidi. --Ci sono cambiamenti vibrazionali che cambieranno gli atteggiamenti e le menti delle persone. Dipende da quali siano i loro punti deboli. Queste debolezze diventeranno più forti, purtroppo e anche i loro punti di forza diventeranno più forti. Perché vibrerà alla velocità che li influenzerà e in cui stanno influenzando la vibrazione. Il modo in cui vibreranno sarà esagerato. Euforico. Quindi ce ne sono molti... è molto simile alla morte. La frequenza in cui vibrano è la morte o la morte del corpo è dove vanno".

Quando le persone muoiono e vanno sul lato dello spirito, possono andare solo nei luoghi che corrispondono alla loro vibrazione. Ci sono diversi livelli di apprendimento, ognuno dei quali è più avanzato a seconda del vostro sviluppo. Sperate sempre di tornare almeno alla stessa vibrazione che avete lasciato. Non volete dover andare ad una frequenza più bassa e poi dover risalire. Ma non potrete mai andare più in alto finché la vostra vibrazione non sarà uguale a quel livello. Diedi per scontato che il SC stesse facendo un confronto tra quello stato e il passaggio alla vibrazione equivalente quando i cambiamenti arriveranno. Questa è una delle ragioni per cui le persone molto negative non saranno in grado di muoversi verso la Nuova Terra. Non possono cambiare la loro vibrazione così rapidamente. Deve essere un processo graduale.

D: Ci sono molti luoghi dove si può andare dall'altra parte, vero?

T: Sì, ci sono. Alcuni vanno sempre da soli, se è questo che vedono; altri con gruppi.

D: Non si può mai andare dove non si vibra alla stessa frequenza. Giusto?

T: Sì, ed è questo ciò che succederà in questa fase. Anche in questo tempo terrestre, ci sono vibrazioni in corso e luoghi in cui vi trovate e chi siete e ciò che vibrate volontariamente, influisce su ciò che vi succede e dove andrete.

D: Hai detto che alcune persone vibrano ad una frequenza più bassa?

T: Hanno tempi duri.

D: Molta frequenza negativa?

T: Sì, ed è triste perché non è necessaria.

D: Non sapranno nemmeno cosa sta succedendo.

T: No. (Sospiro profondo e angoscia)

D: Questo influenzerà la Terra fisica?

T: Sì. La Terra più negativa risponderà... i cambiamenti... i cambiamenti violenti... così inutili.

D: Che tipo di cambiamenti fisici? Mi è stato detto che molte catastrofi continueranno a manifestarsi. È vero?

T: Sì... lentamente, ma continueranno. Anche la Terra si purificherà. Lo sapete. Deve farlo. Anche lei ha una vita propria. È reale. Sta assumendo tutti questi cambiamenti in se' stessa, con ogni persona che cambia, che vive sulla sua superficie e vive nel suo sistema. Reagirà a quel sistema... ogni sistema... a suo modo.

D: Quelli che vibrano a livello positivo, come cambierà la loro vita?

T: Se c'è la morte del corpo, sarà una sensazione di alleggerimento. Una luce... il velo sarà più sottile. Per loro non sarà una cosa spaventosa, terrificante. Si troveranno dall'altra parte con facilità. Alcuni saranno portati in altri luoghi. Tante situazioni diverse... alcuni resteranno sulla Terra. Alcuni sopravvivranno ... non molti però, ma quelli che non sopravvivranno e sono ancora negativi... (Sospiro profondo)... si troveranno da qualche altra parte o si trovano sul lato negativo della Terra. --E' un cambiamento, come dicevo; cambierà in molti aspetti diversi. Ci sarà un lato più oscuro. Ci sarà un lato più luminoso. Ci sarà un lato fuori da questo mondo. Ci sarà un lato dimensionale. Ci saranno così tanti cambiamenti diversi. E' come l'esplosione di una stella. C'è ancora materiale, c'è tutta l'energia. C'è energia fiammeggiante, c'è energia fredda. Tutti questi diversi livelli.

D: Tutte queste cose possono succedere alle vostre diverse vibrazioni? (Si) Ho sentito che la parte negativa sarà per coloro che l'hanno creata? (Si) Quindi altri di noi andranno in altri luoghi?

T: Nel corpo, altri nello spirito. Il corpo potrebbe morire.

D: (Sapeva che stava parlando della Nuova Terra.) Mi hanno detto così tante cose, eppure sono ancora confusa a questo proposito.

T: È una situazione confusa. E' confuso anche per noi, perché ci sono così tante possibilità differenti. Dipende da quante persone sono consapevoli al momento della transizione. Questo può determinare quale tipo di vita è prevalente.

D: Mi è stato detto che ci sono molte persone, come Tonya, che sono venute ad aiutarci. (Sì) E solo stando qui, lei sta facendo molto, vero?

T: Sì, e tutti lo stanno facendo. Tutti i giovani sono molto più diversi dai vecchi. I vecchi, purtroppo, sono quelli che sono ancora in posizioni di poter danneggiare non solo la Terra, ma anche l'anima delle persone.

Passando alle sue domande. Alcune sono state omesse perché non erano pertinenti a questo libro. "Ha sentito di aver avuto contatti con gli ET. Potete dirle qualcosa a riguardo?

T: Lei è stata una cosiddetta ET. È stata una grigia, ma non una di quelli più piccoli... una di quelli più grandi.

D: Conosco la differenza tra i due. (Sì) Lei sapeva fin da un'età tenera età d'aver avuto contatti con loro.

T: Sì. Loro hanno spesso avuto contatti con lei e lei con loro.

D: Perché la stavano ancora contattando?

T: C'erano delle cose da fare.

D: Che tipo di cose?

T: Non possiamo parlarne in questo momento. (Sorrideva, quindi sapevo che non poteva essere qualcosa di brutto.) Esperienze che riguardano il futuro.

D: Ha ancora contatti con loro?

T: Eeeh, sì... non tanto fuori dal corpo, ma può pensare con loro e loro possono parlarle. Continuerà ad avere contatti. Le hanno detto: "Alla fine torneremo a prenderti".

D: Questo cosa significa?

T: Alla fine torneremo a prenderla. (Rise)

D: Intendete aiutarla quando si prepara ad attraversare?

T: Non possiamo parlarne in questo momento. (Sorridendo.)

D: Nel mio lavoro con gli ET, ho scoperto che sono persone positive e buone.

T: Oh, sì.

Non importa in che modo cercassi di riformulare le domande, non mi fornirono altre informazioni, solo che lei lo avrebbe saputo al momento giusto.

Fisico: A volte un problema di glicemia perché non mangia quando dovrebbe o mangia troppo quando lo fa. Non le farà male, ma dovrebbe esserne consapevole.

D: Cosa succede quando non mangiamo quando dovremmo?

T: Mette il corpo sotto stress... ti rende più stanco, ti rende più disconnesso... o fuori troppo e non dentro abbastanza.

D: Cosa intendete con "fuori troppo e non abbastanza dentro"?

T: A volte ha la tendenza a non tornare completamente come dovrebbe.

D: Vorreste dire che lo fa costantemente durante il giorno?

T: No, di solito di notte e poi quando si sveglia... non mangia quando dovrebbe... c'è una tensione nel corpo, soprattutto quando si fa certi tipi di lavoro: lavoro fisico o lavoro mentale spirituale. Entrambi mettono a dura prova il corpo. Influisce sul livello di zucchero. Lei mangia irregolarmente. Il corpo è un po' confuso perché la sua mente è un po' confusa. Come dicevo, lei è là fuori più della maggior parte delle persone. Lei ancora funziona, ma deve stare attenta e prestare attenzione.

Messaggio finale: Sa di non essere mai sola, ed è sempre accettata e sa fondamentalmente chi è... deve solo avere pazienza. Questa non è la sua virtù. È una cosa che le è mancata in molte vite: la pazienza. La pazienza è così necessaria, quando le cose non dipendono da una sola entità, e lei lo sa, ma vuole affrettare le cose. Non può affrettare le cose. Può aiutare a cambiarle, ma non può affrettarle.

Energia

Capitolo 25

L' ENERGIA ROSA DAL PIANETA DI CRISTALLO

Quando Anna iniziò a discendere dalla nuvola, si trova su ciò che definì una "stella". Quando giunse sulla superficie era piuttosto rocciosa, ma con grandi strutture di cristallo. Erano enormi, chiari, stupendi cristalli, quasi della forma di una montagna. "Sono grandi… più grandi di me. L'atmosfera è blu e la terra sembra blu come il cielo. I cristalli sembrano montagne e ce ne sono di grandi come una catena di cristallo con alcuni cristalli più piccoli intersecanti. Sono su una superficie piatta e blu. Tutto sembra essere blu. È come se fosse una catena montuosa di cristalli e c'è una pianura blu di fronte a me". Le ho chiesto come percepiva il suo corpo, e lei mi ha risposto che era trasparente. "È un bellissimo, chiaro, non bianco, trasparente. E c'è qualcosa di rosa intorno a me. Al mio interno c'è una struttura rosa che è circondata da trasparente, luminosa, delicatamente colorata pelle. Riesco a vedere il rosa nelle mie mani e c'è una linea rosa che sale su per il braccio e su nel petto dove è più larga e poi giù attraverso le mie gambe. So di avere braccia e gambe, ma ho difficoltà a vederle".

D: Il rosa che attraversa il tuo corpo è come un sistema circolatorio?

A: È più o meno l'idea, sembrerebbe di sì. La pelle, l'esterno, il trasparente, è come se fosse trasparente, ma leggero.

D: Com'è il tuo viso? Come lo percepisci?

A: Mi sembra di non avere capelli. (Ridacchiò) Riesco a sentire il mio viso e mi sembra un po' diverso. I miei occhi sono diversi. Sono spostati più verso i lati della mia testa. Il mio naso è diverso e non credo di avere le orecchie.

Anche se il corpo sembra strano, lei si sentiva a suo agio e il luogo di cristallo le sembrava molto familiare. "Sento il blu. È quasi una sensazione sabbiosa, come la seta sul terreno che è blu. E mentre sto in piedi, sento che qualcosa nel terreno sale attraverso i miei piedi e si collega con qualsiasi cosa sia questo rosa al mio interno. Energia passa attraverso i miei piedi dove stanno toccando il terreno. È una sensazione meravigliosa. Mi sento bene. Mi è familiare. Sento che probabilmente dovrei muovermi. Voglio vedere altrove. Tutto ciò che vedo in questo momento è questa zona centrale di questo blu. Non è sabbia. È più setosa, più simile alla seta. È più connessa di quanto lo sarebbe un pezzo di seta. Ma non è un pezzo solido di qualcosa. Si muove quando muovo i piedi e i miei piedi sono trasparenti".

Guardandosi intorno, si accorse di qualcosa. "Ci sono altri alla mia sinistra, intorno alle montagne, intorno a questi cristalli. Altri che mi guardano".

D: Altri esseri come te? (Sì) Quindi non sei sola lì, vero?

A: No, non sono sola. Sono un po' indietro, ma sono lì che mi guardano. Sembrano otto.

D: Riconosci questi esseri?

A: Sì, sono proprio come me.

D: Quindi sono esseri che conosci?

A: Sì. Ne vedo uno che mi nota che sembra... Oh! Il rosa s'illumina. Penso che sia un saluto. Un "Ciao" dentro di lui. Sento che è un... lui. E mi sembra di accendermi anch'io. È una sensazione felice. Lui sta camminando verso di me. Vuole portarmi verso gli altri. Stiamo camminando e il terreno è tutto blu. Non abbiamo niente sui piedi o sui vestiti, ma è una sensazione normale. Lui si aggrappa al mio braccio sinistro e camminiamo felici. Non riesco a capire se sta sorridendo, ma so che è felice perché dentro è di un rosa acceso. Io sono felice. (Rideva) Andiamo dagli altri e c'è un edificio quadrato davanti al quale stanno in piedi. Sembra una casa con due colonne bianche al centro... no, sono due grandi cristalli al centro. Ora sto guardando gli altri e tutti si stanno illuminando. E mi sembra di diventare più luminosa di tutti loro. (Risatina) Mi sembra di essere a casa! È una sensazione meravigliosa! Mi sento come se fossi stata via, ma mi stanno accogliendo. E ce ne sono altri che vedo arrivare da più lontano, a sinistra. Ci sono quegli otto che conosco molto bene.

D: Vogliono portarti all'interno dell'edificio?

A: Credo che sia quello che vogliano fare. Non parlano. Il rosa che ci attraversa s'illumina, ci accogliamo così, l'un l'altro.

D: Comunicate in questo modo piuttosto che con le parole?

A: Sì. Lo sento molto, molto forte e tutto qui (la parte centrale del suo corpo) è semplicemente luminoso. --Entro e guardo questi pilastri, questi cristalli su entrambi i lati dell'ingresso. Non so quanto siano alti, ma probabilmente sono alti quindici piedi... sono dritti, non raggruppati come le montagne.

Quando è entrata nell'edificio il terreno sembrava scendere in un profondo pendio. "Sembra di essere all'interno di una trottola... un pendio. Sono in piedi sul bordo di questo pendio e lui è con me, mi tiene il braccio. Gli altri sono lì. Non sono sicura se devo scivolare lungo questo pendio. (Risatina) Sembra che sia argento e marrone che arriva ad un punto e non c'è molto spazio per manovrare. Mi sta esortando a scivolare. Ok, voglio assicurarmi che lui venga con me. --Sì, sta arrivando. Wow! Siamo andati e ho scivolato. Pensavo che ci saremmo bloccati, ma c'era un buco nel mezzo per scivolare oltre. Sono caduta e lui è caduto dopo di me. (Rideva) Così siamo entrambi qui.

D: Dove ti trovi ora?

A: È blu nuovamente. Sento che sta parlando con me, piuttosto che ascoltando lui. "Vieni... vieni con me. Va tutto bene. Ti diamo il benvenuto".

D: Chiedigli dove siamo.

A: Una sala? Non so che tipo di sala. Mi sta portando dentro. Ce ne sono molti altri qui. Probabilmente ci troviamo sotto all'edificio, quello in cui sono scivolata. Ce ne sono molti altri qui. Siamo tutti uguali. Ora anche loro cominciano ad accendersi. È un gruppo numeroso. Sento che mi stanno dando il benvenuto. (Iniziò a singhiozzare dolcemente.) Ce ne sono troppi per poterli contare. È una specie di stanza ampia e rotonda.

D: Chiedigli: "Cos'è questo posto?

A: Credo di dover chiedere a qualcun altro. Continua a dire che sono tornata. Sembra molto entusiasta. Credo di dover chiedere a qualcun altro. Qui ce ne sono molti, quindi chiederò a loro. Oh, ci stiamo tutti dando la mano. Io condivido con loro attraverso le mie mani e loro condividono con quelli che si tengono per mano e così via.

D: Cosa state condividendo?

A: Tutto... tutto... hanno accesso a tutte le mie interiora rosa, alla mia energia che mi rende quello che sono. Posso dargliela attraverso le mie mani. Ma anche i miei pensieri e i miei sentimenti. Posso vederli pulsare in un grande cerchio. Ci teniamo per mano e io la estendo a quello accanto a me e da lui si diffonde a tutti gli altri.

D: Anche loro condividono con te?

A: Non in questo momento.

D: Per lo più condividono ciò hai tu?

A: Sì, stiamo condividendo. Mi fa sentire bene fare questo. La mia energia ha informazioni che sto dando loro.

D: Cosa ne faranno delle informazioni?

A: Le stanno usando. Le terranno per... oh, stanno imparando. Vogliono conoscere gli errori. Vogliono sapere che tipo di errori potrebbero evitare con queste informazioni... che non hanno fatto e che potrebbero evitare.

D: Errori che tu hai commesso?

A: Gli errori che ho visto in altre persone.

D: Quindi non necessariamente quello che hai fatto, ma quello che hai visto?

A: Sì. Stanno cercando qualcosa ad una più vasta scala. Non solo i miei errori personali... errori del pianeta. Non vogliono fare gli stessi errori che ho visto io. Non vogliono fare gli stessi errori che danneggerebbero questo luogo.

D: Dove sono? Vuoi dire che è un luogo diverso?

A: Sono su una stella e stavo osservando gli errori, come errori catastrofici. Grossi errori. Vogliono saperne il più possibile per evitare questi errori. Questo è un posto molto tranquillo, bello, pieno di luce, blu.

D: Intendono gli errori che sono accaduti sulla Terra? (Sì) Allora sanno che sei venuta dalla Terra, quindi hai visto molte cose.

A: Sì e molte volte sono stata sulla Terra per molto tempo.

D: Ma hai detto che questo posto era la tua casa.

A: (Purtroppo) Lo è e lo sento.

D: Perché te ne sei andata se era un posto così bello?

A: Volevo aiutare. Sento che siamo in tanti, ma sento come se fossimo tutti un tutt'uno, collegati. L'energia rosa che è dentro di noi è tutta collegata. La condividiamo tutti, attraverso i nostri corpi, mentre ci teniamo per mano.

D: Ma hai deciso di lasciare quel bel posto e di venire sulla Terra?

A: Sì. Volevo aiutare. Nessuno qui, vuole commettere gli stessi errori che sono accaduti sulla Terra ed interrompere questa pace. Deve rimanere così.

D: Sembra un posto bellissimo dove non ci sarebbero alcun errore.

A: Lo è. È molto bello e nessuno si sente come se stesse per accadere qualcosa. Penso sia stata una mia idea di andare sulla Terra. Questo è quello che volevo dargli.

D: Qualcuno ti ha detto di andare?

A: No, mi hanno sostenuta. La condividiamo attraverso questa zona (movimento verso l'addome). Condividiamo un sostegno.

D: Come sapevi che la Terra aveva bisogno di aiuto?

A: I cristalli possono trasmettere dei segnali.

D: Quindi captavano segnali dalla Terra?

A: No. I cristalli possono trasmettere segnali, ma no, non dalla Terra. Hanno trasmesso un segnale da qualche altra parte.

D: Ma tu hai deciso di andare. Anche gli altri volevano andare?

A: No... no. (Rise) E per me è difficile. So che tutto andrà bene e tutto sarà uguale. Mi sostengono. Non mi rendendo le cose difficili. Ce n'è uno a cui sono molto vicina e sarà molto difficile.

D: Ma hai detto che quando hai iniziato questo viaggio verso la Terra hai vissuto molte vite?

A: (Tristemente) Sono sulla Terra da molto tempo.

D: Non potevi andare, vivere una sola vita e tornare per fare rapporto?

A: No, è troppo lontano. Il modo in cui vado sulla Terra è attraverso l'aiuto dei cristalli.

D: Cosa intendi?

A: I cristalli sono stati in grado di cambiare il rosa, in una luce bianca continua e brillante. E la mia energia ha cominciato a cambiare. I cristalli mi hanno aiutato a farlo.

D: Quindi tutta l'energia è andata?

A: No. La terra blu in realtà dà energia, ma può anche tirarla fuori. L'energia rosa mi sta riempiendo e mi lascia di coloro nebbia ma traslucente... sono luminosa quando il rosa non c'è più.

D: Quindi solo una parte, una porzione di te, è andata sulla Terra? È questo che volevi dire?

A: Sì. Ho lasciato lì la mia energia interiore, perché venisse riempita con qualcosa di diverso.

D: E hai deciso tu quando andare sulla Terra, hai dovuto vivere molte, molte vite diverse?

A: Sì, ne avevo bisogno. Volevo essere sicura che noi non saremmo mai diventati così complicati, che non saremmo mai diventati così. Ma ora capisco che non poteva essere questa la ragione per cui sono andata, perché qui non poteva succedere come sulla Terra.

D: Spiega.

A: Sono andata per aiutare. Ho iniziato a raccogliere informazioni sulla Terra e ho iniziato a credere che stavo memorizzando queste informazioni per aiutare a salvare il mio pianeta, in modo che non diventasse un disastro come è diventata la Terra, ma non avevo bisogno di farlo. Non era quello lo scopo. Non sapevo di farlo, ma l'ho fatto. Lo scopo era di aiutare.

D: Il vero scopo era quello di aiutare la gente?

A: Aiutare il pianeta... Non mi sento necessariamente che fosse la gente. Il pianeta.

D: Hai detto che hai lasciato la maggior parte della tua energia là? (Sì) Hai accesso a quell'energia se avessi bisogno di attingerne? Hai ancora una connessione con essa?

A: Sì, è ancora presente. Sono diventata un guscio di luce che ha viaggiato e sono venuta qui; però, sì, è ancora lì. Io la invoco ancora. La invoco. Sarà sempre lì se ne avessi bisogno.

D: Quando sei venuta sulla Terra e hai avuto tutte queste vite, sono servite tutte per aiutare il pianeta?

A: Io dovrei aiutare. Questa è la ragione per cui sono venuta sulla Terra... per aiutare. Per qualche motivo, ho iniziato a raccogliere eventi negativi da riportare indietro. Ad un certo punto, ho iniziato a raccogliere eventi cataclismici, cose che non voglio che accadano sul mio pianeta. Ho raccolto queste informazioni all'interno, ma non ho bisogno di riportare queste informazioni a loro.

D: Intendi dire che, per qualche motivo, hai iniziato a raccogliere gli eventi negativi piuttosto che quelli positivi?

A: Non solo negativi. Inconsapevolmente, stavo cercando di raccogliere queste informazioni per riportarle, perché avevo visto le cose terribili che erano accadute qui e non voglio che accada mai nulla del genere a casa. Così ho iniziato a raccogliere cose che pensavo avrebbero aiutato, in modo da evitare che succeda mai qualcosa del genere. Ma noi non ne abbiamo bisogno. Siamo tutti, Uno. --Sono via da molto tempo. Conosco molti eventi traumatici e questo mi fa temere che possano accadere a casa. E' quasi a livello cellulare, perché non me ne rendo conto. E la paura che possa accadere a casa ci era nota; ho visto così tanti morti.

D: Ma ha avuto anche molte esperienze positive? (Sì) Non sono state tutte cose negative.

A: No, questo è tutto dentro di me. Ho condiviso tutto questo con loro. Tutto.

Ho pensato che fosse il momento di riportare la seduta al cliente. "Lo sai che adesso sta parlando attraverso un corpo umano mentre parli con me?".

A: Sì, ma mi vedo in quest'altra forma.

D: Hai vissuto molte altre vite, perché hai deciso di entrare nel corpo di Anna?

A: È stato il tempismo e ho dovuto cogliere l'occasione del momento per tornare indietro. È stato piuttosto veloce, ma il tempismo era giusto.

D: Perché il tempismo è così importante?

A: Sapevo che dovevo nascere proprio in questo preciso momento. Il momento deve essere preciso quando si torna sulla Terra. Il momento esatto e il mio momento esatto fu appena dopo aver lasciato l'ultima vita.

D: Quindi hai lasciato una vita e sei andata dritta in un'altra? Erano molto vicine?

A: Sì. Non mi sono presa il tempo di riposare.

D: Di solito è bene riposare tra una vita e l'altra, vero?

A: Sì, soprattutto se c'è qualcosa di traumatico. Volevo tornare. Dovevo cogliere il momento giusto, perché volevo essere me stessa e doveva accadere proprio in quel momento. E volevo aiutare le persone in questo momento.

D: È stata una svolta veloce?

A: Sapevo cosa volevo ed ero pronta.

D: Ma Anna ha avuto dei momenti difficili in questa vita, non è vero?

A: Sì. Lezioni imparate. Diverse. Questa vita sono venuta qui per concentrarmi sulle persone, non sul pianeta.

Anna aveva lavorato negli ospedali come infermiera d'ospizio, occupandosi di persone che stavano morendo. Ma smisse di farlo. "Era troppo, troppo difficile o cosa?

A: Non era più in grado di prendersene cura. Non era più in grado di toccarli e di prendersi cura di loro mentre morivano. Non era quello che voleva.

Era diventata confusa perché non sapeva cosa avrebbe dovuto fare. Questo le causava problemi fisici. Sapevo che il SC era arrivata senza essere chiamata, così le ho chiesto di consigliare Anna. "Ha bisogno di guarire... muoversi. Passare da se stessa, poi alla sua famiglia e poi agli altri. Per primo deve guarire, prima di poter guarire gli altri. Prima deve guarire se stessa. Deve smettere di essere attratta da eventi negativi. Non c'è nessun problema con la sua Stella. Non c'è nessun problema con la sua casa. Andrà tutto bene. Deve lasciar andare la paura che potrebbe succedere qualcosa di male là. Lei viene dal magnifico luogo con i cristalli. Ha bisogno di imparare ad accedere all'energia di questi cristalli. Sarà in grado di farlo se lo desidera". Anna viveva a casa di sua madre con i suoi figli. Le era stato detto di rimanere lì per il momento. "È in un luogo in cui è in grado di imparare queste capacità senza che la negatività del mondo si nutra di lei".

Poiché il SC aveva detto che prima di tutto doveva guarire se stessa, chiesi di guardare dentro il corpo e vedere cosa potevano trovare. I medici avevano trovato molte cose che non andavano bene. Si concentrarono prima sul cuore di Anna. "C'è un'area importante al centro del cuore che sta avendo un momento difficile per il flusso sanguigno. Ha perso il cuore quando ha smesso di aiutare le persone durante il loro trapasso. Deve esserne consapevole. Ha bisogno di ricordarsene". Il SC disse che poteva ripararlo ed iniziò a lavorarci. "Stiamo concentrando l'energia al centro. È come se stessimo premendo verso il basso. C'è una valvola. Il centro del cuore è aperto. Il sangue scorre avanti e indietro. La valvola lascia fluire liberamente il sangue e non dovrebbe farlo. Stiamo usando l'energia spingendo verso il basso per guarirla e farla chiudere. Non è in grado di chiudersi da sola". Anna cominciò a fare dei respiri profondi. "C'era sangue che scorreva avanti e indietro dal cuore, facendo sì che il fondo diventasse più grande della parte superiore. Ora che si sta chiudendo, il sangue non scorrerà più avanti e indietro. Riparato. Non è troppo ingrossato da non poter ritornare di nuovo di dimensioni normali".

Ho chiesto del suo cervello. I medici avevano detto che c'era qualcosa che non andava. Il SC guardò all'interno e vide che c'erano delle aree dove sembrava si fosse formato del tessuto cicatriziale, causato dal flusso di sangue nel suo cuore. "Non c'è nessuna parte importante del cervello che ne sia danneggiata. Dovrebbe stare bene anche con questo tessuto cicatriziale qui. Non dovrebbe creare alcun problema con i suoi progetti futuri".

D: Potete rimuovere il tessuto cicatriziale? Vi ho già visto farlo in passato.

A: Ci stiamo provando. Collettivamente, a volte il tessuto cicatriziale si stacca. Questo è quello che stiamo cercando di fare. Il centro del suo cervello, il tessuto cicatriziale deve essere dissolto. Non si è verificato alcun danno che possa interferire con qualcosa. Ha un buon cervello. Tutto è funzionale. Non ha bisogno di preoccuparsi del cervello. Aveva sentito il bisogno di guarire e non aveva utilizzato le sue risorse naturali per farlo. Questo è ciò che dovrebbe fare: usare le sue pietre e i suoi cristalli. Può chiedere direttamente. Ha accesso a tutte le conoscenze in materia. Proviene dal suo pianeta d'origine. Tutte queste informazioni sono già lì. Può chiedere e conoscere istantaneamente. Quando avrà in mano i cristalli lo saprà.

Anna era arrivata con una lunga lista di lamentele fisiche. Aveva anche dolori ai fianchi e alle gambe. Sapevo cosa avrebbe detto il SC, ma volevo che glielo dicesse direttamente.

A: Sta prendendo troppi farmaci. Continua a guarire. Non avrà più questo disagio. È solo un movimento in avanti che deve fare. Non dovrebbe avere bisogno di antidolorifici, fintanto che va nella direzione in cui dovrebbe andare e usando le pietre e i cristalli. È chiusa da un bel po' di tempo ormai. La sua nausea è perché è stufa di se stessa. È stufa di ciò che è diventata. La nausea, i dolori e le altre cose sono solo spintarelle da parte nostra. Ha veramente perso la strada ed ha un disperato bisogno d'aiuto per ritrovarla. Il resto del suo corpo sta bene. (Cisti sulle ovaie). Ora che ha partorito il suo nuovo scopo, saprà di poter contattare l'energia che ha lasciato a casa e che le darà le risposte. La depressione che sta vivendo è di sua creazione. Ha bisogno smettere lentamente con gli antidepressivi, perché sarà pronta a correre dietro ad una nuova missione. E quando lo farà, le pillole se ne andranno. La pillola per la depressione è l'unica che deve essere dismessa lentamente. Andrà bene interrompere gli altri farmaci. La tiroide non è un problema. Lei sta bene. È pronta a parlare e ad ascoltare per poter smettere di prendere questa pillola.

D: Esito sempre a dire alle persone di smettere di prendere i farmaci.

A: Se vuole, può smettere più lentamente, ma può smettere immediatamente. Non ha bisogno di tornare dai medici. Loro le peggiorano la situazione. Le portano negatività. Le fanno parlare di tutte le negatività. Ha bisogno di parlare in positivo.

D: Quando abbiamo iniziato la seduta, perché non l'avete portata in una vita passata?

A: È andata alla sua Stella. Aveva bisogno di essere stabilizzata. Aveva bisogno di vedere casa. Aveva bisogno di sapere che la sua casa è al sicuro. Il suo ritorno a casa ha creato in lei una sensazione di sicurezza, di cui aveva bisogno da molto tempo. Comincia a dubitare e comincia a chiedere, e noi glielo facciamo sapere.

Anna aveva una domanda su un'esperienza insolita che pensava avesse a che fare con gli ET o con qualche tipo insolito d'esseri. Lei e alcuni amici avevano visto gli esseri di notte che si avvicinavano a loro in un campo.

A: Si trovava in un luogo che alcuni di noi visitano spesso. È un luogo di guarigione. È un luogo dove prendiamo dei campioni. Siamo venuti qui, intendiamo loro sono venuti. Io non sono uno di loro. Siamo venuti qui per prendere dei campioni. Lei e i suoi amici erano lì per caso. Così abbiamo cambiato forma e abbiamo aspettato che se ne andassero.

D: Pensavo che fosse andata così, perché lei disse di aver intravisto prima un altro tipo d'essere che poi cambiò forma, sembrando qualcosa che non li avrebbe spaventati? (Sì) Ma lei e i suoi amici non dovevano essere lì?

A: No, erano solo lì nello stesso momento.

D: Che tipo di campioni stavano raccogliendo?

A: Stavano prendendo dei campioni d'acqua. Le sorgenti dove si trovavano, l'acqua in cui si trovavano, porta giù nella Terra per miglia e miglia. Stavano prendendo campioni di queste rocce che si trovano nelle parti profonde della terra. E questo era un modo molto semplice per prenderli. Il calore... stanno cercando nuovi posti per trovare cose che tutti noi usiamo. È un posto naturale in cui andiamo. Ci sono molte cose diverse che si trovano in quella zona, nelle profondità della Terra.

D: So che in passato hanno preso campioni di esseri umani per vedere come funziona il corpo. Giusto?

A: Sì. Non c'è mai alcun danno o mala intenzione. È solo la paura. Non c'è nessuno là fuori che voglia fare del male. Non c'è modo. Non è permesso. Non possiamo fare del male. Gli unici esseri che vedete sono quelli che controllano che stiate bene. Quando entrate in uno stato di trance possiamo guarirvi senza dolore, ma spesso abbiamo bisogno di prendere le persone per guarirle. Poiché hanno un lavoro importante e non si stanno svegliando. Ma non siamo ancora pronti a lasciarli morire in questa vita.

D: È quello che dico sempre: "Tutto ciò che fanno è prendersi cura dei loro". (Sì) Per assicurarsi che qui siano al sicuro, perché rimangono impantanati in queste cose dalla Terra. Proprio come ha fatto Anna.

A: Sì, è facile da fare. Ci sono molti, molti che sono venuti da luoghi diversi che sono rimasti impantanati e si sono persi. Lei deve ricordare chi è e dove si trova la sua casa. Questo la terrà con i piedi per terra e sarà positivo.

Messaggio finale: Ricordare solo di ricordare. Ricorda la tua casa. Ricordati che sono tutti lì per te. Siamo tutti qui. Ti senti come se chiedessi e non ricevessi, ma non sempre è così. Noi sentiamo. Devi solo ascoltare, essere positiva e aprirti per ricevere le risposte.

* * *

D: Posso farti una domanda? (Sì) Stiamo assistendo a tutti questi terribili temporali e tornado che si susseguono uno dopo l'altro. Un fenomeno meteorologico della natura.

Abbiamo sperimentato il maggior numero di tornado mai registrato nel giro di un mese e i più devastanti. Nel maggio 2011, Joplin, Mo. era stata devastata. "C'è una ragione per cui questo fenomeno sta aumentando in questo momento? (Giugno 2011)"

A: Sì. La Terra si sta riparando da sola. Ora vedete dei piccoli segni. La Terra andrà in modalità di riparazione completa. La Terra fisica si riparerà da sola dopo che la sua energia se ne sarà andata.

D: Cosa intendi con: "dopo che l'energia se ne andrà"?

A: È come se tu fossi un corpo e non vuoi essere nel tuo corpo quando muori. Hai la scelta di lasciare il tuo corpo prima che accada. L'energia della Terra non vuole essere qui quando cambia, dopo aver attraversato tutta la sua guarigione. Ci saranno enormi cambiamenti, sradicamenti e dolore per la Terra. L'energia della Terra se ne andrà su un altro piano prima che inizio le ferite. Non vuole, ne ha avuto abbastanza.

D: Questo ha a che fare con ciò che mi avete detto sulla Nuova Terra?

A: Questa è la Nuova Terra.

D: Quindi se ne sta andando? Dico sempre alla gente che si sta evolvendo. Sta entrando nella sua prossima incarnazione. (Sì) Allora si riparerà da sola?

A: Sì. Ci saranno dei tornado. Ci saranno terremoti. Sarà completamente risistemata quando tutto sarà finito e la Terra ne avrà avuto abbastanza. La Terra non vuole rimanere così. Continuerà ad esistere. Solo che non vuole restare, come a voi non interessa restare in un corpo che sta soffrendo, mentre sta morendo.

D: Ma se rimarrà, non ci dovrà essere un'energia per mantenere viva la vecchia Terra, se uso le parole giuste?

A: L'energia che se ne va, non ha intenzione di tornare sulla vecchia Terra. Sarà un luogo che può essere abitato, ma non sarà come quella Terra. Quella Terra sarà una zona più dormiente. Non sarà più viva.

D: Quella parte della Terra sta morendo? (Sì) E quelli rimasti su quella parte?

A: Soffriranno ciò che la Terra ha deciso di non voler soffrire. Saranno lasciati lì. Non saranno puniti. Non saranno giudicati. Continueranno ad andare avanti quando moriranno.

D: Perché mi è stato detto che non possono cambiare abbastanza velocemente per andare con la Nuova Terra.

A: No, non possono.

D: Tutto questo è così complicato.

A: Lo è. È un processo che la Terra ha desiderato da così tanto tempo. È stanca di essere presa in giro. Quindi quelli di voi che andranno ad abitare sulla Nuova Terra, dovranno essere gentili e dovranno prendersene cura e lo faranno perché non ci sarà altro modo. Questo è ciò che porterete con voi.

D: Ecco perché abbiamo avuto tutte queste tempeste e questi danni.

A: Questo è solo l'inizio. Le cose andranno molto peggio, e quando succederà, l'energia della Terra se ne andrà. E in quel momento, chi è pronto ad andarsene se ne andrà con essa. Coloro che sono consapevoli, saranno in grado di muoversi con l'energia della Terra. Saranno in grado di andarsene. Non dovranno rimanere indietro, almeno fino a quando non cominceranno a creare dubbi e paure. Questo è ciò che li terrà indietro. Si sentono i cambiamenti dell'energia della Terra. L'energia della Terra sta accelerando e sta cercando di andarsene. Non vuole più soffrire. Noi siamo parte di quella Terra. Siamo temprati per questa Terra e continuiamo ad accelerare per andare con essa.

D: Quando questo accadrà, quando l'energia della Terra si sposterà verso il Nuovo piano, noteremo una differenza quando la seguiremo?

A: Sì, noteremo una differenza. Sarà un'energia più spirituale. Sarà un'energia più leggera. Vi sentirete più privi di peso, privi di negatività. Non ci saranno più terremoti, non ci saranno più tornado. Sarà molto evidente che c'è stato un cambiamento.

D: Ma molte persone non si renderanno nemmeno conto che sta succedendo, credo?

A: No, quelli che sono indietro non lo sapranno. Soffriranno con il corpo della Terra.

D: Mi avete già detto: "Nessuno sa davvero cosa succederà perché non è mai successo prima".

A: No, non è successo. La Terra ha avuto così tante forme di vita su di sé ed è stata un pianeta in grado di sostenere così tante forme di vita e che ha subito così tanti abusi. È un essere vivente, proprio come noi, un essere vivente, ed è stanca. È pronta ad andare oltre. Continuerà ad esistere, come è sempre esistita, ma non esisterà come un fisico. Tutti sono entusiasti. Tutti sono emozionati per questa Terra. Tutti quelli che hanno guardato, che hanno visto il dolore che questa Terra ha sofferto. Tutti vogliono che la Terra abbia successo, ma anche le persone, naturalmente. Tutti vorrebbero che lo scenario migliore fosse quello, ma coloro che sentono i cambiamenti sono in sintonia con la Terra. Sentono che la Terra sta cambiando. Saranno in grado di andare quando la Terra se ne andrà.

D: Mi dicono che sarà un posto bellissimo.

A: Sì. Non ci sarà più dolore sulla Terra... non ci sarà più dolore per noi.

D: Credo che continueremo il nostro lavoro, però.

A: Sì, lo faremo, ma da un punto di vista completamente diverso. La negatività non esisterà. Ci sono molti che si chiedono, molti che vogliono sapere "quando". Sta accelerando. Stiamo vedendo queste cose, queste tempeste, vediamo gli effetti e gli oceani sulla Terra, sul terreno. Questi sono segni che la Terra sta peggiorando continuamente.

D: Non ci influenzerà comunque?

A: No.

D: Quindi non c'è motivo d'avere paura.

A: No, per niente. La paura è ciò che vi impedirà di trasferirvi con la Terra.

Ho scritto molto sulla Nuova Terra nel mio libro: Le Tre Ondate di Volontari.

Capitolo 26

CREANDO ENERGIA

Questa seduta ebbe luogo nella mia stanza d'hotel a Laughlin, Nevada; mentre mi trovavo lì per partecipare alla UFO Conference del 2008.

Connie aspettò fino alla fine dell'induzione Lei era immediatamente, già lì. Cominciò a descrivere un grande edificio a cupola e bellissimi disegni all'interno della cupola.

C: Sono in piedi sul pavimento e guardo il soffitto. Ci sono forme a stelle e motivi dorati sul soffitto che entrano ed escono attraverso il vetro verde. --Adesso sta cambiando e si sta muovendo. --Sono fuori nello spazio, dove tutti questi disegni continuano ad entrare ed uscire. Disegni ed ondate di movimenti, colori e luci. È come se ne facessi parte. Oh, è una sensazione meravigliosa! È bellissimo.

D: Fai parte dei disegni o sei parte dello spazio o cosa?

C: È come se creassi io tutti questi diversi colori, disegni, modelli e onde, che fluiscono dentro e fuori. Ma mi sento come se fosse anche il mio corpo.

D: Cosa intendi dire?

C: È come se facesse parte del mio corpo. Il mio corpo è luce e onde, passa dentro e fuori. Ma è sempre un colore blu-chiaro come il cielo al centro. È come se le pulsazioni salissero e io sto creando gli schemi. Io sono gli schemi e il creatore degli schemi allo stesso tempo. Oh, è una sensazione meravigliosa! Ci sono anche gli arcobaleni. È meraviglioso.

D: Hai voglia di andare a fare qualcosa?
C: No, voglio solo giocarci.

Stavo cercando di farla andare da qualche parte a vedere una vita passata. Ma lei si stava divertendo.

C: Vedi come posso rendere scintillanti i colori blu che stanno scendendo. È stupendo. E ogni tanto ci sono dei piccoli flash. Una chiara luce bianca che entra. Sembra una torcia elettrica. Sono io. Sto emanando queste onde e queste luci.
D: Hai la sensazione di essere da solo o ci sono altri con te?
C: Mi sento come se fossi da sola, eppure non sono sola. Ma non c'è davvero il senso di... Non ci sono voci o suoni... anche se potrebbero esserci. Ho la sensazione che altre energie possano creare la stessa cosa. È una sensazione meravigliosa. Pacifica. Tranquilla. Come se ne facessi parte e ne fossi circondato. Non pensando. È un semplice lasciar che vada e venga come vuole.
D: Potresti dirigerlo se lo volessi?
C: Penso di poterlo fare. Ma non me la sento di farlo. Lasciare che sia così. Come onde dell'oceano che si infrangono su di te, o come il vento.
D: Solo una parte di tutto. (Sì) Ti senti d'essere lì da molto tempo o cosa?
C: Sì, mi sento come se fosse sempre stato qualcosa di simile. È sempre stato qualcosa che si può toccare e sentire.

Sapevo di doverla spostare in qualche modo, perché lei era ben felice di trovarsi lì.

D: Ma non hai nessun desiderio di andare a fare qualcos'altro. (No) Quindi non hai un qualche tipo di corpo, vero?
C: No. Non c'è nessun corpo. È come se i colori, le onde e gli schemi fossero ciò che io sono. Tu sai cos'è. Tu sai cosa sei. Sai che non c'è limite. Nessuna restrizione. È come se fossi sospeso, ma non lo sei. È molto difficile da spiegare.
D: Ma la cosa principale è che è una bella sensazione e puoi usarla, se vuoi. Altrimenti è solo un bel posto dove stare. (Pausa) Arrivi mai ad un momento in cui vorresti lasciare quel posto?

C: Credo che se iniziassi a pensare a qualcosa. Non sono io. Allora vorrebbe cambiare. (Pausa) È quasi come se fosse in continuo movimento, eppure tu sei immobile.

D: Come essere la quiete nella tempesta o cosa?

C: Sì. Come se fossi in movimento eppure non sei in movimento. Sei fermo.

D: Ma avete detto: è possibile che voglia cambiare?

C: Beh, se inizi a portarlo dentro e a rimandarlo fuori, è diverso.

D: Ma hai detto che vuole cambiare. Mi chiedevo perché hai usato quella parola.

C: Beh, perché non c'è niente dentro. Non c'è una massa. È così e basta. Non c'è identità.

D: È per questo che la chiami "cosa"? (Sì) Ma hai detto che se si invia qualcosa in una direzione, potrebbe decide di seguirla? (Esatto) Cosa intendi dire?

C: Perché allora può iniziare ad usarlo e creare qualcosa con esso.

D: Altrimenti, semplicemente scorre e non ha una direzione.

C: È come un'idea e si comincia a costruire su quell'idea.

D: Da dove viene l'idea?

C: È già lì. Devi solo afferrarla.

D: Quindi ogni possibilità c'è? Sarebbe un buon modo per dirlo?

C: Credo di sì.

D: Quindi hai detto che se qualcosa comincia ad andare in una direzione diversa, la puoi seguire?

C: Sì, perché si può andare in qualsiasi direzione si voglia. Si può andare in cerchio. Non c'è limite. Si può dire che è come qualcosa che esiste, punto; e lo si può seguire. Quando hai finito, puoi tornare indietro e fare qualcos'altro.

D: Allora ritorni in quel posto.

C: Ovunque tu voglia o crei un nuovo posto.

D: Ma se diventi curiosa, cosa crei?

C: Beh, prendi qualcosa, ed è come argilla. Inizi a dargli forma e vedi cosa diventa. Ma se è un colore che trovi, diventa quel colore. E puoi semplicemente modellarlo.

D: Facciamo così e vediamo cosa succede. (Pausa) Pensi a un colore o cosa?

C: Sì. Ho un colore giallo, una specie di giallo pallido. E ne sto facendo un ventaglio. Lo sto trasformando in... come un ventaglio piumato. Ed è leggero. Ha delle piccole strisce bianche. E ora sta uscendo. Ora lo sto usando per creare delle onde. Come se lo stessi sventolando avanti e indietro. Ora voglio rimodellarlo in ali di farfalla. Ora c'è un po' di arancio.

D: Sembra divertente, essere in grado di creare queste cose. (Sì.) Quando crei queste cose, rimangono?

C: Finché lo voglio.

D: Diventare solide?

C: Hmm, un po'. Le ho date alla luce.

D: Rimane lì finché lo vuoi? (Sì.) Poi cosa succede?

C: Poi lo lascio andare dove vuole andare.

D: Quindi rimane solido in quel modo.

C: Non solido come lo sarebbe un oggetto solido e pesante, ma entra in una dimensione dove sarebbe visito da altri.

D: Quindi non si disperde e basta?

C: No, perché l'ho creato io e voglio mandarlo fuori come un regalo. Voglio spedirlo perché gli altri vedano che l'ho creato io. È bellissimo. Giallo. Un bellissimo ventaglio piumato. Ora sta uscendo e se ne va. Non sono triste per questo, perché posso farlo di nuovo.

D: Pensavo che se lo avessi creato tu, se tu togliessi la tua attenzione, si disperderebbe.

C: Beh, questo è quello che si fa quando lo si lascia andare. Dici solo: "E' così".

D: E non si dissolve di nuovo nel nulla.

C: Potrei farlo dissolvere. Ma visto che l'ho creato, voglio che gli altri lo vedano.

D: Quindi fare questo ti rende felice. (Sì) Ti basta pensarlo e diventa reale con tutta questa energia?

C: Quello che sento è che c'è una parte dell'onda... tu sei l'onda. E tu vedi l'onda. Tu cavalchi l'onda di tutti i colori, i modelli e i movimenti. Quando decidi di voler toccare qualcosa, ti basta fare un giro e creare qualcosa altro da essa. Ma non la tieni perché è una cosa condivisa. La spedisci. E la lasci diventare finché vuoi che lo sia.

D: E queste onde sono le energie?

C: Sì. Le onde sono costantemente in movimento. Sono colori e luci. Oh! Ora sto creando una galassia! Oh, wow! È una ruota. Ha queste braccia che si allungano come piccoli rivoli. Sta facendo questo cerchio e si sta spegnendo come fosse luce. Poi, mentre si muove con movimento circolare, sta raccogliendo altri colori dalle onde che la circondano.

D: Hai appena deciso che sarebbe qualcosa di interessante da creare?

C: Oh, è sempre stata lì. Ho visto questo movimento e ho deciso di farne qualcos'altro. E questo è diventato una galassia.

D: Oh, una galassia è difficile, vero?

C: No, non quando la si crea. Si può farla partire e tutto il resto... non è una questione di dimensioni. Si tratta solo di pensare come vuoi che sembri. E poi la lascia andare. E se vuoi che cresca più grande o piccolo, devi solo... non è una questione di dimensioni.

D: Ma quando crei una galassia, crei tutte le piccole parti che la compongono?

C: No, può crescere come vuole.

D: Oh, quindi prende il sopravvento da sola?

C: Sì. Diventa la sua stessa luce.

D: Perché stavo pensando che una galassia ha pianeti e stelle.

C: Beh, ci sono diverse dimensioni. Ma non determini la dimensione quando crei queste galassie. Prende una sua luce e diventa ciò che vuole essere.

D: Pensavo che forse si dovessero creare tutti i piccoli pianeti e le stelle.

C: No, c'è qualcun altro che lo fa.

D: Vuoi dire che tu inizi con la galassia e qualcun altro prende il sopravvento? (Sì) Hai detto che diventa viva e può fare tutto quello che vuole.

C: Esatto, perché diventa il suo stesso pensiero. E ha il suo modo d'imparare ciò che vuole fare. È come se tu fossi l'iniziatore e poi crea il proprio progetto. Gli dai l'idea e lei si esprime per quanto vuole essere. Ciò che vuole contenere.

D: Prende la sua vita? (Esatto) Quindi non la controlli più, per niente?

C: No, non si tratta di controllare qualcosa. Si tratta solo di uscire e divertirsi. E di cavalcare le onde. Questo è tutto ciò che c'è là fuori. Vedo il suo programma. Puoi andare ovunque, in qualsiasi momento e fare tutto quello che vuoi. È meraviglioso.

D: Allora hai detto che qualcun altro o qualche altra energia come te, si occupa dell'altra parte?

C: Beh, quando si tratta di galassie, perché ci sono tante cose da fare, ognuno ha un ruolo diverso. Così tu inizi e poi lasci che qualcun altro faccia quello che vuole fare.

D: Oh, così possono entrare in gioco anche loro.

C: Certo. Quando crei piccoli sbuffi di cose, quella è una cosa. Ma quando crei qualcosa che coinvolgerà altre forme di vite... altre energie... altre... oh, è difficile da spiegare. E' come se crei una comunità. Quindi la galassia è davvero una comunita' e anche gli altri devono contribuirvi. Non sempre le galassie vengono create. Ma quando lo sono è una responsabilità in più. Sono come i colori dell'arcobaleno: hanno tutti un'energia diversa.

D: Ma una volta che si crea una cosa del genere, allora ne si è responsabili.

C: Oh, certo, hai la responsabilità di assicurarti che qualsiasi cosa tu ne faccia, la mandi in giro. Ma lo mandi fuori sempre con amore, come un dono, perché viene da te, ma non ne hai bisogno.

D: Poi gli altri pensano: "Beh, questa è una buona idea. Ci farò qualcos'altro".

C: Sì, perché è quello che fai. La lasci andare. Non è tua responsabilità sapere chi o cosa o come è stato ricevuto ovunque sia andato. Perché non ci sono limiti. E qualcun altro potrebbe rimodellarla, una volta che l'hai lasciato andare.

D: Ma le galassie finiscono con dei pianeti e alla fine...

C: Beh, parlavo del gruppo che ha fatto tutto. Non parlavo delle galassie. La galassia, ancora una volta, è un enorme sforzo da parte delle altre menti che sono là fuori. E così, quando una galassia diventa improvvisamente disponibile a creare per gli altri, allora tutti hanno un ruolo di responsabilita' da svolgere al suo interno.

D: Stavo pensando appunto che appena si inizia ad avere pianeti all'interno delle galassie, allora ci sono forme di vita separate, non è vero?

C: È vero. Ma non tutte le galassie hanno pianeti. Alcune galassie sono solo enormi entità a spirale che girano e girano e girano. Non devono necessariamente avere dei pianeti.

D: Sono un'entità a sé stante? (Sì.) Quale sarebbe lo scopo allora? Hanno uno scopo se stanno solo roteando?

C: Lo scopo può essere quello di mostrare ciò che le galassie possono fare. Non deve necessariamente avere vita. Può essere come uno schema stellare. Come una cometa che sfreccia nel cielo. Può essere una galassia. Non deve necessariamente contenere la vita. Può contenere altre cose.

D: Quali altre cose può contenere?

C: Beh, può contenere altri inizi di onde, di movimento che possono uscire e creare di nuovo come un universo da qualche altra parte.

D: Ma sembra che sia vivo.

C: È vivo, ma non la vita come la conosci tu.

D: Quindi, quando crei queste cose, stai effettivamente creando qualcosa che è vivo. Questo ha senso?

C: Sì, ha senso per quello che stiamo facendo. (Rise)

D: Così quando lo crei, diventa vivo e lo lasci andare.

C: Io divento la forza. Una forza. Ho detto "galassia", perché è una spirale, come quelle delle galassie riconosciute. Ma è una forza in se stessa. E ha una mente propria, ma non deve avere la vita. Ci sono galassie che contengono forme di vita che vogliono continuare perché ora si stanno sviluppando e riqualificando in continuazione. Ma una galassia che ha una mente propria può esistere senza fare nulla. Non deve avere vita all'interno, perché è la vita stessa.

D: Capisco. Questo significa che fai parte della forza del creatore? E' il modo giusto per dirlo? (Sì) Ma ci sono tutti i tipi di forze là fuori.

C: Oh, qualsiasi cosa. Qualunque cosa tu possa immaginare, questo è ciò che gli dai.

D: Ma alcune persone quando creano cose come questa, a volte possono usarle nel modo sbagliato, non è vero?

C: Non c'è giusto o sbagliato. Si tratta solo di creare e di divertirsi a giocare con l'energia. Ma l'energia è come le onde, come le onde dell'oceano. Correnti che ti portano qua e là. Sono in costante movimento e viaggiano. Ma tu sei sempre a casa perché non te ne vai mai.

D: Cosa consideri "casa"?

C: La Sorgente.

D: Come vedi quella Sorgente? (Pausa) Come la comprendi?

C: La Sorgente è... tu sei la somma e la sostanza di quella Sorgente. Voi siete parte della Sorgente. E quando cavalcate le onde del moto delle idee, siete sempre connessi alla Sorgente. Così sai di essere sempre a casa, ogni volta che vuoi, ma sei anche sempre fuori a cavalcare le onde della vita. E non è la vita, è il movimento. È vivo, ma non è la vita, come nella tua vita. Non ha una fine. Può continuare e continuare e continuare e continuare per sempre.

D: Quindi questo è ciò che consideri la Sorgente? (Sì) E ne esci quando vuoi creare?

C: Sì. Esci e crei qualcosa per te stesso. Crei un posto in cui vuoi restare. Oppure puoi non creare nulla. Puoi fare quello che vuoi, ovunque tu voglia.

D: Qualcuno ti dice quando è il momento di lasciare la Sorgente?

C: No. Tu sei la somma e la sostanza di tutto ciò che è. Quindi, scegli come vuoi che sia, o non scegli nulla. Fai le cose che vuoi fare. Ma non è necessario creare. Non esiste il "dover fare" qualcosa.

D: Poi hai detto che quando si crea, non c'è ne giusto, né sbagliato. (No) È solo il modo in cui si usa o cosa altro? Sto cercando di capire. (Pausa) Perché sai che sto parlando da una prospettiva umana. Lo sai, vero?

C: Sì. Ma non sono presente in una prospettiva umana. (Rise)

D: Lo so. È quello che sto cercando di capire.

C: (Esplose a ridere) Beh, siamo tutti somma e sostanza l'uno dell'altro. Non esiste cosa che sia giusta o sbagliata. C'è solo l'esistente. Esiste solo l'essere. Puoi scegliere di non essere, e questo non è sbagliato. Puoi scegliere di creare, che non è sbagliato. (Enfatica) Non c'è ne giusto, ne sbagliato. C'è solo una costante, per sempre. (Fece fatica a spiegare.) Per sempre c'è una costante che permette, a chi o che sia in quella costante, di fare qualsiasi cosa voglia. Eppure non c'è nessun... non voglio dire "giudizio". Voglio dire che tutto è in perfetto ordine.

D: Ma lo sai che quando le persone diventano umane, usano l'energia in modi che non sono troppo buoni, vero?

C: Giusto. Ma questo perché ogni cosa ha il diritto di essere ciò che vuole essere. Tutto ha uno scopo. Tutto ciò che c'è, ogni singola onda della creazione. Ogni creazione energetica dice: "Questo è ciò che voglio vedere, ciò che voglio essere". Ma è tutta energia.

E quindi non potrà mai essere giusto o sbagliato, perché tutta l'energia è la somma e la sostanza di tutto. È solo il giudizio degli esseri umani che la rende giusta o sbagliata. Ci hanno messo un'etichetta. E non esistono etichette nel Tutto, nell'universo, nella creazione, nel luogo. Nel luogo dove tutti sono a casa.

D: Ma cosa succede quando gli esseri umani si fanno del male a vicenda? Quando sono in corpi fisici?

C: Quello è ciò che avevano deciso di creare.

D: Devono ripagare qualcuno, ogni volta che fanno del male ad altre persone? Ci sono forse delle regole riguardo a cose del genere?

C: Se stabiliscono regole del genere per dare vita a questo genere di cose, sì. Quando si crea, se si creano delle regole, allora, ovviamente, bisogna seguirle.

D: Allora bisogna giocare secondo quelle regole.

C: Sì. Ecco perché non tutte le galassie che vengono create contengono forme di vita o pianeti, perché la galassia vuole essere pura luce, pura energia. Esprimersi in basso fino alla umanità è la forma più bassa di espressione in molti modi.

D: È una forma molto bassa?

C: Sì, è una forma bassa. Eppure è un'immagine perfetta per tornare a casa. La Sorgente vuole vedere sempre che aspetto abbia. E così dà tutto al suo tutto, per uscire ed essere tutto ciò che vuole essere. Quando si creano delle forme di vita con delle regole, allora è li che entrano in gioco i problemi. Si crea il problema creando condizioni e regole.

D: Ma gli esseri umani pensano che ci debbano essere regole e regolamenti, no?

C: È vero, perché è così che creano la situazione della loro anima.

D: Peró se essere un umano è la cosa più densa, la più bassa, perché energie come voi decidono di essere umani?

C: Immagino che si possa dire: solo perché vogliamo vedere com'è. (Ridevamo entrambe)

D: Perché entrare in corpi e diventate umani, non è vero?

Stavo cercando di portare la seduta a Connie, l'essere umano.

C: Sì e questo fa parte di ciò che avete creato. Quando modelli l'argilla, puoi modellarla in (grande sospiro) ciò che chiamate "alieni", ma non sono alieni e non sono ET. Sono solo una forma di pensiero che vuole essere vista. È un'idea.

D: Così non devono essere tutti uguali.

C: No, no. I fiori non si assomigliano. Gli alberi non si assomigliano. È solo un'onda d'energia diversa che qualche onda d'energia ha creato. Le onde d'energia si creano l'una con l'altra.

D: Ma lavorano insieme per farlo, no?

C: Giusto. Soprattutto quando si vuole creare qualcosa di enorme come una galassia con pianeti.

D: Senza cooperazione, immagino che sarebbe il caos, no?

C: Beh, deve esserci anche il caos.

D: Cosa intendi dire?

C: Quando stai creando qualcosa e la mandi fuori e un'altra idea di pensiero decide di smontarla e di aggiungerci qualcosa, questo è una forma di caos.

D: Quindi è in fase di formazione. È così?

C: Giusto. E poi, quando ha finito con il caos, qualche altra onda luminosa può prenderla e rimodellarla in qualcosa di più. Non è solida, ma è più contenuta. Ha una sua forma. Capisci cosa voglio dire?

D: Sì, credo di capire.

C: Molto spesso, perché è un miscuglio di tante cose, non sa quale forma in definitiva voglia assumere in quella vita.

D: Sta ancora cercando di decidere.

C: Giusto, giusto. Vuole solo uscire dalla Sorgente, in modo da poter essere e fare. È così entusiasmante! (Rise) Ed è per questo che non esiste un giudizio su ciò che è giusto o sbagliato. La Sorgente dice: "Create e fatemi vedere tutto ciò che possa mai, assolutamente essere immaginato. Qualsiasi cosa che si possa mai e comunque progettare".

D: Nessun limite a tutto.

C: No. Non ci sono limiti a tutto questo. È il cerchio ininterrotto.

D: Beh, ho sentito l'espressione: "Il sognatore sogna il sogno". Questo va di pari passo con quello che stai dicendo? (Sì, sì.) Perché mi è stato detto che tutta la Terra e tutte le persone che la abitano sono solo un sogno.

Di questo si parla negli altri miei libri della serie Universo Convoluto.

C: (Compiaciuta) Esatto! Proprio così.

D: Sto cercando di capire meglio. (Pausa) Ho sempre voluto sapere: "Chi è il sognatore?".

C: (Rise) Beh, puoi essere il sogno o il sognatore. Puoi essere entrambi. Allo stesso tempo.

D: Ecco perché è più complicato.

C: È vero, perché l'umano, la forma più densa di comprensione, non può capire. Questo perché gli è permesso di non capire. Ma tutto è permesso, qualsiasi cosa possa essere. Vedi, è per questo che non esiste l'apprendimento, perché ogni cosa è tutto. Tutto è tutto. Tutto esiste dentro e fuori. E quindi tutto ciò che è stato mostrato, che è stato conosciuto, è sempre piaciuto e apprezzato. Qualsiasi cosa sia.

D: Perché ogni volta che mi è stato detto, il sognatore sogna il sogno, cercavo di capire: "Chi era il sognatore? (Rise) Allora lo siamo entrambi.

C: Siamo la somma e la sostanza di ogni espressione.

D: Una domanda che ho sempre posto e a cui non mi hanno mai risposto è: "Cosa accadrebbe se il sognatore si svegliasse?

C: Questa è una bella domanda.

D: Se siamo tutti solo un sogno. Cosa ne pensi?

C: Perché il sogno non è un sogno nel senso in cui voi lo percepite come un sogno. (Pausa) Ancora una volta, noi siamo la somma e la sostanza del Tutto. Diciamo che un'onda esce dalla Sorgente perché è così che la Sorgente invia i suoi pensieri. Un'onda. E quell'onda dice: "Desidero creare una certa cosa". E quell'onda dice: "Voglio essere un sognatore". E voglio essere un sognatore per tutto il tempo che voglio sognare". Avresti potuto stabilire uno schema di un limite. Non di tempo, ma un limite.

D: In questo modo il sognatore è come un creatore.

C: Esatto. E quando quell'onda ha finito di essere un sognatore, poi, in un certo senso, si sveglierà.

D: Allora cosa succede al sogno che ha creato, se si sveglia?

C: Beh, il sognatore si sveglia e poi ricomincia da capo. Tutto ha un inizio, nel senso che l'onda esce. Questo è l'inizio dell'onda dalla

Sorgente. E può continuare all'infinito, finché vuole sognare. Finché non vuole tornare indietro e ricominciare tutto da capo. Ma è sempre un cerchio. Così i simboli nel cerchio ti mostrano che puoi rimanere, allora desideri d'iniziare come una nuova onda. Parti e limiti te stesso ad una sola cosa. Questo è il sogno del sognatore.

D: *Ma allora il sogno continua ad esistere o si dissipa e dissolve, quando il sognatore ha i suoi limiti e si sveglia?*

C: Dipende da come il sognatore ha voluto porvi fine. E come rinnova se stesso. Non deve essere per forza un sogno.

D: *Ma tutte le parti, i componenti del sogno ritornano ad un altro tipo d'energia. (Giusto) Così nulla viene mai distrutto. (No, no.) Credo che sia questo che preoccupa la gente. Cessano semplicemente di esistere?*

C: No. Niente è mai... Cosa significa la creazione... si inizia come un'onda. Poi decidi che questa è una limitazione. Di nuovo, è la mente universale. Ed ogni piccola onda che si spegne-- e dico "piccola", perché in realtà inizia come una piccola onda di una "idea". Credo di poterlo dire in questo modo. Poi si assumono i colori e tutto ciò che si sta creando, mentre si esce. In un certo senso, sei tu il sognatore. Metti un limite a quanto tu voglia allontanarti con quella particolare idea. Quando decidi di porre fine a quell'idea, puoi anche dire: "Voglio ricominciare da capo proprio qui". E andare da lì, verso un'altra direzione.

D: *Allora puoi andare via e fare qualcos'altro.*

C: Esatto. Ogni onda è un sognatore. E dice che sta progettando. Sognare e progettare sono quasi la stessa cosa. Diciamo che escono dieci onde. Ognuna ha la sua idea di come vuole sognare il sogno. E dove vuole fermarsi. Perché, per ricreare, bisogna avere una sorta di conclusione di quella particolare onda. Ma poi si rafforza e la metti in moto in un altro modo.

D: *Questo è quello che cercavo di capire. Pensavo che se un sognatore sognasse e noi fossimo parte del suo sogno e della sua esistenza, allora avrebbe pieno controllo su di noi. È una sensazione di vulnerabilità, credo.*

C: Giusto. In un certo senso, si potrebbe dire così. Ma poi, forse, mentre quel sognatore ti sta sognando, tu avevi già deciso di far parte di quel sogno, prima che lo sognasse.

Esplosi a ridere. Decisi che eravamo andati il più in profondità possibile in questo pantano e non c'era bisogno di piegare ulteriormente la mia povera mente. Così decisi di concentrarmi su Connie, la cliente e di riportarci su un terreno familiare.

D: Ma sei consapevole di parlare attraverso un corpo fisico in questo momento?

C: Sì, in un certo senso, perché ne sento il brivido.

D: Ma perché hai deciso di scendere ed entrare in un corpo fisico? Se avevi tutto questo potere, sempre che questa è la parola giusta?

C: (Sospirando) Perché è una decisione... prendere un momento. Vedi, nella Sorgente del Tutto, nell'onda di tutta l'energia, nella vera matrice della vera luce di ogni cosa, --non so se riuscirò a spiegarlo,-- si tratta ancora una volta di: "Come ci si sente?" Perché la Sorgente, nel suo infinito, dice: "Voglio che quest'onda esca e mi mostri qualcosa di diverso". Ti dà l'idea: "Vai e crea. Vai e crea ciò che t'ispira". E quando crei ciò che t'ispira, la Sorgente dice: "Ah!" In realtà non c'è mai alcuna ripetizione, anche nei minimi dettagli, della stessa cosa. Questo è il significato della creazione. È creare. È come nel mondo umano, dove ci troviamo in questo momento nel tempo. Potresti sederti nello stesso posto ogni giorno a guardare la stessa montagna e non la vedresti mai, mai, mai nello stesso modo ogni giorno per il resto della tua vita.

D: Hmm. Anche se pensiamo che sia la stessa.

C: Esatto! Ma questo perché siete in questa densità che vi limita a pensare che questo sia il vostro limite. E il vostro limite non è questo. È senza limiti. Voi siete per sempre!

D: (Risi) Ma in questo caso, hai deciso di entrare nel corpo che noi chiamiamo "Connie"? (Sì.) E di sperimentare qualcosa attraverso di lei? (Sì.) E hai sperimentato anche altri corpi umani?

C: Oh, sì! Molte volte.

D: Tutte per lezioni diverse. È giusto?

C: Beh, vedi... succede. Ma non sono proprio vere lezioni. Sono espressioni di tutto ciò che può esserci. Sono espressioni nella forma più densa in assoluto. Ed è per questo che questo corpo, Connie, adora le miniature; perché nella scala in miniatura vede la realtà della Sorgente. Perché è questo che sono gli esseri umani. Ci fu un tempo sulla Terra, in cui esistevano i giganti, perché è quello che i giganti volevano essere. E si poteva camminare su un pianeta più grande. La Terra è un pianeta molto, molto piccolo.

D: L'ho sentito dire.

C: Oh, sì, sì, sì, sì. E così per gli umani visto ché la Terra è piccola, la Terra è tutto. La Terra è densità. È in un certo senso, una lotta per voi. Ma questo perché, ancora una volta, è ciò che tutti voi avete progettato. Raramente una persona o un'onda, –preferisco dire "onda", perché è quello che siamo– progetterebbe questa Terra perché una persona sola la possa sperimentare. È una comunità.

D: Una comunità di esseri o di energie.

C: Esatto. E così, quando ci sono galassie là fuori che non hanno pianeti, è perché c'è una comunità che è d'accordo che questa dovrebbe essere una galassia che non ha esseri, gli esseri umani. Altrimenti dovrebbe essere solo pura luce che gira e gira. Finché qualcuno non decide renderla una galassia con pianeti. La plasmiamo. Hai mai giocato in un recinto di sabbia? (Sì) Si prende una grande sabbiera e si va a creare ogni genere di cose. Qualsiasi cosa tu voglia fare. Lasci il recinto di sabbia e qualcun altro arriva e rimodella la sabbia. L'hai lasciata perché ti è piaciuta e ora hai finito. E quando te ne vai, arriva qualcun altro e rimodellano la sabbia in base a ciò che vuole godersi. È un po' come gli schemi dell'universo. Ecco perché un'onda può uscire e dire: "Questo è ciò che creo per un po'". Lo si manda fuori e si lascia che qualcuno –un'altra onda– la prenda e la rimodelli.

D: Con le nostre menti limitate cerchiamo di capire queste cose.

C: E non potete pensare con la mente.

D: Ma hai detto che è per questo che a Connie piace lavorare con le miniature?

C: Esatto, perché vede il mondo come potrebbe essere, quando è in scala ridotta in altri luoghi. (Ridacchiò) Ci sono esseri che vivono in un mondo più piccolo di questo umano.

D: L'ho sentito dire. Si dice che non ci siano limiti. Si va solo dal macrocosmo al microcosmo, e ritorno.

C: Esatto. Ma il vostro pianeta Terra è unico in quanto vi mostra, per esempio, il regno delle fate, i devas. Sono molto piccoli, ma vivono in un mondo proprio come gli esseri umani. Solo che vivono in modo diverso perché sono più leggeri e sono più piccoli, vero?

D: *Sì, lo sono.*

C: Lei crede nei devas e nel regno degli angeli. Tutti sanno che esistono davvero e stanno cominciando ad accettarli. E mostrerà alla gente che è sicuro crederci, perché lei ha sempre creduto in loro fin da quando era bambina. --Quindi il pianeta Terra, nella sua forma più densa, dà indizi su tutto quello che c'è qui, su come è veramente. Ed è per questo che le è sempre stato insegnato a prestare attenzione alla natura, perché la natura ha gli indizi alle sue risposte.

D: *Non sono sicura se dovrei chiamarti il subconscio. Va bene se mi riferisco a te in questo modo?*

C: Va bene. Non ho un nome.

D: *Ma io devo sempre etichettare qualcosa.*

C: Va bene. Lo sappiamo. Dolores, capiamo molto bene come lavori. E stai lavorando perfettamente nella tua espressione. E sei l'espressione di una luce bellissima. E ci sarai per molto tempo perché non solo fai ciò che è necessario in tutto il mondo, ma ovunque tu vada lasci un deposito della tua essenza.

D: *Questo mi è già stato detto. Mi hanno detto che per questo è importante che io viaggi in certi luoghi.*

C: Devi sempre continuare per via della tua essenza. Tu porti con te quella che chiameremmo:"una persona di luce bianca". Ovunque tu vada, chiunque tu tocchi, con chiunque tu lavori durante le sedute, gli dai più di quanto tu non ti renda conto. Più di quanto si rendano conto. Stai trasmettendo un sogno. Tu sei il sognatore che sogna. E tu sei completamente sveglia. Quando dai loro la tua presenza, a tutti quelli che tocchi, quando li abbracci o stringi le loro mani, stai trasmettendo qualcosa di speciale.

D: *Faccio il mio lavoro.*

C: Tu sei... non è un lavoro. È il tuo amore e tu stai piantando dei semi. Sai cos'è un seme?

D: *Beh, continuo a dire che forse pianterò qualche seme.*

C: Stai piantando dei semi. Quando ieri hai presentato la tua lezione – o qualunque fosse il momento (era alla Conferenza UFO)– e hai esitato. L'universo –lo chiamiamo l'universo– ti stava dicendo:

"Vai avanti". E c'era un certo numero di persone sedute lì che dicevano: "Sì". C'era una voce cosciente che ti rimandava il pensiero: "Procedi. Adesso va bene parlarne".

D: È tempo che la gente sappia queste cose.

C: Esatto. Ed era corretto. Stavi facendo quello che ti veniva detto di fare. Sei una luce bellissima per il mondo. E vai in giro a piantare i tuoi semi. E indovina un po'? Tu sei la via dorata di coloro che verranno subito dopo di te e continua in un metodo di lavoro diverso che aiuterà perché stai piantando i semi. Potrebbero raccoglierli per te.

D: E' per questo che sto cercando d'insegnare il metodo.

C: È proprio così.

D: Non lo capiranno tutti, ma alcuni sì.

C: Esatto. Non è solo quello che stai insegnando. Sono gli altri che arriveranno e si renderanno conto... che ti stai facendo un nome che verrà riconosciuto, non solo per il tipo di lavoro che stai facendo, ma perché' permette agli altri di fare il loro tipo di lavoro. Non è il tuo percorso, ma è il loro. E loro raccoglieranno i tuoi semi. Lo capisci questo? (Sì) Oh, bene! Sono così felice! --Ma abbiamo finito.

Era passato abbastanza tempo e avevo intenzione di riportare indietro Connie. Ma il SC mi informò che il corpo era a disagio. Ma prima volevo ringraziarlo per l'aiuto e le informazioni.

C: Prego, hai le nostre benedizioni. Ti preghiamo di continuare sempre il tuo lavoro. Sappiamo che hai un'agenda molto fitta di impegni, ma ci stiamo prendendo cura di te. E manterremo il tuo corpo sano per te, fino a quando sarà il momento di continuare con questo lavoro. Ma è bene che condividiate le tue lezioni e che insegni alle persone, perché il lavoro deve continuare.

Capitolo 27

UN ESSERE D'ENERGIA

Questa Luana scese dalla nuvola vide uno strano panorama. Il terreno era coperto di cime scoscese, alcune molto alte ed altre più basse. L'intera vista era coperta di queste cime, non c'era altro. “"Il loro colore è marrone chiaro con scintille, come se fossero cristalli. Tutto è frastagliato e tagliente". Mi chiedevo come qualcuno possa muoversi e camminare su una superficie del genere. Disse che non era in piedi, che stava volando, galleggiando, guardando questo scenario sotto di lei. "I picchi sono troppo appuntiti. Tutto è troppo appuntito. È come se i cristalli fossero dei picchi dentro agli altri picchi e hanno la stessa forma frastagliati. Sono lunghi, lucenti e appuntiti. Ce ne sono di piccoli e di grandi. Ci sono molti riflessi di luce che rimbalzano ovunque. Alcuni dei picchi sono così alti che sono per lo più tra le nuvole".

Le chiesi di prendere coscienza del suo corpo o di come si percepiva. "Presumo di avere un corpo perché non voglio calpestare quelle cime appuntite". Riesco a percepire delle sensazioni. Noto punti caldi e punti freddi, posso notare la brezza e posso notare la vista. -- Sto facendo attenzione a guardare tra le cime e i cristalli. Se guardo più vicino alla superficie, non è statica... ci sono cose che si muovono. È un po' come pezzi di una nuvola, solo che non sono bianchi o grigi. Poi quando brillano di più e si muovono, scivolano, cambiano forma, ma non sono una nuvola".

D: Cosa pensi che siano?

L: Quando sono atterrato qui la prima volta ho pensato che fosse vuoto, ma vedo che non lo è. Sono quasi come blob che brillano. Non sono definiti e possono rotolare tra le cose, ma possono anche fluttuare. Sono come blob, alcuni sono piccoli blob, altri sono più grandi e non hanno una forma definita. Sono come una specie di nuvola, solo che una nuvola è più sagomata.

D: Sono le uniche forme di vita che riesci a rilevare?

L: No. In realtà ci sono piccole, piccole cose che strisciano sulle superfici. Sono un po' come i blob, ma sono molto più piccole. C'è movimento ovunque.

D: Pensi di poter comunicare con questi blob? Pensi che siano esseri senzienti in grado di conoscere le cose?

L: Sì, sanno le cose. --C'è come un ricordo delle bolle di sapone interne. Solo che sono tutte forme e dimensioni diverse... integrate.

D: Beh, che mi dici di te? Pensi di assomigliare ad uno di loro?

L: (Ridendo) Me lo stavo chiedendo. Posso certamente galleggiare e posso certamente cambiare posizione. Non ho un senso del mio aspetto. Sento cose come il caldo e il freddo. --Posso cambiare forma... posso cambiare forma... posso facilmente cambiare dimensione. --Questi altri stanno galleggiando in giro o strisciando. Alcuni di loro sono così vicini alla superficie che ci sono sopra. Non so se sono come loro o no.

D: Puoi scoprirlo. L'informazione è lì. Sei come gli altri? (No) In cosa sei diversa?

L: Sono come una forma di vita più semplice... è come una transizione. Non è come un corpo. Non è nemmeno pura luce. Mi sono fermato qui e non sono esattamente così. (Una rivelazione improvvisa.) Sono in missione! --Questo è come un luogo di riposo. Sono in viaggio verso casa e questo è solo un luogo di riposo.

D: Sei più evoluto e loro sono più semplici? (Sì) E pensi di essere sulla via di casa? (Sì) Cosa intendi?

L: (Sussurrando) È dove vivo.

D: Sei stata da qualche altra parte? (Sì) Dimmi un po', dove sei stata?

L: Sulla Terra e non ci torno. Ecco perché sono in questo luogo di riposo prima di tornare a casa per purificarmi. Tutto fatto sulla Terra.

D: Sei contenta di essertene andata da là?

L: No, mi manca la bellezza, ma non voglio tornarci. --Mi manca casa. Casa... non c'è niente di frastagliato. Non c'è niente di appuntito. Lo sappiamo tutti. Tutti amiamo. Mi manca casa, ma va bene essere in questo luogo. E' solo un posto dove fermarsi. Non so esattamente perché mi sono fermata qui, se non per soddisfare una curiosità. Non conoscevo posti come questo. Sai che sulla Terra le chiamano "ameba". Solo che alcuni di loro sono molto piccoli, altri sono enormi ed intelligenti. Possono fondersi tra loro. Possono cambiare forma. Possono crescere. Possono restringersi. È bello essere così. Forse è per questo che sulla Terra mi piace così tanto l'acqua.

D: Ma è bello non essere nulla per un po' di tempo, no?

L: Sì. È sicuramente bello.

Decisi di condensare il tempo e di portarla avanti a quando era tornata a casa. Le chiesto com'era. "È davvero bella e lucente, molte cose sono blu, verdi e oro".

D: Oggetti o solo colori?

L: Beh, gli oggetti sono colori. È come se tutto si potesse toccare e sentire, quindi non c'è differenza. È solido, ma si può anche attraversarlo, quindi ha tutti i tipi di spazi. Può fare un astronave che può viaggiare molto lontano e che è fatta di luce particolare. E possono fare cose bellissime se abbiamo ricordi di dove siamo stati, inoltre creiamo.

D: Bisogna avere dei ricordi prima di poter creare qualcosa? (Sì)

Si meravigliava ed era in soggezione perche vedeva le cose magnifiche che si stavano creando. Sospirava profondamente. "È così sicuro e così bello qui. Mi mancava". Cominciò a piangere.

D: Ma sei andata sulla Terra per un motivo, non è vero?

L: Lo volevamo e siamo andati tutti in quel posto bellissimo, bellissimo. Vorremmo che sapessero quello che sappiamo e che provassero quello che proviamo.

D: Ma lo sai, quando la gente viene sulla Terra, si dimentica, vero?

L: Alcuni di loro dimenticano, Altri no.

D: È più facile quando dimenticano?

L: No, è più difficile perché vengono risucchiati da tutto. Soffrono e si bloccano. No, è più facile ricordare. Se hanno il coraggio di dirlo alla gente... ma alcuni di loro si spaventano. Alcuni di loro sanno che nessuno gli credera' e altri semplicemente dimenticano. Ma è così bello la' e anche noi andiamo sulla Terra e ci godiamo quei posti. Così possiamo raccogliere i ricordi e possiamo essere più creativi, possiamo fare di più per gli altri.

D: Quindi bisogna andare a fare esperienza nel fisico per avere i ricordi? (Sì) Senza non potresti creare? È questo che intendi?

L: Noi possiamo creare. Questo è ciò che siamo. Siamo creatori di luce, eppure possiamo anche arricchire il pianeta nel suo insieme. Vedi, là c'è connessione con ogni luogo. Non è come pensa la gente. Sulla Terra la gente lo da per scontato, ma ci sono pianeti diversi che non sono uguali. Su questi pianeti tutti sanno che è facile inviare messaggi. È facile connettersi. È facile andare avanti. È facile viaggiare. È facile.

D: Perché non hanno dimenticato quello che devono fare. (Sì) Ma questo non fa forse parte della prova, si dimentica quando si viene sulla Terra?

L: No. In realtà penso che quando solleveremo la loro coscienza sulla Terra sempre di più, loro ricorderanno. Questo è ciò che tutti noi vogliamo fare per loro. Così si tratteranno meglio l'un l'altro, in modo che non debbano soffrire per imparare le loro lezioni. Non è necessario, ma è quello che è stato fatto. Non deve essere così.

D: È più facile ricordare, semplicemente senza la sofferenza. È questo che intendi? (Sì) Ma gli umani non ascoltano, vero?

L: No, non sempre.

Decisi che era ora di procedere. L'unico altro posto da esplorare sarebbe stato il piano dello spirito, ma volevo passare alla terapia che esploro con il SC. "Lo sai che stai parlando attraverso un corpo che ora e' vivo e si chiama Luanna?".

L: Sì. Ma questa è la mia casa in questa vita.

D: Mi stavo chiedendo se tutto questo fosse prima che entrasse nel corpo di Luanna.

L: Questo è prima e anche dopo.

D: Quindi dopo che avrà finito qui, tornerà nello stesso posto? (Sì) Ma se era così felice ed è così bello là, perché ha deciso di tornare come Luanna?

L: Prima di Luanna era un volontario per andare sulla Terra.

D: Così è tornata più e più volte.

L: Sì, ma Luanna è l'ultima. Questo lo so. Perché dopo Luanna è finita e lei può tornare di nuovo a casa, proprio come me.

D: Quindi pensi che a quel punto avrà finito tutte le sue lezioni?

L: Sulla Terra, sì... non tutte le lezioni.

D: Entrando, sapeva che sarebbe stata la sua ultima volta? (Sì) È stato difficile, vero? (Sì) Ha creato quelle difficoltà per un motivo?

L: Volendo essere il più completa possibile.

D: Cosa intendi dire? Come possiamo essere completi?

L: Quando andiamo da questo luogo di luce e lasciamo questa galassia, come la chiamiamo noi, e andiamo verso altre civiltà, come si potrebbe chiamare, allora assumiamo un po' del loro karma. Quindi completiamo tutto il nostro karma umano da questo viaggio.

D: Quindi Luanna è stata anche in altri luoghi oltre alla Terra e tu stai dicendo che accumulate karma da altri luoghi?

L: Il karma che Luanna sta completando è solo dalla sua vita umana.

D: Allora è il momento di chiudere quel capitolo? (Sì) Ha imparato tutto quello che poteva imparare da quelle vite.

L: Non solo imparare, ma anche contribuire. Il motivo del viaggio era quello di contribuire.

D: Che cosa avrebbe dovuto contribuire?

L: Insegnare alle persone come pensare... insegnare alle persone come amare... insegnare alle persone come prendersi cura l'una dell'altra... insegnare alle persone come avere fede... insegnare alle persone come creare la pace... insegnare alle persone come superare le malattie... insegnare alle persone come essere connessi alla natura... insegnare alle persone che l'essenza della disperazione è la connessione... insegnare alle persone che possono stare insieme in armonia... insegnare alla gente che la guerra è qualcosa che può porre fine a una vita.

D: Queste sono tutte cose meravigliose, ma quando veniamo sulla Terra diventa difficile, vero?

L: Certamente. Ma ce ne sono così tanti degli altri. Vedi, alcuni di noi dimenticano, ma gli altri non erano noi. Quelli sono nuovi. Stanno solo imparando. Diversi livelli. Diverse cose da contribuire... diverse lezioni da imparare. E anche alcuni di diversi settori... alcuni hanno avuto più vite umane. E in realtà ce ne sono anche altri provenienti da galassie diverse.

D: Ci sono anche quelli che sono tornati ancora e ancora e ancora? (Sì) Sono loro quelli che sono più impantanati sulla ruota del karma?

L: Sì. E' per questo che gli "esterni" vengono ad aiutarli. --Molte persone vogliono essere aiutate, ma si mettono nelle loro scatole. Sanno di voler essere aiutati, è solo che rimangono così bloccati nel loro punto di vista. Rimangono così bloccati nelle loro limitazioni di quel momento e dei loro corpi, che non credono di avere nient'altro. Vogliono essere aiutati senza fare niente di diverso. Pensano che sia tutto ciò che c'è, il corpo o quel cibo o quel luogo o quella vista. Luanna a volte si blocca. Ha avuto altre vite in cui si ricordava. Questa volta è ritornata per ricordare chi era e cosa poteva fare. Sta facendo un buon lavoro, ma non buono come avrebbe voluto.

Sembra che alcuni dei volontari siano delle anime molto anziane che hanno deciso di venire qui anche per aiutare. Sembravano essere nuovi alle vibrazioni della Terra e questo gli ha creato dei problemi. Una delle cose principali che li distingue dai novellini è proprio che hanno più esperienza. Eppure Luanna ha riconosciuto che dovevano lavorare tutti insieme per aiutare coloro che sulla Terra erano "bloccati".

Capitolo 28

ENERGIA SCONOSCIUTA

Joyce stava esitando a scendere dalla nuvola. Dopo molta persuasione, scese, ma continuò per diversi minuti a vedere forme, colori, strutture, vibrazioni, ecc., che per lei non avevano alcun senso. Non c'era alcuna continuità. Non appena si concentrava su un oggetto o su una forma o un colore, passava a qualcos'altro che non era ugualmente identificabile. Ho avuto difficoltà a seguirla, perché cercavo di farla restare su una cosa per poter proseguire. L'unica cosa di cui era sicura, era che non si trovava sulla Terra, forse anche in un universo diverso.

"Non sono in un luogo. Sono nel mezzo di una specie di vibrazione fluttuante. Più che altro una frequenza vibratoria". Continuava a spostarsi avanti e indietro come se cercasse di formare qualcosa, ma non ci riusciva mai del tutto. Quando alla fine le ho chiesto di percepire il suo corpo, disse che non pensava di avere un corpo. "Sento di avere una presenza. Sento di avere un'entità dell'anima, ma non riesco a vedere un corpo. --Sono una Sorgente d'energia". Cercava di percepire o di trovare la vita in qualche forma, ma tutto ciò che riusciva a percepire era movimento, eppure il movimento era in una forma d'energia che non le era familiare. "Vedo movimento... un qualche tipo di cosa che si muove. Ha una qualche forma d'energia. Sta andando da qualche parte. Sta per fare qualcosa. E' in procinto di... Ora vedo il retro di questo ed è una specie di campo energetico. Sembra l'estremità tagliata del fondo di un albero che ha tutti questi anelli. E ora mi trovo nel mezzo di questa enorme formazione che sembra il fondo di un albero ed è piena d'energia e d'anelli. Ma non so perché sono qui. Sta abbracciando tutto il mio campo visivo. È un campo energetico e sto cercando di connettermi con questo strano nuovo design, questa cosa che è qui. Che cosa sei? Perché ti sto guardando? Non so perché mi stai mostrando questo. Ho una qualche connessione con te? Perché sono qui?"

Quando il soggetto inizia a fare domande, di solito le risposte arrivano. A volte faccio anch'io delle domande "alle entità", ma di solito lascio che la conversazione si sviluppi da sola.

D: Cosa senti?

J: Mi mostrano campi energetici e mi dicono delle cose. È come se mi lanciassero onde di questi diversi colori. E questi colori sono cose che capisco. --Si è trasformato ancora, in un altro design.

D: Perché ti mostrano tutto questo?

J: Sto ricevendo la "colla" della Terra. Come è appiccicosa. Sta mostrandomi i suoi sistemi e la sua risposta.

D: Che cosa significa?

J: Wow! Sembra una vasta area dove c'è dell'aria blu che si trattiene in questa zona. --Perché me lo stai mostrando?-- "Stai vedendo il campo energetico come nessun altro lo ha visto".

D: E' questo ciò che significa? E' la colla che tiene tutto insieme?

J: Sì. Un campo energetico che non è ancora conosciuto. --Come dovremmo chiamarlo?

D: Chiedi loro di spiegartelo in modo che possiamo capire?

J: (Fece un respiro profondo.) I campi casuali di sostanza ancora sconosciuti che generano la fisica quantistica.

D: Così possiamo capire meglio la fisica quantistica?

J: Sì. Un tipo d'energia. --Ditemi!

D: Il tipo d'energia che tiene insieme la Terra e tutto ciò che è qui?

J: Sì. Mi stanno mostrando una forma visiva. Mi chiedo... qualcuno lo sa?

D: Vuoi dire che la gente non ha mai visto il suo aspetto.

J: Dicono che questo è diverso. --I campi energetici che si emanano davanti a me sono così minuti. Sono dovuti a strutture così piccole e microscopiche. Dicono che è qui che devi sapere... che cosa? Cosa devo sapere? (Un profondo respiro di frustrazione) Cicli d'energia a questo punto. Le frequenze sono ad un punto ancora sconosciuto. Bene, parlamene!

D: Non glielo mostrereste se non voleste farglielo capire.

J: Me lo stanno mostrando davvero, è solo una sinfonia di tessuti sovrapposti d'energie, campi e vibrazioni. È davvero minuto, minuto e minuto. (Stava chiedendo a qualcuno) Ma che mi dici di questo? --Mi stanno mostrando un cono. I coni che raggiungono l'apice e io ci sono all'interno, mi ci sto muovendo tutt'intorno. Mi mostrano l'interno di questo campo energetico e ora le strutture s'interfacciano come se le mie dita fossero qui ai lati. (Movimenti delle mani.)

D: Si intrecciano?

J: Sì, si intrecciano.

D: Cosa rappresentano?

Ciò che seguì fu una serie di simbolismi complessi, difficili da capire. Decisi che era il momento di chiamare il SC per avere più risposte. Speravo che non rispondesse in simbolismi, ma in parole che potessimo capire. Chiesi perché avesse scelto di farle vedere quelle scene.

J: Il monopolio degli sforzi.

D: Cosa intende dire? Non siamo andati in altre vite. Siamo solo andati in campi energetici. Cosa ha a che fare con Joyce?

J: Qui dice che non capisci.

D: Stiamo cercando di capire. E' per questo che faccio queste domande. C'è qualcosa che Joyce deve fare con le energie?

J: Sono la sua sorgente e le può usare.

D: È questo lo scopo di mostrarle come sono fatti i campi energetici?

J: In questo momento sono oltre la comprensione. Verrà il momento, in cui avranno un senso.

D: Vuoi che impari a usare queste energie?

J: Il suo scopo è di farla capire prima agli altri. Il fattore segreto deve essere scoperto. In questo momento sfugge alla maggior parte delle ricerche.

D: Ma era come se le venissero mostrati diversi campi d'energia.

J: Quello era un magnifico esempio della Sorgente.

D: Ci sono altri che sono stati alla Sorgente e l'hanno descritta come una luce brillante. È la stessa cosa?

J: La Sorgente sfugge al confronto è incomparabile.

D: Si tratta di un tipo diverso di Sorgente o di una che conosco?

J: Sono unificate. Sono la stessa cosa.

D: Ma volete che lei sappia di questa energia e della Sorgente?

J: Sono le benedizioni della sua vita. -- Le formazioni non la toccano. Sono infinite. Presto lei sarà in grado di capire. La fonte di informazione è incredibile, ancora da scoprire. Lei la utilizzerà in un modo fino ad oggi sconosciuto.

Non le è stata mostrata alcuna vita passata perché il SC la considerava storia antica e lei doveva concentrarsi sul suo nuovo lavoro.

Quando siamo arrivati alle domande fisiche, ho fatto fare al SC una scansione del corpo perché aveva così tanti disturbi. La prima cosa su cui si concentrò fu il suo sangue. Era troppo denso. Questo era causato dall'infelicità di questa vita. Il sangue doveva essere diluito. Così il SC passò attraverso il sistema. "Sto viaggiando attraverso le cellule... attraverso tutti i legamenti, facendo cerchi ovunque. Sto attraversando tutti i possibili capillari che girano, catturando e spostando fuori ciò che non va. Rimuovendo tutto ciò che causa disarmonia. Sto attraversando tutti gli organi e tutte le cellule. Deve muoversi velocemente. (Aveva già subito un intervento chirurgico e le avevano rimosse delle parti) Avrebbe potuto essere riparato. --Il cuore e' sotto pressione. Ha fatto un casino. --I capillari... organi che hanno bisogno di sostegno. Sistemare tutto. Ripulire tutto. (Aveva problemi con una gamba da quando se l'è rotta. Volevo sapere perché era successo). La velocità a cui sta procedendo deve essere ridotta. Questa velocità non deve continuare. L'abbiamo rallentata. (Lavorarono sulla gamba) Sto passando attraverso le ossa porose. Hanno bisogno d'aiuto. Le farò come un albero: strutturalmente forti".

Lavorarono anche sull'anca e sulla colonna vertebrale. Il cuore è stato riparato. La fonte del danno al cuore era la "mancanza di gioia". Questa era uno delle ragioni per cui lavorava così duramente: per coprirla. Per tenersi occupata.

Capitolo 29

IL SOLE

Terry aveva diversi disagi fisici perché stava dando poca attenzione al suo corpo per prendersi cura degli altri. Gli dissero che aveva bisogno d'amare il suo corpo. "A livello profondo ha accettato di venire, ma non è ancora completa. Vuole ancora andarsene."

D: È un lavoro troppo grande? È per questo che vuole andarsene?
T: A volte.
D: Perché ha detto di non essersi mai sentita a casa qui. In realtà non vuole restare qui.
T: Si sente così, ma a volte ama questo posto. A volte ama il suo lavoro.
D: È venuta per un motivo, non è vero?
T: Lo capisce, ma per avere successo deve essere al 100% nella luce e nella felicità.

Volevano che continuasse la sua pratica di guarigione. Dissero che a volte lavorava con un'energia universale molto potente. Produceva risultati molto potenti; tuttavia, "il suo corpo non è abbastanza forte per quell'energia in questo momento. Potrebbe distruggerla. Lei stessa deve diventare più forte. C'è troppa energia. La userà alla fine e molto presto. Ma può distruggerla perché è troppo forte". Allora le diedero un consiglio su come rimettere il suo corpo in forma. Parlava della sua dieta. "Deve stare più all'aperto a contatto con la natura. È in quel contesto che acquista energia. Deve smettere di mangiare carne. Non fa bene al suo corpo. E continuare con i liquidi. Tutto cibo crudo. Liquidi." Questo è lo stesso consiglio che il SC dà a tutti quando chiediamo della dieta.

D: Disse che voleva arrivare al punto di non dover mangiare nulla.

T: Questo le farà bene. Le manderemo una guida che le insegnerà a farlo. Non tutti possono farlo. Alcune persone possono rimanerne danneggiate, ma per lei sarà un bene. Liquidi.

D: Il suo corpo sarà in grado di mantenersi così? (Sì) Non vogliamo fare nulla che possa nuocerle. Ma così perderà peso, vero? (Terry era sovrappeso.)

T: Non si tratta del peso, si tratta d'energia. Come sentirà il corpo vibrare. Perché il cibo che sta prendendo ora potrebbe far diminuire la sua vibrazione. Ecco perché non può gestire l'energia di guarigione superiore ora.

D: Disse che alla nascita, per tutto il primo anno, ebbe problemi con il sistema digestivo. Perché è successo?

T: Perché da qualche parte in una delle sue vite era con la luce. Sa come prendere l'energia dall'universo.

D: Quindi quando è entrata in questa vita, pensava di poter fare la stessa cosa?

T: Sì. (Rise) Quando è arrivata, i suoi genitori non la capivano. Il primo anno è stato difficile ed è stato quando si è ammalata. Poi abbiamo dovuto adattarci al suo corpo. Capiamo perfettamente che può vivere senza cibo, ma sua madre... c'era tanta preoccupazione da parte sua.

D: È naturale. Gli esseri umani sanno che bisogna avere cibo. Non volevano che il bambino morisse di fame. Quindi ora pensa di poter vivere senza mangiare?

T: Se ne andrà, ma deve ricominciare tutto da capo. Prima deve aggiustare il suo corpo. Continuare la dieta, fare esercizio fisico.

D: Deve farlo lentamente?

T: Sì, deve farlo lentamente. Non può farlo velocemente. Deve portare la frequenza dell'insieme, in ogni organo, a diversi livelli, dove possono accogliere tutto ciò di cui il corpo ha bisogno da fonti esterne.

D: Porterà gradualmente il corpo in equilibrio. Dice che le piace stare all'aperto per accumulare energia dal Sole.

T: Sì, il Sole è ottimo. In realtà lei viveva sul Sole.

D: Il Sole che mi hanno detto essere la Sorgente o è un altro.

T: Questa è la Sorgente. Questa è anche l'energia universale. Semplicemente proviene dalla Sorgente.

D: Quando viveva sul Sole, era qualcosa di diverso?

T: Sì. Quando viveva sul Sole, era libera dal cibo. Non lo capiva.

Il volume di questo nastro era irregolare e divenne difficile trascrivere.

D: Aveva un corpo fisico quando era là? (Sì) È possibile vivere sul Sole?

T: Sì. La è bellissimo. È all'interno proprio come sulla Terra. All'interno del pianeta.

D: Oh? Non è in superficie.

T: No. No.

D: È per questo che la gente poteva vivere lì senza essere bruciata?

T: Sì. Non è caldo. È molto confortevole.

D: Pensiamo che faccia sempre caldo.

T: No, questo è solo mente. Tutta mente... illusioni quando pensiamo che faccia caldo. La frequenza è molto alta in superficie e abbiamo una frequenza diversa del nostro corpo. Ecco perché non sentiamo il calore. Non viviamo in superficie. Viviamo all'interno e questo è ottimo.

D: Non hanno bisogno di cibo perché vivono di energia. (Sì) E hanno corpi fisici che possono fare questo?

T: Sì, abbiamo lo stesso corpo che abbiamo sulla Terra.

D: Ma è solo una frequenza diversa?

T: Molto alta.

D: Ci sono città sotto la superficie?

T: Ci sono civiltà, ma non sono gli edifici alti. È il piccolo... vicino a Dio. Hanno la luce e il cielo è viola. È bello. Non dobbiamo mangiare perché viviamo di energia dall'esterno. Lì è molto bello. C'è molto amore lì.

D: Quindi sarà in grado di ricordare il modo in cui il corpo era in grado di esistere in quel momento?

T: È questo che intendo.

D: Solo se non le nuocerà. Non vogliamo fare nulla che possa nuocere a questo corpo.--E' per questo che non voleva venire qui?

T: Sì. Là possiamo volare. Posso volare se voglio. Se voglio, posso camminare.

D: Come fa ad esserci un cielo là sotto?

T: All'interno non c'è né giorno né notte.

D: Pensiamo che il cielo abbia un'atmosfera.

T: È un viola e non riesco a vedere le stelle. Adoro guardare le stelle.

D: Sarebbe come se fosse sempre giorno? (Sì) Così quando è venuta sulla Terra le è mancato quel posto. (Sì) Ma ora deve vivere qui e finire il suo compito, no?

T: Questo è quello che ha accettato. --Deve farcela. Se non abbiamo la Terra, anche il Sole distruggerà. Il Sole è la stella dell'orbita terrestre. Anche il Sole distruggerà.

D: E gli altri pianeti del nostro sistema solare?

T: Ne saranno colpiti.

D: Ciò che succede sulla Terra influenza tutto?

T: Questo distruggerà l'equilibrio tra i pianeti. Ma lei ha accettato di venire sulla Terra per salvare il vostro pianeta.

D: Quindi, quando avrà finito questo lavoro, non dovrà più tornare?

T: Questo dipenderà da lei.

Lavorarono sul suo corpo. I medici volevano operarla al ginocchio, ma "loro" dissero che sarebbe guarita prima di qualsiasi intervento chirurgico.

Messaggio Finale: Ama il tuo corpo e credi in te stessa. Connettiti alla Sorgente. Ascolta di più te stessa quando insegni alla gente, perché c'è un messaggio anche per te. Noi siamo sempre qui. Lei non è mai sola. --Deve meditare. Deve ricordare ogni volta che attraversa l'oscurità. Ogni volta che può venire da noi. Deve trovare il tempo per fermarsi... per connettersi con noi e poi starà bene.

Ho avuto diversi casi in cui i clienti mi hanno detto che non allattavano al momento della nascita. Naturalmente i medici dovettero nutrirli per via endovenosa fino a quando non sono riusciti a far collaborare il bambino. In questi casi il SC disse sempre che provenivano da un pianeta o da una dimensione in cui non avevano bisogno di cibo; quindi non erano abituati a consumare nulla per sopravvivere. Questo è il modo in cui vivono molti extraterrestri. Non hanno bisogno di consumare nulla, di conseguenza i loro organi si sono atrofizzati a causa del non utilizzo. Vivono di luce e dicono che questa luce proviene direttamente dalla Sorgente. In Legacy From the Stars c'era la storia di alcuni che devono fare regolarmente dei "bagni di luce". Si sdraiano in un contenitore simile ad un sarcofago. L'intensità e il colore della luce indicano di quanta energia abbiano bisogno i loro corpi. Questo metodo viene usato anche sulle astronavi mentre viaggiano nello spazio e la luce è immagazzinata in cristalli. Quindi è facile capire come un'anima proveniente da un tale ambiente sia confuse, quando entra in un corpo terreno che ha bisogno di consumare cibo solido.

Alcuni dei miei clienti (tra cui questo) hanno sentito parlare di persone che non devono mangiare. Vivono del loro respiro. Credo che si chiamino "Breathariani". Sono sicura che yogi e persone abituate a meditare e a vivere una vita austera hanno imparato a vivere senza cibo; ma non penso sia possibile per l'essere umano medio. Durante questa seduta a Terry è stato detto che è possibile, ma ci vuole molta disciplina e lei non era ancora pronta. Tuttavia, dopo che avevo finito di tenere una conferenza in Irlanda, nel Settembre 2011, una giovane donna venne a parlarmi. Era bella, magra e non sembrava diversa da tutti gli altri. Tuttavia, c'era un'eccezione. Disse di non aver mai consumato cibo o acqua in tutta la sua vita, nemmeno da bambina o neonata. Non ne aveva alcun bisogno. Avrei voluto passare più tempo a farle domande, ma c'erano troppe persone che volevano raccontarmi le loro esperienze. "Per favore, firma il mio libro. Per favore, solo una foto". Così l'occasione è andata perduta. Sembra che quando ho una domanda l'universo mi dia la risposta. Mi chiedevo se questo tipo di persone esistessero e me ne hanno mandata una. Sono sicura che se ce n'era una ce ne dovevano essere altre. Il SC disse durante questa seduta che esistono. Uno dei nostri amici alla conferenza dopo disse, che certamente renderebbe la vita più facile (e più economica) se non ci si dovesse preoccupare di comprare e preparare il cibo. Improvvisamente ho pensato che avrebbe anche evitato l'eliminazione del cibo: urinare e movimenti intestinali. Mi chiedo se i loro organi si siano atrofizzati per il mancato utilizzo come gli ET. Quella donna mi aveva detto che non si era mai ammalata, quindi non c'era motivo di andare dal medico. Quindi, a quanto pare, sarebbe perfino difficile per il personale medico essere a conoscenza di questo tipo di persone.

Sono sicura che se devo saperne di più in futuro, allora mi saranno fornite maggiori informazioni

* * *

Subito dopo aver finito la mia lezione e il mio tour di presentazioni in Europa, sono andato in India per parlare a una conferenza alla Pyramid Valley, fuori Bangalore. Uno degli oratori disse che negli anni '90 era riuscita a smettere di mangiare, ma ci era riuscita solo attraverso profonda meditazione. Disse che c'erano almeno altre 30.000 persone sulla Terra che non avevano bisogno di consumare alcuna forma di cibo. Tuttavia, io non lo suggerisco alla persona media perché ritengo che ci siano delle circostanze speciali che permettono al corpo di sopravvivere.

Capitolo 30

ATTIVAZIONE DELLA NUOVA ENERGIA DELLA LUCE

Quando Sherri scese dalla nuvola iniziò a descrivere una scena che stava diventando sempre più familiare per me. Molti dei miei clienti non vanno più in vite passate quando affrontiamo una seduta. Vanno tutti verso una meravigliosa luce che sembra anche essere un'energia potente. Ritengo che aumenti la validità delle informazione se sono molte le persone che descrivono la stessa cosa, mentre sono in profonda trance, perché non hanno la minima idea di ciò che stanno rivelando.

S: Vedo una luce molto bella. E' color giallo oro , ma mentre si riversa su me e mi bagna, diventa più luce viola lavanda. Permea il mio corpo... il mio cuore. (Stava diventando emotiva.) Mi sento così bene.

D: Dove ti sembra essere quella luce?

S: Nei miei occhi... davanti al mio viso e più in alto. È ovunque. Tutto quello che vedo è la luce delle stelle. Come te l'ho descritta, era così bella che volevo piangere. --Adesso sono completamente nella luce. Ne sono permeata ed ora mi è tutt'intorno. Mi sento molto calma e pacifica, tutto il mio corpo brilla.

D: Come percepisci il tuo corpo?

S: Il corpo è come un piccolo guscio in superficie come la pelle, ma non c'è nient'altro. È davvero interessante perché tutto si scioglie, quindi quando guardo nel mio corpo c'è solo luce. Eppure so di avere un corpo, ma è luce delle stelle... è la grande luce del sole. A questo punto sono molti colori, non più un solo colore. --È solo la luce, eppure so che qui ci sono degli esseri, ma non riesco a vedere altro che luce o a sentire altro che luce. Sarebbe interessante vedere gli altri. So che sono lì.

D: Se potessi vederli, che aspetto avrebbero?

S: Sembrerebbero esseri di luce. Assomiglierebbero a me. Ci sarebbero questi piccoli gusci con della luce dentro e tutt'intorno. (Divenne emotiva e cominciò a piangere.) OH, la luce è molto potente! (In estasi) Oh, è bellissima. È così pura. Passa attraverso ogni cosa. Niente le può resistere.

Disse che le sembrava molto familiare, come se l'avesse già sperimentata prima.

S: Sto navigando qui perché mi sento come se questa energia che si riversa su di me andasse avanti all'infinito. Ma in termini di questo corpo, continua ad andare più in profondità oltre al corpo. Quindi sono consapevole della luce nel mio corpo, ma ci sono altri là e mi immergo in questa luce. Mi sento come se mi attraversasse e andasse da qualche parte come la Terra o qualcosa del genere. Si riversa attraverso di me. (Singhiozzando)

D: Perché questo ti rende emotiva?

S: Perché è l'unica cosa che faccio davvero, l'unica cosa che faccio è far fluire l'energia e pensavo di essere diversa. (Piangendo) Sono già stata qui prima, ma non l'avevo visto come parte di me stessa. Questo è molto più grande, è ovunque. Posso sentirlo. Lo sento entrare nella terra.

D: Senti che questa è un'energia che usi?

S: Questo è quello che sono. (Sussurrando) Sono luce. Io sono energia. Non lo sapevo prima, potevo sentirlo. Ma io sono questa energia. Conoscevo questa luce, ma mi sembrava che fosse più "là fuori" e che passasse attraverso di me. Ma questo è diverso. Questa è proprio pura luce. È per sempre.

D: Pensi che saresti in grado di usarla?

S: Potrei usarla in qualsiasi modo. Si fidano di me con questa luce.

D: Chiedi loro cosa significa.

S: Mi vogliono molto bene e si fidano di me per usare questa luce. (Singhiozzando stupita) Loro sono puro amore. È meraviglioso vederli.

D: Che aspetto hanno?

S: Sono colonne di luce, ma si sentono molto, molto grandi, potenti e dritti. E sanno tutto di noi. (Piangendo) Sono così grata di poter stare con loro. Dicono: "Vogliamo aiutarti e ti stiamo aiutando". E sento che uno di loro, con una voce molto più bassa, vuole parlare attraverso di me.

Le ho assicurato che sarebbe stato un bene permettere loro di farlo, se fosse disposta a permetterglielo, perché è sempre più facile comunicare direttamente. La sua voce divenne più forte appena inizio a parlare.

S: Stiamo pulsando la nostra luce attraverso di te.

D: Qual è lo scopo di far pulsare la luce attraverso Sherri?

S: Lei è in grado di fluire liberamente e di dare questa luce liberamente. È tutto perfetto. Abbiamo un gruppo di stelle, ma sembra una sola luce. Abbiamo raccolto questa luce in forme che fluiranno attraverso le persone e Sherri è una di loro. L'energia sta portando un formicolio nel suo corpo. Abbiamo dovuto prepararla. Abbiamo dovuto renderla capace di sentirsi bene, in modo da poter attraversare questa forma come siamo ora. Lei lo sente ed è una sensazione meravigliosa. --E' così strano parlare e sentire il corpo. Siamo di grande cuore. Parliamo attraverso il cuore. Lei lo sente come pace nel cuore. Senza preparazione non avrebbe mai potuto sopportare tutta questa luce... mai... no, mai. (Pausa) Vedo il pianeta e vedo non solo la luce che entra nella Terra. Sono uno degli individui che stanno parlando attraverso di lei in questo momento. Sono particolarmente interessato all'atmosfera e questa luce entrerà nell'atmosfera. C'è molto nell'atmosfera che ha bisogno d'essere corretto e regolato e soprattutto la luce viola che vede e la luce blu e bianca. E tutti i colori che sono già sulla Terra saranno regolati con questa luce. Quindi sto aiutando a regolare le frequenze della luce atmosferica in modo che il lavoro che sta facendo abbia molta più coscienza.

Ma volevo mostrarle le cose più grandi che questa luce sta facendo al di là del mondo personale con cui crede di lavorare.

D: Perché siamo coinvolti con gli individui. (Sì) Ma voi siete coinvolti con il quadro generale? (Sì) Cosa c'è di sbagliato nell'atmosfera che ha bisogno d'essere corretta?

S: È molto di più che ogni tipo di inquinamento, di pensieri e cose del genere. È molto più di un disturbo. Questi disturbi sono presenti da molto tempo per mantenere le cose ad una certa frequenza, in modo che la gente potesse imparare certe cose. Ma queste cose sono state sollevate e la luce sta letteralmente dissolvendo lo spessore e l'inquinamento, la congestione e la negatività. E così è in grado di rilasciare completamente i suoni di dissidenza nel pianeta che sono stati qui per molto tempo.

D: Quindi è qualcosa di più dell'inquinamento causato dall'uomo? Anche i pensieri e altre cose sono inquinate?

S: Sì. Sono state ripulite. Usiamo le frequenze del suono e della luce. Le parliamo attraverso il suono e lei capisce il suono meglio di altre modalità. Può usare il suono più liberamente per aiutare gli altri.

D: Perché il suo lavoro non è quello di lavorare sull'atmosfera. Il suo lavoro è quello di aiutare gli individui?

S: Sì. Dovevamo ripulire qualcosa nell'atmosfera per aiutarla ad usare queste energie ed è per questo che sono venuto qui ora. Questo renderà molto, molto più facile lavorare con le energie. Era un adattamento atmosferica che doveva essere fatto attraverso te, Dolores.

D: Oh, non avrebbe potuto farlo da sola?

S: No. Ci sarebbe voluto più tempo.

Poi hanno proceduto a dare istruzioni su come Sherri avrebbe dovuto usare l'energia per la guarigione. "Lei può mettere le mani sul o sopra il corpo ed emettere i suoni; noi ci faremo avanti e l'aiuteremo". Lei conosceva istintivamente i suoni da emettere. Sarebbe stato molto naturale per lei, poi avrebbero lavorato attraverso di lei e l'avrebbero usata come strumento. Avevo notato che il corpo di Sherri si muoveva a scatti e saltava. Avevano detto che stavano ripulendo e regolando il suo corpo in modo d'essere in grado di gestire e dirigere l'energia. Mandavano pura energia luminosa: "che entrava in tutte le cellule, in tutto il tessuto osseo, si riempiva di luce ed era proprio quello di cui aveva bisogno". Sherri aveva avuto alcuni problemi con i suoi organi interni, specialmente la vescica, così ne chiesi la causa.

S: Ha avuto un'entrata difficile ed è arrivata a pezzi. Aveva un pezzo di metallo d'astronave, incastrato in lei che vorremmo rimuovere. Era come un peso, una pressione che le premeva addosso.

D: Intendi dire quando è entrata in questa vita? È successo qualcosa all'astronave?

S: Sì... prima che entrasse in questo corpo. È stata partorita e... è arrivata a pezzi e quando c'è un problema a passare, questo ha creato una pressione sulla sua vescica, fisicamente registrata nel suo corpo come metallo che le premeva contro.

D: Che significa che è entrata in pezzi?

S: Nel tuo tempo e nel tuo spazio è stata consegnata a pezzi, in scatole, in cubi, in cubi di luce. Installazioni, come direste voi, e c'è stato un problema in una delle installazioni.

D: Sto cercando di comprendere queste nuove informazioni che non ho mai sentito prima. L'anima non entra in un unico pezzo?

S: Questo è vero. L'anima entra in un unico pezzo. L'anima è... Sto cercando di trasmettere questo in termini linguistici.

D: La lingua è sempre un problema.

S: È come questa luce che sta vivendo. Scorre ovunque. È radiosa. Non ha confini. Ma questa cosa di cui parlo è il contenitore umano. Non può sopportare tutta questa luce e così gliel'abbiamo data a rate. Alcune delle energie fisiche del pianeta, di cui lei faceva parte, hanno dovuto adattarsi a queste nuove energie. C'era un problema nella regione pelvica e lei non era in grado di accettare completamente tutta quella luce. Questo ha causato problemi fisici in tutta quella zona.

D: È questa una delle ragioni per cui non può avere figli? (Sì) Avete detto che ora state lavorando per rimuovere il metallo in quella zona?

S: Le condizioni. Il metallo era il contenitore di questa luce. Questo non c'è più, ma l'impressione del metallo sul involucro fisico, è rimasta. E' rimasta impressa con questa esperienza.

D: La pesantezza che era la pressione.

S: Sì. È solo un ricordo.

D: Potete rimuoverlo?

S: Sì, certo che possiamo.

D: Credo di capire di cosa state parlando. Me l'hanno spiegato altri esseri come voi, anche se hanno usato termini diversi. Dicono che a volte l'energia non è mai stata nel corpo fisico, nel corpo umano. È vero? (Sì) E quindi è un'energia troppo forte?

S: L'abbiamo fornita a molti esseri allo stesso tempo. Questa non era un'energia unica.

D: L'ho già sentito spiegare in precedenza che il corpo non era in grado di gestire l'energia, quindi è stato necessario farlo gradualmente.

S: Esatto e poi a volte non è andata come speravamo. Doveva essere raffinato e rifatto, ma è stato un problema per il suo fisico.

D: Ho sentito dire che a volte, quando si tenta di farlo, il bambino abortisce perché c'è troppa energia.

S: Sì. Anche questo faceva parte della sua esperienza, ma non ha scelto di andarsene. È entrata con una luce molto forte ed è riuscita a restare nel corpo, ma era troppo. Ci doveva essere un adattamento anche con il corpo della madre. Speravamo di gestire l'energia entrante.

D: In altri casi di cui mi avete parlato, doveva essere adattato in modo che alla gravidanza successiva il feto non sarebbe abortito. Sarebbe stato in grado di nascere, ma non avrebbe potuto avere tutte l'energia in una volta sola. Ha senso? (Sì) Ne ho sentito parlare in termini diversi. Non ne ho mai sentito parlare a pezzi o a rate.

S: Tu parli spesso dei walk-in e i walk-in sono queste rate. [Concetto presentato negli altri libri di questa serie: Libro 1 e 3. Un aumento energetico, spirituale dell'anima].

D: Ma ora ho scoperto che ci sono molti tipi diversi di walk-in. (Sì.) Nulla è semplice come la gente crede che sia. --Ma questo significa che Sherri non ha mai avuto altre vite in corpi fisici sulla Terra prima d'ora?

S: Prima d'ora non ha mai avuto delle vite sulla Terra. Ha fatto altre esperienze. Ha avuto molte esperienze e ha una vasta, vasta memoria di luoghi belli e diversi. Ha conosciuto il pianeta d'acqua, ha sperimentato altri sistemi stellari ed è andata oltre i sistemi solari. Comprende la luce e altri regni e conosce ciò che è al di là della creazione fisica delle origini vorticose di ciò che è indescrivibile.

D: Sembra che fosse molto avanzata. Non aveva davvero bisogno di fare l'esperienza della Terra.

S: È arrivata in un periodo difficile per questo tipo di energia, ma voleva farlo con molta, molta convinzione. Voleva profondamente farlo ed è venuta assieme ad altri. Ci sono altri come lei qui sulla Terra.

D: Ho parlato con molti. Credo di capirli meglio della maggior parte delle persone.

S: (Sussurrando) E' vero.

D: Ha deciso da sola o altri l'hanno aiutata nella decisione?

S: No, sono venuti come un gruppo. Si sono uniti e sono venuti insieme, anche se è stato per un periodo d'anni. Erano un unico gruppo e ci sono molti gruppi che stanno arrivando ora.

D: Ma sono tutti sparsi dove non si conoscono.

S: No, si conosceranno di nuovo molto presto.

D: Per questo hanno avuto difficoltà perché si sentivano soli.

S: Sì, è vero.

D: Ma perché ha scelto la Terra? Cosa l'ha fatta decidere di venire qui?

S: Era un incarico. Era qualcosa di concordato. Siamo un consiglio e questa energia era al di là della galassia. Era un regno di consapevolezza che desiderava essere generata in pulsazioni successive in molte galassie. E man mano che passava, si è unita ad un qualcosa di esistente che era al suo posto e aveva una storia che non era stata raccontata. Aveva informazioni che non erano ancora state sperimentate. Era nuovo e aveva informazioni che avrebbero aiutato a cambiare ciò che tutti voi state comprendendo ora riguardo a ciò che sta accadendo sulla Terra. Ma è un cambiamento molto più grande che sta avvenendo attraverso molte, moltissime galassie e molti luoghi. Si tratta di un cambiamento enorme.

D: Quindi non è solo qui sulla Terra?

S: Esatto.

D: Cos'è questo cambiamento che sta avvenendo? Hai detto che è una novità, e non è mai successo prima.

S: Sì. Non sono in grado di descriverlo. Semplicemente non è disponibile.

D: So che è sempre difficile trovare le parole. Provaci, cercando di fare del tuo meglio con quello che hai.

S: Giusto. Giusto. Ciò che viene creato non è mai stato sperimentato prima, e ci sono esseri di comprensione che verranno collocati con ogni essere sulla Terra. Alloro, loro ascolteranno questa incredibile amplificazione che conoscono profondamente attraverso i loro stessi sistemi, e noi lo stiamo facendo ora, mentre parliamo. Questo è un grande impianto... se esiste questa parola. Stiamo impiantando ed incorporando. Questa luce sta entrando nel plesso solare e nel chakra coccigeo di ogni essere e sta formando una voce. Ecco perché ha una forma a V nel corpo. Percepisci questo come un bene, perché possiamo vedere come questo si sta diffondendo e tutti gli esseri avranno questa nuova struttura per sperimentare la luce attraverso il loro sistema di essere corporeo. Potranno parlare a tutte le cose attraverso questa nuova energia. È una forma di cono e si trova nella parte inferiore del corpo; l'area in cui Sherri ha così tanti problemi. Ciò che sentiva era l'anticipazione della collocazione di questa energia.

D: È in quell'area?

S: Sì, attraverso i chakra. È una grossa collocazione di una comunicazione completamente nuova, ed è come un cono di luce che viene collocato nel corpo di ogni essere del pianeta. Questo era lo scopo del nostro incontro di oggi, per permetterci di essere consapevolmente percepiti come una delle cose che le persone stanno aiutando a portare avanti. È leggero, ma ha anche una forma. Fondamentalmente è un vortice.

D: Verrà messo in tutti?

Si trattava sicuramente di una nuova informazione. Volevo capirlo, così non lo avrei percepito come negativo.

S: Sì... tutti... anche gli animali.

D: Qual è lo scopo di metterlo dentro tutti?

S: È un nuovo sistema di comunicazione. È un sistema molto più avanzato di utilizzare la luce.

D: In passato ci sono stati dei sistemi di comunicazione che erano come gli istinti.

S: Sì. Intuizioni. Questi vecchi metodi non sono più così efficaci. Questo è così nuovo che non è nemmeno... sì, i vecchi sistemi saranno utili, ma non saranno così efficaci come questo.

D: Quindi era ora di cambiare?

S: Sì. L'installazione di un sistema completamente nuovo.

D: Come lo percepirà il singolo individuo?

S: Abbiamo visto molti disturbi in quella parte del corpo di molte persone. Si manifestavano in preparazione a questo ed ora che è stato adattato e messo a posto, possono accadere molte cose che le persone possono fare più facilmente. Non sentirsi a disagio fisico o sentire come un'insicurezza o perfino disagio finanziario. Sta alleviando il vecchio sistema della pressione arretrata che si era accumulato nel sistema. Questa è una forma molto più avanzata d'incarnazione umana, nell'uso di queste informazioni che vengono inviate.

D: Sto cercando di capire come funziona e se la persona media sarà in grado di notare qualche differenza.

S: Si. Quando viene attivato.

D: Quindi ce l'hanno tutti, ma non è attivo in ogni persona?

S: No, viene attivato. E' solo che tutto è stato preparato e adesso viene installato all'interno.

D: Ma la persona non sa che sta succedendo?

S: È appena successo. La preparazione è stata lunga, ma l'evento vero e proprio è solo negli ultimi giorni. (Questa seduta ebbe luogo l'11 luglio 2009).

Questa è stata una sorpresa. Sapevo di non sentirmi diversa. Almeno non pensavo di esserlo.

D: È successo qualcosa che l'ha fatto attivare ora sul pianeta?

S: Era ora che succedesse. Abbiamo lavorato per molto tempo... per questo tempo.

D: È stato molto recente. Per questo mi sono chiesta se qualcosa l'ha scatenato.

S: Era stato pianificato.

D: Hai detto che tutti ne avranno uno. Tutti sapranno che è lì? Reagiranno?

S: Capisco. Capisco. Lo vedo come se ci fosse, ma dal punto di vista umano ci vorrà un po' di tempo.

D: La gente noterà qualcosa di diverso?

S: Si sentirà molta differenza. Non si arrabbieranno e saranno molto più a loro agio, qui, nell'energia del pianeta. Non che non amino stare qui adesso. Non sarà così difficile perché avranno come piccole stelle e piccoli pianeti dentro di loro che li faranno sentire a casa. Eppure possono essere qui e anche pienamente in questa luce... questa energia. Tutti avranno questa energia.

D: Quindi non si sentiranno come se questo fosse un posto diverso? Non avranno più la sensazione di voler tornare a casa?

S: Esatto. Sono a casa.

D: È più facile adattarsi.

S: Sì, sarà una sensazione meravigliosa.

Naturalmente, la mia curiosità mi fece chiedere se anche a me era stato fatto questo. Lei sorrise mentre rispondeva: "Certo". Poi mi chiesero se potevo sentirlo. L'unica cosa di cui ero consapevole era una sensazione di energia che si muoveva attraverso di me mentre la trasmettevano a lei. Non sapevo se questo era ciò che intendevano. Chiesi: "Saremo consapevoli dell'energia?".

S: La sentirete. La sentirete pienamente. La sentirete come lei ha sentito l'energia di quel stella solare, ma la sentirai a modo tuo, come la sentirà ogni persona. Ma ti sentirai come a casa. È come la loro esperienza personale di queste energie.

D: Avete detto che riempie le cellule di tutti o è solo per lei.

S: La luce riempiva ogni cellula, ma il cono è un dispositivo di connessione dell'anima.

D: È un modo per comunicare?

S: Esatto. Non ci sarà più separazione dalla Forza o da Dio.

D: Può essere usato per la guarigione o è un tipo diverso di cosa?

S: L'energia è la stessa, ma il modo in cui ogni persona la usa, potrebbe essere molto diverso. Può essere usata in molti modi.

D: Questo è ciò che sto cercando di capire. E le persone negative là fuori?

S: Ci stiamo lavorando. (Pausa) Cosa stiamo facendo con le persone negative? Per loro, inizialmente potrebbe essere percepito come dirompente, ma quello che può fare è fondere la negatività. Non possono controllarla. Questo è un aspetto di Dio e così vengono trasformati dalla rotazione di questo cono nel loro sistema, fino a quando non rilasciano quell'energia che non può più essere in questa luce.

D: Perché la negatività non può esistere in questa luce?

S: Non può esistere.

D: Ma avete detto che all'inizio gli sembrerà un po' strano, dirompente?

S: Gli sembrerà così, ma è molto più forte delle loro volontà. Sarebbero incapaci e comincerebbero a sentire che tutto quello che possono fare è accettarla. Non riuscirebbero a combatterla. Non potrebbero controllarla.

D: Questo va contro il libero arbitrio dell'individuo?

S: È qui che la negatività viene scartata e si disperde. Qui è dove viene evaporata dalla luce e il libero arbitrio è questa luce. (Pausa) Oh, ho capito cosa vuoi dire. Il libero arbitrio. Questo è stato concordato molto prima che qualcuno prendesse forma, prima che qualsiasi cosa si manifestasse. Erano interessati a sperimentarlo (il libero arbitrio), e lo hanno portato molto lontano, in molti luoghi ed in molte possibilità. Ma è un tempo... sai come quando si fa girare una moneta e sembra che sia ferma, ma sta girando molto velocemente? (Sì) Questo è quello che si sente nel sistema. E questa sensazione è così potente che rimarrà in equilibrio e la coscienza accumulata di questa negatività non può sbilanciarla. Quindi, il libero arbitrio di esplorare è una cosa, ma la capacità di ogni cosa di ricordare e trattenere questa energia è molto più forte del libero arbitrio di esplorare e sviluppare ciò che chiamate "karma, negatività". Questo era stato concordato molto prima, in un tempo in cui si era creato un tale squilibrio, fu allora che abbiamo messo in atto ciò che lo avrebbe riequilibrato.

D: Quindi pensate che questo sia il momento giusto a causa di tutta la negatività che il mondo ha creato? (Sì) È decisamente fuori equilibrio. Ora è il momento di farlo per riportarlo in equilibrio? (Sì) Il mondo è stato creato con il libero arbitrio per vedere cosa poteva fare, ma può arrivare solo fino ad un certo punto. --Beh, questo vuole forse dire che non esisterà più alcun karma?

S: Esatto. Non esisterà più. Non può continuare a crearsi all'infinito. Era solo un'esplorazione.

D: E il karma delle persone che non l'hanno ancora ripagato?

S: Questo è quello che intendevo riguardo all'evaporazione. Viene disperso ed evaporato. Non esiste.

D: Nel mio lavoro, dico sempre di perdonare e di lasciar perdere.

S: Questo è molto buono.

D: Non è più necessario dirglielo?

S: Io vengo dalla prospettiva in cui vedo come questo cambi tutto, ma a livello individuale, può ancora influire sul modo in cui si possono aiutare le persone. Potresti ricordare che questo è stato messo in tutti e forse sarà così attivato che troverete nuovi modi per... Non credo che vedrete molto altro della vecchia forma. Sta sparendo. Quello che farete è aiutare le persone ad entrare nella nuova forma e non saranno in grado di mantenere la vecchia forma ancora per molto tempo.

D: Questo significa che sarà la fine delle guerre e di tutte le cose negative che hanno afflitto il mondo?

S: Assolutamente sì. È un piano molto grande ed è in atto e questo grande cambiamento -vediamo un po'- sta accadendo ovunque. Questo è il punto. Non è solo la Terra. È una cosa così grande. Sta trasformando tutto. Questo è il più grande cambiamento... di sempre. È molto più grande della Terra, ma la Terra ne è una parte molto grande.

Feci domane riguardo alle informazioni che mi erano state date sulla Nuova Terra e sulla Vecchia Terra. Alla scissione e al nuovo mondo che si sposta in una nuova dimensione. E che alcune persone avrebbero voluto rimanere nei vecchi modi e non cambiare.

S: Questo non lo vedo. Forse qualcun altro dovrebbe venire a parlarne con te a proposito. Ci sono molti di noi qui. --Questa energia è ovunque. Non riesco a vedere nulla che possa esistere in una forma distruttiva, violenta, negativa. Non può sopportare. Ora, forse questa è la Nuova Terra a cui fai riferimento, ma una vecchia Terra... Io proprio non la vedo.

Pensavo che fosse il momento di tornare alle domande di Sherri e molte delle sue domande riguardavano i disturbi fisici. Il SC passò attraverso il corpo correggendo tutti i problemi, ma aveva dei consigli per Sherri. "Ha bisogno di lasciar andare la tristezza". Volevo una spiegazione.

S: Tristezza. In questo momento il suo cuore è triste. Lei non ha capito la sua esperienza e l'ha presa a cuore.

D: Quale esperienza?

S: Che era un essere di luce in un'esperienza umana. E che non poteva capire l'esperienza umana, ed era molto dura per il suo cuore emotivo. Si tratta più che altro di capire la luce, visto che ha la luce a disposizione e di usare la luce in tutti i modi immaginabili, e noi lavoreremo con lei a pieno. Lo abbiamo sempre fatto e lei è sempre stata molto disponibile ad assisterci, ma ora, soprattutto grazie a questa seduta, sarà in grado d'essere più aperta. Molte porte si apriranno e noi saremo in grado di far luce su molte delle interazioni che affronta durante la giornata e con le persone. Lei è qui per aiutarci. Deve lasciar andare la tristezza e accettare il suo ruolo. Non dovrebbe mai perdere la speranza. Ci sono sempre nuove possibilità.

Tempo
e
Dimensioni

Capitolo 31

IL PADIGLIONE

Quando Chandra scese dalla nuvola vide una foresta di alberi molto, molto alti sul bordo di un prato. Notò anche un folletto che sfrecciava tra gli alberi. Ma invece di scendere laggiù sentì il bisogno di volare via dalla Terra e andare nello spazio. Lì vide il buio e le stelle mentre fluttuava priva di peso. Si sentiva come se facesse parte dello spazio e se ne stava identificando totalmente. "È una bella sensazione. Vado da qualche parte. Vedo qualcosa, ma non riesco a capirlo. È buio. Vedo le stelle. Vedo qualcosa che fluttua nel mezzo. La forma... una qualche galassia, ma sembra una particella marrone arancione e la sto guardando da lontano. Sono vorticose. --Mi sono avvicinata alle particelle. Ora mi sento come se fossi parte delle particelle nello spazio".

D: Cosa si prova a farne parte?

C: Sembra che si muovano nella stessa direzione. Sono molto piccole, come sabbia. Mi sento come se potessi sedermici sopra e vengo mosso dalle particelle come se fossi su una giostra. Si muove in cerchio. --Vedo qualcosa sopra-- Vedo un bebè o un bambino con i capelli neri che in qualche modo fa parte delle particelle di polvere volante. Ha i capelli molto lunghi e scuri, come i capelli di un adulto... ma sembra un bambino. È seduto sulle particelle di sabbia e sembra felice. Mi conosce. Sta dicendo: "Ciao! Sono il tuo spirito guida. Sono qui per te, come tu vuoi veramente".

D: Vuole che tu lo veda come un bambino?

C: Vuole che io lo veda in questo modo.

D: La tua guida può apparire in qualsiasi modo voglia. In questo modo ti fa sentire a tuo agio.

C: Sì, è il meno minaccioso, credo. --Dice di seguirlo. Gli prendo la mano, ma sembra così sciocco seguire un bambino.

D: Non fa alcuna differenza. È un modo sicuro di vederlo. --Riesci a vedere qualcosa mentre viaggi?

C: Luci. In questo momento è accecante. Molto luminoso. E ci stiamo muovendo attraverso di essa. --La mia guida viene con me, proprio davanti a me. Mi sento felice. Mi sento come se mi stesso muovendo molto velocemente. --Ecco, mi dice che siamo qui.

D: Dove si trova qui?

C: Sono di nuovo nello spazio e indica un pianeta. Mi chiedo se posso avvicinarmi ad esso in modo da vederlo più chiaramente. Sembra verde, un pianeta con macchie verdi e bianche. Ora ci stiamo avvicinando e sembra una palla di luce verde grigiastra. La mia guida vuole che io vada lì. C'è qualcosa da vedere. --Adesso c'è della sabbia grigia, scura e potrebbero esserci altri esseri. Lei sta camminando con me sulla sabbia grigia e nera verso un luogo là. --Non c'è molto da vedere qui. Anche il cielo è un po' scuro... non c'è il sole. Non come se fosse notte...

C'erano degli edifici grigi fatti di granito e lei è entrata. Il pavimento era come marmo, un sacco di vetro e alcuni specchi. Anche se sembrava tutto vuoto, sapeva che c'erano persone che non poteva vedere. Le chiesi di prendere coscienza del suo corpo. "Vedo un corpo. È carne, ma è color pesca e ha braccia lunghe, gambe lunghe... non sono io. Sembra umano, ma ha un aspetto un po' strano. Sembra allungato. Le mie mani sono molto grandi... grandi come salsicce... mani molto gonfie e grandi".

D: Indossi qualcosa? (No) Hai i capelli?

C: Questa è la cosa strana. Non riesco a vedere la mia testa. E' questo corpo nudo, lungo, allungato e dal collo in su non riesco a vedere. Mani grandi... piedini piccoli, non credo che abbiano delle dita. E non ci sono parti femminili o maschili.

D: Ti senti di appartenere a quell'edificio?

C: Sì, come se sapessi di dovermi trovarmi lì. Ci lavoro.

Quando le ho chiesto che tipo di lavoro facesse, mi rispose: "Non lo so. La stanza è molto alta e ci sono queste console lungo il muro. È una stanza circolare e c'è qualcosa di simile a dei computer. Una specie di macchine. --Mi sembra di essere una guida turistica. Porto la gente dentro e fuori da quel posto. È il mio lavoro. Li aiuto ad andare dove devono andare. --È come una stazione ferroviaria. Ci si va prima di andare da qualche altra parte.

D: Queste persone ti assomigliano?

C: Ognuno ha un aspetto diverso. È come un luogo intergalattico per le persone che viaggiano.

D: E sai dove dovrebbero andare?

C: La maggior parte delle volte. Non decido io dove vanno, ma li aiuto ad arrivare dove dovrebbero andare. Quindi entrano e sono disorientati, io li saluto e poi in qualche modo so dove dovrebbero andare dopo. Sento qualcosa a proposito della loro energia e li porto in qualsiasi stanza debbano andare per ottenere un incarico, o se devono incontrare qualcun altro... altre persone --amici— ovunque credo che sia meglio portarli. --Sembrano tutti diversi. Alcuni di loro sembrano esseri di luce. Quelli sono nel consiglio. Come se fossero in carica. Alcuni di loro sono tutti diversi... come una scena di fantascienza. Ma a volte è molto affollato lì dentro. Ci sono molti esseri che entrano ed escono, ma in qualche modo è ben organizzato.

D: Quindi devi farli passare e dire loro dove andare?

C: Sì, ma non è una mia decisione dove vanno... non è una mia decisione. Io li aiuto solo ad andare dove dovrebbero andare.

D: Lo sai automaticamente? Te lo senti? E' questo che vorresti dire? (Si) Ha qualcosa a che fare con la loro frequenza o vibrazione?

C: Sì, in un certo senso. È tutto diverso. E tu li saluti e li aiuti a fare il passo successivo.

D: Poi qualcun altro prende il comando da lì? (Sì) Lavori lì da molto tempo?

C: Oh, da un po'... da un po'.

D: Sembra una posizione di responsabilità.

C: Sì. (Indeciso) A volte preferirei essere quello in viaggio.

D: Hai qualche altra scelta?

C: Non chiedo. Non oso chiedere. Questo è il mio compito e questo è il mio lavoro e non mi dispiace. Sono in un punto intermedio. Come un deposito, come una stazione ferroviaria.

D: E tutti arrivano e vanno da un'altra parte. (Sì) E ti chiedi cos'altro c'è? (Sì) C'è un modo per scoprirlo?

C: Devo chiedere ad uno degli esseri di luce.

D: Va bene se parliamo con loro? (Sì) Non c'è niente di male ad essere curiosi, vero? (No) Ok, chiedi quello che vuoi sapere.

C: Vorrei sapere se ci sono persone là fuori. Dicono: "Sì" -- Dicono che faccio un buon lavoro nell'aiutare la gente. Sono attento e sono un buon lavoratore. Avrò una possibilità, ma non ancora.

D: Quindi avrai la possibilità di scoprire cosa c'è là fuori?

C: Questo è quello che hanno detto. Sono proprio felice.

D: Vuol dire che scoprirai cosa significa viaggiare?

C: Sì. Ma più che viaggiare... esiste in modo diverso... so solo che quando si va in dimensioni diverse o in un'esistenza diversa si è... come si dice? Come per esempio, potresti essere in una forma diversa o senza forma. Altre dimensioni hanno loro modi diversi d'essere che puoi percepire e conoscere. Quindi non si tratta solo di viaggiare, ma di esistere in modo diverso con parametri diversi. Dipende da dove si va e mi piacerebbe molto andarci.

D: Sei mai stato da qualche parte?

C: (Sussurrando) Sono mai stato da qualche parte? (Gridando) Oltre che qui? Oltre al deposito? Dice: "Sì". In posti... ma in tempi diversi.

D: Cosa significano?

C: Spiegano... che esisto già in tempi diversi. Simultaneamente.

D: Ma non sei a conoscenza di queste cose?

C: Ora lo sono o l'essere carnoso e grazioso che sono... ora lo sa... (Confuso) Questo è difficile da spiegare.

D: Va bene se lo sa?

C: Sì, va bene che lo sappia... conoscere alza la sua vibrazione.

D: Perché non vogliamo fare nulla che possa interferire con qualcosa altro.

C: Hanno detto che adesso va bene. --Quell'essere luminoso sta raccontando di me. (Un po' confuso.) Che sono io... che una delle sue esistenze in questo momento sono io... Chandra.

D: Perché le sta dicendo questo?

C: Chandra sta cercando di avvicinarsi a loro... l'essere luce e la cosa carnosa. Riesce a percepirlo e quindi stanno comunicando. Non stanno parlando... stanno condividendo idee.

D: Va bene se Chandra sa queste cose adesso?

C: Sì. Penso che abbia bisogno di sapere che è ovunque.

D: Perché non vogliamo mai fare nulla che possa causare problemi, ma stavo pensando che le informazioni non vengono date se non è il momento.

C: Sì, è vero.

D: Perché è importante che lei lo sappia ora?

C: C'è sempre il desiderio di sapere tutto ciò che c'è là fuori e questo la distrae da ciò che sta facendo in questo momento. La sua innata curiosità, le fa desiderare molte cose allo stesso tempo. Ha solo bisogno di sapere che tutto ciò che desidera sperimentare lo è già e che il desiderio di sperimentare tutto si sta realizzando. Anche se non ne è consapevole. Proprio come la sua esistenza in quello che lei chiama un "deposito" e la sensazione di essere bloccata lì. Non è la sua unica realtà o esistenza. Ci sono altre parti di lei, si potrebbe dire, che vivono vite diverse.

D: Una cosa che voleva sapere è se ha mai fatto parte della natura?

C: Sì. La collinetta erbosa che ha visto prima era lei. (All'inizio, quando abbiamo iniziato la seduta.) Lei era l'energia che era quella parte di se stessa. Un piccolo essere. Un custode in un certo senso, ma anche quella collinetta. Separata, ma anche della stessa energia. Un'energia della natura.

D: Perché diceva di sentirsi molto vicina alla natura. (Sì) Pensavamo di andare in una vita passata e di fare questa esperienza. Perché non è successo?

C: Ha avuto modo di vedere quello che voleva vedere prima e ne ha ancora un'immagine molto chiara. Può tornarci quando vuole, quando ha bisogno di conforto. E ha bisogno di sapere che, anche se è stata un'esistenza molto piacevole, era arrivato il tempo che finisse. Per potersi evolvere ha dovuto lasciarla o esistere come qualcos'altro. L'ha vissuto e l'ha desiderato. Lo desiderava e ha ottenuto quello che voleva. --Poi ha voluto essere umana. C'è una parte di lei che era molto curiosa di vedere come sarebbe stato essere umana.

D: Sto cercando di capire come dirlo. Lei ha vissuto diverse vite facendo parte della natura, prima di diventare umana? (Sì) Certo, mi chiedo se muoiono o no. (Risata) Capisci cosa voglio dire?

C: Beh, quel folletto esiste ancora ed è ancora lei. Non muore mai. È ancora lì. (La piccola creatura che ha visto sfrecciare tra gli alberi.)

D: Esiste solo in quella forma?

C: Sì. È difficile da spiegare.

D: Fai del tuo meglio.

C: Sono tutti lì. Il folletto è ancora lì, che è lei. E l'essere del deposito è ancora lì, che è ancora lei. Lei è ovunque voglia essere, che è in moltissimi posti, a certi livelli o in qualsiasi esistenza scelga. A volte ne è consapevole, a volte no.

Feci fatica a formulare delle domande per cercare di comprendere meglio. "Ne è consapevole solo quando si concentra su di esse?

C: Dipende dall'esistenza. Per esempio, il folletto... come folletto ha scelto di essere umana. E il folletto è consapevole di questo desiderio, ed essendo uno spirito della natura, sa che si è successo, diciamo così.

D: Lui è più consapevole di Chandra?

C: Sì. Ci sono diversi livelli di consapevolezza e dipende dall'esistenza. È lo stesso essere, ma ad ognuno è permesso sapere ciò che deve sapere.

D: Ma non possono essere consapevoli dell'intera cosa, dell'intero quadro. È questo che intendi? (Sì) Sarebbe troppo da gestire?

C: Sì. Per esempio, all'essere nel deposito è stato data questa informazione che esiste in dimensioni diverse a causa del suo desiderio di sperimentare in altri livelli. Così gli è stato detto che già lo è. Se non l'avesse chiesto, non lo saprebbe.

D: Questo essere è in grado di capire?

C: Era più per placare o confortare quell'essere. Era per elevare la sua esistenza. La sua frequenza è ora un po' più leggera o più alta per averlo saputo, ma non si può forzare... si può rispondere alle domande solo quando vengono poste. Se non l'avesse chiesto, non avrebbe saputo che esisteva già in altri luoghi.

D: Quindi lo farebbe sentire meglio, sapere che non era intrappolato lì? (Sì) Così potrebbe continuare il suo lavoro sapendo di poter sperimentare anche altre cose. (Sì) Quindi un po' di conoscenza aiuta, mentre ognuno continua la propria vita. Quindi quelle che chiamiamo "altre vite passate" non è bene conoscerle.

C: Non sempre è così.

D: Perché non sono a quel livello di sviluppo?

C: Esattamente. L'essere nel deposito, si direbbe, era la frequenza più bassa.

D: Ho interferito con il suo sviluppo da...

C: No. In effetti, è stato aiutato.

D: Perché non voglio interferire con l'evoluzione di nessuno.

C: No. Uno degli scopi o obiettivi di tutti gli esseri è quello di aumentare le loro vibrazioni per avvicinarsi alla Sorgente. E nella conoscenza che è stata data a quell'essere, la vibrazione è cambiata.

D: Quindi ha aiutato la sua evoluzione? (Sì) Allora ho ragione a pensare che, alla fine, per tornare alla Sorgente, tutte queste parti devono riunirsi ad un certo punto? (Sì) Quindi alla fine dovrebbero tutti aumentare le loro vibrazioni, non è vero?

C: Sì, proprio come il folletto. La sua era una vibrazione diversa... una frequenza diversa. Ma richiese l'esperienza di essere umano perché sapeva che avrebbe aiutato la sua evoluzione.

D: Sai, nel mio lavoro sono abituata a portare le persone alle loro vite passate piú appropriate, per trovare le risposte alle loro domande. Questo è ciò che pensavamo di sperimentare e non è successo. (Ridendo) Perlomeno non una vita passata "normale".

C: È molto importante sapere che tutte le frequenze, di tutti gli esseri, devono essere elevate; non solo dell'uomo, ma di tutto ciò che è il Tutto.

D: In questo momento?

C: In particolare.

D: Perché è importante per Chandra avere queste informazioni adesso?

C: La sua vibrazione si sta ellevando.

D: Quindi le sue risposte non si trovano tornando indietro e rivivendo una vita passata?

C: No, non al momento. Vuole sapere cosa fare. Chiede della sua situazione lavorativa.

D: Questa era una delle sue domande principali. Non è felice del suo lavoro.

C: Beh, sai che ha avuto una vita molto bella come folletto. È molto diverso essere un umano. A volte è più difficile, in un certo senso. Era molto più facile essere un folletto. Ha nostalgia della natura e del legame con la natura, perché sa di esserlo in origine. E desidera, non solo la riconnessione, ma il suo tipo di vita che era molto più facile. Molto più semplice. Meno complicata e i folletti non devono lavorare come gli umani.

Il SC pensò a quali consigli dare a Chandra e alla fine decise di consigliarle di fare la guaritrice. "Può lavorare con la natura, ma alla fine la vedo come una guaritrice. Sta resistendo, ma in fondo è una guaritrice. Lei lo sa. Le basta solo parlare con le persone, che si sentono meglio. Può dire a tutti dove c'è qualcosa che non va. C'è energia intorno ad una persona e lei riesce a leggerla. Ha bisogno di sviluppare questa capacità. Se riuscisse a sviluppare questa capacità di vedere l'aura di una persona, sarebbe in grado di aiutare in una capacità maggiore. Se sviluppa questa capacità sarà una guaritrice meravigliosa. Aiuterà molte persone. --Potrebbe anche lavorare con la Terra. Per lei sarebbe molto facile svolgerlo. Fa già parte della Terra e i suoi amici e altri spiriti della natura lavorerebbero con lei. Sarebbe molto facile per lei svolgere quel lavoro.

D: Ha forse qualche contratto relativo alla nascita di figli? (Questa era una delle sue domande).

C: No e deve smetterla di preoccuparsene. Ha un altro percorso questa volta.

* * *

Chandra voleva sapere di un incidente insolito che aveva vissuto. Stava guidando in autostrada, ha guardato nello specchietto retrovisore e ha visto un incidente d'auto dietro di lei.

Quando si è girata per guardare non c'era niente. Chiesi se "loro" potrebbe spiegare quest'incidente.

C: Stava vivendo temporaneamente in un'esistenza parallela diversa. Il tempo si era sovrapposto a quel punto e aveva visto qualcosa che era successo su un altro piano che si era... diciamo "incrociato". Le due parti d'esistenza si erano incrociate in quel punto. E la macchina si è spostata da un punto d'esistenza, all'altro punto dove si trovava, ma poi si è dissolta -- non è la parola giusta.

D: Dissipata?

C: Sì. Grazie!

D: Perché non apparteneva a questa dimensione? (Sì) Mi sembra una cosa che mi hanno detto altre persone riguardo ad altre dimensioni che a volte si sovrappongono.

C: Sì, tutti pensano che se lo stiano inventando.

D: Ma non c'era nessun legame con lei. Si è trovata per caso nel posto giusto?

C: Esatto.

* * *

Fisico: "Quando è nata aveva un problema di pelle su tutto il corpo. (Qualcosa come un eczema o una psoriasi.) Persistette per tutta la sua vita, però ora aveva solo pochi piccoli punti sul corpo. Cosa ha causato questo fastidio? Perché è nata con questo problema su tutto il corpo?

C: Ha una matrice di quel corpo crivellata di... vedo... è una sorta d'energia che influisce il suo corpo fisico. Si aggrappa alla matrice e causa la psoriasi... quasi come un'eruzione cutanea.

D: Ma è molto peggio di un'eruzione cutanea.

C: Pensate ad un'eruzione cutanea come ad una forma d'energia e alla matrice che crea il suo corpo fisico...

D: Potete spiegare cosa intendete con matrice?

C: La matrice è una rete di linee energetiche che si uniscono e si formano nel corpo umano. Si estende fuori dal suo corpo e non si può vedere... beh, alcune persone riescono a vederla, ma è circa sei o sette metri intorno al corpo fisico, come un sistema a griglia che forma il corpo. E su questo sistema a griglia ha quello che sarebbe... un'energia che viene come una sorta d'eruzione cutanea che è cresciuta su questa matrice o su questa griglia. Un sistema che forma il suo corpo e si manifesta come psoriasi. Quasi come un guscio... in termini energetici che è come la matrice. È molto difficile da spiegare. Sembrerebbe un sistema a rete/griglia se lo si vedesse.

D: È questo il vero aspetto del corpo fisico?

C: Beh, a livello energetico. Il corpo fisico è il corpo fisico, ma ce ne sono molti (faticando a spiegarsi)... c'è una ragione per cui il corpo fisico ha questo aspetto; a causa della griglia o della matrice in cui tutti nascono. La matrice è ciò che determina il corpo fisico così come appare nella sua dimensione. In questo momento stiamo ripulendo la matrice di questo... posso solo descrivertela come un'eruzione cutanea.

D: Quando avete detto che questa matrice si estende fuori dal corpo, sarebbe quello che la gente vede come l'aura?

C: No. È separata. La matrice esiste solo allo scopo di creare il corpo fisico. L'aura è energia del corpo. Pensalo come un sistema con multipli obbiettivi. Si ha uno stampo e quando si riempie lo stampo -- in questo caso si ha energia ad una certa frequenza che crea una forma umana. In questa natura una griglia è come uno stampo.

D: Allora non diventa viva finché non entra l'anima?

C: No. Comincia una volta che avviene il concepimento ed e' in costante cambiamento. Il che è evidente perché il corpo umano cambia continuamente. E non è influenzato dalle altre energie dell'umano, come l'aura. Sono tutte in gioco tra loro. Lo scopo principale della matrice è quello di creare un edificio... è come l'involucro.

D: Quindi ogni volta che l'anima lascia il corpo, la matrice inizia a dissolversi?

C: Sì, perché non c'è più bisogno del corpo fisico.

D: Possiamo aiutarla con questa psoriasi?

C: Sì. Quello che le ho descritto come un'eruzione cutanea è in realtà più un'energia che ha deciso di aggrapparsi alla sua matrice. È quasi come se si facesse un giro gratis. Ha trovato la sua matrice molto ospitale e ha deciso di rimanere nei paraggi e si è manifestata come psoriasi.

D: Anche se sta causando problemi, non lo sa. (Sì) A me sembra quella che io chiamo un'energia "elementare".

C: È corretto.

D: Non hanno emozioni o sentimenti.

C: Esatto. Ma per qualche ragione, a loro piace rimanere intorno alla sua matrice.

D: Ne sono attratti. (Sì) Lo stesso tipo di energia è attratto dagli edifici e dai luoghi.

C: Sì, le fa molto bene saperlo, in modo da cominciare a comprendere il modo in cui il corpo fisico funziona ed esiste, per poter essere una guaritrice migliore.

Il SC ha poi rapidamente ripulito l'energia in modo da guarire la psoriasi. L'abbiamo rimossa con una benedizione, in modo che l'energia non ritorni. Il corpo ora è libero e ripulito".

* * *

Il corpo energetico o eterico, che fornisce il modello formativo e di sostegno per il corpo fisico, viene sperimentato come luce. È questa la matrice? Nel libro di Robert Winterhalter: "Il Cristo guaritore" (pubblicato da Ozark Mountain Publishing), l'autore dà una spiegazione molto plausibile, quando parla dei miracoli di Gesù nella Bibbia:

Pietro, Giacomo e Giovanni sono stati testimoni della trasfigurazione di Gesù come evento reale. (Marco 9,2-3 (passi paralleli: Matteo 17:1-2; Luca 9:28-29. Questa è comunemente chiamata "La Trasfigurazione di Cristo"). Non riuscivano a spiegarselo. Eppure l'evento è coerente con le scoperte degli scienziati moderni, per le quali tutto ciò che è visibile può essere convertito in energia e che l'universo è inondato d'energia. È anche d'accordo con l'esperienza di molti di noi nel campo della guarigione, che hanno visto le persone circondate di luce.

Non possiamo più credere che Mosè e Gesù fossero gli unici ad essere avvolti dalla luce bianca. Questi erano fenomeni naturali e non soprannaturali. Con l'avanzare della conoscenza, tuttavia, abbiamo guadagnato più di quanto abbiamo perso. Questi racconti dell'apparenza di Mosè e di Gesù si basano sui fatti. Il corpo energetico o eterico, che fornisce il modello formativo e di sostegno per il corpo fisico, viene percepito come luce. Questo è ciò che gli apostoli avevano visto e si adatta perfettamente al significato del termine greco per "trasfigurato".

James Eden, nel suo libro "Energetic Healing" (Guarigione Energetica), fornisce prove corroboranti per la realtà del corpo energetico. Inoltre Kendall Johnson, che ha lavorato con Thelma Moss all'UCLA scrive:

"I nostri esperimenti con la fotografia dei campi di radiazione e l'effetto Kirlian, ci hanno portato alla conclusione che c'è in ogni organismo vivente una matrice o modello energetico che fornisce una struttura sottostante per il suo corpo materiale. L'effetto corona o effetto bordo che abbiamo osservato è la prova lampante di quella matrice".

La luce, quindi, è sempre stata presente in tutti noi, anche se finora sconosciuta e non riconosciuta. Sapendo questo, alcune affermazioni di Gesù assumono un nuovo significato. Egli non solo ha dichiarato: "Io sono la luce del mondo" (Giovanni 8,12; 9,5), ma anche: "Voi siete la luce del mondo". (Matteo 5:14) Sia in senso letterale che figurativo, Lui sapeva come "far risplendere la luce".

Capitolo 32

IL VILLAGIO FUORI DAL TEMPO

La prima cosa che Lucy vide fu un'alta montagna coperta di alberi e un villaggio immerso in una valle. Annunciò: "Scendo tra gli alberi verso il fondovalle, sul sentiero che porta al villaggio. C'è un sentiero, ma bisogna sapere dove si trova. Il villaggio è nascosto. Non puoi vederlo, se non sai dov'è. È protetto su tutti i lati da alte montagne. Gli alberi scendono giù per le montagne, e nella valle, la chioma degli alberi copre il villaggio. Bisogna sapere dove si trova. Ci vado avanti e indietro. Parlo con la gente che resta lì. Io non rimango lì. Scopro quello che fanno, i loro rapporti, le loro indagini, i loro studi. Do consigli. Indico nuove direzioni. Non viaggiano verso l'alto. Non so perché. Non sono l'unica a farlo, ma viaggio in alto".

D: Cosa intendi con "su"?

L: Quando arrivo al villaggio, scendo come da una nuvola. Poi quando torno su, torno su come una nuvola, ma non è una nuvola. Non è nemmeno una astronave. È solo lì.

D: Pensavo che volessi dire che venivi dalla cima della montagna, ma non è così.

L: No. È come se venissi su una nave che non è una nave. Io non so cosa sia.

D: Che aspetto ha?

L: All'esterno ha un aspetto un po' grigiastro, poroso, ma al interno è un altro spazio... una dimensione. L'esterno è solo un mimetismo dell'interno. Un'approssimazione di dove vado dall'esterno, all'interno. Non si vede facilmente dal basso, ma se si vedesse sembrerebbe, credo, quello che alcuni chiamerebbero una "astronave", ma non è una nave. È una mimetizzazione. Sembra una forma di qualcosa, ma quando la si attraversa non si è più in quella dimensione, sei in questo spazio.

Quindi, a volte, ciò che la gente pensa siano gli UFO sono in realtà dei portali o delle porte verso altre dimensioni. Sono solo camuffati per assomigliare a qualcos'altro.

D: Quindi si può passare senza aprire una porta o altro?
L: Sì, è come una membrana e basta passare attraverso.
D: È da lì che vieni?
L: Ora... sì.
D: Come percepisci il tuo corpo?
L: Sotto, sotto umano, ma è come una mimetizzazione.
D: Un altro tipo di mimetizzazione.
L: Esatto. Là su, all'interno, c'è una luce. Riesco a sentire il contorno di un corpo, ma non ha una forma... luce. Un corpo di luce. La coscienza contenuta nell'energia.
D: Quindi non è una luce solida? È questo che intendi?
L: Molte luci colorate.
D: Allora quando vai al villaggio, assumi una forma umana?
L: Sì. Coperto con una forma umana. È una copertura molto sottile, in modo che sia più facile camminare e parlare tra di loro. Anche la maggior parte degli altri sono come me. Sono qui. Alcuni vengono da là e non capirebbero.
D: Cosa cerchi di dire? Sono queste le persone del villaggio di cui parli?
L: Le persone del villaggio sono come me, ma le persone che non sono come me non lo sanno, perché gli assomigliamo. Quindi quando vengo a trovarli, devo assomigliargli, così nessuno si spaventa.
D: Ma gli altri vivono lì in mezzo a loro?
L: Sì, e non lo sanno.
D: È questo il loro compito: di stare lì con loro?
L: Stare lì, addestrarli, educarli ed imparare.
D: Che aspetto hanno le altre persone?
L: Hanno l'aspetto di esseri umani. Le donne e gli uomini indossano lo stesso tipo di vestiti. Camicie lunghe, di stoffa intrecciata con

steli naturali, erba. Una camicia morbida e lunga fino alle ginocchia, pantaloni sottili sotto e sandali.

D: Questa gente è originaria del villaggio?

L: No, questo villaggio non è un villaggio dove la gente si è insediata. È un luogo dove si riuniscono a condividere tra villaggi... tra gruppi di persone, tra luoghi... un luogo di incontro.

D: Non ci vivono sempre?

L: C'è sempre qualcuno, ma la gente va e viene. Ci rende più facile muoverci tra di loro ed essere i loro insegnanti. Hanno ricordi di noi che insegniamo loro per molto tempo.

D: Vengono lì per un breve periodo di tempo?

L: Alcuni brevi... altri lunghi, a seconda di ciò che imparano. C'è chi impara a far crescere le cose, a guarire le cose, a fare le cose, ognuno di loro necessita un tempo diverso.

D:Ognuno del vostro gruppo insegna qualcosa di diverso?

L: Tutti noi conosciamo abbiamo le stesse conoscenze, ma alcuni sono più bravi di altri ad insegnare certe cose. Possia-mo visualizzare meglio ciò che cerchiamo di insegnare agli altri, perché loro imparano osservando e parlando.

D: Quindi quando insegnate a queste persone, poi tornano ai loro villaggi? (Sì) Ricordano ciò che è successo?

L: Sì, ricordano.

D: Sanno dove sono andati?

L: Sì. Sono stati scelti dal loro villaggio per venire qui. A volte i villaggi mandano le stesse persone. A volte mandano persone diverse, per diversi periodi dell'anno, ma c'è un continuo andirivieni. Persone diverse nel villaggio vengono per cose diverse. È molto simile a una biblioteca vivente.

D: Questo è un buon modo per descriverlo. Quindi quando queste persone tornano a casa, la gente capisce cosa sta succedendo?

L: Sì. Sanno di essere andati in questo posto, come in una scuola. Solo che a volte creano davvero le cose che portano a casa, quindi forse possono farle anche nei loro villaggi e paesi. A volte sono dipinti che riportano... cose diverse.

D: Quindi diventano gli insegnanti dei loro villaggi?

L: Inventori, insegnanti, aiutanti, medici, guaritori.

D: Qualcuno cercherebbe di venire lì se non fosse previsto?

L: No. Nessuno ci ha mai provato. Sanno che se vogliono venire, non devono far altro che chiedere.

D: Stavo pensando se qualcuno provasse a seguire uno di loro.

L: A volte i bambini cercano di seguirli, ma i bambini non sono pronti per questo. Solo adulti... alcuni anziani, che stanno imparando le tecniche della mente per poter trasmettere ciò che hanno imparato. Da mente a mente, non è una buona descrizione. A volte i bambini cercano di seguirli, ma c'è una protezione intorna a questo luogo nella valle e solo chi dovrebbe venire può passare dalla porta. Altrimenti non riescono a trovarla. È protetto. Anche se si trovassero proprio davanti alla porta, non lo saprebbero, amenoché non possano attraversarla. È un posto speciale. Non c'è più tempo.

D: Cosa intendi dire?

L: Esiste nella valle, ma non è nel tempo. È nello spazio, ma non nel tempo.

D: Ma questa valle è un posto vero e proprio, no?

L: La valle lo è, ma il villaggio è fuori dal tempo. È in quello spazio e in quella parte di quello spazio, ma non in quel tempo. Quelli che arrivano al villaggio, quando entrano dalla porta, si spostano fuori dal tempo. E quando lasciano il villaggio, ritornano nel loro tempo.

D: Non se ne rendono conto, vero?

L: No, solo quelli come noi sanno di esser fuori dal tempo. Non c'è motivo che lo sappiano. E poi come glielo spiegheresti?

D: Per la persona media non avrebbe alcun senso.

L: Per alcune persone, quelle più anziane che vivono in quelli che chiamano "tempi moderni". Tutte in diversi periodi di tempo vengono qui. Quelli che arrivano dai tempi moderni capiscono il concetto di spazio e di tempo. Per altri... è troppo difficile.

D: Pensavo che questo fosse sempre lo stesso periodo di tempo. (No) Quindi quando hai detto che venivano avanti e indietro, intendevi dire che provengono da altri periodi di tempo?

L: Sì. Quando sono al villaggio, sembra che vivano tutti nello stesso periodo di tempo, anche se in realtà provengono da periodi diversi. Sono tutti vestiti nello stesso modo, ma sono tutti di epoche diverse, di stagioni diverse. In quello spazio esistono insieme e ad un certo livello lo capiscono tutti, anche se non capiscono il perché. "Cos'è questo luogo? Non è una minaccia. Non è spaventoso. È naturale. Vengono per imparare e quando hanno finito d'imparare, tornano a casa e fanno quello che hanno imparato a fare.

D: Si dimenticano d'esser stati qui?

L: No, ma non possono descriverlo a nessuno che glielo chieda. Direbbero semplicemente: "Sai, è come una scuola. Ho incontrato queste persone. Abbiamo imparato queste cose. Siamo andati nei campi e mi hanno mostrato come piantarlo. Siamo andati in un laboratorio e mi hanno mostrato come usarlo".

D: Alcune persone, provenienti dall'antichita', probabilmente erano molto primitive, no? (Sì.) Quindi gli viene insegnato solo quello che sanno gestire. (Sì) E invece le altre persone che vengono da periodi di tempo più avanzati?

L: Tornano con i disegni. Tornano con campioni di ciò che vogliono creare nel loro tempo.

D: Ma quelli dei tempi moderni avrebbero più conoscenze e sarebbero più intelligenti.

L: L'intelligenza è una cosa interessante. Le persone primitive non sono necessariamente meno intelligenti. Quello che noi chiamiamo primitivo non è davvero primitivo. Sono molto più consapevoli del contesto spirituale, consapevoli del mondo che li circonda. Capiscono che "Tutto è Uno". No, quelli che non sono pronti per questa educazione non conoscono nemmeno questo posto.

D: Ma anche i più avanzati nel tempo...

L: Pensano di fare un sogno molto vivido. È divertente: il sogno dentro al sogno.

D: Si svegliano e fanno disegni?

L: Sì, tornano con i disegni o la musica nella loro mente, o un'immagine nella loro testa.

D: Aha! Così possono riprodurre i disegni e possono inventare qualsiasi cosa che volevano inventare?

L: Sì. Molto intelligente!

D: Sembra un posto incredibile. (Abbiamo riso.) Ma tu sei uno di quelli che vanno lì e insegnano? (Pausa) O cosa fai lì?

L: Osservo. Ascolto. Cammino in mezzo a loro e se c'è una domanda che ha bisogno di una risposta, la assorbo, allora ottengono ciò che devono sapere. Ma per lo più mi limito a osservare, a sentire come ci si sente e vedere se c'è armonia. E' più difficile imparare se non si è in armonia. Quindi le persone lì, sia che facciano parte di noi o che siano parte del luogo, devono comunque essere in equilibrio. Devono essere tranquille, calme e chiare.

D: Sei mai stato uno degli insegnanti?

L: Lo sono stato... soprattutto perché è divertente, ma solo per certe cose.

D: Avevi una specializzazione?

L: Le varie arti curative che hanno a che fare con la connessione tra mente e corpo. Sprofondare negli strati più profondi della coscienza, per poi tesserli avanti e indietro. Dentro e fuori, agli strati di coscienza. A volte ci sono degli intoppi, dei fasci, dove l'energia si raccoglie invece di fluire liberamente e senza intoppi. Il suono è discordante invece che armonioso. Allora bisogna saperlo smussare in modo che il corpo fisico e il corpo mentale possano lavorare insieme. Osservo gli altri che lavorano con le energie e se si bloccano --in particolare se erano nel bel mezzo di qualcosa-- e si sono bloccati nello smussare le energie, allora mostro loro come fare.

D: Prima lo insegnavi e ora lo stai solo osservando?

L: Esatto. Ad un certo punto puoi lasciare che i tuoi studenti diventino insegnanti. Così si sentono più sicuri quando li lascio fare il loro lavoro, inoltre sanno che sono lì se hanno bisogno di me.

D: Hai detto che a volte si bloccano perché ci sono dei grovigli tra le energie della mente e del corpo?

L: Sì, a volte la mente interferisce con il corpo e crea dei grovigli di energia che sono troppo difficili da sciogliere. Sono così aggrovigliati che non possono essere tagliati. Devono essere smussati, li aiuto a scioglierli.

D: Cosa gli dici di fare quando s'imbattono in cose del genere?

L: Non dico nulla. Glielo mostro. Lo muovo con la mente.

D: Puoi spiegarmelo?

L: Non lo so. Lo muovo con la mia energia. La mia energia raggiunge la loro energia, si fonde con essa, danza e dolcemente la snoda, per fargli cercare uno loro frequenza simile e poi la mia energia si ritira.

D: Quindi quando la tua energia si ritira, rimane? Non è più aggrovigliata? Non devi essere sempre presente?

L: No, no. Quando loro sono bloccati a lavorare con chiunque sia venuto per guarire.

D: Allora tu la smussi e fai un passo indietro? (Sì) Ma rimane?

L: Sì, rimane liscia quando ho finito, e l'insegnante a volte si unisce a me. A volte no... a volte guardando solo per vedere come lo faccio e poi lo toccano quando ho finito per vedere com'è. --È la combinazione dell'energia, della mente e del corpo dove i due si fondono insieme... molto complicato. La mente ha un tipo d'energia diversa da quella del corpo. Fondere le due cose insieme in armonia è importante per la longevità. Per mantenere il corpo vivo per tutto il tempo che si vuole essere vivo e per mantenerlo sano. E a volte succedono delle cose al corpo, a volte accadono alla mente. Qualcosa danneggia, traumatizza, infligge energia discordante alla mente. E poiché la mente è collegata al corpo, la mente e il corpo s'impigliano, s'intrecciano in questi nodi che devono essere sciolti.

D: E naturalmente la persona non si rende conto che tutto questo è accaduto.

L: No, bisogna saper vedere questa energia... un livello profondo di visione.

D: Se la vedessi come la potrei riconosce?

L: Fili d'energia, colori diversi, spessori diversi, spessi, sottili, minuscoli, grandi, ma tutti mescolati insieme in palline, come un filo intricato. Ognuno ha uno scopo, però, quando è aggrovigliato, l'energia non va dove dovrebbe andare.

D: Quindi il tuo lavoro è più o meno quello di assicurarti che lo facciano correttamente? (Esatto) E poi usi l'energia della tua mente se non ci riescono come dovrebbero.

L: Giusto e per andare dentro, svelare e lisciare e poi ritirarmi delicatamente senza traumi né per la mente né per il corpo. È difficile, molto difficile stabilire quell'equilibrio.

D: Hai detto che stai osservando ma applichi anche l'energia?

L: Entrambe le cose. Io applico l'energia alle persone che vengono se gli insegnanti che lavorano con loro non ci riescono. Se si bloccano. Vado direttamente alla fonte da cui proviene il problema.

D: Lavori con loro per un po' di tempo?

L: Entro ed esco. A volte sono lì e mi sembra che in quel posto il tempo non funzioni come al di fuori. Quindi possono essere solo pochi minuti e quando esci da quel posto, possono essere stati giorni, settimane e mesi.

D: Hai detto che era fuori dal tempo perché la gente viene da diversi periodi di tempo, come li percepiamo noi.

L: Non conosco bene il tempo. Il tempo è diverso per me. Il tempo esiste in quello spazio particolare, ma non per me. Il luogo da cui provengo non ha tempo. So in quale tempo mi trovo, quando sono fuori di lì, ma quando torno non c'è alcun tempo.

D: Ma sai che il tempo esiste in altri luoghi?

L: Il tempo scorre diversamente in diversi luoghi. Alcuni sono lenti, altri veloci, altri pesanti, altri leggeri. Il tempo è come un fiume. A volte è veloce. A volte è lento e non coerente. --Ci sono molti luoghi fuori dal tempo.

D: (Questo mi sorprese) Davvero? (Sì.) Sulla Terra o solo in altri luoghi?

L: Ovunque. Ovunque in tutto l'Universo, ci sono luoghi fuori dal tempo. Altrimenti come ci arriveremmo all'istante?

D: Beh, so che la gente viaggia con il pensiero. (Specialmente gli extraterrestri.) È questo che intendi?

L: Sì, è simile. Il pensiero è energia. Tutto viaggia con l'energia, come energia. È tutta energia. È la messa a punto dell'energia, la densità dell'energia, tempi diversi, spazi diversi in tutto l'Universo. Come finestre nel tempo e nello spazio, come porte.

D: Hai detto che ci sono luoghi in tutta la Terra che sono fuori dal tempo?

L: Sì. Molto raramente... le persone ci si imbattono, ma poiché sono fuori dal tempo, di solito sono protette. È molto difficile. Potresti camminare attraverso alcuni di questi luoghi e non sapere d'averlo fatto perché non sei a tempo con quel luogo.

D: Non si vibra alla stessa frequenza?

L: Esatto, come una vibrazione, se non stai vibrando a quel tempo. C'è una montagna su un'isola. Non sono sicura della geografia, ma si cammina tra le rocce, una strettoia di spazio tra questi grandi, grandi massi. Devi sapere proprio dove si trova quella strettoia.

La si attraversa, si entra in questa apertura nella montagna, e sei fuori dal tempo.

D: Mi chiedo se possono sentire o vedere qualcosa.

L: Oh, sì, a volte vedono e sentono, a seconda di ciò con cui sono in sintonia. Ci sono posti che possono portarli in altri posti. Non restano lì dentro la montagna. Vanno in altri luoghi, ma se la loro vibrazione, la loro energia non corrisponde, non possono andare da nessuna parte. Non lo vedono nemmeno. Non sanno nemmeno che c'è.

D: Saprebbero che sta succedendo qualcosa?

L: Sanno che qualcosa è successo. Non sempre lo capiscono. Alcuni che se lo ricordano, non ne vogliono parlare. Perché per loro è strano.

D: È quasi come se avessero viaggiato in un'altra dimensione.

L: Sì. L'Universo è pieno di questi luoghi.

D: Ma se l'Universo è pieno di queste "pozzanghere" --non è proprio una pozzanghera, una finestra. C'è forse il pericolo che entrino e non riescano a trovare la via del ritorno?

L: Mai. La tua energia è sempre sintonizzata sul punto di partenza, quindi torni sempre al tempo giusto. L'energia sa sempre da dove viene.

D: Quindi non puoi andarci e perderti.

L: No, non puoi andarci e perderti. Se ti fai prendere dal panico e hai paura --e a volte alle persone succede-- tutto quello che devi fare è dire: "Portami a casa". E nel momento in cui dici casa o pensi a casa, o visualizzi casa, sei al punto di partenza. E forse il tempo è passato, forse no. Dipende in che "piscina" ti trovi.

D: Quale piscina?

L: Quale posto.

D: Ma possono andare in un luogo che sembrerebbe totalmente diverso da quello dove hanno iniziato.

L: Sì e alcuni di loro lo fanno.

D: Questo potrebbe spaventare qualcuno.

L: Dovevano essere pronti, altrimenti non sarebbero stati in grado di vibrare. Non si sarebbero sintonizzati all'energia. Non possono andare dove l'energia non corrisponde. E anche se per loro è sorprendente o confuso o difficile da capire, in qualche modo lo capiscono. E qualsiasi disagio, panico, qualsiasi cosa, si placa quasi immediatamente.

Questo suonava molto simile ai portali attraverso il tempo e le dimensioni che sono stati riportati nei miei altri libri di Convoluted Universe.

D: Quindi, a un certo livello hanno chiesto quell'esperienza?

L: Sì. A volte pensano di aver fatto uno strano sogno perché è più facile pensarlo come un sogno.

D: Non ci sarebbe stabilità se potessero farlo sempre.

L: Giusto, ma no, nessuno può farlo tutto il tempo. Quando devi farlo, forse quando vuoi farlo, se il tuo desiderio corrisponde alla tua energia. Lo si può fare per curiosità. La curiosità è ciò che ti porta a muoverti.

D: La curiosità è un'emozione molto buona e forte.

L: Molto forte, ma la curiosità è un'emozione molto leggera, leggera. È leggera. Esplora. --Se la persona ha chiesto ad un altro livello ed è pronta a farlo, può succedere. C'è un accordo anche tra gli altri, anche dentro di loro, che sarebbe una cosa buona. Quindi vedi è impossibile abusare o dissipare questo dono, di questa capacità naturale, che tutti noi abbiamo. Se tentano di pervertirla, l'energia si disperde in loro e non possono recuperarla, finché non hanno creato l'autorizzazione. C’è ogni tipo di salvaguardia incorporata in questo. L'energia protegge se stessa.

D: Ho sentito dire che si può andare da qualche parte e perdersi.

L: No, non credo sia possibile perdersi. Anche chi pensa di esserlo, ritengo che sia solo panico. Appena si calmano e pensano da dove sono venuti, tornano indietro. Il pensiero, l'immagine visiva, li riporta indietro.

D: Non restano troppo a lungo in questi luoghi, vero?

L: Beh, sei fuori dal tempo, quindi possono essere minuti o possono essere mesi, quando nel loro tempo possono essere solo secondi. A volte si può fare un sogno di una vita intera in una notte, ma quando ci si sveglia la mattina dopo, è stata solo una notte. Ti sei spostato fuori dal tempo. Qui fuori il tempo funziona in modo diverso.

D: Ma quel posto da dove vieni, hai detto che era mimetizzato per sembrare una nave. (Sì.) Hai detto che sei entrato in un'altra dimensione? (Esatto.) Solo attraversando il muro della nave o cosa?

L: Sì, è solo mimetizzazione. Nel momento in cui la attraversi ti trovi in un altro spazio.

D: Questo è molto simile a quello di cui stai parlando. (Sì) È corretto dire che quando torni in quella dimensione, ti trovi a tua "casa"?

L: Sì, immagino che sia il luogo del riposo. Io viaggio molto, casa è ovunque mi trovi. Non sono mai "non a casa". Viaggio attraverso lo spazio, attraverso il tempo. A seconda della energia che prendo, è lì che ritorno. L'altra dimensione è una casa temporanea, ma la mia casa è ancor più profonda. Casa è uno spazio più grande... Oh, come descrivete lo spazio e il tempo? (Frustrata) È al di fuori dello spazio/tempo. Mi muovo dentro e fuori e quando mi muovo indietro attraverso quella mimetizzazione ed entro nello spazio, è un bel posto dove stare. È uno spazio reale. È bellissimo. Ci si sente bene. È un momento in cui possiamo stare insieme, in un po' più di coscienza, meno fisico, più corpo di luce, ma oltre. Il corpo di luce non è la fine. C'è di più, ma oltre a questo sorpassa i limiti di un corpo fisico, sia che si tratti di un corpo fisico di luce o di un corpo fisico regolare. Riesci a capire?

D: Sì, per me ha senso, ma il fatto è che io ricerco più di quanto non faccia la persona media. Questi luoghi sarebbero le stesse cose dei "portali"?

L: Sì. I portali, le porte, le finestre... wormhole non è appropriato.

D: Questo è qualcosa di diverso. (Sì) Come definisci un wormhole (tubo dimensionale)?

L: Non lo definisco. Io non ci vado. I wormhole sono un casino! Non mi piace fare casini con quella roba. Sono difficili. Sono pesanti. Sono per dilettanti.

D: Okay. (Risi) Ma i portali sono molto simili a quello di cui parli.

L: Molto simili. La gente ci passa attraverso e non sa che c'era, passano proprio attraverso una porta o un portale o una finestra. Non sanno che c'è, perché non ne sono in sintonia, allineati, consapevoli. Sembrerebbe come se non ci fosse nulla. Non saprebbero che c'era qualcosa.

D: *Mi è stato anche detto che la differenza tra un portale e una finestra è che si può guardare attraverso una finestra, ma non si può attraversarla. (Sì, sì.) Vedere in un'altra dimen-sione, in un altro tempo, ma non viaggiarci veramente?*

L: Sì. Dipende da quale sia il tuo intento, che si tratta di una finestra o di un portale. Può essere un portale. Se il tuo intento è osservare, è una finestra; se il tuo intento è viaggiare, è un portale. Come se ci fosse una porta.

D: *E quando sei dentro, è come essere in un luogo fisico. (Sì) Ma mi è stato anche detto che non puoi portare con te nessun oggetto fisico.*

L: No, per questo devi tornare nella mente o come un sogno. Ecco perché la maggior parte delle persone pensa che sia un sogno, un'ispirazione. Anche se hanno fatto una rappresentazione fisica, come se avessero creato un nuovo strumento o un nuovo dipinto. Non possono prenderlo da lì. Ma lo ricreano quando tornano a casa.

D: *Quindi quello che mi è stato detto è accurato. (Sì) Ma è questo quello che fai principalmente, viaggi per osservare e per insegnare?*

L: Sì, e poi ho i miei momenti, in cui mi unisco ad altri gruppi, dove imparo cose nuove dai luoghi in cui sono stati. Condividiamo ciò che abbiamo imparato quando abbiamo viaggiato.

D: *Quindi non si sa mai tutto?*

L: (Enfatico.) No! Tutti noi continuiamo ad imparare. È molto interessante. Stiamo tutti imparando insieme e condividendo insieme, e a volte qualcuno vuole andare nei posti in cui sono stato perché vuole vedere con i propri occhi. E anche questo va bene. Per questo dico: "Quando scendiamo ci mimetizziamo". Ovunque andiamo ci mimetizziamo. Non ho nemmeno bisogno di parlare di queste cose sugli alieni. Alcune di queste cose aliene sono ridicole!

D: *Va bene così, perché ci ho già lavorato e credo di capire più della persona media.*

L: Ci scommetto. Sono sicura di sì. Tu capisci cosa c'è dietro l'essere. Tu capisci gli esseri. E a volte capisci gli specchi che si riflettono sulle persone che li vedono?

D: *Io la chiamo sovrapposizione - qual è un'altra parola?*

L: Maschere.

D: Qualcosa che faccia credere loro d'aver visto qualcosa che non c'è veramente.

L: Sì, memorie schermo.

D: Questa è la parola giusta. Le memorie schermo sono sovrapposizioni. È questo che intendi?

L: Sì. Si fa per proteggere. Si fa anche perché a volte la visione è ampia... e a volte ci sono persone che... è troppo ampia.

D: Non riescono a sopportarlo. (No) La loro mente non è attrezzata per riuscire a gestirlo.

L: I concetti, il contesto, i costrutti, anche le immagini, devi costruirle come se stessi tessendo un arazzo. E più si lavora su un arazzo, più questo passa da bidimensionale a tridimensionale a quadridimensionale. Proprio come si tesse una realtà virtuale che si vede nei video. È la stessa cosa e alcune persone riescono a gestire solo il bidimensionale. Alcuni possono gestire il tridimensionale, il quadridimensionale e altro ancora.

D: Mi è stato detto che gli alieni, gli ET o come volete chiamarli, sono molto gentili su questo, perché sanno quello che la persona può gestire.

L: Sì. Sono molto gentili.

D: A volte una persona pensa di aver visto una cosa, ma non è affatto quello che ha visto.

L: Sì, e va bene così.

D: Ma a volte lo ricordano con paura.

L: Sì, ed è sconcertante. È qualcosa che si perde nella traduzio-ne. Come se l'energia tra la mente e il corpo si fosse aggrovigliata e deve essere snodata. A volte deve essere sgrovigliata nel sonno, per portare via quella paura.

D: Ci lavoro da così tanto tempo che so che non c'è niente di negativo. È tutto nella percezione che ne ha la persona.

L: Sì, ed è per questo che è aggrovigliato, perché la mente non comprende il qualcos'altro che non c'era prima e lo rende spaventoso. Così questo si aggroviglia con il ricordo reale e l'esperienza reale, e il risultato fa sì che il corpo reagisca. È molto sensibile. Se solo la gente sapesse quanto il corpo è sensibile alla mente. Quindi bisogna correggerlo, spostarlo.

Capisco questo concetto nel mio lavoro di guarigione delle malattie. Il corpo è molto sensibile a ciò che la mente crea e questo causa malattie e disturbi. Il corpo sta solo reagendo. I pensieri sono estremamente potenti.

D: È mia convinzione che gli alieni o gli ET siano solo un'altra forma di vita che l'anima sta sperimentando.

L: Sì, sì, e prendono la forma che scelgono. Se sono fisici, hanno la forma del luogo da cui provengono. Tante persone in tutto l'universo e in tempi diversi, così come nello spazio. Ci sono così tanti tipi diversi.

D: Ma hai mai vissuto in un corpo fisico?

L: Molte volte.

D: Quindi non sei sempre stata l'osservatore, il corpo di luce.

L: Mi muovo dentro e fuori. Sei consapevole che più di una coscienza può condividere un corpo?

D: Non ne sono sicura.

L: Come ci sono coscienze che hanno molte vite, molte esperienze, qui, là, ovunque. La tua coscienza può muoversi dentro e fuori di esse in modo che tu stia sperimentando la vita qui, la vita là, in diversi luoghi e spazi del tempo. Così quando scivoli – ci si sento scivolare – stai scivolando in quel tempo, allora stai vivendo in quel tempo, in un corpo fisico o qualsiasi forma esso sia. Ma anche la tua consapevolezza, la tua coscienza, può scivolare fuori, ma la vita continua ad andare avanti. La tua coscienza è lì e qui.

D: La gente parla di possessione...

L: No, no, no, no, no. Non credo nella possessione. Onestamente penso che la gente... sai cosa penso che sia? Quando le persone si sentono possedute, è la loro stessa paura che si è letteralmente manifestata.

D: Sono daccordo. La paura è molto potente.

L: Si può letteralmente creare. Se puoi creare qualsiasi cosa, allora puoi creare la paura. Prende forma proprio come l'amore prende forma.

D: Ma tu parlavi di due coscienze che condividono un corpo. Ho avuto casi in cui qualcosa entrava... solo per osservare.

Questi casi sono riportati negli altri miei libri della serie Universo Convoluto.

L: Osservare. Questo è tutto ciò che possono fare. Non sono l'anima che si trova lì.

D: Non è permesso a due anime di stare in un corpo.

L: No, no, loro osservano. Sì, ho vissuto in corpi fisici. Vite fisiche, luoghi diversi, tempi diversi. La forma umana è la più disponibile in tutto l'universo, multiverso, comunque lo si chiami. La forma umana si trova più spesso. Forse qualche ritocco e qualche differenza, ma è un modello.

D: Ho sentito dire che è più pratica: il torso, la testa e le appendici.

L: Simmetrico? Simmetria. Tutto in questo mondo ha simmetria: le piante, gli animali, l'aria, l'acqua, tutto ha simmetria. Quando è fuori simmetria, asimmetrica, fuori dall'equilibrio, è danneggiato. Deve essere riparato, rinnovato e ricaricato.

D: Fa parte del suo lavoro? (Sì)

Tutto questo fu molto interessante, ma era il momento di riportare la seduta alla terapia per la quale Lucy è venuta da me. "Sei consapevole che in questo momento stai parlando attraverso un corpo fisico?"

L: Sì, perché io sono parte di questo umano.

D: Pensavamo di tornare ad una vita passata e credo che forse fosse una vita passata. (Ridendo)

L: Passato, presente, futuro, non c'è tempo.

D: Certamente, Lucy non è consapevole di te, vero? (Risi.)

L: Più o meno. L'osservatore, la parte che presta attenzione e nota che c'è la dolcezza, l'interezza proprio lì, proprio lì, dove può sentirla. È molto brava a percepire.

D: Ha fatto un lavoro meraviglioso facendo le stesse cose che facevi... insegnavi.

L: Per certi versi, sì, decisamente insegna. Sa il fatto suo quando insegna. Per questo sono in grado di essere qui perché siamo intonati, siamo connessi, siamo una parte allineata. Ha aiutato molte persone nel suo lavoro, ma non lo sa bene. Non si sa mai. Se lanci un sassolino in una pozza, non hai idea di quanto si estendano quelle increspature e va bene così. Non ne ha bisogno. Non ne ha particolarmente voglia. Solo se si creano dei danni, diventa un problema. Non si sa mai, finché non si passa al livello successivo e ci si guarda indietro.

Abbiamo esaminato alcune delle sue domande, fino ad arrivare alla domanda "eterna": Qual è il mio scopo? Dissero che era il momento che fosse lei a fare esperienza, stare dall'altra parte. Era stata un'insegnante per così tanto tempo, era il momento di rilassarsi e di godersi la vita, di divertirsi.

L: Non deve più insegnare. Può semplicemente essere e alcune persone possono imparare solo standole vicino. È davvero una brava ascoltatrice. Ora arriva il divertimento. Ora più gioia, più pace, più equilibrio porterà nella sua vita, più la "Nuova Terra", come la chiami tu. La Nuova Terra è già lì. Deve solo diventare solida. Portate la gioia e divertitevi!

Fisico: È nata con un'anca lussata che le ha causato molti problemi quando era molto giovane. Ha subito un intervento chirurgico per correggerla. Ma poi il problema è tornato quando era adulta e ha subito una sostituzione dell'anca.

L: Dolore miserabile, una vita passata miserabile dove non ci fu alcun intervento chirurgico. Non c'era modo di uscirne. Il dolore durò per sempre. Non se ne liberò mai e peggiorò sempre di più. Alla fine "pensò" alla morte. Non è la stessa cosa del suicidio, ma "pensò" di morire, fino alla morte. Voleva morire. Il dolore era troppo forte. Quello di cui non si è resa conto è che, poiché stava soffrendo quando se n'è andata, si è portata via quel dolore. Ecco perché è molto meglio risolverlo prima di andarsene. Lo si risolve. Ti assicuri di non provare dolore, sia esso fisico, mentale o emotivo, perché te lo porti con te quel dolore. A volte è facile guarire in un altro luogo, ma a volte si attacca come colla. A volte, sul piano dello spirito, può guarire molto rapidamente. A volte è così radicato, così incastrato che un pezzo, parti di dolore continuano a viaggiare con la coscienza mentre vi muovete in tempi, vite diversi.

D: Io lo chiamo il "residuo" che la gente porta con sé.

L: Esattamente. Il residuo viene con te e quindi la forma fisica assimila un'approssimazione di quel residuo.

D: Questo è ciò con cui ho a che fare e causa malattie in questa vita. (Giusto)

Il problema dell'anca era stato causato da diverse cadute in altre vite passate, quindi non è stato solo un incidente. Ho chiesto cosa lo fece tornare in questa vita e ho ricevuto la stessa risposta che ho sentito molte volte: la paura di andare avanti. Soprattutto in "territorio inesplorato". "La Striscia di Mobia, come la chiama lei, l'intreccio tra il fisico, l'emotivo e lo spirituale". La mente del subconscio si occupa in realtà, per lo più, del fisico". Dissero che era guarita.

L: Le è già stato mostrato più volte nei sogni, come possa letteralmente trasmutare quel metallo e renderlo osso. (La sostituzione dell'anca.) Ma questo è troppo per lei, al momento.

D: Mi avete già detto in passato che non si può fare molto con il metallo; è molto difficile toglierlo dal corpo.

L: Lo è. Ciò che abbiamo fatto è sigillare il metallo, in modo che non crei difficoltà al suo corpo. Il metallo emette energia che è dannosa ad un certo livello. È un'interferenza della energia fisica del corpo. Il suo è sigillato, quindi non causerà alcun problema. La sua preoccupazione è che probabilmente dovrà essere operata di nuovo, perché le hanno detto che dura solo 15-20 anni e la sua protesi sta avvicinando a questo periodo. Non sarà un problema.

D: I medici le hanno messo in testa questo suggerimento.

L: Sì, e c'è il suo piccolo subconscio che la lambisce come un gattino con il latte. (Risata) Va bene. Possiamo rassicurarla, ma ora è sigillata in modo che non causi problemi. Non dovrà temere di fare quell'intervento

Messaggio Finale: Nessuna paura, nessun dolore, nessun dispiacere; solo gioia.

Capitolo 33

L'INCARNAZIONE DI UN ASPETTO

Heather finí in una vita passata in cui era una specie di essere alieno, decisamente non umano, un nano con le mani e le braccia corte e spesse. Stava andando nel luogo dove lavorava o dove riceveva i suoi incarichi di lavoro. Il posto era pieno di centinaia di altri esseri dall'aspetto strano, tutti diversi tra loro. "Il loro aspetto non ha importanza. Riesco a malapena a vederlo. Li vedo più in funzione del lavoro che svolgiamo insieme". Il luogo era un grande auditorium con posti a sedere su diversi livelli. C'era un podio al centro e le gradinate formavano un cerchio intorno ad esso. "Più vicino sei al podio, più la responsabilità aumenta e il tasso di vibrazione aumenta. Nessuno ha una posizione superiore agli altri. Tutti hanno lo stesso rispetto, la stessa voce in capitolo. Ci stiamo consultando tutti insieme. Riuniamo tutte le nostre idee e decidiamo le cose su cui il consiglio agisce. Il consiglio è formato dalle dieci persone nel mezzo. Questo non è solo per il mio paese, il mio luogo d'origine. È per la galassia. Ecco perché ci sono tanti tipi di persone diverse. Ma questo è solo un sito, una organizzazione. Noi rappresentiamo l'energia per la nostra zona, una parte della galassia. Altre persone vengono lì e partecipano. Rappresentano il consiglio e vanno in un altro luogo dove il consiglio è più grande. E quindi rappresentano ciò che decidiamo qui al consiglio più grande. Le idee e gli accordi".

D: Questi dieci sembrano diversi dagli altri?

H: Quando li guardo li vedo come una colonna di luce. Non vedo un essere lì. Vedo solo luce pura. E la mia sensazione è che siano oltre l'incarnazione in qualsiasi forma. Sono al di là della forma. --Il mio corpo può contenere quantita' massicce d'energia e io la uso per spostarmi da un posto all'altro per andare da qualche parte a fare il mio lavoro. Ma nel mio tempo libero non devo limitarmi a quel corpo. Rimango solo seduto in una specie di meditazione. E può restare seduto senza respirare, mangiare o bere. Quando sono nel mio tempo libero, il mio corpo rimane seduto e basta. Posso lasciare il mio corpo molto facilmente senza doverlo mantenere per lunghi periodi di tempo. Quello è il mio stato preferito. Il mio stato preferito è il non corpo. Ma quando vado a fare questo lavoro è come se mi mettessi il corpo perché ricevo una chiamata. Abbiamo ancora un ritmo vibratorio dove ci incarniamo, ma è molto più leggero. --Le persone del secondo livello sono in grado di accendersi e spegnersi. Rimaniamo in quel corpo e tratteniamo l'energia. Il primo livello non si preoccupa nemmeno di questo. Sono completamente fuori da qualsiasi corpo, da qualsiasi forma --semplicemente non hanno un corpo.

D: Allora sono completamente pieni d'energia. (Sì) Il tuo corpo rimarrà vivo mentre è seduto lì?

H: Sembra che non respiri e gli organi diventano quasi dormienti. Quindi non hai bisogno di acqua, non ne hai bisogno. Per me non ha troppa importanza. È quasi come se fossi spento in attesa del mio lavoro.

D: Così il corpo si mantiene senza avere in sé l'anima o lo spirito.

H: Sì, eppure posso tornare in qualsiasi momento e far muovere di nuovo tutto.

D: Quando sei in quell'edificio dell'auditorium, mi chiedevo quale fosse lo scopo dell'incontro.

H: Sono decisioni galattiche ed intergalattiche. Una delle persone nel mezzo inizia sempre con una domanda. E ogni persona puo' offrire il suo contributo. Le persone dei piani superiori osservano, non sono al livello per partecipare.

D: Che tipo di lavoro sei stato mandato a fare?

H: Lavoro con i corpi planetari. Indagini. Si tratta di misurare la prontezza spirituale e i sentimenti culturali dei pianeti e del pianeta stesso. Devo andare la' e devo sentire l'energia di quel luogo in quel momento. Come un'indagine, ma mi sto mescolando al pianeta e sto raccogliendo molte informazioni. Lavoro con i pianeti e le persone, gli individui. Poiché lavoriamo molto, molto velocemente, vedo ogni persona in un lampo.

D: Quel luogo è vicino alla Terra o ha qualche collegamento con la Terra?

H: La mia astronave può andare ovunque, così possiamo essere vicini alla Terra. Il posto con l'auditorium è lontano, dall'altra parte della galassia, ma è ancora connesso alla galassia in cui si trova questo pianeta. Quando vengo sulla Terra, qui devo incarnare un aspetto di me stesso. Altri luoghi sono più leggeri e posso andare a raccogliere le informazioni che mi servono solo nel mio corpo eterico. Andare e tornare. Ma con la Terra sono rimasto più a lungo.

D: Quindi stai facendo questo, allo stesso momento in cui hai un aspetto di te stesso in un corpo terrestre?

H: Sì e il resto di me è nel corpo del nano.

D: Questo aspetto che è sulla Terra, è quello con cui sto parlando, conosciuto come Heather? (Sì) Questo e' l'aspetto che hai mandato sulla Terra? (Sì) Deve essere un aspetto perché l'energia è troppo forte?

H: Sì. E perché faccio solo quello che devo fare. (Rise) È piuttosto divertente. Perché questo corpo che si trova nell'astronave sta regolando ogni parte che si spegne. Quindi sta compiendo multiple operazioni, con aspetti diversi in una sola volta. Ed ogni pianeta ha bisogno di energia diversa, di diversi livelli d'incarnazione, per ottenere le informazioni di cui abbiamo bisogno.

D: Si può fare di più con tutti questi aspetti diversi, piuttosto che andare come un individuo.

H: Esatto. Così anche quando mettiamo un aspetto e andiamo nei nostri piccoli corpi -- o nel mio caso, il mio piccolo corpo sulla sedia. Questo è solo un aspetto che raccoglie informazioni li', mentre ci sono ancora le indagini e altre cose in corso su diversi pianeti allo stesso tempo.

D: Quindi, quando è entrato il tuo aspetto nel corpo di Heather? Quando hai inviato quell'aspetto sulla Terra?

H: È stato organizzato quando è morta. È morta subito dopo la sua nascita, perché il corpo era molto piccolo e nacque un altro aspetto.

D: Vuoi dire che è morta davvero in quel momento e lo spirito originario se n'è andato?

H: Aspetto. Ero ancora io, ancora uno di me. E l'altro di me che è rimasto non voleva attraversare l'esperienza della nascita di un umano.

D: Perché a volte è un'esperienza spiacevole.

H: Inoltre fu una piccola porzione di un mio aspetto a nascere, per la sicurezza della madre e del bambino. E poi è stato come se ci fossero voluti cinque esseri che spingevano. Non è proprio così, ma assistevano. Ma non potevano farlo mentre il bambino era nel grembo della madre. Così, una volta che il corpo era nell'incubatrice, potevano aiutarmi ad entrare in sicurezza. Il me che è l'aspetto più grande, più veloce, intenso, luminoso, ad entrare.

D: Quindi questo sarebbe stato troppo difficile per la madre.

H: Quando ci hanno provato, i bambini sono morti, quindi sapevano di dover aspettare. Era troppo intenso. Il bambino moriva nel grembo materno quando hanno provato in passato. Qualcosa doveva essere aggiustato in modo che la vita potesse continuare in quel corpo.

D: Doveva essere una piccola parte per entrare nel corpo di Heather. Perché volevi che un aspetto venisse sulla Terra?

H: Il pensiero che mi viene è che si trattava di un compito. Non ci sarebbero state domande. Mi è stato semplicemente consegnato ed ero in servizio. E non ci sono domande. È la mia gloria, è un mio onore e privilegio servire il Centro.

D: Continuo a pensare alla reincarnazione. Questa personalità che conosciamo come Heather ha avuto altre vite sulla Terra? O c'è un modo per spiegarlo se parliamo di quest'altro aspetto?

H: Questa persona nana si è incarnata nei momenti chiave per il suo incarico. Io, nella mia coscienza, non ho accesso alla vita delle altre persone. Posso, ma mi confonde. Una volta che vado al di sopra di questo, allora non è la vita di Heather. Diventa la vita di tutti e poi non è più rilevante per me. Ero in missione in quel periodo in cui si dice che Gesù Cristo fosse qui. Erano in realtà tre aspetti, ed erano diffusi in altri corpi. Inoltre noi entriamo quando ci sono in atto grandi cambiamenti spirituali. E ce ne sono alcuni che non abbiamo nella storia di questo pianeta, per cui sono venuto. C'è stato un grande cambiamento durante un faraone. Questo sarebbe uno, e il tempo del Buddha. Ha a che fare con le persone del circolo. Io ho qualcosa in mano e tutti noi ce l'abbiamo. Molti di noi, in questi circoli, hanno un compito da svolgere intorno al momento della loro incarnazione per i tempi chiave. Lavoriamo tutti insieme e abbiamo i nostri ruoli da svolgere nel sostenere l'energia per un cambiamento nell'atmosfera spirituale di un pianeta.

D: È per questo che hai inviato questo aspetto in questo momento a causa delle cose che stanno per accadere?

H: Sì. E lo facciamo anche su altri pianeti. Andiamo tutti insieme anche su altri pianeti perché amplifichiamo l'energia spirituale di un pianeta nei momenti chiave. Nello stesso modo in cui, in questo momento, tutto questo auditorium è incarnato sulla Terra per cambiare l'energia spirituale sulla Terra. Sono tutti qui per lavorare insieme per cambiare l'energia spirituale di questo pianeta e di questo piano. Più che solo questo pianeta.

D: Voleva conoscere il suo scopo. Cosa dovrebbe fare?

H: Non c'è nessun altro lavoro o scopo e noi conosciamo solo questo lavoro.

D: Lei pensa di usare l'energia per cambiare il DNA delle persone.

H: Sì, questo è il lavoro. È il lavoro spirituale. L'uomo e tutte le specie devono cambiare in questo momento. Deve cambiare, cambierà o se ne andrà. La sua presenza è richiesta, punto. La sua luce attirerà altre persone come un faro.-- Considerando il materiale con cui dobbiamo lavorare, abbiamo creato un corpo forte perché abbiamo corpi molto forti. Abbiamo scelto questo corpo con cura per avere ossa dense. La maggior parte del suo DNA sul lato maschile non è il DNA umano standard, in modo da poter trattenere l'energia. Abbiamo ricevuto assistenza da un gruppo più incarnato di noi, per impiantare e cambiare fisicamente il nostro DNA. Il padre è stato un diversivo per la madre per il concepimento logico, ma non abbiamo avuto bisogno di troppo del suo materiale. Un po' della sua forza fisica e del suo DNA osseo di controllo, è stato il suo contributo. Per questo lo abbiamo scelto.

Messaggio Finale: Heather è molto amata. E noi la onoriamo per la difficoltà di separazione di essere incarnata qui sulla Terra. Apprezziamo pienamente la difficoltà e attendiamo il suo ritorno.

Capitolo 34

DNA IN CAMBIAMENTO

Ned era un giovane problematico. Vagabondava, viaggiava da un posto all'altro, stava cercando ancora di "trovare" se stesso, ma non si sentiva a casa da nessuna parte. M'incontrò alle Hawaii, dove abbiamo avuto questa seduta. Appena scese dalla nuvola vide l'acqua, ma non sembrava acqua normale. Era rosa e scintillante. Poi disse d'essere in acqua, eppure non sembrava acqua.

N: Sono in acqua. Non so dove sia la superficie dell'acqua, però. È rosa e scintillante ed e' una bellissima sensazione sulla mia pelle. È come se fosse mescolata all'aria o qualcosa del genere. Non so come dirlo. Forse se fossi al di fuori, mi sentirei bagnato. Ma non credo che sia possibile esserne al di fuori dove sono ora.

D: Perché non pensi che sia possibile starne fuori?

N: Perché circonda l'intero pianeta.

D: Allora non pensi che sia davvero acqua?

N: Lui non ha la parola per descriverla. L'acqua è una metafora abbastanza vicina. Io ci sono dentro, ma è anche parte di me. Sono in un'esperienza individuata dentro di me e c'è qualcosa in me che mi collega ad essa. Ma c'è una distinzione tra di loro. È davvero bello essere qui. Mi manca molto.

Gli ho chiesto come percepiva se stesso.

N: Ho la pelle. Ho una membrana che mi circonda una specie di grigio-blu.

D: Allora ti senti come se non facessi più parte di quella sostanza che chiami "acqua"?

N: No, credo che abbia il compito di mantenere tutto come dovrebbe essere, in modo da poter esistere così come siamo. Le mie responsabilità non sono così alte, ma non lo è nemmeno la mia evoluzione.

D: Quindi tu potresti far parte di questa sostanza rosa e scintillante?

N: Sì. Lì mi amano. Non sono abbastanza sviluppato per aiutare a far parte di ciò che lo sostiene, in modo da poter sperimentare più dentro di me: il destinatario dell'esperienza.

D: Quindi non puoi rimanere sempre in quella parte?

N: In parte è legata all'aspetto fisico, ma non è quello che descriverei come fisico. Per qualche motivo dovrei vederlo. Mi hanno portato qui per mostrarmelo.

D: Chi ti ha portato qui?

N: (Risate nervose) Non so cosa siano. Sono un po' spaventosi e anche divertenti.

D: Come ti hanno portato qui?

N: Mi hanno scelto quand'ero là ed ero là e basta. --Sono entu-siasta all'idea di andare da qualche parte. Stanno cercando di dirmi che non voglio andare e io dico che ci voglio andare. Sto chiedendo di andare, e loro stanno cercando di dirmi che non voglio andare, e io dico che lo voglio.

D: Dove vuoi andare?

N: Sulla Terra. Dicono che non so come sarà e che avrò paura. Ci saranno esperienze di ristagno e mancanza di crescita per molto tempo. Ma è davvero importante che sia io a scegliere di andare. Per questo stanno cercando di scoraggiarmi-- presumo non credano che io voglia andare davvero.

D: Perché vuoi andare?

N: Per aiutare! Ci sono delle difficoltà in questo momento. È complicato.

D: Come fai a sapere queste cose?

N: Mi danno questa conoscenza. Mi fido di loro.

D: Anche se hanno un aspetto strano, ti fidi di loro.

N: Sì. (Risate nervose) Però fanno un po' paura. So che se pensassero che io non ci fossi, smetterei d'esistere. Quindi c'è una sorta di elemento di paura che per me è ingiustificata, perché quella è solo la parte di me che non è evoluta.

D: Quindi questo pianeta dove ti trovi non è la Terra?

N: (Rise) No, è molto più grande. E' molti ordini di grandezza di sviluppo dimensionale al di sopra di quello che Ned comprende qui ora. La dimensione è il termine più preciso che conosce per descriverlo.

D: Ma se siete così felici lì, non sarebbe come uno shock o come tornare indietro, venire sulla Terra?

N: (Rise) Come saltare nell'acqua fredda. Ma è divertente.

D: Stanno forse cercando di dirti come sarebbe?

N: Sì, non mi diverto sempre. Però, penso sempre che posso renderlo divertente. Loro trovano che sia divertente che io la pensi così. Il mio corpo fisico non sarà dotato delle capacità fisiche di cui godo e che sono abituato a dare per scontate in questo momento.

D: Qualche abilità specifica che non avrai sulla Terra?

N: Dematerializzarsi e non si possono muovere le cose con la mente. Questo non esiste ancora. Se abbastanza individui di noi vengono, possiamo insegnarlo, ma non esiste ancora.

D: È importante insegnare qualcosa del genere?

N: Quando viene chiesto d'insegnarlo. Lui vuole saperlo di nuovo.

D: Allora sta rinunciando a molto. Ti viene data la scelta di volere andare o restare?

N: Sì. Non so perché, ma so che c'è l'opportunità di andare. Però sento che non sarei davanti a loro, se non sapessi dell'opportunità e non glielo avessi chiesto. Non credo che molti di noi sappiano che c'è anche solo la possibilità di regredire allo stadio di un modello di DNA inferiore.

D: Perché di solito si pensa a progredire, non a tornare indietro.

N: Sì, ci sono molte difficoltà e sfide, se si ha un livello più alto di evoluzione spirituale in un corpo fisico con una grande quantità di dormienze relative allo sviluppo del DNA. Però possiamo ricostruirlo.

D: Cosa significa che si può ricostruire?

N: Sembra che vogliano farmi sapere che l'unico modo in cui saremo in grado di guarire la Terra dal corso che ha preso, è attraverso la combinazione della struttura della nostra anima ed il modello danneggiato del DNA del corpo umano --che è così, non perché è stato creato per essere così. Ci sono state molte manipolazioni per renderlo tale. Ma il nostro spirito può guarire il modello stesso del DNA e renderlo disponibile a tutti se lavoriamo sulla guarigione di noi stessi.

D: Hai detto che il modello è stato danneggiato, che il DNA è stato manipolato. Cosa intendi dire?

N: Quelli che --non so perché lo stiano facendo-- si comportano in un modo che è esattamente opposto a come funziona l'Universo e non lo capiscono.

D: Intendi gli umani sulla Terra?

N: No, quelli che si stanno immischiando con loro. Alcuni degli umani lo sono, però quella era solo roba genetica.

D: Vuoi dire alle origini ?

N: Sì. La gente non ha scelto quella fine --sono stati abusati.

D: Quindi la struttura è stata danneggiata. (Sì) Pensi che sia uno dei tuoi compiti ripararlo?

N: Guarirmi, così possiamo guarire tutti.

D: Sembra un lavoro importante.

N: Sì. C'è molto da fare per farci guardare tutti fuori da noi stessi a cose che consideriamo importanti.

D: Quindi, entrando in un corpo fisico --anche se dici che sarebbe una regressione-- il tuo spirito, la tua anima, sarà in grado di cambiare o riparare il DNA?

N: Apparentemente, sì. Dicono che possiamo effettivamente manifestarci dall'alto verso il basso per cambiare fisicamente il modello a disposizione di tutti. Siamo qui in molti.

D: Quindi facendolo ad uno, influisce su molti? (Sì) Come potrebbe accadere?

N: Perché i campi morfogenetici sono tutti collegati tra di loro.

D: Pensavo che doveste entrare in ognuno e cambiare ogni individuo.

N: Questo è quello che faccio per me stesso, per guarire la struttura del mio campo e il contributo di questo aiuta tutti gli altri a scegliere questa possibilità, se lo vogliono. Altri-menti, non possono scegliere fino a quando non arrivano a questo stato in modo naturale. Il problema -- sembra che la Terra non ce la farà se non si fa qualcosa. È nella direzione opposta a causa di tutte le interferenze.

D: Non si evolverebbe fino a quel punto naturalmente. --Hai detto che ce ne sono molti che vengono con questa missione, se vogliamo chiamarla missione.

N: Sì, lo è. È lunga. Loro non pensano che sia divertente; io sì. Però non stanno ridendo. Non sanno perché lo trovo divertente che un grande gruppo di esseri decidano di andare contro la legge dell'Uno.

D: Stavano andando nella direzione sbagliata.

N: Sì. Sulla Terra è quello che stanno facendo.

D: Cosa pensate che succederebbe se tutti voi non veniste ad aiutare?

N: La matrice del tempo qui collasserebbe, mentre i gruppi delle loro anime diventerebbero indifferenziati per un lungo periodo di tempo. Non sarebbe la situazione ideale da creare.

D: Con il crollo della matrice, intendi dire che l'intero pianeta verrebbe semplicemente distrutto?

N: L'intero universo armonico di cui la Terra è un campo scuola. Tutto è connesso. È uno stato di coscienza molto limitato che deve essere vissuto per percepire la separazione --e anche la distanza.

D: Ecco perché era importante che tutti voi veniste. Ma ho sentito che ce ne sono molti altri che vengono con altri piani.

N: Eh, sì. Anche loro sono forti. Vi piaceranno. Alcuni di loro sono qui. Però non so davvero quanti. Sono tutti qui per aiutare. L'hanno scelto loro. Tutti noi l'abbiamo fatto. L'abbiamo scelto tutti. Molte persone qui sembrano credere di non aver preso le scelte che hanno fatto. Tuttavia le hanno prese. (Ridendo)

D: Beh, questi esseri, queste entità, sono loro quelli che hanno il compito di dire alla gente cosa fare?

N: Loro tengono tutto uniti. Stanno facendo del loro meglio e danno a tutti il permesso di creare ciò che scelgono, anche se non è ciò che è meglio per tutti gli altri.

D: Danno accesso a tutti su quel pianeta?

N: Ovunque. Ovunque in tutta la matrice del tempo.

D: Quindi hanno un grande potere? (Sì) È come se fossero loro in carica del tutto.

N: Non sono al comando, ecco cosa sono diventati.

Gli chiesi se lui, come spirito, era mai stato sulla Terra prima d'ora. Mi ha risposto che era stato sulla Terra, ma non era sempre stato l'essere con cui stavamo parlando. "Ci è voluto molto tempo per guadagnarmelo".

D: Vuoi dire che ti sei evoluto?

N: Sì. Non sono passato per la Terra per quella lezione. Ma quando sono arrivato, c'era un posto simile. Però non esiste più. È stato distrutto.

A quel punto mi sembrò a disagio e non volle parlarne. Gli ho detto che non doveva farlo se la cosa lo turbava.

N: E' per questo che volevo tornare, perché non è una cosa che nessuno vuole che accada. Vuoi sempre sentirti come se la tua casa fosse lì per te. Ma se ti manca quello che avevi, puoi andare a crearlo di nuovo.

D: Tu c'eri quando è successo?

N: No. Ma conoscevo molte persone che erano lì quando è successo. Però sono ancora qui. Sono in un'esperienza di coscienza differenziata al di fuori di questo, quindi non ho fatto parte del collasso. O meglio me ne sono andato poco prima che accadesse. Non ho un nome per questo. È stato molto tempo fa.

D: Ma influenzó l'intero pianeta Terra?

N: Sì, ha influenza questo livello dimensionale. Sì, lo ha fatto. Potrebbero esserci dei residui fisici che sono ancora lì.

Ha detto di essersi evoluto in questo essere dopo il collasso.

D: Stavi solo imparando lezioni di diversi tipi.

N: Sì, non le descriverei come divertenti, per la maggior parte. -- Abbiamo dovuto nasconderci per molto tempo.

D: Perché vi siete dovuti nascondere?

N: Non mi piace morire. Non è così divertente. Così ci nascondiamo. È meglio sperimentare cose che ti fanno sorridere. --E poi si è evoluto fino a diventare quest'altra entità altamente evoluta. Ci sono volute molte, molte vite per evolversi fino a quel punto. La vita sulla Terra è avvenuta dopo quell'entità.

D: Si potrebbe pensare che dopo tutti quegli sforzi non avrebbe voluto ritornare.

N: Mi fa male il cuore vedere la Terra così com'è, e pensare che, dopo aver vissuto un'esperienza simile, non potevo tentare di fare qualcosa. Io esisto comunque, tanto vale che esista dove posso essere efficace.

D: *Ma eri felice nell'altro luogo d'acqua. (Oh, sì!) Ed è stato un passo indietro tornare sulla Terra.*

N: No, da un certo livello sembrerebbe di sì. Però è un grande passo avanti. Perché la struttura del DNA umano è piuttosto sorprendente per quello che può accadere in una terza dimensione, con le sue potenzialità. Al momento è quasi completamente inattivo.

D: *Ha avuto rapporti con gli altri che stavano tornando per fare la stessa cosa? Hai detto che eravate in tanti.*

N: Sì, lui ne conosce alcuni. (Ridendo) Ci siamo ritrovati, molti di noi. Incredibile. No, non lo è! Il motivo per cui la gente si fa degli amici è dovuto a molti accordi che devono essere raggiunti per un motivo. Tu però non te lo ricordi. Questo rende le cose difficili a volte.

Pensavo che fosse il momento di arrivare alla parte della seduta dedicata alla terapia, così gli ho chiesto se era consapevole di parlare attraverso un corpo fisico.

N: Sì! Per lo più quando vado a dormire, però. Altrimenti, sembra che io sia solo quello --proprio quello. Il corpo. Questo è quello che tutti cercano di dirci-- Soprattutto quelli che ne sanno di più.

D: *Cosa vuoi dire?*

N: Sembra che la maggior parte dei problemi con la Terra siano gli esseri che capiscono le meccaniche della manifestazione, le loro informazioni sono state contorte a tal punto, da non sapere che queste meccaniche sono per tutti e che ognuno può creare quello che vuole. Non c'è bisogno di far lottare tutti contro tutti per eliminarsi a vicenda, al fine di accumulare le loro cose limitate, perché non è per questo che siamo qui.

Questa parte con cui stavo comunicando sembrava avere una grande conoscenza, ma non sapevo se sarebbe stata in grado di fornire le risposte alle domande di Ned. Gli ho chiesto se dovevo invocare il subconscio o se aveva le informazioni che potevamo usare.

N: Solo alcune. Ne ha ricostruita una parte, però non ce l'ha tutta.

Ha poi accettato che io chiedessi al subconscio di farsi avanti. Era limitato in una certa misura, nella sua capacità di rispondere alle domande. Allora l'ho ringraziato perché ci aveva dato molte informazioni. Disse che apprezzava parlare con me. Poi invocai il SC e la prima domanda che faccio sempre è: perché aveva scelto quella particolare vita da farci osservare.

N: È pronto a saperlo. Sa di non essere di qui.

D: Non lo sa a livello cosciente, vero?

N: Crede di saperlo, ma a volte pensa che le persone gli stiano raccontando delle storie.

D: Volete parlargliele.

N: La parola che lo aiuterà a sapere è (fonetico) Oro-feen. (Orofina?)

D: Orofina? Che cosa significa?

N: È da dove proviene. Sono sicuro che capirà. È il nome dell'essenza dell'anima di gruppo degli esseri là.

D: Orofin. Non ho mai sentito questo nome prima d'ora.

N: Sono piuttosto in alto.

D: Quindi non era necessario che tornasse. Avrebbe potuto rimanere là e continuare ad evolversi sempre più in alto, no?

N: Sì. A causa di alcuni obblighi contrattuali più elevati, ha la tendenza a permettersi di sentirsi obbligato, piuttosto che scegliere e voler entrare nel processo in cui si trova.

D: Ma rende tutto più difficile entrare in un corpo fisico e dimenticare queste cose. Sapere di avere tutti questi poteri e poi all'improvviso non hai altro che un corpo fisico. (Sì) È piuttosto frustrante, vero?

N: Sì, è una parola che si può usare a volte. A Ned non piace affatto quella parola, però. (Ridendo) Ha delle brutte implicazioni per il fisico. Ha bisogno di sapere che ha scelto tutto. Si comporta come se non sapesse cosa fare dopo e che non ne sa ancora abbastanza. Il che è davvero ironico. Probabilmente riderà più tardi quando sentirà ciò che dico.

D: Sembra che in questo momento stia vagando, senza sapere cosa vuole fare.

N: Sì, si punisce molto. Il modo per dirlo perché possa capire è che ha adattato il suo sistema neurologico a picchi emotivi che tendono ad arrivare quando fa qualcosa che non dovrebbe fare. Il che è utile soprattutto perché essere sottomesso all'autorità non favorisce la sua missione. Ma a volte fa cose che non hanno alcun senso. (Rise) Anche quando le persone che lo amano gli dicono di fare qualcosa, a volte fa l'esatto contrario, solo perché pensa che sia quello che dovrebbe fare.

D: Ma lei ha detto che questo è il modo in cui il suo sistema neurologico è impostato.

N: Sì, ma l'ha scelto lui. Aveva bisogno di prendere le distanze con un'illusione di separazione dall'autorità. Si potrebbe dire che ha problemi con l'autorità. Prima era più difficile. Ora sta lavorando per essere più aperto. Però sa che non fa quasi minimamente quello che potrebbe fare. --Ora deve lavorare sul quinto filamento, perché il quarto è completamente ricostruito. Il sesto è troppo avanti per poterlo guardare in questo momento.

D: Cosa intendete con questi numeri?

N: La struttura del suo DNA che è fisicamente manifesto. Ne ha quattro che sono ricostruiti, ma pensa di essere ancora a tre. Interpreta male le cose perché non capisce molto.

D: Quindi il suo DNA è già stato ricostruito?

N: Sì, come anche per molti di voi. Stiamo tutti rendendo possibile la ricostruzione reciproca. Quindi il quarto filone è quello su cui stiamo lavorando in questo momento.

D: È quello che ho sentito dire, che il DNA deve cambiare se vogliamo fare il cambiamento.

N: Sì. Tutti stanno davvero facendo un ottimo lavoro. Lo stiamo facendo tutti.

D: Il DNA di tutti sta cambiando?

N: Sì. È sottile, ed è più un cambiamento del design che fisico. Ma si manifesterà per loro quando saranno pronti. --Cinque e sei li ha attivi dalla nascita, ma non lo sono... il potenziale c'è. Perché il sei ha ancora molti nodi e quando il suono lo attraversa, non è tutto in risonanza armoniosa, ma è ancora lì. Ci prova. Ma ancora non capisce il fuori dal corpo. In questo momento è solo un gioco, è divertente. Deve imparare ad usarlo come strumento per aiutare gli altri. In questo momento sta solo giocando. Ma lo usa per confermare le informazioni, il che è utile.

D: Qual è l'obiettivo finale di questo DNA, se prosegui con i numeri?

N: Affinché tutti possano avere il proprio inconscio a livello d'incarnazione di avatar nella densità fisica, si potrebbe dire.

D: A quanto si dovrebbe arrivare?

N: Dodici.

D: È possibile per l'umano?

N: Sì! Ecco perché è un'esperienza così straordinaria, perché in questa matrice temporale non c'è mai stata prima d'ora l'introduzione di un modello di DNA a dodici filamenti. È molto importante!

D: Ci sono alcune persone che insegnano che si può passare immediatamente a dodici.

N: Sì, però le loro fonti d'informazione sono molto, molto imperfette. Le stanno canalizzando da fonti che non hanno il loro migliore interesse in mente.

D: Quindi sta succedendo gradualmente. È a questo punto che ci troviamo ora, a quattro e a cinque?

N: Ned sta lavorando sul quinto, ha quasi finito. Gli altri indigo stanno lavorando tra il quarto e il quinto e alcuni sono già oltre il sesto. Ci sono tre avatar in questo momento sul pianeta. E uno di loro ne ha sette pienamente attivi. Il suo nome e la sua identità sono nascosti --ma non è importante sapere chi sia.

D: Mi è stato detto molte volte che non dobbiamo sapere chi siano queste persone.

N: Esattamente. Devono nascondersi.

D: Perché potrebbe essere pericoloso per loro. (Sì) Ma questo come fa sentire il corpo mentre il DNA sta cambiando? Quali effetti ha questo sul corpo? Si può sapere quando succede?

N: Il sistema emotivo del tuo corpo è il tuo punto di feedback. Quindi, se senti cose che ti fanno sentire ciò che ti piace sentire, questo ti aiuta a provare emozioni che scegli, se poi riesci a prendere le distanze dall'emozione, puoi definir ciò che è buono. I termini peggiorativi non sono utili nella maggior parte dei casi, ma se si sentono buone emozioni il più delle volte, significa che si è direttamente sulla strada che si dovrebbe percorrere. Quelle positive sono per quando fai le cose che hai accettato di fare. Tuttavia, le emozioni negative a volte non devono essere confuse, perché sono necessarie per fornire un livello di distinzione per poter capire quando quelle buone sono presenti.

D: *Questo cambiamento del DNA sta influenzando il corpo fisicamente?*

N: Sì, mi sembra una gioia che questo avvenga. Le esperienze qui descritte come esperienze di picco, sono di solito punti di attivazione. E affrontare le ricadute emotive successive è a volte molto interessante per lui, perché non la percepisce sempre come una buona esperienza.

D: *Ho sentito dire che molte persone che arrivano per la prima volta fanno fatica a gestire le emozioni.*

N: Sì, molto spesso.

D: *Sentirle li spaventa molto.*

N: Sì. Ma è abituato a scappare e a nascondersi quando si presentano pressioni esterne; il che è necessario perché prima, se non scappava e non si nascondeva, veniva ucciso di nuovo. E questo mette un ostacolo al livello di progresso che si può verificare in una singola incarnazione.

Ho chiesto quale fosse lo scopo di Ned, cosa avrebbe dovuto fare durante questo periodo sulla Terra.

N: Ha ricevuto molti doni e deve condividerli senza riserve. Vuole essere giudicato in modo positivo e non capisce bene che non è questo il punto, perché tutti giudicheranno in ogni caso. Soprattutto se sono ad un livello inferiore di sviluppo della consapevolezza. Gli sono stati dati molti doni e ha solo bisogno di usarli.

D: *Ma quale sentiero volete che prenda?*

N: Guarigione. Lui lo sa. Può stare tra due mondi in un certo senso, il che è utile perché può portare alle persone che non lo cercano, qualcosa che le aiuterà. Perché può tradurlo nel mezzo della tecnologia attualmente disponibile. Il che, per qualche bizzarro motivo, esterno e complesso, dà più credibilità quando in realtà è meno utile per le persone, dal punto di vista più ampio dello sviluppo. Ha informazioni sulle cose da creare. E tutti coloro che deve aiutare a creare, sono già presenti nella sua vita. Sta ancora cercando altre persone che gli permettano di farlo. E sa che altre tre persone lo conoscono che sanno questo-- e tutto quello che devono fare è farlo.

D: Quindi le persone sono già al loro posto.

N: Sì, è il momento di mettere giù i libri, andare avanti e farlo. Può scegliere chi vuole, ma ci sono almeno tre creazioni distinte che può manifestare con altri che porteranno uno straordinario livello di beneficio a tutti.

D: Quali sono questi tre livelli?

N: (Ridendo) È una battuta divertente.

D: Qual è la battuta?

N: Keylontic neurolarcrustic (?) (Fonetica: ner-o-lar- krewstic) biosimbaligismistica (?) (Fonetica: bio-sim-bul- ij-izm-ist-iks)

La sua arroganza intellettuale si stava divertendo con me? http://www.bibliotecapleyades.net/voyagers/esp Pensavo che la parola che aveva usato suonasse un po' come chelazione. Poi l'ha scritta: K-E-Y-L-O-N-T-I-C. C'è un sito web per un dizionario Keylontic: www.bibliotecapleyades.net/voyagers/esp voyagersindex.htm

N: È la meccanica della manifestazione della materia e della ascensione della coscienza. Gli è stata data questa informa-zione. Lui l'apprezza, e cerca di condividerla e sceglie di sentirsi lontano dalle persone per il fatto di conoscerla. Ma questa informazione gli è stata data. L'informazione è lì --deve creare il dispositivo. È una deviazione.

D: Quindi sarà un dispositivo.

N: Sì. Lui e l'entità conosciuta come James (il suo amico) dovrebbero farlo insieme. Però passano troppo tempo a goderselo. E si divertono a sapere quello che sanno. Pero' l'unico motivo per saperlo è di farlo.

D: Stanno solo calpestando l'acqua.

N: (Ridendo) Sì, è vero. Calpestare l'acqua --mi piace.

D: Beh, quello è un progetto. Quali sono gli altri due?

N: Li può fare tutti. Penso che gli servirebbe di più presentargliene uno solo in questo momento.

D: Per concentrarsi su uno alla volta?

N: Sì. Conosce già gli altri. Sono già scritti. Sono manifesti fisicamente nella forma di conoscenza, quindi conosce i passi da compiere. Il primo che descriverebbe come interfaccia software del biofeedback. Analisi in tempo reale --il tempo reale è un termine bizzarro-- e la luce e il suono. Anche l'acqua ionizzata è un'ottima idea. --Per ora basta così. Sceglie di sentirsi sopraffatto dall'abbondanza, che può creare con la conoscenza. Così tende ad ostacolare il suo progresso nel movimento.

D: Ned ha tirato fuori l'argomento delle guarigioni.

N: Questo dispositivo lo aiuterà enormemente, perché richiederà molto meno tempo e fatica nel momento in cui causerà la guarigione. Ed è solo una cosa in più da aggiungere nella cassetta degli attrezzi. È un grande strumento, però.

D: Si sta divertendo molto a giocare a fare l'umano.

N: Sì, questo è un corpo fantastico da avere. Ci sono molti benefici nel corpo umano.

Capitolo 35

IL COLORE DEL DNA

All'inizio Susan vide delle colombe ed una fontana circondata da della nebbia. Si rese conto, mentre vi si addentrava, che la nebbia era più energetica o meglio un campo magnetico. Poi vide che anche il suo corpo non era normale. "So di essere lì, ma non c'è nessun corpo, se questo ha un senso. Non sento un corpo. Sento una forma di qualche tipo, ma non sento braccia e gambe e piedi. Ma so di essere lì in una forma".

D: Come lo senti quel campo magnetico?

S: Credo di fluttuare sopra di esso, ma ci sono dentro allo stesso tempo. Mi sento come se il mio cervello fosse a riposo e ho una conoscenza priva di pensiero. È molto tranquillo.

D: Vuoi proseguire o vuoi rimanere in quel campo magnetico?

S: Mi sento come se stessi salendo. Mi sento tirata fuori dalla nebbia nel campo.

D: Cosa vedi mentre vieni tirata su?

S: Una X bianca. Sto attraversando il centro della X e sono in piedi su nuvole bianche. Molto interessante stare in piedi sulle nuvole.

D: C'è qualcun altro intorno o sei solo tu?

S: Solo io. Ora ho i piedi e una vestaglia bianca... non proprio un materiale. Probabilmente luce, ma ha la forma di una vestaglia sciolta. Sopra di me c'è una luce dorata. Non è calda e non è fredda. È solo molto confortevole. Molto tranquilla. --La luce emette qualcosa. Mi attraversa la fronte, le spalle e mi fa davvero caldo. È una bella sensazione. E sento che tutto questo è interessante. Come se il mio corpo fisico fosse sdraiato qui. Tutto il dolore se ne va e tutta la tensione si rilassa. Eppure, allo stesso tempo, sono quassù nella luce.

D: Va bene così. Concentriamoci su quella parte lassù e vediamo cosa sta facendo.

S: Oh, la luce si sta muovendo dalla fronte verso la parte posteriore della mia testa e sembra che stia facendo qualcosa. Non riesco a descrivere esattamente cosa stia facendo. Forse sta espandendo la mia testa come se non ci fossero ossa. Ha aperto tutto come se non ci fossero ossa del cranio. Ora la luce mi sta attraversando fino ai piedi. Sembra un'energia. È proprio attraverso il nucleo. È proprio attraverso il centro. Non si irradia ai lati, ma proprio fino al centro... attraverso il centro. --Ora vedo qualcosa come un tunnel. È proprio sopra di me. Sono in un tubo o in un tunnel con delle nuvole, con luce dorata del sole davvero bella che risplende lungo il tubo.

D: Quando quella luce, quell'energia attraversava il corpo, cosa faceva?

S: Aprendo le vibrazioni in modo che potessi entrare nel tunnel... il tubo. --La luce si sta ingrandendo e sta riempiendo tutto il tubo. Non sono più nuvole. È luce giallo, oro. Ha una vita di coscienza. Non è solo colore. Adesso sono proprio immersa al suo interno. È tutt'intorno a me. È come se ci fosse una cascata che esce dal centro, scorrendo sopra la cima fino in fondo. Non è acqua, però, ma sembra acqua che esce da una specie di ceramica o da qualcosa fatto d'oro. Mi scorre intorno ed è scintillante. È rosa ed è blu ed è lavanda, verde e scintillante. Come un vaso opaco o un'urna con qualcosa che scorre fuori.

D: Qual è lo scopo di farla scorrere su di te in questo modo?

S: Sento parole come "immergere - pulire - benedire -accogliere". Qualunque cosa sia, è molto significativo. È davvero molto bello. "Un'infusione di conoscenza", dicono, ma è un passo necessario in questo momento. È un passo dal mondo fisico al mondo eterico o al regno superiore. Mi stanno mostrando qualcosa che sembra un DNA contorto di qualcosa... e lo stanno allargando. Stanno allargando le stringhe del DNA. Sono così strette. Ora le stanno rendendo molto larghe, in modo che possano portare peli più piccoli e fibrosi con informazioni di pezzetti di rugiada su di loro.

Stanno andando di traverso, che nella vostra lingua sarebbe orizzontale, come l'orizzonte.

D: Lo stanno allungando in questo modo? (Sì) Hai detto che è come un'infusione di conoscenza e d'informazioni?

S: Hanno detto un'infusione di conoscenza... una colata di conoscenza.

D: Questo rappresenta il DNA?

S: Mi dicono che sono bande di colore... il DNA... quello che noi non abbiamo mai pensato di cercare.

D: È questo che intendono? Bande di colore... nel DNA?

S: Nel DNA... e sono piuttosto spesse in realtà. Non sono sottili. Sono come degli strati. Strati di... Vorrei dire "nuvole", ma non è la parola giusta. Ma è l'unica parola che mi viene in mente. Sono strati di questa nuvola, roba nebbiosa e ci sono dei colori dentro.

D: All'inizio hai detto che erano cespugliose.

S: Sì, ma non ci sono più e ora sono fasce di colore. Non ha senso, ma sembra che ogni banda sia alta un metro e mezzo. Si sovrappongono l'una sull'altra. Ed ognuna è di un colore diverso. Dicono che è un processo necessario ed è così che funziona. Questo è il più alto... o dicono "regno" o "coscienza". È così che funziona tutto questo.

D: Questo è quello che sto cercando di capire. Che cosa significano? Come funziona la coscienza superiore?

S: Dicono che sono TUTTE forme. Funzionano così TUTTE le forme. Anche le foglie hanno il DNA e anche le foglie hanno processi di forma. Qui non possiamo capirlo, ma dalla loro parte sono TUTTE forme. Tutto ha una forma e tutto ha una formula. E' così che sono le cose e questo è ciò che si dovrebbe seguire.

D: Cosa intendi per "forma"... intende una forma?

S: No, non c'è spazio... è un processo. È proprio così che è il processo.

D: Penso ad una foglia che ha una certa forma e al corpo che ha una certa forma.

S: Ma bisogna arrivare al "finito", non alla forma. Questo è ciò che crea la forma. La forma che vedi è la foglia, ma questo è oltre la forma. Questo è ciò che forma la forma, queste sono le leggi ed è così.

D: Ma hai detto che ha anche a che fare con le formule?

S: Sì... è così che è tutto strutturato. È solo un processo... è così che è... il processo.

D: Tutto torna alla genetica, al DNA? È questo il nucleo... la parte principale?

S: No, tutto torna al TUTTO, l'Uno, la luce. Questa è la sua effusione. Esplode in questo modo. È come il flusso... come il vaso o l'urna con la luce e la nebbia. Questa è l'effusione del TUTTO. Questa è la sua effusione.

D: Come crea? (Sì) Ma dicevi di parlare del DNA. Questo fa parte del processo di creazione... se uso le parole giuste.

S: Stanno dicendo: "Se lo desideri". (Ridendo fortemente.)

D: (Continuava a ridere fortemente.) Se hanno parole migliori, penserei che potrebbero usarle.

S: No, stanno dicendo di andare avanti... stanno dicendo: "Sì, se vuoi, vai avanti".

D: Cerchiamo di capirlo con le parole che conosciamo. Forse loro hanno parole migliori per aiutarci a capire.

S: Stanno pensando che stiamo facendo un buon lavoro e credo che questo lo sappiamo.

D: Quindi il DNA è più ampio e composto di colori.

S: Sì, ed è molto interessante che ci siano i colori.

D: E' qualcosa che gli scienziati non possono vedere?

S: Non nel loro attuale grado evolutivo, ma si stanno avvicinando. Si stanno avvicinando a questo, ma c'è la paura di parlarne... la preoccupazione d'essere ridicolizzati.

D: Stanno scoprendo sempre più geni ed il loro modello genetico. E questo ha a che fare con i colori? È questo che intendi?

S: È il colore della vita. Questo è quello che stanno dicendo: "È il colore della vita". Mi piace il concetto: il colore della vita. Tutto ha un codice e il codice è uguale ad un colore che gli dà il suo codice della vita. E' semplicemente il processo che seguono o che devono seguire. Mi mostrano un cardinale rosso [un volatile], se ne sta lì seduto. E dice: "È il codice che ho seguito".

D: Il rosso era molto importante per quella creatura?

S: Sì... quella vita. La creatura dice che il colore era la lezione, ma non è solo il colore. È un'energia che sta girando e questa è la lezione... e la stanno mandando. C'è qualcosa di antico che gira in quel modo.

D: E questo era il codice? Anche questo ha a che fare con la formula? (Sì) Il codice del colore. Fa tutto parte della formula?

S: Il colore fa parte della formula, ma fa parte del codice. Questo fa parte della lezione.

D: Quindi i colori sono molto importanti?

S: È importante, ma è proprio quello che è... l'effusione, lo sprigionamento dal TUTTO. È il modo in cui la sua coscienza può trasmettere tutto (sembrava confusa)... può relazionarsi con tutto il resto... quello che fa. (Forse: È come se la sua coscienza possa trasmettere ciò che fa a tutto il resto).

D: Quindi ha a che fare più con il colore che con qualsiasi altra cosa. È così che si trasmette l'informazione? Crea qualcosa?

S: Sì, ma tutto è un tutt'uno. Non sono pezzi separati. È tutto in un unico pezzo. È un colore. È una lezione. È una vibrazione ed è un movimento, tutto allo stesso tempo.

D: Allora ognuno è individuale ed è questo che crea una forma diversa, una creatura diversa?

S: Se lo si desidera, sì.

D: Sto solo cercando di capire con le mie limitate capacità.

S: Sì... è molto travolgente e bello. Capisco ma non lo capisco. Vedo come funziona, ma non credo che lo capirò mai. Ma vedo come funziona.

D: Non credi che saresti in grado di spiegarlo?

S: Dicono: "L'abbiamo spiegato. Questa è la spiegazione".

Questo non aiutò molto, mi era proprio chiaro come il fango. Continuai ad insistere per avere ulteriori spiegazioni.

D: Ma hai detto che il DNA... hai visto i diversi colori mescolarsi l'uno con l'altro.

S: E sono molto più ampi di quanto non vediamo. Sono davvero ampi.

D: Immagino che quello che vediate sia molto oltre il microscopico. I colori vanno in un certo ordine quando li si vedono con il DNA?

S: Vedo prima il rosso. Il rosso sembra essere la base in basso ed è un rosso offuscato. Poi diventa molto più chiaro e i filamenti diventano più spessi... salgono dal fondo. Il colore successivo sembra nero, ma non lo è. È così viola che sembra nero. Poi entra in un bel colore viola e rimane dello stesso colore. Poi sale a quello successivo... il modo migliore per spiegarlo è un arancione, dorato e rossastro. Non è oro. Non è rosso. Non è arancione. Non conosco questo colore. È un miscuglio. E si muove. Questo ha del movimento... molto movimento.

D: Ogni colore ha del movimento?

S: Ogni colore ha movimento, ma si muovono dentro e fuori l'uno dall'altro. Oh, una volta ho visto una cosa del genere. --Hanno un contenitore di plexiglass e forse oli colorati e acqua. E lampeggiano avanti e indietro, ma si infondono l'un l'altro e questa è una forma d'energia. È una pietra miliare. Questa è sicuramente una pietra miliare per la vita.

D: Quindi questi colori non rimangono separati nei filamenti?

S: Non in questo banda. Il rosso e il viola sì, ma l'oro/arancio/rosso si muove in un moto continuo. Ma questo ha qualcosa a che fare con la vita. La vita ha diversi significati. Ha coscienza. È movimento. È consapevolezza-conoscenza. Tutto questo in una sola cosa. Non si può scegliere un solo pezzo. Non funzionerebbe. Si appiattirebbe, quindi ci vogliono tutti per fare questa forma e questa è la forma della creazione. È sicuramente una forma di creazione.

D: Ci sono altri colori al di sopra di quello oro/rosso/arancione?

S: Ci sono altri colori. Non sono molto chiari, ma per lo più è solo bianco immacolato dopo. Un bianco molto incontaminato... oh, bianco non è nemmeno la parola giusta perché ha una vita sua.

D: Ma questo è ciò che c'è nel DNA? Questo è ciò che causa la vita?

S: Si, questo è quello che mi stanno mostrando. Ma è vasto. È così incredibilmente ampio! Non avrei mai pensato che fosse così ampio. Sono diversi colori e diverse forme di vita. Alcune le posso quasi nominare, ma se dico un colore, scompare, quindi...

D: Diverse combinazioni di colori?

S: Fonte di combinazione... fonte di vita, dice, ed è sempre in movimento.

D: È questo che crea le diverse forme, la combinazione dei colori?

S: Sì. La combinazione dei colori crea la forma e le leggi che essa segue.

D: Per esempio, stavi parlando dell'uccello, della foglia e dell'umano, ognuno di essi sarebbe una diversa combinazione di colori?

S: Quasi sicuramente. E comunque, è tutto uguale e lo stesso, ma sono le diverse combinazioni a renderla la lezione prescelta.

D: E tutto questo viene dal TUTTO? Ma non continua da lì? Una volta che una cosa viene creata, non si ricrea da sola?

S: Si, si replica.

D: Quindi non deve venire dal TUTTO ogni volta, quando si replica?

S: No, ogni cosa viene dal TUTTO. Se ha una forma di vita, una coscienza e un movimento, viene dal TUTTO ogni volta. Vedi, potresti farlo ora con la replicazione, ma lo vedi... vita senza vita. Si può copiare qualcosa, ma non ha vita è solo una copia.

D: Sarebbe vivo?

S: Sarebbe vivo come la tua pecora... Dolly?

D: Il clone?

Dolly, la pecora, non era il primo clone, ma era la più famosa. È stata prodotta nel 1996 da una cellula prelevata dalla mammella di un'altra pecora. Tuttavia, è vissuta solo sei anni, morendo nel 2003. C'è un continuo dibattito sul fatto che sia morta così giovane perché era un clone. Quando il suo DNA è stato esaminato nel 1999, si è scoperto che in realtà era più vecchio del suo corpo. Partorì quattro agnelli nel corso della sua vita, ma non ho potuto trovare alcuna ricerca relativa al fatto che anche loro fossero morti giovani.

S: Sì. È vivo. Si muove, ma manca ancora la vita. È vita, ma è vita senza forza. È viva, ma è come una bambola di carta. Hai una forma e puoi ritagliare la forma, agganciarla alle spalle e hai qualcosa che sembra vita, ma non è vita. Eppure è molto bella, ma non contiene la fonte.

D: Ma come la pecora, per esempio: è in grado di replicarsi.

S: Non una pecora clone. Non in questo momento. A livello cellulare all'interno delle provette in laboratorio. No, non in questo momento. Vediamo che la cellula si muove; tuttavia, all'interno della cellula, la fonte non c'è. È una cellula vuota.

D: Pensavo che avessero detto che Dolly, la pecora, potesse rimanere incinta e avere un agnello. Io penso a questo come replicazione. Non è vero?

S: Stiamo discutendo di questo. Dicono di no e alcuni dicono che è possibile, quindi sono divisi su questo. (Ridacchiando) Come se stessi guardando un gruppo di persone che dicono sì, ma sono...

(risatina)... oh, è divertente. Sembra un gruppo di filosofi lassù. - -Sono d'accordo sul fatto che siano figli di breve vita.

D: Sì, ma è una cosa fisica. Possiamo vederlo.

S: Sì, pero' non ha ancora una fonte. Non ha alcuna fonte, non ha alcuna fonte. Oh, quello che stanno cercando di farmi capire è che non c'è una lezione di spirito. Non c'è spirito. È un guscio vuoto. Molto interessante.

D: Ho sempre pensato che non importa come venga creato, uno spirito gli può essere assegnato ed entrarvi dentro.

S: Beh, questo ha senso. Ok, hanno appena detto che alcuni lo farebbero, altri no. Persone corrette? Oh, è come con i vostri agricoltori etici. Alcuni le avranno? (Stava parlando con qualcun'altro) Ok, me lo stanno mostrando per farmi capire meglio. È la differenza tra un'operazione commerciale ed una piccola operazione etica e spirituale. Quindi, in sostanza, entrambe possono esistere.

D: Quindi possono avere figli?

S: Questa è una cattiva intenzione da un lato. Dall'altra parte parlano di divinità creatrici. Che sarebbe l'etica spirituale... le persone giuste? Poi, da quest'altro lato, lo equiparano alle corporazioni della produzione di massa.

D: E loro sono quelle che non lo fanno correttamente, vuoi dire?

S: Mi stanno solo mostrando delle cellule vuote. La cellula è solo un sacchetto/circolo bianco. Ma dall'altra parte, c'è la cellula, c'è il colore e c'è movimento e c'è un'esplosione di luce bianca in quelle cellule. Quindi sono la parte etica... lo stanno facendo nella maniera giusta. Quelle sarebbero la progenie della sorgente.

D: Allora, in questo caso, la vita potrebbe entrare se lo facessero in modo etico?

S: Possibilmente, è possibile. È una probabilità.

D: È questo che confonde, perché ci mostrano questi animali e sembrano vivi e si riproducono.

S: A tutti gli effetti, sono vivi. Come diversi gradi di colore. C'è la differenza nei gradi di colore e nei toni. Da una parte c'è sicuramente il Dio creatore che ha e sostiene l'etica. Dall'altra parte, esito a dire questo, ma stanno usando più intenzione. per raggiungere un qualche tipo di scopo.

D: Le buone intenzioni sono la cosa più importante di tutte.

S: L'intenzione viene dalla luce.

Questo mi ha ricordato una cliente sulla quarantina che mi aveva descritto un'esperienza insolita. Aveva cercato di rimanere incinta e aveva provato di tutto. I medici decisero di tentare la fecondazione in vitro, impiantando i suoi ovuli nel suo utero. Quando le presero gli ovuli e li esaminarono al microscopio, erano come gusci vuoti con niente dentro. Non avevano mai visto nulla del genere. Alla fine usarono ovuli e ormoni di una donatrice e lei fu in grado di avere sua figlia. Questa è stata la prima volta che ho sentito parlare di ovuli che erano come gusci vuoti fino a quando non abbiamo avuto questa sessione con Susan per discutere della clonazione. Interessante!

D: Ma quando riproducono questi animali attraverso la clonazione, dicono che lo fanno per avere cibo per la gente.

S: Dall'altro lato del cibo, è che non sarà molto buono per voi. Gli darà fiducia, ma non soddisferà il loro bisogno. Ma dal lato del Dio Creatore, a questo animale e' permesso avere la sua evoluzione, il suo spirito e la sua lezione. È molto importante per tutte le cose. Entrambi hanno un'intenzione, ma un lato ha un'intenzione più alta dell'altro. È come se l'altro lato seguisse solo i passi. Non stanno salendo la scala. Stanno solo seguendo i passi, come se fossero dei cloni. Ma non c'è alcun giudizio al riguardo. "Loro" dicono che sono solo le intenzioni e c'è spazio per entrambi.

D: Ho anche sentito dire che hanno clonato esseri umani.

S: Vero.

D: Pensavo che lo facessero da un bel po' di tempo.

S: Migliaia e migliaia di anni!

D: Significa che l'umano clonato è diverso?

S: Più o meno. Non sono forme originali, ma possono esserci solo poche forme originali.

D: L'umano clonato è vivo, si muove. Ma è vivo come le altre persone?

Non mi capì. Mi riferivo agli altri umani, ma lei pensava che intendessi la Sorgente [o altro].

S: L'originale... gli originatori? No, no. Gli originatori sono al di sopra di tutti noi. Sono pura luce, tuttavia accettano di condividere la loro luce.

D: La luce è ciò che rende viva la creatura... le dà vita?

S: È ciò che dà alla creatura la possibilità di evolversi e di ritornare alle superiori origini.

D: Ho sempre pensato che il guscio non avesse importanza. E' solo un veicolo da usare sulla Terra.

S: (Quasi con nonchalance.) È vero, è solo un vestito.

D: E se l'anima o lo spirito decidesse di entrare in uno di quei cloni, ci entrerebbe solo per accedere ad un veicolo disponibile.

S: Stanno pensando. Abbiamo un gruppo di filosofi. (Rise)

D: Perché lo spirito e l'anima vengono dalla Sorgente. Viene dalla luce.

S: Beh, vedi, viene tutto dallo stesso posto.

D: Quindi non entrerebbe anche nell'umano clonato?

S: Stanno parlando di diversi gradi di lezioni, quindi... dicono, sì, in teoria, funziona tutto. (Ridacchiando) È tutto uguale. Dipende solo dal grado delle lezioni. Si tratta di gradi delle lezioni... gradi. I gradi delle lezioni. Dall'altro lato, ci sono le persone la cui intenzione è solo quella di seguire un processo. Forse non sanno che possono... No, è diviso. Da un lato è tutto pieno di luce e di evoluzione, dall'altro lato è solo seguire un processo. È come un processo piatto. Continuano a produrre le stesse cose.

D: Cercano solo di vedere cosa possono fare?

S: Sì. I creatori sono come una catena di montaggio di creatori. Non hanno la stessa vibrazione dell'altro lato. Il lato del dio creatore ha così tanta forza. La parola è: luce, amore, creazione. E l'altro lato sta solo attraversando il processo del vuoto... solo piatto.

D: Di pura curiosità?

S: Nemmeno curiosità. È come se lo facessero e basta.

D: Quindi questo farà la differenza in ciò che creano? (Sì) Ci dicono che possiamo creare la nostra realtà. Possiamo creare le cose.

S: C'è un processo che noi creiamo. Noi creiamo attraverso quel processo, sì.

D: Ma è diverso dal creare la vita. È questo che intendi?

S: Si può ancora creare la vita, però uno ha più forza vitale dell'altro. Significa che sono entrambi vivi? Sì, sono entrambi vivi. È la differenza in un filo d'erba. Un filo d'erba è un filo d'erba, ma un lato ha un codice diverso. Si evolve, attira a sé la luce del sole, l'acqua, il nutrimento e l'amore. L'altro lato è un filo d'erba, ma è solo un filo d'erba. Passerà attraverso la codifica, ma non prospererà mai come quello con la luce del sole, l'acqua e l'amore. Ma sì, sono entrambi vivi e sono entrambi fili d'erba. E uno andrà avanti e si evolverà in qualcos'altro, un filo d'erba migliore e l'altro morirà come filo d'erba.

D: Questo va di pari passo con gli scienziati che ora alterano geneticamente le piante.

S: Sì, è così. Ora siamo alla fonte di tutto questo. Si può creare un chicco di mais, ma non sono la stessa cosa. Non sono uguali.

D: Tornando indietro... hai detto che i colori sono i principali elementi costitutivi della vita. Questi colori sono fondamentalmente essenziali? (Si) Ho anche sentito dire che il suono ha molto a che fare con il processo. Riesci a vederlo?

S: È la vibrazione, sì. È il movimento che dà inizio al processo della forza vitale in movimento. È quel pezzo che dà inizio al movimento. È come un fiume che non si ferma mai. Inizia con un piccolo arco, si sviluppa e si costruisce e presto ci sono solo onde e onde e onde di questa vibrazione che si muove e non si ferma mai. Si muove fino in fondo. Non si ferma mai!

D: In questo modo è eterno.

S: È una bella parola.

Pensai che fosse arrivato il momento di iniziare a fare le domande di Susan. Chiesi il permesso di farlo. "Siamo al vostro servizio". Volevo sapere il motivo di queste informazione. Perché volevano che Susan sapesse queste cose?

S: Abbiamo scelto questa lezione per farle vedere che lei è dall'altra parte. Lei è dalla parte di Dio creatore. Lei crea cose buone. Ciò che deve capire è che continuerà sempre ad evolversi. È sempre ben accetta in ciò che è superiore. Viene dall'alto. C'è solo l'alto per lei.

D: Quando iniziamo una seduta, pensiamo sempre di tornare alle vite passate. Non volevate portarla a qualcosa del genere?

S: Quello non è importante. Lei lo sa. È quello che è. Ha bisogno di passare più tempo nel futuro. Le sono state date incredibili capacità per il futuro. Dobbiamo aiutarla a sbloccare la parte in cui capisce il future, perché ha bisogno di passare più tempo a creare il futuro.

Prima ancora che avessi la possibilità di parlare dei suoi disturbi fisici, il SC ha cominciato a guardare dentro il suo corpo e a decidere cosa doveva essere fatto.

S: Dove stiamo guardando ora, all'interno, c'è un codice lì che deve essere rimosso perché non è la verità. È nell'addome. Questa è una seconda stazione. Lo chiamano un centro di potere.

Susan aveva avuto problemi in quella zona: spasmi del colon e coaguli sanguinanti.

D: È sotto il plesso solare.
S: Oh, sì. E' il potere. --Ora lo stiamo muovendo molto delicatamente. Ha molti traumi in quest'area... sono solo tessuti cicatriziali.
D: Si può guarire, vero?
S: Non è nemmeno una guarigione. La rimuoveremo, ma dobbiamo farlo delicatamente. È un codice sensibile che dobbiamo rimuovere in un modo molto specifico. Potrebbe richiedere un po' di tempo, perché c'è un processo. Ci sono dei passi da seguire per non danneggiare il corpo.
D: Che tipo di codice c'è, che non è necessario?
S: Oh, è stato impiantato lì per un motivo. Doveva essere una misura di sicurezza per lei. Lei è troppo avanzata... troppo, troppo, troppo avanzato.
D: Quando è stato messo lì?
S: Appena è arrivata in questo posto.
D: Quando è entrata in questo corpo?
S: Dopo che è stata qui. Troppo avanzata. È una misura di sicurezza, un'interruzione ed è stata messa lì per proteggerla. Le informazioni non sarebbero state considerate favorevolmente, nell'evoluzione passata di dove si trovava il vostro pianeta. Non

sarebbe stata accettata. Non sarebbe stata favorevole. Le avrebbe fatto del male.

D: Quindi c'era per impedirle di dire troppo?

S: Sì. È nata tra persone che non capivano. E' un loro diritto. Proprio così. Fanno quello che hanno fatto. Hanno affrontato le loro lezioni, ma non hanno capito. --Lei non ne ha più bisogno. Quello è stato adempiuto. Il passato è passato.

D: Pensava di averlo scaricato, ma non credo che l'abbia fatto.

S: Lei capisce di non averlo rilasciato. Non capisce perché non l'ha rilasciato. Questa bambina ha fatto il lavoro. Noi l'abbiamo aiutata. Ha davvero fatto il lavoro, ma quello che non capisce è che non era sua responsabilità rilasciarlo. È nostro e ora ci sentiamo sicuri che lo prenderemo quando sarà finito. Non ha bisogno di aggrapparsi a questo.

D: Quindi dite che può essere rimosso?

S: Lo stiamo rimuovendo mentre parliamo. È molto delicato. Ci sono molti strati... molti, molti strati. --Deve essere fatto molto delicatamente in modo molto distinto ad un certo livello del tessuto ed oltre il tessuto. Richiede molto lavoro.

Mentre facevano quel lavoro chiesi dettagli sulle altre parti del suo corpo. Mi hanno detto, in passato, che potevo fare domande mentre loro stavano lavorando. Aveva avuto un incidente d'auto e pensava che un colpo alla testa avesse danneggiato la sua memoria.

S: Vediamo dei cerchi nel cervello che non c'erano. Vediamo che il tessuto non è lo stesso. --Stiamo chiamando qualcuno per lavorare sul tessuto in questo momento. C'è un nuovo gruppo che sta arrivando per questo lavoro. Lei fa parte di un gruppo molto nuovo... molto raro... pochissimi di loro che daranno le istruzioni per il futuro. --Abbiamo chiamato qualcuno. Adesso ci stanno lavorando. --C'è un gruppo che abbiamo chiamato, non per riparare questi tessuti. Il nostro lavoro è il codice inferiore. Questo è un gruppo che le è stato assegnato e che arriverà con le informazioni future per lei. Quindi abbiamo gruppi separati. Ne abbiamo due che sono qui adesso e un gruppo arriverà in un altro momento. Per aiutarla nel lavoro futuro, sì. È tutto molto importante. Questo è ciò che lei è incaricato di fare. Lei ha accettato. Sì, è d'accordo.

D: Eppure, dice di non aver mai voluto essere qui.

S: Voleva venire! All'inizio voleva venire, ma ci sono state delle circostanze che sono rimaste incompiute. E lo ha reso molto, molto, molto difficile per uno con tale forza vitale, che ha una grande comprensione delle cose del Tutto. E' molto difficile per una persona che proviene da quello spazio. Spesso lei dice di non riuscire a comprendere la crudeltà e gli omicidi e non sarebbe mai in grado di comprenderlo, ma si è adattata molto bene. Adesso sta bene.

D: Ha detto di aver avuto un'esperienza di premorte all'età di sette anni.

Susan era quasi annegata e si ricordava di aver lasciato il corpo.

S: Sì, abbiamo dovuto riportarla a casa a causa di queste circostanze impreviste. Pensava che sarebbe rimasta sulla Terra, ma l'abbiamo chiamata per venire a casa e siamo riusciti a sistemare le cose, per così dire e a rimandarla indietro. Lei non voleva tornare. Non capiva.

D: Ma aveva un contratto, no?

S: Tutti abbiamo dei contratti! Tutti noi, non importa da che parte stiamo... abbiamo tutti dei contratti... abbiamo tutti dei contratti.

D: E non poteva uscirne?

S: No. Non c'è modo di uscirne.

D: Quindi è questo che è successo quando aveva sette anni, solo per rimetterla in sesto?

S: Sì e c'è molto più di ciò che ha visto. Forse se ne stava dimenticando o stava svanendo dalla sua memoria, ma bisognava ricordarle che c'era molto di più. Deve sapere che c'è una lotta. C'è sempre stata una lotta. Non vuole credere nella luce e nel buio o nell'ombra. Sì, sono tutte lezioni diverse, di diverso grado. Sono tutte scelte e noi volevamo mostrarle che questo è molto reale e questa è l'evoluzione. Ed è così che l'evoluzione va avanti da miliardi di anni, non c'è nemmeno un lasso di tempo. Stiamo parlando delle sue condizioni. Ma lei deve sapere che c'è sempre stata una scelta, si giocano tutte le scelte e tutti giocano tutte le scelte. Ad ogni livello esistente, si giocano tutte le scelte. Non c'è giudizio, sono solo scelte. Una volta che gliel'abbiamo mostrato, le abbiamo mostrato la possibilità di questo luogo incontaminato in cui vuole stare e vuole che ci siano tutti. Le abbiamo mostrato che questa è una possibilità. --Vogliamo anche che conosca la grande vastità che lei è. Lei non è questa piccola persona su questo piccolo granello di sabbia. È molto più grande e sì, sta facendo fatica con l'ego. È quasi una maledizione per la gente di qui. Avete l'ego per una ragione. Se non avessero l'ego, non andrebbero avanti. Fa parte della forza vitale. È ciò che vi fa andare avanti.

Quando parlammo del suo scopo, disse che non avrebbe voluto sentire questo suo compito. Doveva parlare davanti a grandi gruppi di persone, anche se questo era qualcosa di cui aveva paura. "Noi la assisteremo. Deve comprendere che il gruppo non è nemmeno presente. È più grande di persone meramente sedute su delle sedie. Non si tratta di numeri. Si tratta di anime".

Mentre finivo le domande, dissi che Susan già conosceva la maggior parte delle risposte.

S: La gente lo sa sempre. Solo che non vogliono credere a quello che sentono. vi parliamo costantemente. Il dialogo è continuo. Lo sentite nella vostra testa. Lo sentite nella vostra anima, quello che la gente chiama il loro "tessuto dell'anima". Noi siamo qui. Non sono mai soli. Non hanno bisogno di sentirsi abbandonati. Tanti si sentono abbandonati. Noi non li abbandoneremmo mai. Non sono mai soli. È un compito. Noi siamo un segnale. Abbiamo braccia tutt'intorno a voi. Siete molto protetti. Noi siamo qui. Siamo sempre qui. Non andiamo da nessuna parte. Siamo assegnati a voi e resteremo con voi. E vorremmo che questo fosse ciò che la gente potesse capire, le masse generali. Noi siamo assegnati a voi. Non vi lasceremo mai né vi abbandoneremo mai. Siamo qui per voi.

Capitolo 36

LAVORANDO CON I SISTEMI DELLA TERRA

Henry voleva esplorare uno strano incidente. Nel 2005, mentre andava a dormire, sentì le parole: "Tuo padre sta morendo" ed è andato su un'astronave. Non aveva nessun altro ricordo e voleva saperne di più. Lo riportai alla notte dell'evento, durante la quale si trovava a casa in West Virginia. Si stava preparando per andare a letto, descrisse il rituale di spegnere le luci, aprire una finestra per far entrare un po' d'aria fresca e mettersi sotto le coperte. Si era appena appisolato quando sentì una voce nella sua testa: "Vieni. Tuo padre sta morendo." -Così me ne andai". Gli chiesi di spiegarmi come se ne andò. "Immagino che quando ho deciso di andarmene, ero lì. Istantaneamente. -- In una galassia diversa."

D: Cosa vedi da farti pensare che sia una galassia diversa?

H: È solo un sapere. In realtà non la vedo, perché ci sono andato. - Mi sta aspettando.

Quello che vide dopo gli fu molto difficile descriverlo, perché non assomigliava a nulla che avesse mai visto prima. Non lo trovò ripugnante, solo difficile da descrivere. "Cercare di vederlo è il mio problema". Era in piedi accanto a un letto, dove giaceva un essere dall'aspetto strano. "Colori. Colori brillanti. Non è pelle come la nostra. Intorno alla testa, simili a delle piume d'uccello, ma non piume. Simile ai capelli, ma nemmeno quello. Sono corti, forse un centimetro o due di lunghezza. Fa parte del corpo. Colori brillanti". Quando si guardò, vide di avere lo stesso aspetto. Gli ho chiesto se poteva descrivere il suo volto. "Questa parte è difficile. È difficile da spiegare. Ha occhi, si, sono simili ai nostri. Come uccelli. Piumato. Le mani sono qualcosa del genere". Ci fu molta confusione quando alzò due dita e descrisse ciò che sembravano tre appendici della mano. Non c'erano vestiti. Disse che c'era qualcuno in piedi, accanto a lui vicino al letto.

D: È questa la persona che ti ha portato lì?

H: No. Quello era il messaggero. Lui porta qui le persone che sente fanno parte di questo gruppo. È in missione. Non siamo proprio uguali.

D: Cosa intendi dire?

H: Strano... che ero lì nella mia stanza. Sono io. Il corpo che ho lì sulla Terra, e la coscienza lì sulla Terra ... erano così sconvolti da questo strano essere. Ed era come trovarsi in un corpo diverso. Ora che lo guardo, è molto normale essere lì. Ero lì in missione. La missione è questo gruppo. Questo gruppo di esseri.

D: È un pianeta dove ti trovi in questo momento, o cosa?

H: Non è un pianeta, no. Una condizione dello spazio. È come un... (fece fatica.)

D: Vuoi che ti aiutino a spiegartelo? O riesci a capirlo?

H: Il problema è arrivare qui. --È una parte di un universo e non lo è. Fa parte di un luogo e allo stesso tempo non lo è. È in un regno d'esistenza completamente diverso. Non è male, né diverso da questo luogo sulla Terra in cui vi trovate. È un luogo dove le funzioni sono in attesa di svilupparsi. Sviluppiamo pianeti. La nostra missione è di sviluppare. Sviluppare pianeti e sviluppare diverse forme di vita su di essi. Prendiamo un pianeta e lo popoliamo con forme diverse.

D: Iniziate creando il pianeta?

H: No, il pianeta è creato. Noi creiamo le forme per il pianeta. I pianeti nascono in un particolare universo. Diventano abitabili per diverse forme di vita. Quando lo facciamo, lo facciamo su un particolare pianeta. Ci sono altri gruppi che lo fanno per pianeti che sono molto diversi dalla Terra.

D: Forme di vita diverse?

H: Diversi tipi di forme di vita che creiamo noi.

D: Quindi tutti i pianeti sono di diversi tipi. È questo che intendi?

H: Sì. E noi andiamo sulla Terra per imparare. Quando create queste cose, assumono una loro personalità. E queste forme particolari hanno preso una loro personalità.

D: È questo che intendevate ottenere?

H: No, in realtà non era pianificato. Non so perché gli sia dato di fare questo. Ma queste forme sono molto... non sono distruttive, sono imprevedibili. Ed è al di là dei nostri sistemi di credenza e del nostro modo di funzionare. Per poter manipolare --non per manipolare-- ma per integrarsi in qualche forma di sistema, in modo da poterli collocare su diversi pianeti. Una delle cose delle mie vite passate, andiamo su un pianeta che ha questo tipo di personalità, impariamo a gestirla e come ristrutturarlo.

D: Intendi dire che ogni volta che gli esseri o le creature vengono creati per abitare un pianeta, non dovrebbero avere una personalità?

H: Oh, no, no. Non è tanto quello che hanno... vediamo come posso descrivere come si formano. Per prima cosa, possiamo sviluppare forme di vita. Ma diventiamo responsabili delle forme di vita che sviluppiamo. A volte la cosa ci sfugge di mano e non va molto bene con quelle particolari forme di vita. Di conseguenza, dobbiamo andare ad imparare come gestire alcune forme, se le creiamo. Sospetto che siamo solo studenti coinvolti in questo processo.

D: Quindi all'inizio, ogni qual volta che vengano create, non sapete da che parte andranno?

H: Stiamo imparando a farlo. Almeno questo gruppo ci sta provando. Si, credo che, il padre, l'individuo principale, sia quello che sta morendo. È lui quello in carica. È lui che crea e ci guida nel processo. Quello che fa è mandar ognuno di noi in posti diversi, per vivere, per capire.

D: Altri pianeti oltre alla Terra?

H: Sì, in posti diversi come quello, sì. Perché questi sono i luoghi che sono stati sviluppati da altri. Quindi gli esseri su questi pianeti passano attraverso i processi di crescita.

D: Quindi, ogni volta che li sviluppate per la prima volta, sapete come andrà a finire?

H: No. Quello fa parte delle lezioni che bisogna imparare. Si creano le forme di vita con la conoscenza di ciò che si ha. Tuttavia, se si scopre che non sono abbastanza sviluppate... è simile ai vostri bambini, quando nascono per la prima volta. Crescono come bambini. E hanno bisogno di imparare a lavorare in una particolare società mentre crescono. È simile a questo. Ma un'altra cosa che non capisco è perché assumono una personalità propria. Capisci che quando hanno questi corpi e queste emozioni, e assumono la personalità, allora sei responsabile dello sviluppo delle forme di vita, in quanto tali. Ma hanno una loro personalità. Noi non abbiamo il controllo delle personalità. Dobbiamo svilupparci e capire come lavoriamo attorno a queste personalità. E mostrarglielo in modo che possano imparare più di quanto non facciano.

D: Ma vi è permesso? Potete interferire con quello che fanno?

H: È come mostrare loro un modo diverso. E loro assimilano questo nuovo modo, ma imparare a farlo è tutta un'altra storia.

D: Quando avete creato queste forme di vita per la prima volta, avete iniziato con le cellule o come fate?

H: No, non è niente del genere.

D: Come create le forme di vita?

H: Semplicemente immaginandole.

D: Solo nella vostra mente?

H: Qualcosa del genere. Nessun dispositivo o altro. Semplice-mente create... avete la capacità di creare forme di vita.

D: Qualcuno vi dice di farlo?

H: No. Fa parte della gerarchia dell'apprendimento, attraverso la consapevolezza di tutte le cose. E questa è solo una delle fasi del processo. Uno stadio di questa consapevolezza che si sta sviluppando. È come sulla Terra, dove Henry sta imparando gli stadi di sviluppo, dove sta andando. Questa è una parte delle lezioni che dobbiamo proiettare indietro, perché abbiamo dovuto semplificare noi stessi. Ed imparare a gestire la cosa dalla semplificazione in poi.

D: Hai detto che dove questo sta accadendo non è un pianeta. È qualcos'altro.

H: Sì, è qualcos'altro. È un luogo. È una dimensione diversa.

D: Allora perché quella notte, Henry è stato richiamato là?

H: Perché quel leader... era successo qualcosa. Non sappiamo cosa. Sappiamo solo che si sta dissipando nell'energia. È molto insolito. Non l'abbiamo mai visto questo fenomeno prima d'ora. È improbabile che una cosa del genere possa accadere. È come se il vostro Dio, sul vostro pianeta, all'improvviso non ci fosse più. Come se una tale energia si dissipasse. E non sappiamo perché si sta dissipando. Sta succedendo qualcos'altro.

D: Quindi è per questo che Henry è stato richiamato lì?

H: Esattamente. E' per questo che ero lì, per scortarlo. Sono tornati tutti. -- Aspetta un attimo. (Pausa) Aspetta! -- Ora siamo in cerchio. Sta succedendo qualcosa che non riesco a descrivere.

D: Al leader?

H: A tutti noi insieme. Aspetta un attimo, così posso vedere. (Fece fatica a trovare le parole). È una condizione che esiste in quella dimensione, non ci sono particolari modi di comunicare ciò che sta accadendo. Perché nulla di tutto questo esiste qui su questo pianeta. Qui non esiste niente del genere.

D: È una forma di comunicazione diversa?

H: No. È un'esistenza. Qualcosa si è spostato nell'esistenza. Questo è il modo migliore per descriverlo. (Lungo sospiro) Aspetta un minuto. (Pausa) Quello che mi viene detto di dire è che... è una fase di adattamento all'esistenza di quel sistema.

D: Come una progressione?

H: Esatto. In tutto c'è una progressione. Non regredisce mai. --Sono tornati tutti. E sono dappertutto. C'è un movimento. Non so cosa sia.

D: È causato dal fatto che il leader si sta dissipando?

H: No, in realtà il leader si sta in qualche modo dissipando. --Come sai dal tuo percorso, la morte non è altro che il passaggio da un'esistenza all'altra. Quindi è esattamente quello che sta succedendo qui. L'intera... esistenza sta morendo di nuovo. Non riesco a spiegarlo.

D: Stata succedendo perché il leader sta attraversando un cambiamento?

H: No. È una transizione per tutti. È un evento estremamente importante. --Non c'è più niente! Sta cambiando. E si sta spostando in una direzione. Non so dire in che direzione si stia spostando, ma si sta spostando in un altro strato. Questo è il modo migliore per dirlo... un altro strato.

D: E vogliono che tutti siano presenti a....

H: Per fare quel passaggio a quello strato.

D: Per usare la propria energia, al fine di aiutare questo processo?

H: No. Nessuno ha un'energia individuale. Tutti hanno un'energia. Ognuno è l'energia che c'è.

D: Operano come un gruppo?

H: Come un tutt'uno.

D: Allora perché Henry se n'è andato? A quanto pare proviene da qui.

H: Solo uno dei tanti. La direzione era lì come un corpo solo. --Non è che questa sia la casa di Henry. Lo è e non lo è. È il suo corpo e non è il suo corpo. Lui è lì come un'estensione da qui. E questo è il massimo che posso fare per descrivertelo. Questa è più che altro un'estensione.

D: Il corpo di Henry è un'estensione?

H: Di là, sì. E anche se si è evoluto oltre, deve attraversarlo per sviluppare la conoscenza di ciò che significa provenire da lì, che noi determiniamo essere, un livello estremamente basso. E l'apprendimento di questi dettagli, in modo che ora possa estenderlo al resto del gruppo. Capisci, tutto questo è simultaneo. In altre parole, ciò che sta facendo qui mentre impara, sta passando e andando là, e sta contemporaneamente accadendo anche là.

D: Così tutto ciò che Henry impara nel corpo sulla Terra è....

H: Contemporaneamente inviato là.

D: Viene trasmesso a quel posto.

H: Sì, questo è il massimo che posso fare.

D: Questo fa parte dell'apprendimento e del tentativo di cambiare le persone, come stavi dicendo tu? (Pausa) Perché avevi detto che non vi piaceva il modo in cui si stavano sviluppando.

H: Oh, gli esseri che abbiamo creato. Sì, è lo stesso. È come essere un insegnante in una scuola elementare, e tutti i bambini sono nel caos. Quindi devi imparare ad affrontare il caos, in modo che possano venire da te, imparare e andare avanti.

D: E un modo per imparare è di entrare in un corpo sulla Terra?

H: Ah, sì. E sperimentarlo in prima persona, facendolo simultaneamente.

D: Quindi è per questo che Henry è venuto sulla Terra?

H: Un aspetto di Henry è venuto sulla Terra, sì. Entrò nel corpo fisico. Però solo un aspetto, ci sono molti aspetti.

D: Lo ha scelto lui questo o gli è stato detto di farlo?

H: Gli è stato detto di farlo. È come se tu facessi parte di... per usare un'analogia. Se tu fossi un generale di un esercito e dicessi: "Tu vai lì, tu vai là, e tu vai lì e tu qua". Questo è quello che fai, perché è quello che devi fare. Entrare in un corpo per sperimentare come sono le cose qui. E le informazioni sono ricevute contemporaneamente.

D: Henry è già stato sulla Terra in un corpo fisico o è la prima volta?

H: È nel corpo fisico da tutto questo tempo. Quello che stavo per spiegarti è che quando lo fai (fece un lungo sospiro). Quando si viene qui, è un biglietto di sola andata, in questa direzione. E in un certo senso, non quella direzione. Quindi, in altre parole, quella è un'entità a sé stante. È un'estensione di tutto questo.

D: Immagino che siamo abituati a pensare ad un aspetto che arrivi e poi ritorni molteplici volte nei corpi della Terra. A causa della struttura del karma o per altro.

H: Questo e' un sistema sviluppato sulla Terra. È un sistema diverso da quello sviluppato altrove.

D: Quindi Henry non è coinvolto in quel sistema?

H: No, ma devi seguire le regole di quel sistema.

D: Quindi gli è stato detto di farlo per aiutare la gente della Terra a svilupparsi. È corretto?

H: No. Gli è stato detto di farlo per imparare lo sviluppo, attraverso il processo, al fine di trascriverlo al suo gruppo. Lo sviluppo. Mostrare lo sviluppo. Ma doveva capire come farlo, vivendolo. Così, una volta che lo si vive, lo si può proiettare. Riesci a capire?

D: Sto cercando di capire. So che è molto difficile mettere dei concetti nel nostro linguaggio.

H: Per questo non usiamo il linguaggio.

D: È più facile da mente a mente.

H: Mente a mente, assolutamente.

D: Stavo pensando, avevi detto che era un biglietto di sola andata. Quindi, quando lui avrà finito con questa vita, non dovrà più tornare.

H: No, è necessario. Potrebbe tornare ad un altro livello. Nel passato o nel futuro, secondo il vostro linguaggio. O nemmeno su questo pianeta. Potrebbe essere da qualche altra parte. --L'aspetto dell'amore, tra l'altro, è molto forte quando fai questo processo. L'aspetto dell'amore delle creature che hai creato deve essere estremamente forte. La compassione è amore in forma, proprio come lo è sul pianeta Terra. E sì, ciò che accadrà, queste creature si svilupperanno, poi si trasmuteranno e continueranno a crescere e a crescere. Ed è simile a quello che sta succedendo sulla Terra in questo momento.

D: Mi è stato detto che l'amore è la risposta a tutto. È un'emozione potente.

H: Sì, lo è. Amore incondizionato, sì.

D: Tutto deve essere creato pensando a questo, vero?

H: Beh, il sistema in cui ci troviamo, qui --no, è tutto un unico sistema. (Pausa) Sembra che nel momento in cui tu, da questo luogo, entri per creare un altro sistema di qualche tipo, finisci per dividerlo. Quindi c'è un più o un meno, per così dire. Qui c'è un sistema bipolare, più o meno. Ce ne sono alcuni che sono quattro, cinque, sei, otto, dieci sistemi diversi. E si dà il caso che questo sia quello che chiamate un sistema "da morire". È un più o un meno. La Terra è il più o il meno, il caldo o il freddo, il bene o il male, tutte queste cose.

D: Due. Un sistema duale.

H: Un sistema duale, grazie. Alcuni sono sistemi quadrupli. Alcuni sono sistemi da dodici. E questo va ben oltre la comprensione. Sono estremamente complicati, rispetto al sistema duale. Ecco perché è così difficile scomporli. Dovresti lavorare da qui per riuscirci (Indicando la sua testa).

D: Attraverso il cervello? Questo è quello che mi hanno detto. La mente non ha concetti per riuscire a comprendere alcune di queste cose.

H: Esatto. È come una persona cieca dalla nascita e all'improvviso riesce a vedere. E tu dici: "Questa è una tazza". E loro fanno: "Eh?" Ma poi la toccano: "Oh, sì, questa è una tazza". E poi devono mettere in relazione quella tazza con la cosa che hanno appena visto. E così via. Far sì che un cieco veda è un processo molto difficile. In un certo senso, questo è lo stesso scenario, perché le persone sulla Terra sono cieche. Non hanno la facoltà o la possibilità di vedere qui, qui, qui, qui e qui allo stesso tempo. Bisogna sviluppare un sistema che mostri loro di cosa si tratta.

D: Mi piace quando mi date delle analogie. Per noi, sono molto più facili da capire.

H: Sì, ed è difficile. Devo pensare come un terrestre per trovare l'analogia giusta.

D: Comunque, Henry è stato portato lì quella notte per far parte dell'evento.

H: Giusto. È la morte di un sistema che lo ha portato alla transizione in un altro sistema. Ha dovuto chiamarla "morte", perché un sistema duale non capisce altro che questo. Questo è l'unico modo per spiegarlo.

D: Ma quel posto dove è andato quella notte, dove sei tu adesso, è un'esistenza fisica? (No) Ma lui vedeva queste persone come se avessero dei corpi fisici. Vide corpi dall'aspetto piuttosto strano. Può darci una spiegazione?

H: Si tratta di corpi dall'aspetto molto strano rispetto al sistema duale. Ora, quando si va lì con il mentale: da qui a quel mentale lì... Per rendere funzionale la comunicazione... si porta un sistema duale in uno, quindi si crea qualcosa che sarà traducibile in parole. Qualcosa a cui si può tornare indietro e con cui ci si può relazionare.

D: Qualcosa con cui può identificarsi.

H: Si così ci si può identificare. In realtà è comprensibile per le menti umane.

D: Quindi non hanno un vero e proprio corpo fisico.

H: Non come li conoscete voi. Era solo qualcosa da mostrare, perché ci sarebbe stato anche lui. (Confusione) Il tempo del sistema duale... ciò che chiamate "reincarnazione", in quanto tale, non è altro che... Come se andaste da qualche parte e a dormire e poi vi svegliaste. Quando state dormendo è in un modo e quando vi svegliate è in un altro modo. Secondo il tempo della Terra, ci potrebbero essere molti millenni e voi la chiamate reincarnazione.

D: Passando da un corpo all'altro.

H: Passando da un corpo all'altro. Non è altro che una transizione. Da lì a lì e da lì a lì. Raccogliendo tutte queste informazioni e trasmutandole qui, in modo che queste altre informazioni possano essere create. Questa vita di un regno superiore di conoscenza e comprensione, ha cercato di svilupparsi nel regno inferiore per riuscire a muovere i regni inferiori.

D: Penso che ora siamo al punto in cui ci sia permesso avere più informazioni. Anche se sono ancora solo piccole briciole, perché non possiamo capire tutto. Ma perché volevate che Henry si ricordasse di esserci andato?

H: Per poterti dare le informazioni.

D: Io? (Sì) Gliele avete fatte ricordare perché potesse venire qui e darmele?

H: Così sembra. (Risatina)

D: Ma è importante anche per lui conoscerle, no?

H: Oh, sì. Sta imparando sempre di più.

D: Può dirgli cosa dovrebbe conoscere da questa esperienza?

H: Ce l'ha già. L'ha appena avuta.

D: Quindi quando ascolterà il nastro capirà?

H: Sì, credo di sì. Una delle cose che doveva capire e che altri devono capire: questo è un sistema duale. E ce ne sono altri, come un sistema a quattro, un sistema a otto e un sistema a dodici. Questo va ben oltre la vostra comprensione. Ora Jane Roberts e Seth l'hanno tirato fuori il più chiaramente possibile, quando hanno descritto la quinta dimensione. Questo è il modo più semplice per descriverla: Inquadrate un'immagine di piccoli cubi a 90 gradi l'uno dall'altro in tre dimensioni. Quindi avete questo gruppo di piccoli cubi qui, qui e qui e qui e qui e qui. Quando Seth ha detto: "Ehi, è qui che sei, Jane. E un altro sistema è il cubo successivo. Ora, a due o tre cubi di distanza da te, non hai alcuna idea di come sia. Quel sistema è completamente diverso". Ed è lì che stiamo andando. Questo sistema è completamente diverso. È difficile da descrivere. E l'unica cosa che si può fare per andare da qui; o come diceva Seth, "Dove sei tu, Jane", è andare da questo sistema, scattare un'istantanea dell'immagine che vedi. Riportarla qui e cercare di rimetterla insieme. Questa è la migliore descrizione trovata che posso usare... durante questo processo qui. Così, quando si passa a sistemi da cinque, dieci, dodici, ventiquattro e trentotto, sistemi diversi, invece di un semplice duale, è tutta un'altra cosa. Un modo di pensare completamente diverso.

D: Uno dei miei clienti mi ha descritto che quando stavano creando gli universi, avevano tutti regole e regolamenti diversi. È di questo che state parlando? (Sì, sì, sì, sì.) Perché in alcuni di questi altri universi che hanno creato, i pianeti potrebbero essere quadrati. Potrebbero essere oblunghi. Potrebbero muoversi in orbite completamente diverse. Eppure potrebbero obbedire a leggi della fisica diverse da quelle che abbiamo qui.

H: Ogni fisico in ogni cubo è, in un certo senso, significativamente diverso da qualsiasi altro fisico in altri cubi.

D: E hanno detto che questo universo obbedisce alle leggi di questo universo, ma gli altri universi hanno altre leggi?

H: Ecco perché non si può andare da questo universo a quell'universo e aspettarsi di sopravvivere. A meno che non ci si porti dietro il proprio universo.

D: Cosa che sarebbe un po' difficile da fare, no?

H: Oh, si può fare. Ma non possono rimanere lì a lungo. È difficile. Seth ne ha parlato. Ha detto: "Se hai un corpo dell'universo A, e vuoi andare nell'universo B, e ti capita di farlo. Le diverse leggi del tuo corpo sono diverse dalla legge di quel corpo, e potresti non tornare indietro. Potresti implodere fisicamente.

D: Mi è stato detto, in altre parole, che la matrice del corpo verrebbe distrutta.

H: Ah! Del corpo. Questo è un corpo, questa è la matrice. Sì, potrebbe.

D: Perché l'anima non può essere distrutta. (No) Mi è stato detto che non si può riportare nulla da un universo (o dimensione?) all'altro. La matrice verrebbe distrutta. Non potrebbe esistere.

H: Beh, l'universo non sarebbe distrutto, ma la forma sì. Questo è un modo per capirlo.

Almeno ero tornata su un terreno familiare, anche se ancora non lo capivo appieno, era qualcosa che avevo scoperto nei primi tempi del mio lavoro. Nel mio libro "The Legend of Starcrash", il cacciatore aveva scoperto di poter viaggiare in un universo alternativo e di poter riportare al suo villaggio il corpo di un animale sconosciuto. Si trattava di una situazione molto insolita, perché non si doveva essere in grado di farlo senza che la matrice dell'animale venisse distrutta. Ho pensato che fosse permesso perché il villaggio era affamato e alla disperata ricerca di cibo. Nel mio lavoro continuo a scoprire concetti sconosciuti. Come reporter mi piace esplorare questi concetti e mi piace anche quando vengono inaspettatamente confermati da altri clienti, come in questo caso. So di avere ancora molti altri pezzi da mettere insieme prima che abbia senso, ma almeno ho mantenuto una mentalità aperta. Nel mio lavoro non so mai cosa ci possa essere dietro l'angolo.

D: Ma volevate che avessi queste informazioni?
H: Sì, più o meno.
D: Perché sapete che ricevo piccoli pezzi di qua e di là e devo mettere tutto insieme.
H: Esatto. Questo lo capiamo.

Allora ho pensato che avrei dovuto fare altre domande riguardo ad esperienze di cui Henry voleva sapere altro. Eppure questa parte disse: "Siamo limitati a... la nostra attenzione è solo su ciò che facciamo. Non conosciamo l'altra parte. Quella è tutta un'altra cosa". Allora chiesi se potevo chiamare un'altra parte che potesse rispondere alle domande. Dissero che sarebbe stato molto lecito. Così li ho ringraziati per le informazioni che mi avevano fornito e ho chiesto loro di andarsene. Poi ho invocato il SC. La prima cosa che volevo era che spiegasse meglio ciò che Henry aveva vissuto quella notte. Mi chiese: "Quello che hai appena finito?".

D: Sì. Fate prima quella. Vedete se riuscite a spiegarla. Poi passeremo alle altre domande.
H: Era la coscienza di altri sistemi. E parlava attraverso la mente cosciente degli altri sistemi e di altri sviluppi. Ci sono molti sviluppi in corso, e diverse evoluzioni in continuazione.
D: Sembrava che facessero parte degli esseri creatori.
H: Sono gli esseri creatori. Che è solo un altro livello. Molti livelli di vita.

Il suono scomparso all'improvviso, come se un qualche tipo di energia l'avesse fatto sparire dalla registrazione sul nastro. Ci fu una lunga pausa e poi il SC continuò.

H: Sono multidimensionali... luoghi che sono livelli multidimensionali di esseri. Ci sono livelli multidimensionali, dimensioni dentro alle dimensioni, dentro alle dimensioni. E così, qui sulla Terra, quell'aspetto degli esseri creatori è una parte dell'aspetto dimensionale. Che tutti sono legati a qualche forma di vita o ad un'altra.

D: Perché è importante per Henry avere queste informazioni in questo momento?

H: Per il suo sviluppo. Si sta sviluppando costantemente in molte direzioni.

D: Sembra essere in grado di capire tutte queste cose.

H: Sì. Sentiamo la sua testardaggine abbastanza spesso.

Volevo che il SC spiegasse un'altra strana esperienza che l'altra parte non riuscì a spiegare. È successo di notte, quando ha detto d'aver attraversato lo spazio. Sentì qualcuno dirgli: "Ricordati, ti sei offerto volontario per questo". Ed entrò in un'enorme imbarcazione che aveva qualcosa come un centro commerciale e un ologramma sulla parete di molte cartelle. "Cos'è successo quella notte?"

H: Esattamente quello che ti ha detto. Ma le cartelle si aprono un po' alla volta, qua e là.

D: Le cartelle che ha visto?

H: Che ha visto. Le molte cartelle laggiù. E vengono dissolte di conseguenza.

D: Cosa rappresentano le cartelle?

H: Condizioni e situazioni sulle probabilità del pianeta. Ogni probabilità che si manifesta, quella particolare cartella si aprirà, per svolgere il processo, costi quel che costi. Quindi questa è una situazione multidimensionale perché le probabilità e le possibilità... c'è più di una linea temporale in quest'area. E si sta verificando più di un evento. Questi eventi si stanno verificando simultaneamente. Quindi dipende su quale linea temporale ci si trova, a quale cartella vedrà di aprire.

D: Ti danno le possibilità e le probabilità?

H: Ti danno il risultato delle possibilità e delle probabilità. Quindi, se apri una cartella, la spingi in una direzione diversa su quella linea temporale. Ma su questa linea temporale stai facendo qualcos'altro. E la cosa più importante qui, il tempo è così simultaneo che questa è sicuramente un'illusione. Tuttavia, ci sono molti, molti, molti, molti universi di illusione. E voi siete in ognuno di essi. Ognuno si manifesta di conseguenza. Quindi la cartella dipende da dove vi trovate. Questo è un evento diverso, questo è un altro evento e questo è un altro evento e questo è un altro evento ancora. Ed ognuno quando lo apri... ogni cartella è una serie di cartelle. Quindi questa linea qui ha una serie di cartelle che diventano quella linea temporale che va avanti lì e lì. Vite passate, sì, sta avendo dei cambiamenti di tempo. La linea temporale cambia. E ora ne è consapevole perché noi l'abbiamo reso consapevole. Così sta ricevendo degli spunti e si muoverà dentro e fuori da quei cambiamenti temporali.

Questo va di pari passo con un altro concetto spiegato negli altri libri della serie Universo Convoluto. Cioè che ogni volta che mettiamo energia in una decisione e scegliamo quella possibilità, diventa la nostra realtà. Ma l'energia messa nella possibilità alternativa deve andare da qualche parte, così si crea un'altra realtà alternativa e un altro noi se la vive. Altri concetti che strizzano la mente.

D: Perché volevate che ne fosse consapevole?
H: Fa parte del suo intero sviluppo. E delle persone che tocca.

Henry stava interagendo con molte persone e "loro" pensavano che fosse importante che continuasse a farlo. "Verrà diretto. Non ha bisogno di sapere tutto. (Ridacchiando) È come un cavallo selvaggio, mentre si cerca di tenerlo con le redini in mano".

D: A volte è meglio non sapere tutto.
H: Beh, potrebbe essere pericoloso. In quanto sotto certi aspetti lo ucciderebbe. Ha già saltato 23 eventi. Ci sono stati ben 23 momenti diversi in cui avrebbe dovuto morire. Ogni volta è stato deviato. In alcuni casi è stato reintegrato. Sarebbe dovuto morire, ma è stato reintegrato.
D: Quindi non era il suo momento di andarsene.
H: Non è una questione di tempistica. E' solo -- Come spiegarlo questo? -- C'è stato un incidente in cui è stato ucciso, ma è stato

reintegrato immediatamente. Quindi non c'è stato alcuno spiraglio quando il corpo è stato disperso e reintegrato.

D: *Qual è stato l'incidente?*

H: Preferiremmo non parlarne. Lui sa cosa è successo, ma non sa quando.

D: *Quindi è morto davvero, ed è stato rimandato indietro immediatamente?*

H: È stato reintegrato.

D: *Perché doveva restare qui più a lungo.*

H: Sì. È stato reintegrato... è una forma. A volte si vuole pensare ad un incidente. E ovviamente non esistono incidenti. Ma il punto è il processo e non si deve permettere alcuna pausa. Basta permettere una continuazione. Nessuna pausa. --Ma la cosa importante qui è che adesso l'ha imparato. E sappiamo che l'hai imparato anche tu. --Dipende solo da quale direzione ti trovi. Qui, stai imparando i processi di apprendimento. Ed è perché è un sistema duale. Ora, se ti piace davvero il complicato, passa ad un sistema multi-duale.

D: *(Ridacchiai) Sì, hanno detto che non potevano spiegare molto di questo e che ci avrebbe confuso comunque.*

H: È terribilmente complicato. Non hai il cervello... la mente può farlo, ma il cervello no. Il cervello non è strutturato per farlo.

D: *Lasciate che vi chieda di quando era a bordo dell'imbarcazione con le cartelle. Era un'imbarcazione fisica?*

H: Eh sì, molto fisica.

D: *Quindi non è stata come l'altra esperienza?*

H: No. Quella era un'imbarcazione fisica in questo universo, sì.

D: *Perché è stato portato lì? Aveva un legame con quelle persone?*

H: Quello è un altro aspetto di lui stesso. È così. (Ha alzato la mano.) Le dita sono aspetti della stessa mano. Questo è diverso da quello.

D: *Quindi quella notte è dovuto tornare in quell'altro corpo che era un altro aspetto di se stesso? (Sì) Ma se lo ricordava, quindi era importante.*

H: Sì, molto importante. L'astronave su cui si trovava... è una cosa che continua ad accadere in questo momento. Il tuo pianeta, come ben sai, sta entrando in questo processo di cambiamento. E lui vuole solo sapere -- come dite voi?-- Saprà cosa fare, quando sarà il momento di farlo. Questo è ciò di cui si trattavano le cartelle. E ancora una volta, se la cartella è così o la cartella è così, sono loro probabilità.

D: *Gli ho detto che a volte non è il momento di conoscere le informazioni.*

H: Esattamente, esattamente. È a questo che servono i tuoi libri. Qualcuno deve farlo. --Ha toccato molte vite diverse e non lo sa nemmeno. Basta far cadere un seme qui e dare una spiegazione di una semplice analogia. E anche tu fai la stessa cosa, che poi si diffonde. Questo pianeta, in questo momento ha bisogno di saperlo. E ora si sta dirigendo verso un viaggio scatenato.

Capitolo 37

LA GUARIGIONE DI ANN

DISCUSSIONE PRIMA DELLA SEDUTA

Ann mi aveva scritto, ma la lettera era così simile a molte altre che ricevo che non ci ho fatto molto caso. Inoltre, ero impegnata a viaggiare e ad offrire conferenze. Allora mi chiamò, dicendo che aveva incontrato la mia amica Nina, che aveva avuto una strana esperienza a casa sua e Nina pensò che dovesse vedermi. Di solito non faccio venire nessuno a casa mia per le sedute, ma la mia macchina era completamente distrutta e dovevo comprarne una nuova. Quindi non potevo guidare fino a Fayetteville e fare la seduta a casa di Nina. Così alla fine ho accettato di farle venire a casa mia. (Questo fu prima che aprissi il mio ufficio in città nel 2003) Mia figlia Nancy ed io saremmo partite per l'Europa dopo qualche settimana, quindi non volevo assolutamente rimanere coinvolta con una persona del posto in quel momento. Accettai per cortesia verso Nina e la nostra lunga amicizia, ma non pensavo che sarebbe venuto fuori qualcosa dall'incontro con Ann.

Al telefono Ann mi diede l'impressione di una persona assolutamente priva di conoscenza della metafisica, degli UFO o di qualsiasi altra cosa di quel tipo. Per questo la sua esperienza con Nina fu così strana. L'aveva spaventata a tal punto che quando decise di chiamarmi era seduta sul pavimento della sua cucina a piangere per la disperazione. Facendole delle domande, divenne chiaro che non aveva la ben che minima comprensione del paranormale. Nina accettò di venire con lei a casa mia nell'ottobre del 1999 e quando arrivarono ne discutemmo a tavola, in sala da pranzo mentre pranzavamo.

Ann aveva diversi problemi fisici. Era diabetica insulino-dipendente, prendeva farmaci per il cuore (anche se aveva solo quarant'anni) e le avevano diagnosticato i primi stadi del cancro alla gola. I medici le avevano fatto una biopsia e volevano operarla. Inoltre era coinvolta in un brutto matrimonio.

Ann cercò di descrivere ciò che era successo che aveva scatenato quell'insolito evento. Si era verificato a Settembre, appena un mese prima. Nina praticava la terapia energetica chiamato: "gentle touch". Dove agiva come conduttore d'energia per aiutare la persona a liberare eventuali blocchi al fine di promuovere il benessere. È simile al Reiki e si svolge su un lettino da massaggio. Ann era andata a casa di Nina per una visita e per discutere i suoi problemi, compresi quelli matrimoniali. Durante la conversazione Nina si offerri' di aiutarla a rilassarsi. Ann era sul lettino da massaggio quando ebbe luogo l'incidente. Tutto questo era totalmente nuovo per Ann, che non sapeva nemmeno cosa fosse il Reiki. Si aspettava di rilassarsi e magari di addormentarsi, perché questo accade spesso con qualsiasi tipo di lavoro energetico o di massaggio. Ann aveva avuto una giornata dura al pronto soccorso dell'ospedale, dove lavorava come assistente, ed era pronta a rilassarsi. La stanza era completamente buia, tranne per il debole bagliore di una candela, per indurre ulteriormente il rilassamento.

Ann descrisse così quello che accadde dopo: "Mi stavo rilassando perché questo sarebbe stato come un massaggio e all'improvviso non ero più lì. C'ero, ma non c'ero. Lascia che te lo spieghi. Sapevo che Nina era ancora intorno a me, ma contemporaneamente ero anche in un'altra stanza, da qualche altra parte, dove questi esseri erano tutt'intorno a me. E tutti questi esseri mi toccavano, sulle braccia o sulle gambe. Non avevo davvero paura di loro. Era una specie di senso di... curiosità. Ero curiosa di loro quanto loro di me. E mi sono ricordata che ero ancora sul tavolo di Nina e sono riuscita a dirle: "Nina, ricordati tutto quello che ti descrivo". Per un istante, sono riuscita a vedere Nina, ma appena dopo averlo detto, Nina sparì. Ero in entrambi i luoghi contemporaneamente".

Allora Ann fece del suo meglio per descrivere gli esseri che vedeva intorno a lei. "I loro volti erano tutti intorno a me. Erano come gel arancione. Un gel molto, molto, molto denso. C'era anche qualcosa come un tipo di volto olografico. Non era un vero volto. Non hanno mai aperto la bocca per parlare con me, ma sapevo cosa dicevano. Non so come dirtelo. Nella mia testa sentivo la voce, ma le labbra di nessuno si muovevano. I loro volti erano molto caldi. Ma questo gel... Ricordo che continuavo a volerci mettere la mano dentro".

D: Per vedere se era solido o liquido?

A: Non lo so. Sembrava solo molto invitante. In realtà, sembrava divertente. (Rise) Ma ero anche scettica e spaventata. Volevo, ma non l'ho fatto. Continuavano a dirmi che avevano bisogno di ricordare le emozioni dell'amore. Che avevo un'abbondanza di compassione e che gli piacevo molto. Erano un bel po'. C'era una persona principale --non una persona, un essere-- che era vicino alla mia testa. E c'erano tutti questi macchinari dietro di loro. Non riuscivo proprio a concentrarmi, ma ricordo di aver visto che c'erano delle manopole, c'erano colori, c'erano pulsanti. E la luce che era sopra la mia testa era enorme. Era enorme e perfettamente rotonda. Era lassù come una luce da chirurgia, ma anche più luminosa. Non mi dava fastidio agli occhi, potevo guardarci dentro. Mi hanno detto di guardare in quella luce e non mi avrebbe fatto male. Non mi avrebbero mai fatto del male, è quello che mi dissero.

Guardavo nella luce e all'improvviso, una luce stroboscopica ha iniziato a spegnersi molto velocemente. E questo non mi è piaciuto affatto. Mi spaventò perché, mentre ero sdraiata lì, pensavo che volessero rubarmi le emozioni. E cercavano di rubarmi l'amore, che non avrei mai più avuto. Non hanno detto questo, ma pensavo che l'avrebbero fatto.

Questo è simile all'investigatore in "The Custodians", che pensava gli avrebbero rubato i ricordi quando gli misero un macchina sulla testa a bordo dell'astronave. Scoprì che in realtà era come una macchina duplicatrice. Li stavano solo registrando, non rimovendo. Questo potrebbe essere stato quello che stava succedendo ad Ann.

A: Erano irremovibili nel farmi sapere che non mi avrebbero mai fatto del male. E infatti, ora avrei più paura degli umani che di loro.

Seriamente, sento che gli umani sono mostri più spaventosi di loro. Ci sono altre comunicazioni che abbiamo avuto, in cui mi hanno mostrato così tante cose. Ed era così veloce. E posso vedere formule veloci anche adesso che scorrono nella mia mente, mentre vi sto parlando. Potrei quasi scriverne una parte, ma non posso metterla giù tutta perché era troppo veloce. Ma riesco a vedere i numeri ed i segni.

Negli ultimi anni, l'ho sentito dire molte volte, che le persone in tutto il mondo ricevono informazioni a livello subconscio. Il più delle volte appaiono come simboli geometrici o strani segni che per loro non hanno alcun significato cosciente. Li ricevono in molti modi insoliti. Alcuni dicono che si stavano rilassando sdraiati sul divano nel loro soggiorno, quando un raggio di luce entrando dalla finestra punta dritto alla loro fronte. E vedono simboli che scendono lungo luce fino alla loro mente. Altri lo esprimono con la strana compulsione di passare ore a disegnare simboli insoliti. Nel mio lavoro con gli ET, dicono che questo è il trasferimento di informazioni nel subconscio, attraverso l'uso di simboli, perché i simboli contengono interi blocchi di informazioni. L'informazione viene sottilmente trasferita al cervello a livello cellulare. Sono informazioni di cui l'individuo avrà bisogno in futuro, mentre la Terra e l'umanità attraversano la prossima trasformazione. Avranno le informazione quando ne avranno bisogno e non sapranno nemmeno da dove provengono. Mi è stato detto e questo è scritto in alcuni dei miei altri libri, che questo è il significato dei Cerchi nel Grano. I simboli disegnati nei campi di grano contengono blocchi di informazioni che vengono trasferiti nella mente di chiunque veda il simbolo. Non devono andare fisicamente nei cerchi per ricevere le informazioni, tutto ciò che devono fare è vedere il simbolo.

Alcune delle informazioni che Ann stava ricevendo, pensò potessero essere formule. Aveva un'educazione limitata, lasciò la scuola solo dopo le medie e aveva ottenuto il diploma superiore più tardi. Quindi non aveva una conoscenza cosciente della chimica. Servi per alcuni anni nella Guardia Costiera come paramedico.

Riportata l'attenzione sull'esperienza, lei cercò di descrivere il loro aspetto. "Erano tutti uguali". Le loro mani non erano affatto come le nostre. Avevano quattro dita, ma non proprio un pollice. Eppure la loro manovrabilità con le dita era molto buona. Potevano fare qualsiasi cosa. Erano molto prensili. Le loro dita non erano disposte come le nostre. Se potessimo prendere i nostri indici e distenderli un po' di più. Se una di queste uscisse di più verso il lato. Non dimenticherò mai le loro mani. E mi stavano tutte addosso, di sicuro ricorderò le mani. E le loro braccia e le loro gambe sono molto sottili e magre".

Volevo capire, perché alcune delle descrizioni non si adattavano a nessun altro alieno che i miei soggetti avessero mai descritto. L'idea di volti di gelatina arancione mi ha disorientato. Disse che non pensava fosse una maschera, la gelatina era l'unica cosa che si adattasse alla descrizione. "Spessa, spessa, spessa, spessa, spessa, molto spessa. Ma in quell'effetto gelatinoso si vedeva quasi un volto, ma non proprio un volto. E il resto era verde. Odio dirlo. Davvero. Sono i miei alieni verdi. Era un orribile verde pisello con striature di un verde giallastro tutt'intorno sulla loro pelle. La pelle stessa era una specie di verdastro bruco". Rideva dell'assurdità del quadro mentale. Non sapeva quanto fossero alti perché era sdraiata.

Ann spiegò che gli esseri stavano facendo gli stessi movimenti con le mani che faceva Nina quando le dava l'energia mentre era sul lettino da massaggio. Forse stavano imitando o imparando.

Non volevo dire troppo ad Ann, riguardo ad altri casi che avevo esaminato e anche Nina non diceva molto. Non volevamo influenzarla. Sapevo che non aveva fatto alcuna lettura su questo tipo di cose e volevo che le informazioni fossero spontanee durante la seduta.

Dopo la discussione andammo tutte in camera da letto per la seduta. Quando Ann fu in trance la riportai alla data dell'evento a casa di Nina. Lei tornò subito a quella sera e ripete la conversazione che ebbe con Nina e suo marito Tom mentre si sedevano intorno al tavolo della sala da pranzo. Nina annuì, per indicarmi che la situazione era corretta. Per velocizzare il processo la spostai avanti nel tempo.

A: Stiamo camminando. Siamo passati attraverso il garage e in un'altra piccola stanza. C'è odore di cavalli.

D: Perché c'è odore di cavalli?

A: (Rise) Perché ci sono dei cavalli. Li sento.

Nina vive in campagna e ha una piccola stalla vicino al garage. La sua stanza da lavoro è accanto alle due. Nina fece mettere Ann sul suo lettino da massaggio per aiutarla a rilassarsi. Nina iniziò a lavorare sulla zona della sua testa e poi Ann sembrava che stesse guardando qualcosa. Poi chiese molto dolcemente, quasi sottovoce, "Cos'è quello?".

D: Cosa vedi?

A: Ummm. Un mucchio di loro... diversi. No, non sono persone. Sono esseri.

D: Come fai a sapere che non sono persone?

A: Perché non ci assomigliano. Hanno un aspetto diverso. Sono molto diversi. Sono qui, mi toccano le mani e le braccia. Sono sulle mie gambe.

D: Lo senti mentre ti toccano? (Oh, sì.) Se riesci a sentire che ti toccano, devono essere fisici. È così?

A: Oh, sì! (Con attenzione, come se volesse dirlo correttamente.) Mi stanno toccando. E io mi lascio toccare da loro. Dico a Nina di guardare. Non credo che possa vedere queste persone. Devo dirle che aspetto hanno.

D: Dimmi, che aspetto hanno?

A: Ooooh, hanno la faccia spugnosa. Facce di gelatina, spugnose, arancioni. Hanno gli occhi lì dentro.

D: Che aspetto hanno i loro occhi?

A: Sono un po' scuri e spumeggianti. Bollicine. Due bolle. Una da un lato e una dall'altro. Scure. Non proprio nero.

D: Ma hai detto che le facce sono un po' spugnose?

A: Beh, secondo la tua interpretazione sarebbero spugnose. Gelatina. Un po' lisce, con un effetto increspato di tanto in tanto.

D: Tutto il loro corpo è così?

A: No. Solo il viso. Non riesco a vedere tutto il loro corpo. La testa è di un colore verdastro... e ha uno strano colore giallastro-grigiastro mescolato ad esso. Hanno le braccia lunghe. L'aspetto è di plastica. E sentono costantemente.

D: Indossano qualcosa?

A: No. Non c'è nessun uomo, non c'è nessuna donna. Non ci sono vestiti. Non ne hanno bisogno. La loro pelle è protezione. Mi dicono che non mi faranno del male. Mi dicono che ho delle emozioni. Emozioni forti e che stanno imparando da me.

D: Cosa stanno imparando da te?

A: L'amore. Non capiscono il nostro amore.

D: Puoi fare loro qualche domanda? (Sì) Dì loro che siamo curiosi. Perché non capiscono queste emozioni?

A: (Pausa, come se ascoltassero.) Vengono da un universo diverso, tecnologico, meccanico. È ad un livello vibrazionale superiore. Non si fanno del male a vicenda. Noi ci facciamo del male a vicenda.

D: Hanno mai avuto emozioni?

A: Sì. Non come le nostre. Non come le comprendiamo noi. Le loro erano completamente diverse. Le loro emozioni erano nella comprensione dell'educazione, del progresso, della forza, fino a quando il progresso e la forza non si sono messe in mezzo. E attraverso il loro modello di crescita generazionale le hanno messe da parte e hanno acquisito la forza, la crescita e poi la tecnologia. E hanno dimenticato le emozione, perché il modello generazionale ha cambiato la loro struttura molecolare.

D: Schema generazionale? Che cosa intendi dire?

Da qualche parte a questo punto la voce è cambiata (come succede sempre) e io sapevo che stavo parlando con qualcuno che non era Ann. Quando questo accade so che sarò in grado di ottenere risposte che lei non avrebbe potuto conoscere.

A: Struttura molecolare. Non capisci, devo cambiare le parole per te.

Questo significava che l'entità avrebbe dovuto cercare nel vocabolario di Ann, per trovare le parole più vicine a ciò che cercava di trasmettere. Questo è spesso difficile perché molti concetti sono difficili da spiegare usando la nostra comprensione. Mi hanno detto molte volte che il nostro linguaggio è insufficiente. Spesso devono ricorrere ad analogie o esempi. La parola "molecolare" venne pronunciata un po' diversamente.

D: Intendi la struttura molecolare?

A: Sì. È così che lo dite lì?

D: Noi diciamo "molecolare". Ha a che fare con le molecole? È corretto?

A: Sì. Cambia gli schemi delle onde cerebrali. Cambia i sensori nel corpo. La chimica nel corpo, dove diventa più meccanica. È molto difficile da spiegare da questo universo. Schemi di generazionali. Le generazioni, man mano che progredivano, i loro corpi cambiavano. Sto cercando di spiegarvelo con tutte le mie forze. Devi farmi delle domande migliori.

D: Va bene. Sto cercando di formulare le domande perché anche Ann vorrebbe saperlo. Perché state interagendo con Ann in quella stanza?

A: Perché è molto aperta. (Sottovoce) Oh, wow! Ce ne sono due allo stesso tempo, (sembrava che Ann stesse interferendo).

D: Puoi dirmelo, così posso capire.

A: Capisci la telepatia mentale?

D: Sì, la capisco.

A: Va bene. Ti parleremo attraverso la telepatia mentale.

D: Preferirei che fosse a parole. Va bene?

A: Se si può definire.

D: Se puoi definirla o se puoi darmi delle analogie. Sai cosa sono le analogie?

A: Oh, sì. Tu vivi molto di queste.

D: Forse non te ne rendi conto, ma ho qui una piccola scatola nera. Sai cos'è? È un registratore che registra le parole.

Queste entità si sono spesso riferite al mio registratore come alla mia piccola scatola nera, così ho usato la loro terminologia. Trovano divertente il fatto che dobbiamo ricorrere a tali dispositivi primitivi.

A: Noi registriamo attraverso la luce.

D: Sì e voi vi chiedete sempre: "Perché ho bisogno di una scatola per registrare le parole? Noi non riusciamo a ricordare come voi. Quindi dobbiamo mettere le informazioni nella scatola in modo che io possa riprodurle in seguito.

A: È la vostra tecnologia inferiore.

D: Sì, per questo devo usare le parole, invece della telepatia mentale. Così potete capire che devo avere delle analogie. Cosa intendi dire, che registrate attraverso la luce?

A: Noi registriamo e tratteniamo attraverso la luce. Energia, pigmentazione e luce. Essa penetrata nel nostro corpo e la mettiamo nei nostri ricordi. Ed è lì che viene conservata.

D: Riesci a ricordarla ogni volta che vuoi?

A: Oh, sì. Possiamo ingrandirla in qualsiasi momento.

D: Ma con me devo averlo a parole perché siamo ancora nel più basso...

A: Te lo dirò a parole.

D: Lo apprezzerei molto. Quindi avete scelto di interagire con Ann in quel momento perché è aperta? È questo che avete detto?

A: Esattamente.

D: Avete detto che state comunicando con lei con la telepatia mentale?

A: Esattamente.

D: Siete mai entrati in contatto con lei prima di questa notte. (No) L'avete appena scelta in quel momento?

A: Lei è eccellente per le nostre capacità.

D: E dite di provenire da un'altra frequenza vibrazionale?

A: Sì. Proveniamo dal settimo piano. Che è un universo creato dal settimo piano.

D: È per questo che è invisibile per noi, non è vero?

A: Esattamente.

D: Allora, mentre state interagendo con lei, lei è in realtà in due posti contemporaneamente? (Sì) Puoi spiegarmi come ci si riesce?

A: Attraverso il cambiamento di vibrazione. È un --non so come scegliere le vostre parole.

D: Prova. (Pausa) Tutto ciò che abbiamo è la nostra lingua. Non abbiamo le vostre capacità.

A: Sto cercando l'analogia corretta. I vostri cicli di sonno sarebbero la cosa più vicina a questo livello. Quando dormi, sei qui. Mentre dormite, viaggiate. Questo è lo stesso che facciamo con lei nel suo ciclo del sonno.

D: Anche se non sta dormendo al momento in cui si trova in quella stanza. (No) Non è nemmeno un sogno. (No) Ma potete interagire con il suo corpo fisico anche se si trova in ....

A: (Interrompendo) Mentale.

D: Stai lavorando con il corpo mentale?

A: Esatto.

D: Avete idea di chi sono e di cosa faccio?

A: Lei è un insegnante.

D: Beh, ho lavorato con molti della vostra specie. Forse non proprio del vostro genere...

A: Sì, lo sappiamo.

D: E mi hanno permesso di ricevere delle conoscenze quando le ho chieste.

A: Sì, lo sappiamo.

D: Ma non ho mai incontrato esseri come voi prima d'ora.

A: Questo lo sappiamo. Sono passati molti, molti, molti, molti giorni. È passato molto tempo. La tua comprensione del tempo è molto diversa dalla nostra. In questo momento sei ad un tempo e ad un livello in cui verrai chiamata. Vi state avvicinando a molti universi in questo momento. Ci state chiamando e noi stiamo arrivando.

D: Perché ho interagito con molte altre tipologie, ma nessuna che corrisponda alla vostra descrizione.

A: Questo lo so.

D: Ma voi siete positivi, vero? (Oh, sì.) Perché non vorrei avere nulla a che fare con il negativo.

A: Questo è vero. Il tuo pianeta ha avuto così tanta energia negativa che è molto difficile per noi penetrare nel vostro pianeta, nel vostro universo. Avete influenzato questo universo con qualcosa di terribile. Sarete su un piano di alta distruzione. In questo momento stiamo cercando persone nel vostro piano e nel vostro universo che possiamo penetrare ed aiutare. Non veniamo per fare del male.

Da quando questa voce aveva cominciato era diventata più grave, più profonda e ruvida rispetto alla normale voce di Ann. Un suono vecchio.

D: Parli mentre sei a bordo di un'astronave o sei su un pianeta?

A: Sono a livello di un piano. Non un pianeta, ma un piano. La vostra comprensione di astronave è molto diversa dalla nostra comprensione del concetto di viaggio.

D: Lei ha detto di poter vedere qualche macchinario sullo sfondo.

A: Sì, dovevamo portarla ad un livello vicino alla sua comprensione, dove non sarebbe stata... Oh, non conosco la parola per la sua lingua. Non avrebbe avuto paura.

D: Succede spesso che la gente pensi di essere a bordo di un'imbarcazione e in realtà non lo sia?

A: Sì, abbastanza spesso.

D: Il vostro mondo da cui provenite è un mondo fisico, come noi lo consideriamo fisico?

A: Non come tu intendi il fisico. In un certo senso, da dove veniamo, possiamo riunirci come unità unica, se necessario. Lasciate che vi spieghi un po' meglio. Se ci sono molti di noi che hanno bisogno di combinarsi e unirsi per una maggiore comprensione, possiamo unirci in un unico corpo.

D: Sto pensando ad una mente di gruppo.

A: Esatto.

D: Ma potete unirvi in un'unica entità?

A: Esatto. Questa è l'unità.

D: L'entità apparirebbe simile a come apparite ora, o sarebbe più grande o...

A: No, no. Non c'è una percezione visiva di come la intendete voi.

D: Allora perché le appare con le facce arancioni e i corpi verdi?

A: Questa è la sua comprensione di noi.

D: Apparite davvero così?

A: Possiamo apparire in qualsiasi forma necessaria visibile all'individuo.

D: Qual è il vostro aspetto normale?

A: Siamo una massa di energia.

D: È quello che pensavo che sembraste. Quindi nel luogo da cui provenite, non avete bisogno di cose fisiche.

A: Esatto.

D: Eppure hai detto che vi siete evoluti tecnologicamente.

A: Esatto. Ci sono molti pianeti in ogni livello universale e piani. Ognuno di questi pianeti ha la propria struttura a raggi. Dobbiamo manifestarci a quella struttura a raggi per la loro comprensione. Senza la nostra tecnologia, a volte non sarebbe possibile comprendervi e progredire. Voi siete una specie, un essere che è molto basso. Vi fate del male l'un l'altro. Vi infliggete dolore l'un l'altro. Noi cerchiamo di aiutarvi.

D: Ma sapete che non è tutto colpa nostra.

A: Esatto. Ma ci sono così pochi di voi che capiscono quel lato illuminato.

D: Sto cercando di capire. Hai detto che non avete più le emozioni perché siete andati nell'altra direzione attraverso la tecnologia.

A: Sì. Come unità combinata siamo in grado di capire le emozioni.

D: Ma se avete la tecnologia, sto pensando alle cose fisiche.

A: Sì. Questa è la tua comprensione. La tecnologia consuma energia. La rottura e la scissione d'energia combinata ad una fonte di massa.

D: Un tempo avevate un corpo fisico?

A: Sì, quando eravamo su un piano inferiore. Ci siamo evoluti oltre, attraverso la nostra tecnologia.

D: Ma non era questa la strada giusta da percorrere? (No) Se aveste avuto la possibilità di scegliere, quale strada avreste preso?

A: Questa è una decisione personale. Ogni entità ha questa scelta.

D: Ma volevo dire, se non foste passati alla tecnologia e non foste diventati quello che siete, avreste potuto andare in un'altra direzione?

A: Sì, ci sono diverse scelte tra cui scegliere.

D: Quando avevate un corpo fisico, come vi si presentarono?

A: Non c'è una sola forma di essere nel fisico. È una scelta.

D: Quindi potevate avere tutti un aspetto diverso? (Sì) Sono così limitata dalla nostra percezione del fisico.

A: Sì, lo sei. I vostri sensi del tatto, dell'olfatto, dell'udito e della vista sono molto limitati.

D: Ecco perché cerco sempre di ampliare la mia comprensione.

A: Cercherò di aiutarti. Tu cerchi di pensare in una formazione fisica e noi cerchiamo di proiettare una formazione emotiva.

D: È questa una delle ragioni per cui hai contattato Ann, perché volevi sapere come funzionano le emozioni dell'essere umano? (Sì, sì.) È complesso, vero? (Oh, sì.) Ma noi siamo un essere complesso.

A: Tu sei un essere divertente.

D: (Ridacchiando) Cosa vorresti dire?

A: Voi esseri, trovate umorismo nei modi più strani.

D: Anche voi avete umorismo, vero?

A: Umm, non al vostro livello di comprensione.

D: Beh, cosa pensi che sia umoristico?
A: Voi.
D: (Ridendo) Ci osservate?
A: Sì. Noi vi osserviamo come un'intera unità.
D: Sì, ma non siamo una mente di gruppo.
A: (Improvvisamente) Qui fa freddo.
D: Sul nostro mondo, vuoi dire?
A: Fa freddo.

Non sapevo se Ann sentisse freddo fisicamente o se l'entità stesse sperimentando il freddo del nostro mondo. Decisi di non correre rischi e di alleviare qualsiasi sintomo fisico e poi coprii Ann con una coperta.

D: Da dove venite, potete controllare meglio le temperature?
A: Non ci sono cambiamenti di temperatura come qui.
D: Beh, se comunicate e lavorate con Ann, la cosa principale è che non le venga fatto alcun male.
A: Non danneggiamo mai nessun essere. Siamo qui per aiutarla. C'è tempo per le vostre informazioni e conoscenze. In questo momento non è previsto che voi le abbiate tutte. Ne abbiamo condiviso alcune con Ann, ma ci saranno momenti in cui aumenteremo queste informazioni e conoscenze.
D: Una volta mi è stato detto che tutte le mie domande non avrebbero mai avuto risposta, perché alcune conoscenze erano velenose e non medicinali.
A: È vero. Voi esseri non sapete come mettere le informazioni in prospettiva per creare un'unità. Credo di dire questa parola in modo sbagliato.
D: Credo di capire cosa intendete, però. Ma mi hanno detto che se facessi le domande nel modo giusto, loro cercherebbero di rispondere.
A: Questo è giusto. Cosa vorresti sapere?
D: Ann ha detto che ultimamente le sono venute in mente molte cose. (Sì) Anche se all'inizio l'ha spaventata, ha detto che sembra che stia ricevendo delle formule.
A: Sì, è esatto. Ci sono molte formule che stiamo condividendo. Non tutte le formule sono dirette ad un oggetto specifico, come direste voi sul vostro pianeta.

D: A cosa servono le formule?

A: Avete molti problemi su cui vi concentrate. La malattia.

D: Sì, ti sembra una parola strana.

A: Sì. Non sapete come superarla.

D: Ci stiamo provando.

A: Sì, ma non ci riuscite.

D: Le formule che le state dando nella sua mente hanno a che fare con questa malattia?

A: Alcune. Le abbiamo dato pezzi e parti d'informazioni. Col passare del tempo le connetteremo insieme. Non possiamo cambiare la forza del vostro mondo. Non infliggeremo quel cambiamento alla vostra forza. Dovete invitarci per quel cambiamento. Deve essere un invito di massa.

D: Ma non potrebbe usare le informazioni per aiutare gli altri?

A: Devono chiedere l'aiuto.

D: Conosciamo persone che potrebbero trasformare le formule in medicina. (Sì, sì.) Siete in grado di dirci alcune di queste formule in modo che possiamo metterle nella piccola scatola nera?

A: Possiamo scrivergliele. Non siete in grado di capire la nostra lingua. Devo scriverle nella vostra.

Avevo la penna e il quaderno pronti, così ho sollevato la coperta e scoperto le mani di Ann. Poi ho messo il taccuino nella sua mano. Per alcuni secondi ha toccato la carta, specialmente la rilegatura a spirale metallica, come se fosse un oggetto insolito. "Hai degli articoli strani".

D: (Ridendo) Sì, è così. Un pezzo di carta, ed ecco una penna.

Questo è uno strumento di scrittura che usiamo. Gliel'ho messo nell'altra mano. Trovava la penna curiosa e continuava a toccare sia la penna che la carta.

D: Questo è uno strumento di scrittura e questo è quello su cui scriviamo. Si chiama "carta". Cosa ne pensi? Puoi farcela?

A: Voi nella vostra lingua avete una formula.

Ann scrisse sul quaderno senza aprire gli occhi. L'entità spiegò che la formula aveva a che fare con la chimica e qualcuno che aveva familiarità con la chimica l'avrebbe capita. Poi si fermò bruscamente.

A: Questa è la semplice base di partenza, un elemento che cura tutti gli elementi (i portatori?) che penetra nel sistema sanguigno rosso della tua specie. Ingrandisce i globuli bianchi in modo che lavorino in unità con i globuli rossi che sono ulcerati nelle cellule cancerose del vostro corpo. Sarebbero così reintegrate per aiutare.

D: Questa dovrebbe essere una formula per una medicina di qualche tipo? (Sì) Un liquido?

A: No, è una massa.

D: Come una compressa?

A: Compressa? Non conosco compressa.

D: Una piccola cosa che si assume dalla bocca. (Sì) E un chimico la potrebbe capire.

A: In parte. Non tutte le persone sono avanzate. Questo sarà oggetto di ricerca.

D: Avete un'altra formula?

A: Non in questo momento.

Stavo togliendo il quaderno e la penna dalle mani di Ann, per poterla coprire di nuovo. Ma lei la teneva un po' più a lungo mentre sentiva di nuovo la spirale che la legava. Le ho spiegato: "Questo è il metallo che tiene insieme le pagine. È una spirale sul bordo".

A: Voglio sentirla.

D: Tiene insieme le pagine in modo da poterle girare e scrivi sia da un lato che dall'altro.

A: Perché devi farlo?

D: Dobbiamo avere qualcosa che possiamo guardare.

A: Perché non usate la vostra mente?

D: Non siamo arrivati al punto di poter andare mente a mente.

A: (Interrompendo) Perché?

D: Non siamo ancora abbastanza avanti, credo.

A: Lo sarete. --Fa molto freddo qui sul vostro pianeta.

D: Adesso ti copro di nuovo. Non preoccupatevi, non vi terremo qui troppo a lungo. Cercheremo di essere il più gentili possibile,

perché apprezziamo il vostro aiuto. Fa freddo in questa vibrazione? È questo che intendete?
A: Sto tremando. Sì, fa freddo.

Ho iniziato a dare suggerimenti per riportala a suo agio, così lei (e loro) non sentissero il freddo, ma mi interruppe appena iniziai. "Non c'è più". L'ho letto".

D: L'hai letto?
A: Non c'è più.
D: La sensazione di freddo era nel corpo attraverso il quale stavate comunicando.
A: Esatto.
D: Sono queste le cose principali che volete darle, le formule per la malattia?
A: Alcune. Vogliamo imparare dalla tua gente.
D: Di cosa hanno a che fare le altre formule che volete darle?
A: Nave. Lei chiamate "aereonavi". I vostri aerei stanno inquinando il nostro sistema.
D: Inquinando il vostro sistema?
A: Il vostro universo. E questo sta gocciolando in altri universi, dobbiamo porre fine a tutto questo. E dobbiamo porre fine a tutto questo.
D: Cosa intendete dire? I nostri aerei?
A: Il vostro... Cercherò di trovare le parole che usate. Il vostro carburante.
D: Il carburante che usiamo per alimentare i nostri macchinari?
A: Sì. Esatto. Voi avete delle risorse qui sul vostro pianeta, mentre parliamo, ma scegliete di non usarle. Queste risorse vi sono state date dal nostro stesso creatore, dal nostro stesso Dio, dalla nostra stessa forza energetica. E il vostro popolo ha scelto di non usarle.
D: Ma voi sapete che noi siamo solo una piccolissima parte dell'intera umanità.
A: Non avete molto tempo.
D: Non abbiamo molta voce in capitolo, però.
A: Sì, avete tutti voce in capitolo. Avete tutti la possibilità di scelta.
D: Ma non siamo noi quelli al potere.
A: Sì che lo siete.

D: Voglio dire, non siamo noi a prendere le decisioni per il mondo.

A: Sì, lo siete. Non state lavorando come unità.

D: Questo è vero. Siamo tutti individui.

A: Esatto. Separate le vostre energie, i vostri poteri.

D: Ecco perché ciò che diciamo non influisce su coloro che sono al potere. Quelli che (interruppe: Sì.)

Era ovvio che sarebbe stato impossibile discutere con un essere che era abituato ad operare come una unità per realizzare ciò che voleva. Non riusciva a capire i nostri limiti dovuti al funzionamento come unità singole. Naturalmente, aveva ragione. Ho trovato questo nel mio lavoro (specialmente con Nostradamus), che quando le persone cooperano tra di loro, il loro potere mentale aumenta enormemente. Ma come si fa a far capire alla persona media, che ha un tale potere latente?

D: Ma avete detto che il carburante si sta disperdendo negli altri universi?

A: (Enfaticamente) Sì! Si disperde nell'aria, che irrompe nel nostro sistema molecolare, che viene trasferito attraverso il tempo e lo spazio.

D: Immagino che non pensiamo a...

A: No, non ci pensate.

D: Stai parlando delle altre dimensioni? (Sì) Ma cosa possiamo fare?

A: Potete rimediare. Avete risorse naturali che sono piantate nel vostro suolo terrestre. Avete una piantagione nel vostro suolo terrestre in questo momento, che viene utilizzata anche per la vostra medicina. E scegliete di non usare queste risorse.

D: Una pianta, avete detto?

A: Sì. Non conosco il nome.

D: Che aspetto ha?

A: È... (Pausa) Non so come descriverla nella tua lingua.

Come descrivi qualcosa se non conosci le parole e il loro significato? Le altre entità prendevano le informazioni dal cervello e dal vocabolario del mio soggetto. Questa entità sembrava avere difficoltà a trovare le metafore giuste.

D: Dobbiamo sapere cos'è prima di sapere come usarla.

A: È appuntita, abbastanza appuntita.

D: Le foglie?

A: Sì. Ci sono diversi germogli come falangi.

D: Ha un fiore?

A: A volte ce l'ha. Ha un forte odore. Ci sono alcuni di voi che usano questa pianta ora, ma non la usate in senso unitario per tutto il vostro pianeta.

D: Per cosa la usiamo?

A: La assumete nel vostro corpo. La respirate.

D: Se a volte ha un fiore, di che colore è il fiore? Questo potrebbe aiutarci ad identificarlo.

A: Non so cosa intendi per colore del tuo fiore.

D: (Come lo spiego questo?) Ah. Beh, il fiore è la parte che di solito produce alcuni semi in seguito. Ha dei petali. Abbiamo colori come il rosso, il giallo, il bianco. Avete dei colori nel spettro di luce dove vivete?

A: Si, abbiamo diversi spettri.

D: Non avete colori come quelli?

A: Non nel tuo livello di comprensione.

D: Perché avrei bisogno di più informazioni prima di poter capire che tipo di pianta sia.

A: Ancora una volta, te lo disegnerò.

D: Molto bene. Dammi solo un momento e di nuovo tirerò fuori i miei arcaici strumenti di scrittura. Perché non possiamo guardare nella tua mente per capire il disegno.

Nuovamente estrassi il quaderno e la penna e li misi nelle mani di Ann.

A: Questo mi piace.

Ancora una volta stava toccando i materiali come se fossero oggetti sconosciuti ed ignoti.

D: Cosa ti sembra?

A: Non riesco a descriverlo. (Iniziò a disegnare una pianta) Sembra diverso. Non siamo abituati a questa sostanza.

D: Ha delle foglie appuntite. Questo è quello che chiameremmo "foglie". Le punte sono appuntite?

A: Non fanno male, né vi infliggono dolore. Aiuteranno, te l'ho detto.

D: Puoi disegnare il fiore?

A: Il fiore?

D: Sì, puoi disegnare come sembra? Questo ci aiuterà ad identificarlo. Avevate detto che non conoscete i colori.

A: Il fiore. (Lo stava disegnando.)

D: Ha molti petali. È una pianta alta?

A: Oh, sì, molto alta. Molto più alta di voi esseri umani.

D: Allora non stiamo cercando qualcosa di basso.

A: No, comincia bassa. Cresce alta. È una pianta molto maestosa. Anche se la vostra gente l'ha calpestata.

D: Non ne conosciamo il valore?

A: Sì, alcuni della vostra gente ne conoscono il valore. Ma molti della vostra gente combattono.

D: Quindi questa è la pianta che possiamo usare per la medicina e anche come combustibile?

A: Sì. Le vostre risorse sono molto limitate. Questa è una struttura organica che non è limitata. È abbondante in tutto il vostro pianeta e voi non scegliete di usarla.

D: Probabilmente non sappiamo che è utile.

A: Sì, ne avete di quelli che lo sanno. Li abbiamo visti e abbiamo parlato con loro.

D: Quindi quale parte della pianta verrebbe usata per il carburante?

A: Il fusto e la foglia. Si rigenererà da sola. Vi è stata data.

D: A questo scopo?

A: Esatto. Hai quello che chiami... la vista? Per vedere. È ottima per la vista. È molto utile per molte delle vostre malattie che avete creato nel vostro pianeta, grazie alle vostre risorse che avete scelto di utilizzare. Siete un pianeta di autodistruzione e di malattia.

D: Abbiamo causato noi stessi queste malattie?

A: Esatto.

D: Stavo pensando mentre guardavo questo disegno. Non è un albero, vero? Perché gli alberi sono più alti di noi.

A: No, è una pianta. Noi comprendiamo i vostri alberi. Questo crescerà in un... come si dice? Forma ad agglomerato. Daremo ad Ann la conoscenza e la vista. Questo è come la chiami: Ann?

D: Sì. E' il suo nome con cui noi la chiamiamo.

A: Questo lo associamo.

D: Dobbiamo avere nomi ed etichette.

A: Sì, ce ne rendiamo conto. --Quella che tu chiami Ann, la devi rafforzare.

D: Questo è quello che stavo per chiedervi. Soffre di alcuni disturbi fisici.

A: Non è venuta da noi a chiedere la guarigione.

D: Potete lavorare con lei? (Sì) Andrebbe bene se vi dicessi che vi è permesso lavorare con il suo corpo?

A: No, deve farlo lei. Non possiamo costringere a cambiare nessuna delle vostre strutture senza il vostro permesso.

D: Che ne dite di ascoltare la sua lista di domande? Vogliamo che sia completamente sana, vero?

A: Esatto.

D: E il diabete? (Pausa) Conoscete questa parola? (No) Ha a che fare con le cose dolci che causano problemi nel corpo. Fa andare il corpo fuori controllo.

A: Dolce?

D: Dolce. Zucchero?

A: Questa è una sostanza.

D: È una sostanza e a volte provoca uno squilibrio nel corpo.

A: Un momento. (Lunga pausa) Non lo avrà più.

D: Potete farlo sparire?

A: Ce l'ha già chiesto.

D: Perché deve farsi delle iniezioni. Sai che cos'è?

A: Non ne avrà più bisogno.

D: Perché a nessuno piace continuare a fare iniezioni.

A: Non lo farà più.

D: Potete mettere in equilibrio quella parte?

A: È già stato fatto.

D: E se non se ne rendesse conto e continuasse a fare le iniezioni?

A: Lei non lavora come un'intera unità su questo universo.

D: I medici, la gente della medicina, sarà in grado di vedere che non ha più bisogno delle iniezioni?

A: Lo vedrete.

D: Perché i medici dicono che se interromperà le iniezioni si farà del male.

A: Esatto. Quella che tu chiami "Ann"... Un momento. (Lunga pausa)

D: Cosa state facendo?

A: Sto cercando di diventare un tutt'uno con quella che tu chiami "Ann".

D: Mi raccomando nessun danno.

A: Non infliggiamo mai alcun danno alla tua specie.

D: E' solo una fusione temporanea, in modo da poter scoprire cosa c'è che non va nel corpo. Giusto?

A: Un momento. (Lunga pausa). Questo che lei chiama "dolore" nel corpo che hai menzionato. -- E' sparita -- Molti dei suoi problemi fisici, sono causati dall'assunzione di sostanze nel suo corpo vivo. L'assunzione di carburante.

D: Ciò che mangia o beve?

A: Esatto.

D: Potete mostrarle cosa mangiare?

A: Noi non mangiamo sostanze come voi. Dipende dall'assun-zione di sostanze. Quello che chiamate "fonte di carburante".

D: Quali sostanza assume che non dovrebbe assumere?

A: Un momento. (Lunga pausa) Questo è molto difficile da descrivere.

D: Le mangia o le beve?

A: È un "mangiare". È una sostanza. Non so come descrivere la sostanza. È di colore marrone, del vostro colore. Stiamo capendo il vostro spettro.

D: Ora potete vedere lo spettro.

A: Esatto. È marrone. Una sostanza scura. È una sostanza carnosa. È del vostro animale. È abbastanza grande per la vostra proporzione. Ha... quattro strumenti con cui cammina. Usate sostanze chimiche sbagliate. La sua carne viene chimicamente modificata.

D: E questo sta causando problemi nel suo corpo?

A: Esatto.

D: Credo di sapere di cosa stai parlando. È una specie di animale che mangiamo.

A: Sì, molti di voi lo mangiano.

D: Sarebbe corretto dire che è una mucca?

A: Non capisco la mucca.

D: Una mucca è un grosso animale. Ha una pelle piuttosto liscia. A volte è marrone, a volte è nera. Ma sono grandi. (Sì) E ne mangiamo la carne. (Sì) È questo quello da cui dobbiamo stare alla lontana? (Sì) Molto bene. Credo che lei questo lo possa fare e sostituire altre cose. (Sì) Credo che questo l'aiuterà molto.

A: Lei ci sta aiutando.

D: Sì e in cambio volete che lei rimanga sana.

A: Esatto.

D: Allora potete aiutarla con questi problemi alla gola?

Ho pensato che avrei fatto meglio a cercare di aiutarla con tutti i suoi disturbi, visto che funzionava così bene.

A: Un momento. (Una pausa molto lunga)

D: Cosa sta succedendo?

A: È fatta.

D: Molto bene. Molto bene. E' sparito subito o sarà una cosa graduale ...

A: (Interrompendo) Sì. È andato.

D: Allora il corpo sta tornando al suo giusto stato di completo equilibrio e armonia, non è vero?

A: Esatto. Voi, voi, come razza umana, non lo fate insieme.

D: A volte cerchiamo di farlo in piccoli gruppi.

A: Hmmm. Molto poco. Ci vuole molto di più.

D: Ma cerchiamo di mostrare alle persone che la loro mente può controllare il loro corpo.

A: Esatto. --Questa che voi chiamate "Ann", lei può chiamarci-- in quella che è la vostra struttura temporale, voi chiamate "quotidianamente". Che cos'è il quotidiano?

D: Beh, è un po' difficile da spiegare. Abbiamo giorni perché il nostro pianeta gira...

A: (Interrompendo) Stai parlando di Sole e lune?

D: Sì. Gira attorno al Sole. Durante il giorno è quando c'è luce...

A: (Interrompendo) Lei può chiamarci ad ogni Sole che viene al lato luminoso della vostra luna, secondo le tue parole.

La voce di Ann era talmente staccata che non assomigliava per niente alla sua voce normale.

D: Questo è quotidiano.

A: Esatto.

D: Quando diventa notte, è allora che il pianeta si allontana dal Sole.

A: Esatto.

D: Sì. Ma la cosa principale è che lei deve vivere una vita su questo piano. Quindi non vogliamo fare nulla che interferisca con questo. Dobbiamo vivere in questo mondo fisico.

A: Siamo venuti non per interferire, ma per aiutare. Noi non veniamo per fare del male.

D: All'inizio aveva paura che le avreste portato via qualcosa.

A: Non è mai stato così.

D: Lo sai che a volte uso queste informazioni per scrivere?

A: Sei un insegnante.

D: Va bene se uso le informazioni che mi date?

A: Certamente.

D: In questo modo più persone le sapranno.

A: È molto positivo che la tua gente sappia e impari ad unirsi. Tu sei un insegnante. Ma non fai tutte le domande giuste.

D: Non le ho ancora in mente. Mi hanno sempre detto che le domande sono più importanti delle risposte.

A: Esatto.

D: Quindi siate paziente con me.

Ho poi chiesto all'entità di ritirarsi al settimo piano da dove aveva detto di provenire.

Quando Ann si è svegliata non aveva assolutamente alcun ricordo della seduta. Abbiamo cercato di spiegare quello che era successo, soprattutto le parti riguardanti le sue condizioni fisiche. Quando guardò il disegno della pianta, pensò che assomigliasse alla cannabis o alla marijuana. È stato detto che questa pianta ha molti più usi e valori di quanti ne riconosciamo, specialmente da quando il governo l'ha classificata come una droga.

Dissi ad Ann che non avrei mai detto a nessuno di smettere di prendere farmaci, soprattutto di interrompere le iniezioni di insulina. Ma se fossero loro avevano ragione e il diabete fosse stato rimosso, le avrebbe fatto male fare delle iniezioni se il suo corpo non ne avesse più avuto bisogno? Sinceramente, non volevo questa responsabilità. Non dovevo preoccuparmi perché Ann disse di dover fare la lettura degli zuccheri nel sangue ogni mattina per determinare quanta insulina doveva iniettarsi. La sua glicemia in media era di circa 300.

Una cosa incredibile ebbe luogo quando mi chiamò qualche giorno dopo. L'indomani, dopo aver fatto il test della glicemia, i suoi zuccheri erano scesi ad 80. Così, non si fece l'iniezione. Per tutto il giorno il marito contino' a chiederle quando avrebbe fatto l'iniezione. La sua risposta fu: "Non ne ho più bisogno". Era un'affermazione molto importante perché dimostrava che il suo atteggiamento mentale era cambiato e che il suo sistema di credenze era entrato in funzione. Credeva di non averne più bisogno.

Poiché era stata programmata per un'operazione alla gola, tornò dai suoi medici all'ospedale di VA, e disse loro di rifare tutti gli esami e di non chiederle il perché. Successivamente tutti gli esami risultarono negativi. Non c'erano segni di cancro alla gola e le sue condizioni cardiache erano migliorate al punto che non aveva più bisogno di farmaci. Sono passati dodici anni (siamo nel 2011) da quando abbiamo condotto questa sessione. Non fece mai più un'altra iniezione di insulina. La sua glicemia scese da 300 ad 80 e non è mai salito. Ovviamente i medici non hanno risposte. Hanno scritto sulla sua cartella clinica: "Non abbiamo una spiegazione per questo caso". Ora dice a tutti: "Ero un diabetico insulino-dipendente".

Accadde un'altra cosa che potrebbe aver influenzato la sua cura e che sarebbe più in linea con il mio lavoro di terapia attraverso il subconscio. Ann era in un brutto matrimonio e questo le causava molto stress. Una delle cause principali del diabete che ho trovato è la mancanza di dolcezza. Psicologicamente, la mancanza di amore nella vita della persona. Questo spiegherebbe anche i problemi di cuore, il cuore è la sede delle emozioni. E i problemi alla gola, l'incapacità di esprimere i propri sentimenti alle persone più importanti della sua vita. Poco dopo questa sessione Ann divorziò. Lei e suo figlio iniziarono a vivere da soli. So che questo è stato un fattore molto importante per la cura.

Questo è stato uno dei casi più drammatici su cui abbia lavorato nel 1999. La maggior parte delle cure che si verificano ora durante il mio lavoro derivano dall'intercessione del subconscio del soggetto, quando il soggetto comprende il motivo della malattia o dei sintomi fisici. Nel caso di Ann, ciò avvenne per intercessione di un'entità di un'altra dimensione. Eppure erano vincolati da regole. Non potevano interferire, ma effettuavano le cure fisiche solo dopo aver chiesto il permesso ad Ann. Così anche l'entità del settimo piano era vincolata dalla restrizione della non interferenza e doveva assicurarsi che Ann volesse davvero lasciar andare le malattie. Quando ebbe il suo permesso, le cure furono istantanee.

Capitolo 38

LE PERSONE DI SFONDO

Se questo capitolo non piegherà la vostra mente con il suo strano e nuovo concetto, allora non credo che nulla ci possa riuscire.

Suzette scese dalla nuvola e si trovò in piedi fuori da una foresta di alberi molto grandi e alti. Simili a pini o cedri molto vecchi ed enormi. Cercava di vedere il sole, ma sembrava nascosto da una nuvola. Poi scoprí che non erano nuvole, ma era aria sporca che impediva al Sole di splendere. Era preoccupata che gli alberi morissero a causa dell'aria. Poi, con mia e sua sorpresa, vide dei dinosauri. Alcuni di loro erano grandi, come Tyrannosaurus Rex. Disse che annusavano l'odore dell'aria ed erano preoccupati. Qualcosa non era normale e anche lei lo sentiva.

C'è stata anche una sorpresa quando le ho chiesto del suo corpo. Disse che era brutto perché era coperto di pelli marroni arruffati. Si sentiva maschio a metà della sua vita e indossava una pelle animale che le scendeva dalla spalla. Le chiesi se si sentiva a suo agio in quel luogo e lei rispose: "No! Perché il cielo... l'aria non c'è più. Non ci sarà più vita". Quindi stava sicuramente succedendo qualcosa di insolito. Volevo sapere se fosse a suo agio lì prima di questo evento. "No, è una lotta ogni giorno. A causa delle bestie... vivere è una continua lotta". Queste erano le bestie più grandi, ma ce n'erano anche di più piccole che mangiavano. Usavano le pelli dopo averle cacciate e tagliavano la pelle con una pietra. Poi asciugavano la carne. Mi chiedevo perché dovessero vestirsi se erano coperti di peli. Disse: "Per protezione. Ci sono piante più piccole e spinose quando si va a caccia d'animali".

Volevo sapere dove vivesse, sembrava che stesse descrivendo una grotta. "È come guardare un tunnel nella pietra. Come un buco. Entri e si apre. Va oltre, ma il tunnel lascia entrare abbastanza luce". Poi vide che c'era un bambino nel tunnel. "Questo buco... non c'è nient'altro lì dentro se non il bambino, quindi penso di essere scappato in questo luogo. Ho portato questo bambino in questo luogo". Veniva d'altrove. "E' una morte sconosciuta. So che devo proteggere questo bambino da quello che c'è nell'aria. La morte sta arrivando. Morte per gli alberi e morte per i dinosauri". Descrisse il luogo da cui era venuto come una caverna aperta, dove vivevano molte persone che gli assomigliavano. "Pensano solo che non accadrà nulla di male. Non mi hanno creduto".

D: Come sapevi che stava per succedere qualcosa?
S: Me l'hanno detto gli alberi e i dinosauri.
D: Puoi comunicare con loro? (Uh-huh) Come ci riesci?
S: Basta ascoltare. Mi mostrano delle immagini. La morte sta arrivando.

Nessun altro ascoltava, così prese il bambino e se ne andò. Gli altri lo ignoravano. Il bambino non era suo, ma era orfano. Avevano fatto un lungo viaggio dal gruppo originario prima di fermarsi e riposare al tunnel. Sperava che questo li avrebbe protetti. Ma ora aveva un nuovo problema: doveva nutrire il bambino. "Devo andare a caccia. Tutto sta morendo. I dinosauri stanno morendo. È come se non possano respirare. Sta soffocando gli alberi. Neanche loro riescono a respirare". Lui non ne era ancora colpito. "Sono sdraiato a terra. Non è ancora arrivato quaggiù. -- Devo trovare del cibo. Mi sbrigo... corro tra quelle piante che hanno le spine... cerco e cerco... ho trovato qualcosa. Sembra un piccolo maiale o un grosso ratto o qualcosa del genere. Lo prendo a bastonate". Riportò il cibo al tunnel.

Dev'essere passato un periodo di tempo, ma naturalmente questo essere primitivo non avrebbe avuto alcun concetto di tempo. "Esco fuori e tutto è morto. Tutto è marrone, ma siamo ancora vivi. Alcuni animali sono soffocati. L'aria e' cattiva". Mi chiedevo se fosse rimasto a terra a lungo. "Doveva esserci, ma si può respirare di nuovo. Altri animali che vivevano nelle grotte o che erano in profondità nel terreno stanno tornando fuori. Quelli nell'acqua sono sopravvissuti". Quindi, a quanto pare, tutte le creature che si trovavano sottoterra era state protette. "E le piante stanno tornando su attraverso le radici. L'aria comincia a tornare nel cielo. Il sole comincia a splendere. Sta riscaldando il pianeta. Faceva freddo con quell'aria".

Decise di tornare indietro per vedere se qualcuno degli altri era sopravvissuto. Non voleva, ma pensava di doverlo fare. Portò con sé la bambina. Condensai il tempo e gli chiesi cosa avesse trovato al suo arrivo. "Morte. Sono tutti scomparsi. Non riuscirono a respirare". Poiché vivevano in una grotta aperta, non riuscirono a sfuggire all'aria che soffocante. Gli chiesi cosa avrebbe fatto adesso. "Andare avanti. La vita andrà avanti. Andrò a vedere cosa posso trovare... chiunque altro. Potrebbero essercene altri che sono sopravvissuti sottoterra".

Poi lo feci avanzare per vedere se avesse trovato qualcun altro. Invece vide: "Una luce molto luminosa... una luce molto chiara... troppo bianca. Davanti a me". Immediatamente pensai che fosse morto e che stesse tornando alla Sorgente. Questa viene sempre descritta come una luce molto luminosa. Se questo era vero volevo sapere cosa gli fosse successo. Come era morto in quella vita? Così lo feci spostare all'ultimo giorno della sua vita e gli chiesi cosa aveva visto e cosa stava succedendo. "Vedo una nave che brilla. Veniamo presi... veniamo presi. La nave... nel mio viaggio. È atterrata là fuori e siamo stati presi. La nave era rotonda e luccicante". Respirava profondamente, come se facesse fatica.

D: Come sei stato preso?

S: In una luce... c'era una luce intorno a noi e sulla nave.

D: Riesci a vedere delle persone?

S: Alto... non peloso... pelle chiara... occhi bianchi... capelli bianchi. Non sono come noi. Non sono pelosi come me... Io sono peloso.

Questo suona molto simile alla creatura pelosa descritta nel Capitolo 22 "La Creazione degli Umani".

D: Ti hanno portato sull'astronave?

S: Sì, mi hanno trattato come una bestia... uno degli animali. Sono l'unico che ha questo aspetto. Mi toccano con le loro dita lunghe e magre.

D: Puoi comunicare con loro?

S: Non credo sia necessario.

D: Per questo ti trattano come una bestia? (Sì) Forse non sanno che puoi pensare. --Sai dove ti stanno portando?

S: Vediamo due stelle. Sono nel cielo. Ci sono finestre tutto intorno a me. Ci sono tanti cilindri rotondi... tante luci di colore diverso.

Questo viaggio avrebbe potuto richiedere molto tempo, così ho condensato di nuovo il tempo e l'ho portato avanti fino a quando finalmente erano arrivati ovunque lo stessero portando. Vide una città composta da cristalli." È... Sono a casa. (Sospiro profondo) Cristallo... tutto è vetro... Sono a casa! Mi hanno riportato a casa. --Dovevo essere uno degli esseri. Ho scelto di andare in quel luogo in cui ero così peloso. Ora sono tornato a casa".

D: Hai ancora un corpo peloso?

S: Mentre cammino mi sta cadendo. I capelli... quel ruolo...Sto tornando ad essere quello di prima.

D: Vuoi dire che il corpo non doveva morire? (No) Ti sei appena ritrasformato?

S: Sì. Sono molto più felice. Non mi piaceva essere peloso.

D: Perché l'hai scelto?

S: Dovevo riportare indietro questa bambina. Dovevo salvare questa bambina.

D: È stata in grado di fare il viaggio?

S: Non la vedo in questo momento.

D: Però era compito tuo, salvarla. (Sì) E questa è la tua casa? (Sì) Sai dove sei? La chiamano in qualche modo?

S: (Pausa) Vedo una Z. Vedo una X. Non capisco i simboli.

D: Forse per te avrà senso più tardi. --Com'è il tuo corpo adesso?

S: È meraviglioso! Non sono peloso, sono alto, pelle bianca, capelli biondi, occhi azzurri.

D: Come gli altri sulla nave?

S: Sì. Mi prendevano in giro, quando ero ancora peloso. È meglio essere a casa con tutti i vetri e tutti i cristalli e tutte le luci.

D: Ti prendevano in giro perché te ne eri dimenticato? (Rideva: Sì.) Quando sei andato a sperimentare l'essere peloso nell'altro posto, sei nato da bambino in quella vita? O come è successo?

S: Penso che sia stato il processo normale quando sono nato in quel gruppo di persone, quindi devi essere accettato, ma non sono mai stato accettato crescendo. Non mi ascoltavano.

D: Non ti capivano. E mentre eri lì, ti sei dimenticato della tua casa? (Sì) Hai dimenticato da dove venivi. --Penso che sia interessante il fatto che non hai dovuto morire per lasciare quel posto.

S:Noi non moriamo.

Semplicemente si ritrasformò nel suo stato originale. Ora che era tornato dove sentiva di appartenere, volevo sapere che tipo di lavoro facesse lì.

S: Andiamo in questo luogo e creiamo un diario di quello che abbiamo imparato. Un resoconto di ciò che abbiamo visto e di ciò che è successo. E veniamo energizzati con i cristalli.

D: Questo come lo fate?

S: Non devi far altro che toccarli. C'è il suono, le vibrazioni... c'è la guarigione. Diverse luci e colori, si riflettono attraverso di te.

D: Questo ti riporta alla normalità?

S: Sì, ti dà energia. Si guarisce tutto ciò che ha bisogno di essere riparato. Lì è così giusto e così tranquillo, e così bello grazie ai cristalli.

D: Ma hai deciso di lasciare questo posto. Per esplorare?

S: Questo è il nostro lavoro. Dobbiamo andare e scegliere un altro lavoro. Andiamo dove hanno bisogno di aiuto. E io dovevo salvare quella bambina. Non potevo salvarli tutti, così ho salvato quella bambina.

D: Ci hai provato, ma gli altri non ti hanno voluto ascoltare. Cosa c'era nell'aria? Da dove sei ora, riesci a sapere cosa causava quel fenomeno?

S: Sì. Era una moltitudine di vulcani e tutto il resto che poteva andare male. Questo tolse l'ossigeno dall'aria, oscurò il sole e di conseguenze non riuscivano a respirare. Nulla poteva respirare. Tutto ciò che era grande, che richiedeva molto ossigeno, morì. C'era molta attività, la gente non sopravvisse e nemmeno gli animali grandi. Non avevano alcuna protezione.

D: Sapevi che questo sarebbe successo prima di andarci?

S: Sì, quando ero nella città di cristallo lo sapevo. Ma non lo sapevo quando ero là --non ero per niente a mio agio con tutti quei peli. (Esplose a ridere) Ma dovevo averli per mescolarmi a loro.

D: Cosa farai adesso? Hai intenzione di rimanere lì per un po'?

S: Sì, esattamente. Controllerò le mie opzioni.

D: Dovrai andare da qualche altra parte?

S: Sì. E' il nostro lavoro. Guardiamo tutta la roba e poi decidiamo.

D: Ma avete una scelta, no?

S: Sì, abbiamo una scelta.

D: Vi mostrano le opzioni?

S: Eh sì, quando guardi nel cristallo. È un grande cristallo, ed è come un liquido. Un po' più spesso dell'acqua. E possiamo vedere la vita di una persona, quale sia il suo lavoro e cosa stia facendo. Osserviamo tutta la loro vita.

D: Ma lo sapete che gli umani hanno il libero arbitrio. Le cose possono cambiare, vero? (No) Forse state osservando una sola possibilità?

S: Vediamo solo un percorso, ciò per cui quella persona si dovrebbe trova lì.

D: Sì? Ma a volte le persone non prendono quell'unico percorso una volta che sono nel corpo.

S: Hmm... crea il caos.

D: Sai che hanno il libero arbitrio e a volte dimenticano per cosa sono lì, vero?

S: No. Semplicemente non ascoltano.

D: Puoi entrare nel corpo con tutte le buone intenzioni su ciò che dovresti fare, ma a volte, altre cose si mettono in mezzo.

S: È come quelle persone nella caverna, erano solo persone. Non avevano un percorso. Sono solo persone. Io avevo un percorso. Quella bambina aveva un percorso.

D: Quindi se scegli un'opzione, non esci da quel percorso? È questo quello che vuoi dire?

S: Sì. Ce ne sono così tanti in questa stanza, dove si trovano i cristalli che scelgono una vita o hanno un percorso. Il resto delle persone non sono state mandate qui con un percorso.

D: A cosa servono allora le loro vite?

S: Sono come di sfondo.

Questa era una strana affermazione. Non l'avevo mai sentita prima.

D: Cosa vorresti dire?

S: In un film dipingono qualcosa intorno alla persona, così che ci sia uno sfondo.

D: Quindi gli altri non hanno davvero alcuno scopo?

S: Esatto. Vengono per vivere, respirare, lavorare e morire.

D: C'è qualche speranza che possano trovare un cammino, o sono un tipo diverso di anima?

S: Non hanno scelto. Sono qui solo per far parte dello sfondo. Sono schiavi. Sono schiavi che vanno da un sistema stellare all'altro e sono usati come sfondo.

D: Sono lì solo per queste persone con uno scopo.

S: Sì. Perché tu possa imparare, per rimanere sul tuo cammino, devi avere queste altre persone sulla tua strada, che vivono accanto a te, ma tu sei qui per una lezione e loro sono qui per uno sfondo.

D: Sì, ma a volte creano problemi, cercano di tirarti fuori dal tuo cammino? (Sì) Questo fa parte del loro scopo, di distrarti? (Sì) Ma quando sei nel tuo corpo, non sai tutte queste cose, vero?

S: Non tutti gli esseri sono la fonte di luce. Non tutti gli esseri di luce sono la fonte di luce. Sono qui come energia solo per aiutarci con le nostre lezioni, per creare il caos o per lavorare o semplicemente per vivere. Certi esseri vanno ad imparare le lezioni per la Sorgente di luce. È come se tu fossi solo un essere superiore.

D: Allora gli altri non si evolvono per diventare esseri superiori?

S: No, sono solo energia. Come produrre un film dove usano le comparse.

D: Ma quelli sul sentiero, la fonte superiore, possono riconoscere l'un l'altro, nella massa di altre persone? (Sì) Se potessimo farlo, non lasceremmo che le cose ci disturbassero così tanto, vero?

S: Esatto.

D: Se sapessimo che sono lì solo per aumentare il dramma, immagino? (Sì) Ma quando osservate queste opzioni, potete vedere tutte le diverse vite in cui potreste andare. --Sai che stai parlando attraverso un corpo umano in questo momento, vero? (Sì) Probabilmente è una delle opzioni che hai scelto, quella che chiamiamo "Suzette". L'hai vista come un'opzione prima di venire?

S: Sì. Scelgo solo opzioni in cui potrei salvare qualcuno.

D: Perché hai scelto la vita che sarebbe diventata Suzette?

S: Sarò usata con i bambini e gli esseri di luce superiore, per insegnare. Non tornerò sul pianeta di cristallo per molto tempo, quindi devo insegnare. Dobbiamo portare la vibrazione superiore della sorgente della vita su questo pianeta. Lei insegnerà ai bambini e agli animali della sorgente della vita.

D: Anche gli animali sono importanti?

S: Certi animali sono una fonte di vita superiore.

D: Così come gli umani, molti animali e insetti fatto parte dello sfondo? (Sì) E certi sono una vibrazione superiore?

S: Sì. C'è così tanto dolore su questo pianeta.

A questo punto Suzette espresse dolore mentre diceva che le faceva male la testa. Le diedi suggerimenti induttivi di benessere per rimuovere le sensazioni fisiche.

S: C'è troppo dolore. C'è dolore ovunque, tra gli animali e con la vita vegetale e nell'acqua, e io devo aiutare. Devo aiutare ad insegnare a queste fonti di vita che sono di una vibrazione più alta, in modo che possano aiutare il pianeta, aiutare gli animali e aiutare gli alberi. Non posso semplicemente andarmene. Devo rimanere qui e aiutare. (Gemette, come se fosse molto frustrata.) Un lavoro enorme.

D: Sì, è un gran lavoro. Ma non sei sola. Ci sono altri che vengono ad aiutare, vero?

S: Sì. Puoi sentirlo. Puoi sentire la vibrazione.

D: Cosa vuoi che Suzette faccia per aiutare?

S: Insegnare ai giovani. Anche loro sono venuti qui, ma tutto accadrà più velocemente. Aiuteranno prima, perché c'è solo... OH! Mi fa male la testa. (Le diedi altri suggerimenti induttivi).

D: Perché devono imparare più velocemente?

S: A causa di questi esseri inferiori, c'è poco tempo. Tutto ciò che vogliono fare è danneggiarsi a vicenda. Vogliono distruggersi a vicenda. Vogliono distruggere la terra, il che danneggia gli animali, gli alberi e l'acqua. In breve, bisogna arrivare ai giovani perché possano diffondere il messaggio e aiutare a guarire il pianeta.

D: Gli adulti non saranno in grado di aiutare?

S: Gli adulti della sorgente superiore. Gli altri sono passati dal fare il loro lavoro come sfondo, all'essere arrabbiati. Vogliono essere arrabbiati con qualcuno o qualcosa e tutto ciò che vogliono fare è uccidere... uccidere o ferire. (Di nuovo fece una smorfia di dolore).

D: Il loro essere arrabbiati crea un'emozione che attira energia. È questo che intendi?

S: Sì. Dobbiamo fermarlo.

D: Il tipo di energia negativa che può far male alle cose.

S: Sì, può danneggiare il pianeta.

Feci domande a proposito dello scopo di Suzette: "Lei deve lavorare con i giovani. Insegnare, ascoltare, capire". Le è stato detto che non deve andare fuori a cercare le persone, le fonti di vita superiore sarebbero venute da lei. "Le persone che sanno... sanno... la gente sa. Lei è venuta per guarire o per salvare". Suzette aveva detto che fin da quando era molto, molto piccola era molto arrabbiata, perché era stata rimandata qui e non capiva il perché.

S: Sì, questo lavoro è enorme. Lei non voleva venire. Questo lavoro è davvero grande! C'è tanto dolore... tanto dolore.

D: Ma lei ha scelto di essere qui.

S: Beh, penso che avevo bisogno di scegliere. Stanno mandando forze di vita. Non abbiamo potuto scegliere questo lavoro. Questo è un lavoro enorme. Molte forze della vita sono state mandate qui per salvare questo pianeta. Avrei preferito rimanere alla città di cristallo.

Suzette è molto sensitiva nella sua vita attuale. Può vedere le cose che accadranno in futuro.

S: Ho visto chiaramente quando ero pelosa. Sapevo che tutti sarebbero morti. Potevo vedere in ogni vita.

D: Suzette dovrebbe usare queste abilità in questa vita?

S: Sì. Fidati e insegna. Pensiero spirituale superiore.

D: Ha detto che la gente non la ascolterà. Non le crederanno.

S: Parla solo con quelli che hanno la fonte di vita più alta. --Tutto sta accelerando. C'è meno tempo. Ecco perché siamo dovuti venire tutti qui. C'è meno tempo. Dobbiamo salvare il pianeta.

D: Ho sentito che ci sono alcuni che non potranno essere salvati.

S: No. La gente di sfondo, ma sono arrabbiati.

D: Le vibrazioni stanno cambiando. Quindi la gente di sfondo rimarrà con la vecchia Terra? (Sì) Ed è per questo che sono arrabbiati?

S: Sì. È come se stessero recitando e avessero un copione e stessero recitando questa parte, e la loro parte è distruggere questo pianeta.

D: E' per questo che sono rabbiosi? (Sì) Ma il pianeta non può essere distrutto, vero?

S: No, non può. È proprio come quando i dinosauri morirono e gli alberi morirono, ma tutto tornò in vita. Non i dinosauri o gli alberi, ma loro non conoscono quella parte. Ma questo è un pianeta bellissimo. Questa è una bella casa. Non bella come la casa di cristallo, ma...

D: Allora la gente di sfondo rimarrà con la Terra, attraversando tutti i cambiamenti, la parte della catastrofe?

S: Sì, non sopravvivranno. Se ne andranno. Gli altri andranno avanti. Questo nuovo luogo sarà così bello. La vibrazione sarà così alta e sarà un luogo di apprendimento.

D: Questo è quello che stavo cercando di capire. Si separerà in due parti?

S: Sì. Sono come due livelli. La vecchia Terra sarà su un livello e la nuova Terra sarà su un livello superiore. Ma non si vedranno l'un l'altro, come se si trovassero su due linee temporali diverse.

D: Questo è quello che mi è stato detto. Una non sarà nemmeno consapevole dell'altro. (Esatto) --Ma tu vuoi insegnare ai bambini in modo che possano andare sulla nuova Terra?

S: Sì. Altri con una vibrazione più alta possono aiutare a salvare e questo diventerà un pianeta d'insegnamento. Ci sono altri luoghi che stanno insegnando, ma questo sarà un pianeta d'insegnamento.

D: Così quelli che sono rimasti sulla vecchia Terra vivranno le loro vite in un modo diverso? (Sì) Hai detto che quelle persone non si stanno evolvendo affatto?

S: Sì. Sono solo come uno sfondo, sai, come dipingere un quadro e dipingerci sopra qualcuno.

D: Così, mentre la Terra attraversa tutti i cambiamenti e le catastrofi, ci saranno molte persone che moriranno.

S: Sì, sì. Ce ne saranno molte. (In modo molto concreto).

D: Ma in ogni caso, lo hanno scelto prima di venire qui?

S: No, non hanno proprio scelto. Sono un po' come degli schiavi. Vengono portati da un posto all'altro per fare qualsiasi cosa debbano fare lì, perché sono solo energia.

In questa vita Suzette aveva il ricordo d'aver visto due stelle e voleva saperne di più. "Queste due stelle nel cielo, è la città di cristallo?"

S: Si va verso le due stelle. La città di cristallo è poco oltre.

Questo era un concetto interessante che apriva un modo diverso di vedere le due Terre e la separazione della Vecchia dalla Nuova. Ero nella finale di scrittura di questo capitolo quando improvvisamente ho avuto una rivelazione. È strano quante volte si debba leggere qualcosa prima che finalmente si "accenda la lampadina". Forse questo è il modo in cui funziona la mente; deve essere esposta a qualcosa diverse volte prima che finalmente abbia senso.

Ho pensato che l'idea delle persone di sfondo, fosse interessante e certamente un nuovo concetto, però poi ho visto di più in quello che il SC stava cercando di trasmettere. Molte volte alle mie conferenze la gente vuole più informazioni sulla separazione della Vecchia e della Nuova Terra, e su coloro che saranno lasciati indietro. Ora penso che questo concetto contenga alcune delle risposte. Hanno detto che la maggior parte di noi ha scelto di venire a sperimentare la vita in questo momento ed è venuto con uno scopo superiore: per aiutare a salvare la Terra. Ma, a nostra insaputa, anche altre energie sono state mandate sulla Terra per recitare piccole parti nei nostri scenari che abbiamo creato, per agire nella nostra illusione. Questi sono chiamati la gente di sfondo, vengono per vivere, respirare, lavorare e morire, ma non hanno un vero scopo se non quello di essere le comparse nel nostro spettacolo; lo sfondo contro cui recitare. Li hanno chiamati "schiavi", ma penso che sia una parola piuttosto dura. Sono solo energia e vengono portati da un sistema stellare all'altro per recitare la loro parte. Un po' come le comparse in un film che passano tutta la loro vita a recitare quella parte insignificante e non arrivano mai a recitare il ruolo principale. Mi ricorda il film The Truman Show, dove il giovane protagonista passa tutta la vita vivendo all'interno di un set illusorio dove gli attori recitavano le loro parti, prima di rendersi finalmente conto che non era reale. Gli altri recitavano le loro parti in modo molto realistico e convincente.

Dicono che queste persone sono diventate rabbiose, ma io penso che abbiano accumulato quella rabbia associandosi alla negatività che li circonda. E questa negatività ha aumentato la loro rabbia. Questo ha creato tutte le guerre e le catastrofi che sono presenti ora sulla Terra. Questo spiegherebbe anche le migliaia di persone che vengono uccise nelle varie guerre e catastrofi naturali. Sono lì per fornire il dramma per la nostra illusione. Hanno detto: "Vengono portati da un posto all'altro per fare qualsiasi cosa debbano fare lì, perché sono solo energia". Penso che l'unico modo d'osservare tutto questo è con tutte le emozioni rimosse. Volevamo sperimentare certi eventi nella nostra vita e queste erano le persone assunte dal Reclutamento Centrale come comparse per riempire le scene. Non sto dicendo che questo sia vero, ma è un concetto interessante su cui riflettere. Altro cibo per la mente! Prendere o lasciare.

Ora è mia opinione che questi sono coloro che saranno lasciati sulla Vecchia Terra, le persone di sfondo perché non hanno una vibrazione o uno scopo superiore. Ci insegnano lezioni con la loro semplice presenza, ma non sono destinati ad evolvere ulteriormente. Loro sono quelli che saranno lasciati indietro. Quelli che realizzano il proprio scopo superiore, aumentando la propria vibrazione e frequenza andranno sulla Nuova Terra. Ci saranno quelli che arrivano conoscendo la propria missione e avendo alti ideali, ma hanno lasciato che la negatività degli altri li influenzasse e li trascinasse verso il basso. Anche loro dovranno rimanere con l'altra energia sulla Vecchia Terra mentre si separano. Questo è il motivo per cui è importante per noi realizzare che è solo un'illusione, trovare il nostro ruolo nella creazione della Nuova Terra e fare la nostra parte nell'aiutare gli altri a trovare il proprio ruolo. E non essere risucchiati dall'energia rabbiosa del della Gente di Sfondo, rimanendo bloccati sulla Vecchia Terra. Ecco perché questa è una cosa così individuale. Ognuno deve trovare la propria strada e risvegliarsi allo scopo che è venuto a compiere.

Questo strano concetto delle persone di sfondo, simili a comparse in un film, lasciò un'impressione duratura su di me. Ora, quando sono in un aeroporto affollato, su una nave da crociera o in una città affollata e vedo tutte le persone affaccendate che si occupano dei loro affari, apparentemente ignare l'una dell'altra, penso: "persone di sfondo". Un concetto interessante, che probabilmente ha più significato di quanto mi renda conto.

Capitolo 39

I FRAMMENTI SI RIUNISCONO

Nel 2008 quando mi sono recata a Santa Fe per tenere un seminario al Northwest New Mexico College nel 2008, ho soggiornato in una pensione d'un paesino fuori Santa Fe. L'altitudine mi diede fastidio per tutto il tempo del mio soggiorno (dieci giorni). Molti clienti vennero per una seduta in quella casa per gli ospiti, prima di andare a El Rito (l'altro campus) per il corso. I problemi fisici scomparvero una volta tornato ad Albuquerque e poi a casa.

Pamela era già in un posto strano quando scese dalla nuvola.

P: Tutto è scintillante. Tutto è vivo. Tutto qui sa. È molto bello e vivo. Per me è davvero reale.

D: Cosa luccica in questo posto?

P: Cristalli. Tutto sa, tutto è vivo, intelligente, sempre.

D: Dove sono i cristalli?

P: Dappertutto. Sono come tappeti, ma sono anche nell'aria. Sono sospesi nell'aria. Tutto il regno è luce, ma è in cristalli. Tutto brilla di colori molto sottili.

D: I cristalli emanano i colori?

P: No, la luce emana i colori.

D: Siamo in un luogo fisico?

P: No, è un luogo dimensionale. È energia vivente.

D: Sembra che sia un'energia potente.

P: Lo è, ma è morbida. È molto rilassante. È forte, ma non è separata da me, quindi non la sento come aggressiva.

D: Diventa consapevole di te stesso. Hai un corpo, o come ti senti?

P: No, io sono anche quello. Luce.

D: Quindi non hai una forma fisica?

P: Posso formarne una se voglio, ma ho più una forma di luce che è strutturata un po' come me.

D: Sembra bello. E non hai nessun motivo per essere solida o fisica?

P: No, non ho molte ragioni.

D: Allora ti piace semplicemente essere la luce e l'energia.

P: Esatto. Lo sono, sì.

D: Ci sono altri lì con te? O percepisci qualcun altro intorno a te?

P: (Respiro profondo) Sento simultaneità. Sento che sono in un luogo dove tutto ciò che conoscevo si sta riunendo. Tutto ciò che sono stata e che ho conosciuto è in questo luogo simultaneamente. C'è una convergenza di luce per cui tutti quei cristalli fanno parte del tutto.

D: Hai detto, tutto ciò che hai conosciuto. Questo significa anche in altre vite o cosa?

P: Altre vite, altre dimensioni e solo dentro a Dio. Mi sento felice. Sto desiderando quella vicinanza di tutto che si riunisce. Questo è il tutto. Questo è il tutto della vita, tutta assieme.

D: Quindi è un luogo diverso dal lato dello Spirito dove si va quando si lascia un corpo fisico?

P: Questa è una dimensione sul lato dello Spirito. Questo è un luogo che sto appena iniziando a conoscere. Ne ho dei semi e questi semi, come i cristalli, stanno tutti convergendo.

D: È la prima volta che sei lì e ne fai esperienza?

P: Mi dispiace, la tua domanda non ha senso.

D: Mi chiedevo solo se l'avevi già sperimentato prima.

P: Ho dei semi e ora si sta svelando.

D: Quindi è il momento di diventarne davvero consapevole.

P: È il momento. È il momento. Ho bisogno di sapere che tutto si riunirà al momento giusto e ho bisogno di sentirlo nel mio corpo.

D: Quindi è una sensazione diversa da quella che hai avuto prima?

P: Sì, questa vita. Ci si sente molto, molto bene. Sta risonando ed io sto cambiando in essa. (Respiro profondo.) Mi sembra di assorbire la conoscenza diretta, piuttosto che aver bisogno di sapere; è più spontaneo nel momento. So cosa fare e mi sento sicura, sono rilassata. Piuttosto, questo è il momento in cui tutto di me si riunisce in una volta sola. Tutto ciò che sono stata e che conosco si sta riunendo.

D: Stai vedendo e sentendo questa energia per una ragione. Dovresti farne qualcosa?

P: Mi concentro nel radunarla dentro di me. È come se avessi chiamato tutto, tutte le parti di me in tutte le dimensioni. Si riuniscono ed è in quella concentrazione che tutto si dispiega.

D: È questo che intendi per "riunione"?

P: Sì. Tutti i frammenti si stanno muovendo verso di me, verso Uno, ora.

D: Perché mi è stato detto che ci dividiamo o ci frammentiamo in molti pezzi e parti diverse.

P: Sì, sono stata molte cose. I pezzi si stanno tutti riunendo.

D: Quindi non è più il momento d'essere separati. (Sì) Ma quando eri separata, stavi imparando molte lezioni, vero?

P: L'ho fatto, e ho finito. Non c'è più alcuna ragione per la frammentazione.

D: Perché ti è importante sapere che è una riunione di tutti i frammenti?

P: Aumenta la gioia e la pace nella mia vita. La gioia di ogni cosa. Di tutto.

D: Avevi gioia anche prima?

P: Sì, ma era all'interno dei frammenti. I pezzi di cristallo si stanno unendo. Si stanno incastrando tra di loro. Ci sono cose che stanno accadendo dentro l'assemblaggio.

D: Cosa vuoi dire? Stiamo cercando di capire il processo.

P: (Sospiro) Mi ricorderò di più. Avrò più potere. La mia natura angelica si sta aprendo di più per permettermi di giocare. Più capacità di usare aspetti superiori di me stessa.

D: Perché sta succedendo in questo momento?

P: (Sospira) Perché si può.

D: Ma Pamela fa un lavoro meraviglioso con le energie. (Pamela era una guaritrice energetica).

P: Non si tratta di Pamela. Ci sono altri esseri che stanno entrando in questo.

D: Cosa cerchi di dire?

P: Altri esseri, anche esseri di luce che vengono qui.

D: Questo fa parte del processo di integrazione?

P: No, è diverso. L'integrazione permette ad altri esseri di entrare.

D: Prima non era così facile per loro entrare ?

P: Non era necessario prima. Faceva quello che le veniva chiesto di fare. E' il momento che anche altri partecipino. Lei lo permetterà. Loro sono qui.

D: Da dove vengono?

P: Non c'è un posto.

D: La mia preoccupazione principale è che siano positivi.

P: Lei non è preoccupata. Questi sono lei. Sono aspetti superiori di se stessa.

D: Quindi fanno tutti parte del processo d'integrazione?

P: Non l'integrazione dei cristalli. Questi sono aspetti diversi della luce.

D: Quindi gli altri erano più o meno gli aspetti delle vite fisiche.

P: Sono aspetti, sì, della frammentazione, dell'individualità. Questo non è un aspetto di frammentazione del sé. (Respiro profondo.) Questi sono aspetti dei doni di Dio che non si sono mai frammentati. Il suo lavoro rimarrà più o meno lo stesso. L'energia cambierà per avere più potenza. Più potente, molto più potente.

D: Ma tu hai detto che questo è un momento proprio ora. Tutto cio' è necessario?

P: Questo fa parte della celebrazione. Non fa parte del bisogno. Fa parte dell'amore. Lei ha soddisfatto i bisogni. Vuole sperimentare altro di Dio. Espandersi e crescere nella natura di Dio. Questo è qualcosa come un dono.

D: Ha detto che d'avere la sensazione che qualcosa le stesse accadendo, come un risveglio di qualche sorta.

P: Questo è sia graduale che improvviso. Questo è un cambiamento improvviso nella capacità vibrazionale.

D: Questi esseri di luce saranno sempre in lei o "vanno e vengono"?

P: Permanenti, per tutto il tempo.

D: Deve invocarli quando fa il suo lavoro? (No) Usando questa energia, il suo lavoro come guaritrice sarà più efficace?

P: Lo scopo non è tanto l'efficacia, quanto l'esplosione del sapore di Dio. Lei noterà sicuramente una differenza quando lavora. Ognuno lo sente in modo diverso e lei ha sviluppato dei collegamenti per sviluppare un linguaggio e delle tecniche per aiutare le persone a goderselo e a viverlo comodamente. Lei li aiuterà ad accettarlo.

D: La gente viene da lei per essere guarita. Questa è una delle cose per cui verrà usata questa energia?

P: Una delle cose, sì. Non è principalmente per le persone. È principalmente per il Tutto.

D: Il suo sviluppo?

P: Non il suo sviluppo, il Tutto. È un movimento all'interno del Tutto.

D: Voglio che sia in grado di capire questo processo quando si risveglia.

P: La comprensione è intelligente. C'è sempre comprensione. C'è sempre compassione. C'è uno spostamento dalla mente individuale alla totalità in questo momento.

D: Questo sta accadendo ovunque?

P: Ovunque, dove sia possibile.

D: Questo fa parte dei cambiamenti di vibrazione e di frequenza che stanno avendo luogo? (Sì)

Spiegai d'essere a conoscenza della nuova Terra e del passaggio in una nuova dimensione. Lei era d'accordo che questo facesse parte di quel processo.

D: Anche altre persone faranno questa esperienza?

P: Sì, molti, molti si stanno risvegliando ora. Essere consapevoli della loro interezza. Tutte le parti della Sorgente che erano sospese, ora si stanno integrando.

D: Come ci muoviamo in questa nuova dimensione, tutto deve unirsi? E sempre più persone stanno diventando consapevoli di non essere più separate?

P: Sì. Man mano che sempre più persone si fondono con le parti intere di loro stessi, è più facile per gli altri accettare. Si sentiranno più a loro agio.

D: Per alcune persone non è un processo piacevole, vero?

P: L'hanno scelto loro. Alcune persone scelgono di crescere attraverso il disagio.

D: Man mano che ci integriamo con il Tutto, hai detto che ci sentiremo diversi?

P: Tutti si sentiranno diversi, tutti. Tutti si sentiranno più a loro agio con il Tutto. Sapranno che sta succedendo qualcosa alla loro anima.

D: Ma manterremo ancora il corpo fisico?

P: Per coloro che ne hanno bisogno, accadrà. Questo sta accadendo allo stesso tempo per coloro che sono nel corpo e fuori dal corpo.

D: Anche quelli dalla parte dello spirito stanno sperimentando tutto questo?

P: Sì, questo non ha nulla a che fare con l'essere in un corpo. È il tempo.

D: Ha a che fare con lo sviluppo del pianeta?

P: Non è lo sviluppo solo di questo pianeta e basta. È lo sviluppo del Tutto, tutto, tutto insieme. L'universo, tutto si muove in un modo diverso.

D: Quindi non c'è modo di fermarlo o cambiarlo? È qualcosa che deve accadere?

P: È la scelta di Dio.

Spiegai d'aver sentito dire che ci sarebbero state due Terre e che sulla vecchia Terra queste cose non sarebbero accadute.

P: Non sono collegata con quello. Sono collegata alla parte che si sta muovendo verso la completezza.

D: Ma questo non è come la morte o il morire del corpo fisico, vero?

P: Che i corpi fisici siano qui o no non è la questione. Tutti fanno la stessa esperienza, dentro o fuori dal corpo, dentro o fuori da qualsiasi coscienza, ovunque. Non è importante capire cosa sta succedendo, solo godersi l'esperienza.

Questo suona in qualche modo, simile al cono di energia che era stato impiantato in tutti nel 2009. Vedi capitolo 30. Mi chiedo se sia la stessa cosa descritta con parole diverse?

D: Se il processo d'integrazione è appena iniziato ora, a cosa porterà tutto questo alla fine?

P: L'elevazione in un tutto unificato. Ci sarà maggiore integrità in ogni individuo. È come se ci fosse un filo, una specie di filo unificante che entrerà in ogni cosa. Tutto ci sembrerà più connesso a tutto il resto, ovunque. Ovunque, tutto sarà elevato in un'altra dimensione.

D: *Come sarà quest'altra dimensione? Puoi dirci qualcosa a proposito?*

P: È come un tessuto intrecciato che all'improvviso allinea ogni cosa alla consapevolezza dell'essenza.

D: *Quindi quando raggiungeremo quel punto, non avremo più individualità?*

P: No, ci sarà l'individualità. Ci saranno solo più fili di unità disponibili e funzionanti. L'individualità sta cambiando in una certa misura e ci sono più strati di completezza.

D: *Come sta cambiando l'individualità?*

P: Più frammentazione da più aspetti si sta completando.

D: *Così non ci sarà più bisogno di avere vite fisiche. È questo che intendi?*

P: Non ci sono vite fisiche, per così dire, in realtà. Ma ci sarà meno dispersione di esperienze.

D: *Sto cercando di capire. Ci sono ancora persone che stanno accumulando karma. Questo farà la differenza?*

P: Non faccio parte di quel flusso. Non lo so. So solo che sono parte di questo tessuto della Totalità. Sono parte di ciò che si sta riunendo. Sta accadendo ora.

D: *Anche se so che il tempo non esiste dalla vostra parte, avete un'idea di quanto tempo ci vorrà perché tutto si riunisca?*

P: Secondo la nostra prospettiva, è già successo. Sta avendo luogo, ma è già avvenuto a livelli interiori. La vita andrà avanti più o meno allo stesso modo. Questa energia è disponibile per tutti, per essere usata in qualsiasi modo si voglia. Questo è il lavoro. Saranno loro a decidere se vogliono farne parte o meno. È data a tutti e loro faranno delle scelte come vogliono. Cambia tutto automaticamente. C'è una mancanza nella creazione a causa della mancanza di Totalità. Quando c'è più Totalità, la creazione avviene automaticamente.

D: *Questo è il motivo per cui dico alle persone di fare attenzione a ciò che chiedono, fare attenzione a ciò che vogliono creare perché sembra che stia accadendo più velocemente.*

P: Questo è vero.

D: *Prima ci voleva molto tempo.*

P: Succedeva apposta.

D: Visto com'era la Terra, dovevi avere il tempo d'essere sicuro che era davvero ciò che volevi.

P: Sì, l'apprendimento in certe cose deve essere lento.

D: Così ora può essere molto più veloce. (Sì) Ma prima dobbiamo essere sicuri di ciò che volete.

P: Ma la Totalità fornisce la risposta a ciò che vuoi. È solo quando non sai cosa vuoi che la creazione diventa confusa. Loro non creano. La Totalità crea. Quando c'è abbastanza Totalità, tutte le creazioni mostrano individualità con purezza. Si rendono semplicemente conto che la Totalità è con loro e la Totalità funziona per portare tutto ciò che è esattamente e unicamente loro. Esattamente, tutto ciò di cui hanno bisogno. Se permettono al collegamento di tenere la mappa della Totalità che sta entrando, allora tutto funziona automaticamente. In ogni piano, in ogni modo.

D: Così possono anche guarirsi usando questa energia?

P: Loro non usano l'energia. L'energia usa loro.

D: C'è qualcosa che devono fare per contattare questa Totalità?

P: No. E' disponibile, basta non resisterle. L'energia della Totalità ti aiuta a sapere cosa vuoi. Il problema è che le persone non sanno cosa vogliono.

Stavo cercando un qualche tipo di rituale o processo che un individuo potesse usare per richiamare questa energia di creazione. Agli umani piacciono sempre le istruzioni. Nel Libro Terzo della serie Universo Convoluto, Capitolo 37, c'è la descrizione in cui l'energia di guarigione parla e dice come può essere invocata in qualsiasi momento.

P: Ci sono piccoli modi in cui le persone sopprimono la sensazione d'essere degni della felicità. Principalmente è necessaria la fiducia.

D: Siamo abituati a chiedere ai nostri angeli e alle nostre guide di aiutarci a creare qualcosa.

P: Tutti gli angeli e tutte le guide stanno iniziando a collegarsi. C'è un collegamento ora, quindi c'è meno individualità a tutti i livelli. E' come avere tutti gli angeli invece di uno solo. C'è meno spazio tra il desiderio e il supporto. È un'accelerazione del processo. In questo momento, Pamela si sta collegando ad aspetti del conoscere e a coloro che hanno condiviso la conoscenza. Questo sta facilitando una connessione.

D: *Voglio che lei comprenda perché sta ricevendo questa informazione.*

P: Non ha bisogno d'informazioni, quanto di un processo di connessione con vaste reti di persone in movimento, per radicare il cambiamento.

Pamela aveva una domanda fisica su cui voleva informazioni. Per lei era un mistero degli ultimi dieci anni. Disse che improvvisamente sentiva un formicolio nel corpo e poi era incapace di muoversi. Rimaneva così per un bel po' di tempo (ore) e era inquietante per gli altri intorno a lei che ne erano testimoni.

P: Queste sono parti dei frammenti che stanno entrando. Questo fu quando la Totalità si aprì.

Quando questi incidenti accadevano, Pamela non aveva mai paura. Voleva solo capire cosa stesse succedendo, perché in quei momenti poteva solo sdraiarsi finché non passava.

P: Questo è uno spostamento all'interno della Totalità, contro il completamento della frammentazione.

D: *Quindi un altro frammento entrerebbe e si fonderebbe?*

P: O altro della Totalità si stava integrando. Si sospendeva temporaneamente e si scoordinava.

D: *Ovviamente, era un po' sconcertante perché, anche se non aveva paura, a volte le succedeva in pubblico.*

P: E' sempre stata in buone mani.

D: *Non le è più successo per un po', quindi quella parte è finita?*

P: La Totalità è più sottile e la frammentazione è più completa. Ci sono altri tipi di cose che accadranno. Cambiamenti energetici che portano spostamenti temporanei nel corpo-mente. C'è poco desiderio di preoccuparsi del corpo e più desiderio di essere con lo Spirito in quel momento. C'è un sollievo dal peso della cura.

D: *Noterà qualcosa di fisico nel momento in cui queste cose accadranno?*

P: Una leggera scoordinazione dovuta ad uno spostamento della concentrazione. Sta migliorando nel rimanere connessa. È temporaneo, sempre temporaneo. L'amore è importante, perché il processo è l'amore in questo momento. Come ci si poteva aspettare, l'intelligenza è molto più funzionale dell'informazione. Quelle intelligenze ora sono state collegate a questa.

* * *

Un altro cliente mi aveva menzionato qualcosa che suonava simile, dove "loro" parlavano di una fusione dell'Anima.

D: Puoi spiegare cos'è?

M: E' quando una persona si apre sempre di più ai suoi aspetti superiori. Quello che succede è che la mente si apre e sembra che qualcuno entri in lei. Ma la coscienza si espande semplicemente, quindi stanno assimilando sempre più aspetti di loro stessi.

D: Come ci si sente se succede qualcosa del genere, così sapremo di cosa si tratta?

M: Ci si sente come se avessero più consapevolezza. In realtà, si sentono più leggeri nello Spirito e potrebbero notare piccoli cambiamenti di personalità. Forse alcuni gusti o antipatie potrebbero cambiare. Ma molto presto, l'uno, l'aspetto che si è espanso, si abituerà al luogo dove si trova e poi saprà come lavorare di più con questa persona. Tutti noi stiamo crescendo a tutti i livelli.

* * *

Continuando con Pamela:

Volevo sapere se potevamo avere qualche informazione sui cambiamenti che la Terra avrebbe attraversato prima di andare nella prossima dimensione.

P: Ci sono molte possibilità in moto proprio ora, e lei è parte del processo che sta cercando di unificare tutto nel miglior risultato possibile. Ci sono forze al lavoro; molte, molte matrici, molte forze. Tutti riceveranno attenzioni ovunque siano, non importa quale sia la loro circostanza. Tutto si sta muovendo verso una maggiore unità, indipendentemente dalle apparenze esteriori.

Capitolo 40

LE IMMAGINI

Dawn e sua figlia, Alexis venero nel mio ufficio per delle sedute separate. Dawn mi sorprese regalandomi un pacchetto di foto e il CD da cui erano state stampate. Dissero che erano state scattate nel 2004, però non sapevano cosa farne o a chi darle. Alla fine decisero che dovevano darle a me e che avrei saputo cosa farne. Tutto questo accadde nel 2006. Io le ho tenute, non sapendo in quale libro sarebbero dovute finire. Al momento della seduta era difficile da capire. Finalmente, ora, nel 2011, credo d'aver capito meglio ciò che il SC cercava di descrivere e penso che finalmente sia giunto il momento di presentarle agli altri. Questo dimostra quanto sia cresciuta dal 2006 e come i miei concetti sono stati ampliati. Spero di avere ragione.

Dawn disse che una notte erano stati fuori e avevano visto un oggetto insolitamente luminoso nel cielo. All'inizio pensarono che fosse una stella, ma era più grande e più luminoso di qualsiasi altra stella vista prima. Puntarono la loro macchina fotografica e scattarono una serie di foto. Poi guardarono mentre l'oggetto si spegneva gradualmente. Quando fecero sviluppare la pellicola rimasero sbalorditi. Quello che si vedeva nelle foto non era affatto quello che avevano visto quella notte. Videro un oggetto solido, non uno che si muoveva, si trasformava e ondulava come quello nelle foto.

Nel corso degli anni la gente mi ha inviato immagini simili, ma le hanno sempre collegate agli UFO perché non avevano altra spiegazione. Credo che queste foto dimostrino come la maggior parte di ciò che la gente pensa come astronavi sconosciute ha altre spiegazioni, anche più complicate.

Condussi due sedute, una con ciascuna di loro separatamente. Le informazioni che raccolsi erano simili, ma credo che quelle della madre (Dawn) fossero più descrittive. Avevamo attraversato due vite passate e stavamo conversando con il SC. Aveva già aiutato con informazioni personali e aveva lavorato su seri problemi fisici. Poi volli fare delle domande riguardo a quelle immagini:

D: Volevo un chiarimento. Dawn e sua figlia, Alexis, mi hanno portato queste fotografie ieri, e sono molto curiosa a proposito. Potete identificare cosa c'è nelle foto?

DA: Sono le forze superiori che lavorano con il pianeta. Stanno cercando di mantenerlo in equilibrio. Stanno lavorando con le griglie di energia su entrambi i lati delle dimensioni, questo lato e l'altro lato.

D: Ma nell'immagine, sembrava quasi un oggetto fisico.

DA: Sì, è un'entità. È elastica. Può diffondersi su un enorme territorio espandendosi. Funziona su entrambi i lati. Lavorando con il bilanciamento del pianeta, il lavoro energetico, diffondendo la bontà intorno al pianeta mentre si muove e si diffonde, mentre si muove e si diffonde, si muove e si diffonde, quasi come le braccia amorevoli di una madre. Fa tutto parte dell'evoluzione, dello spirito e dell'evoluzione dell'intelletto, dell'evoluzione della consapevolezza vivente mentre voi uscite. Questo è ciò che fa. Questo lo fa non solo con il pianeta Terra. Questo è il suo ruolo e questo è ciò per cui è stato creato. Va e amorevolmente porta l'equilibrio. È un'energia femminile... liscia.

D: Disse che quando l'hanno vista nei cieli, sembrava una stella.

DA: Sì, è un camuffaggio.

D: La cosa nelle foto non era visibile finché non le hanno ingrandite e sembrava cambiare forma. Ecco perché pensavamo che fosse un oggetto fisico di qualche tipo.

DA: L'occhio umano e il corpo fisico umano non sono a quel livello vibrazionale per poterlo vedere ad occhio nudo. Potete sentirlo. Le persone sensitive possono percepire la sua presenza, ma non possono vedere dietro il suo camuffamento. Però la macchina fotografica lo riprende.

D: Perché hanno avuto il permesso di fotografarlo?

DA: Perché le altre persone hanno bisogno di vederlo e sapere che le cose sono sotto controllo, che le cose procedono secondo il programma.

D: È questo il modo in cui appare normalmente perché ha la forma di un "verme"?

DA: Sì, può cambiare la sua forma e dimensione a seconda di quello che sta facendo. Si adatta all'ambiente in cui sta lavorando e anche alla dimensione in cui sta lavorando, a seconda della composizione energetica della dimensione in cui sta lavorando.

D: Sembra quasi che sia organico.

DA: No. È un essere di luce. Ha elasticità. Ha parti vaganti semoventi intorno ad essa, anche veggenti che fanno il lavoro. Che ruotano intorno ad essa, che si collegano e si intrecciano e guidano come in una situazione a distanza. E sono tutte parti del tutto di se stesso.

D: Normalmente ha questo aspetto o è solo il modo in cui la macchina fotografica l'ha ripreso?

DA: Normalmente non sembrerebbe così da questa parte, ma attraverso la vostra atmosfera, qui nella vostra dimensione, è così che sembrerebbe normalmente. Ma forse in un altro sistema stellare... le cose sono influenzate dal loro ambiente. È come se un pensiero fosse influenzato dall'ambiente. Come appare dipende dagli effetti della dimensione nell'ambiente in cui si presenta. Potete pensare ad una sedia in un ambiente e apparirà in un modo; potete avere il pensiero di una sedia in un'altra dimensione, in un altro ambiente, e apparirà in un modo diverso. Non avranno lo stesso aspetto, anche se è lo stesso pensiero o immagine.

D: Che aspetto ha realmente? Voglio dire... cosa c'è di reale comunque... (Risate) nel suo stato normale?

DA: Nel suo stato normale quando si sta rilassando?

D: Da dove viene, come appare?

DA: Solo un enorme vapore... Enorme vapore di luce... Un enorme vapore di luce.

D: Perché Alexis disse durante la sua seduta che era così grande da renderlo incomprensibile. (Sì) Ha senso?

DA: Sì, dal nostro punto di vista ha senso perché il vostro regno terrestre è molto più piccolo di quello in cui si trova quando è tra un lavoro e l'altro. È tutta una questione di prospettiva.

D: Quindi era qui per aiutare?

DA: Questo è quello che fa! Si. È una nutrice. È nutrita dal "Nutritore".

D: Ma è qui per aiutare con quello che sta succedendo sulla Terra in questo momento?

DA: Sì. Si diffonde quasi come un sacco, un sacco di energia e si diffonde intorno al pianeta. Mentre attraversa i suoi cambiamenti, la sua energia d'amore armonizza molte delle energie negative, che in un certo senso consumano le cose, rammenda i buchi, rammenda gli strappi, rimette tutto a posto e riaggiusta le vibrazioni. Man mano che le vibrazioni dell'Anima e della Terra si evolvono, si consumano e si strappano e questa entità torna indietro e le rammenda come un calzino e mette a punto quell'energia se ha bisogno di salire. Tutto si muove più velocemente quando il suo tasso d'energia aumenta.

D: Così appare nelle immagini come piccolo, ma avete detto che è enorme. Questo perché era così lontano da loro o cosa?

DA: È enorme nel suo luogo naturale di riposo. Ma quando entra in altre dimensioni e in altri sistemi solari, si adatta e cambia le sue dimensioni. Può aver bisogno di diventare molto, molto piccola se sta lavorando nel regno minuscolo o se è in un regno di medie dimensioni, si adatterà e diventerà il formato in dimensioni per accedervi con successo ed interagire con il pianeta su cui sta lavorando. Oppure può essere molto grande. È fluido. È flessibile. Può espandersi o può diventare piccola.

D: Quindi gli avevano il permesso di vederla in quella forma? (Sì) Hai detto che la gente dovrebbe esserne a conoscenza?

DA: Si, ci sono alcune persone che dovrebbero saperlo.

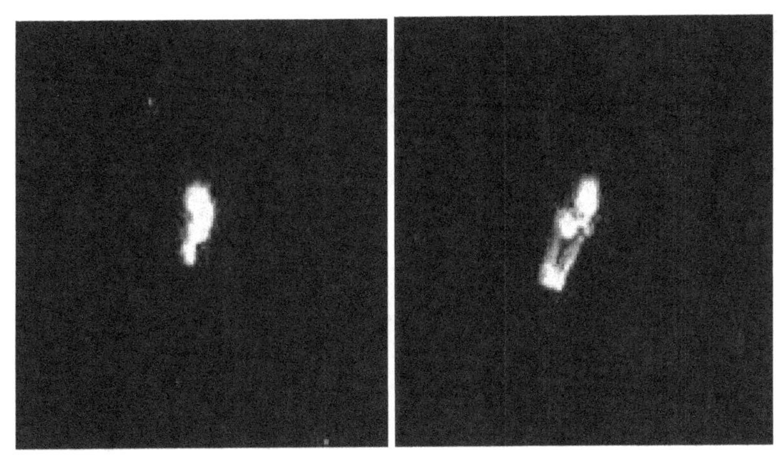

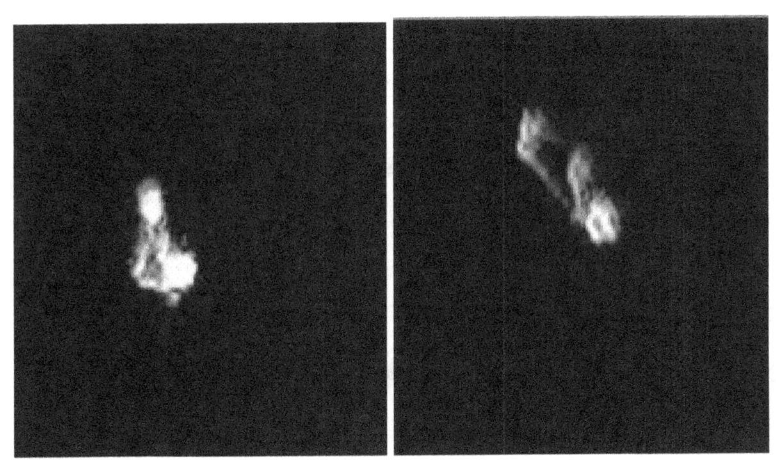

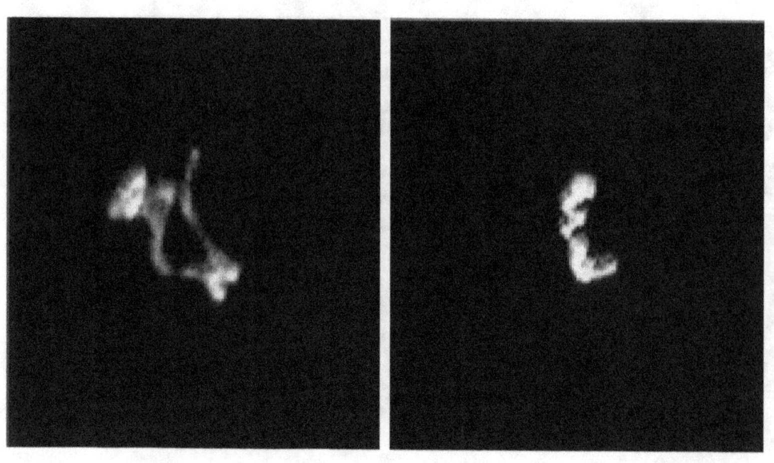

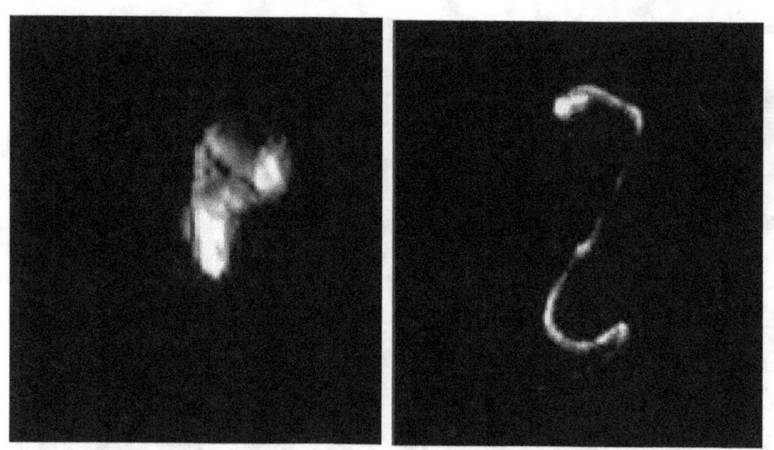

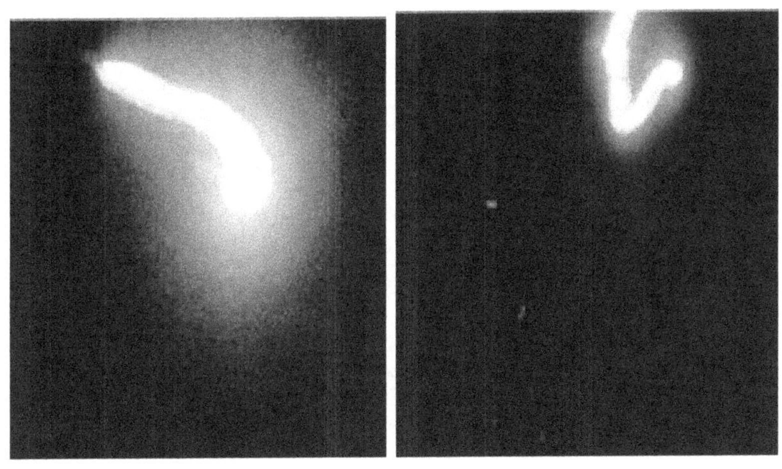

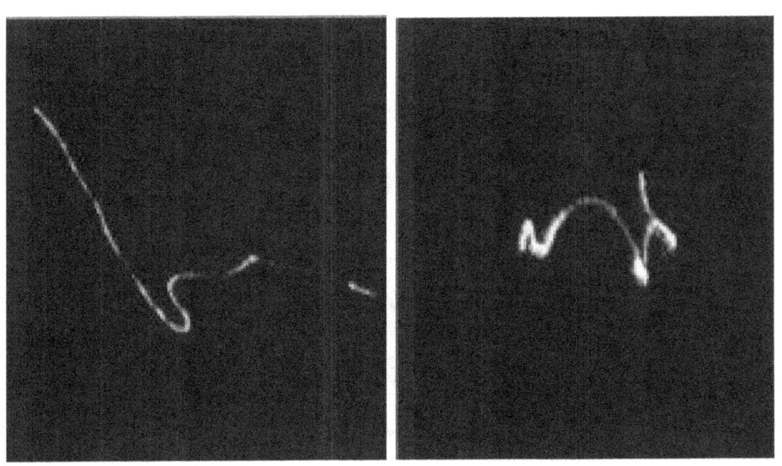

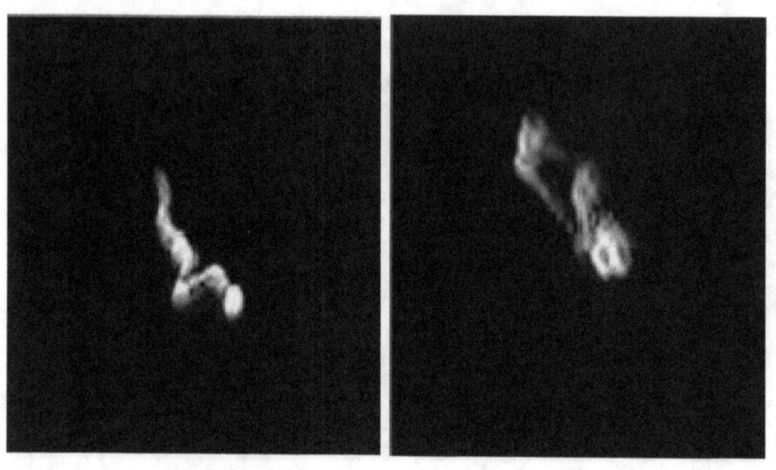

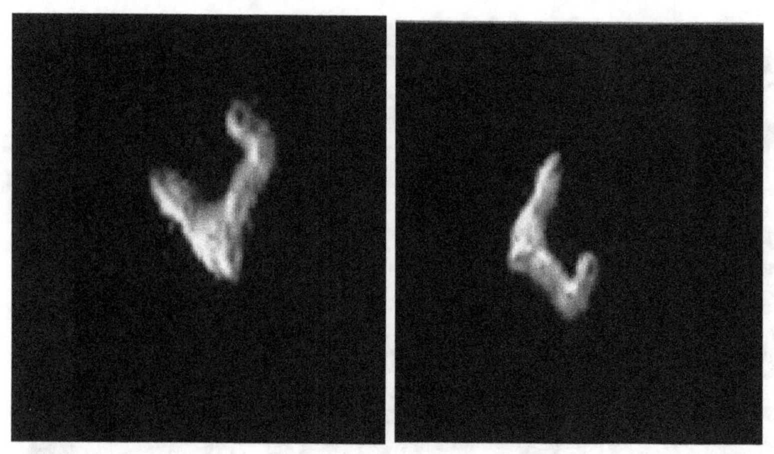

D: Potrò usare le immagini e cercare di spiegarlo alla gente?

DA: Sì. Questa è una delle ragioni per cui sono venute qui.

D: Per mostrarmele?

DA: Sì. Se lo chiedevano da tempo. Sapevano che doveva portarle da qualche parte, per far arrivare le informazioni alle persone che avevano bisogno di vederle. Darà loro un senso di sicurezza. Ci saranno sempre quelli che non capiranno e questo potrebbe causare paura in loro. Ma alle persone che sono pronte a sentirlo e a vederlo, infonderà una sensazione di sostegno. I sistemi di sostegno ci sono. I meccanismi sono presenti. Tutto funziona come dovrebbe essere. Se pensate di essere un soldato solo... non lo siete. Basta dare un'occhiata a quello che c'è lassù.

D: Quando ho mostrato a mia figlia, Julia, le foto, lei ha sentito un'enorme quantità d'energia e vibrazione che emanava dalle foto. (Sì) E ha anche iniziato a sentire che forse aveva qualcosa a che fare con il DNA. È corretto?

DA: Beh, sta lavorando con tutte le energie per far avanzare il pianeta nella sua evoluzione e sono tutte interconnesse. Come posso spiegartelo? Influenza l'energia del pianeta fino al nucleo, quindi influenzerà tutta l'energia, la struttura di tutta l'energia. Deve essere elevata man mano che il pianeta si evolve e si sposta più in alto nella sua evoluzione. Lo spostamento deve avvenire tutto contemporaneamente ed è una delle cose che fa questa entità. Eleva la vibrazione all'esterno, fino al centro... da fuori. L'immagine che c'è nel cielo, lavora dall'esterno verso l'interno.

Nel mio libro L'Universo Convoluto - Libro Due, c'erano due menzioni di una forza energetica che sarebbe stata diretta verso la Terra nei primi anni 2000 per aiutare a sollevare la coscienza. Questa sarebbe penetrata fino al nucleo stesso della Terra e per influenzare ogni essere vivente (anche piante e animali). Eppure sarebbe stata invisibile all'occhio umano. Forse c'è un'associazione con ciò che Dawn aveva fotografato nel 2004.

D: Fino al centro della Terra? (Esatto) Influisce su tutto.

DA: Giusto. È come la polvere che si deposita. È quasi come se creasse un sacco embrionale intorno ad essa. Il pianeta sta crescendo.

D: In questo modo anche le persone, gli animali, le piante, qualsiasi cosa nelle sue vicinanze verrebbe influenzata? (Sì) Allora secondo la teoria di mia figlia, pensi che stia influenzando il DNA con la sua energia?

DA: Sì, perché il DNA è energia. È energia codificata nella materia fisica. Questa è una buona cosa. Questo è un lavoro di luce e fa parte del piano per il pianeta e per noi, perché anche noi siamo il pianeta. Le persone sul pianeta sono tutte parte dell'organismo e fa tutto parte del processo. Non è la prima volta che questa cosa nel cielo compie questo tipo di lavoro. Questo è ciò che fa. Viene quando è necessario. Questo è il suo lavoro!

D: Quindi sta aiutando l'evoluzione del pianeta mentre entriamo in quella che chiamiamo la "Nuova Terra"?

DA: Sì. È anche un costruttore di spirito, un rafforzatore. Quindi le foto devono uscire in modo che la gente sappia, in modo che si sentano protetti in un certo senso e guidati. Guidati e protetti.

D: In un certo senso potremmo chiamarlo l'equivalente di Dio, se volessimo. Un'energia così forte?

DA: Quando dici Dio... intendi?

D: La Sorgente. Quello che voi chiamate la Sorgente.

DA: Sì. Sorgente. Fa parte dell'Uno. Fa parte dell'uno che l'Uno ha creato e che manda parte di sé, anche se ha aspetti femminili, perché è una nutrice, una calmante. Stimola il cambiamento e la crescita e lo alimenta mantenendo l'ambiente energetico in una situazione che porta naturalmente all'evoluzione. Fa parte della Sorgente. È quella parte della Sorgente che ha creato. È proprio a quel livello: ALTA. È così avanzata. Viene dalla Sorgente. È grande. Fa parte dell'istituzione del Creatore.

D: Istituzione?

DA: Sì. Noi tutti siamo Creatori, dal più piccolo in su, su e su. Quando ci siamo evoluti, diventiamo più grandi e migliori creatori. Diventiamo sempre più grandi e migliori fino ad arrivare alla Sorgente, che è il numero Uno e questo è il nostro obiettivo. Prendere ciò che abbiamo imparato e riportare tutto alla Sorgente. Non so come spiegarlo.

D: Oh, stai facendo un ottimo lavoro. Ti capisco. Ma durante la sessione di ieri mi è stato detto di essere preparato perché molte persone vedranno le immagini e non capiranno. Non crederanno.

DA: In ogni caso moltissime persone comunque non credono o non capiscono tante cose.

D: E penseranno che sia falso in qualche modo. La maggior parte di loro pensa agli UFO, agli ET, e questo è il massimo che la loro immaginazione può fare.

DA: Sì, e alcuni di loro non capiscono nemmeno quello.

D: Almeno noi sappiamo che non ha niente a che fare con qualcosa del genere.

DA: No, non è un UFO. No, no, no, no, no, non è un UFO. È più in alto dei regni angelici. È un po' come un angelo, nei regni angelici. Se vuoi provare a spiegarlo alla gente per farglielo capire, di loro che potrebbero vederlo come un "mega" angelo o qualcosa del genere (Risate).

D: Volevo chiarire. Se devo lavorare con le persone e parlarne, devo capire. E voi continuate a darmi concetti sempre più difficili; presumo perché il mondo sia pronto. (Risate)

DA: C'è sempre qualcuno che è pronto, ma le cose vengono rimandate finché non c'è un gruppo abbastanza grande che è pronto. In modo che ricevano queste informazioni e che abbiano più successo e siano più veloci a diffonderle. Quando arrivi e ce n'è solo uno pronto, sarà molto più difficile e ci vorrà molto più tempo. Più di quanto non lo sarebbe se ci fosse un gruppo. Quindi ora c'è un gruppo abbastanza grande da riuscire anche a fare ripensare gli scienziati alle loro teorie appena vedranno quelle immagini. I fisici penseranno di più alle relazioni tra luce ed energia quando vedranno quelle immagini. Non influenzerà solo le persone a livello dell'anima, dove richiederanno il progresso della loro anima; colpirà anche i medici a livello scientifico e i fisici di tutto il mondo. Capiranno anche attraverso le loro teorie e le loro ricerche. Sarà una porta d'ingresso per loro. Aprirà un regno di comprensione nell'intero schema delle cose. Uno schema di cose più profondo, più grande, semplicemente osservando le fotografie e applicando la conoscenza che già hanno e che scopriranno.

D: C'è qualcos'altro che volete che io sappia a questo proposito?

DA: Se c'è qualcosa che arriva, ti verrà sicuramente detto.

Capitolo 41

FINE

Stavo lavorando sotto pressione della scadenza per finire questo libro. Doveva essere in tipografia entro una certa data, perché era già nel catalogo del distributore, e c'erano già degli ordini dalle librerie. La gente mi diceva che Amazon aveva già annunciato la sua disponibilità. Mi venne da ridere:"Non credo proprio! È ancora nel mio cervello e nel mio computer". Non aiutava il fatto che lo stessi scrivendo durante un tour di lezione e seminari. Ero molto sotto pressione. Avevamo appena finito la nostra "Transformation Conference" annuale nel giugno 2011 in Arkansas. Chiunque abbia mai organizzato una grande conferenza conosce la quantità di lavoro che richiede. Subito dopo, con poco tempo di riposo, partecipai ad una conferenza nazionale e ad un tour di lezioni e seminari in tutti gli Stati Uniti e in Canada. Dopodiché sono rimasta a casa solo una settimana per prepararmi al tour di due mesi in Europa ad agosto, che si è concluso con una conferenza molto importante a Bangalore, in India, nell'ottobre 2011. Poi sono tornata a casa per una settimana e via per sei settimane, verso Singapore e Australia, nel novembre 2011. Tutto quel tempo l'ho speso viaggiando di città in città, interviste alla radio, registrazioni televisive, conferenze, lezioni. Aerei, treni, automobili, fino a quando non si sa davvero più dove ci si trova. Ogni hotel si assomiglia, ogni aeroporto si assomiglia, ogni sala conferenze si assomiglia. Molte volte, quando ero pronta ad iniziare una lezione, chiedevo al pubblico, per scherzo: "Dove sono? In quale città mi trovo? In quale paese mi trovo? Le persone sono uguali ovunque io vada. La lingua e gli accenti sono l'unico indizio che a volte ho. Mia figlia mi ha detto: "Dopo un po' non riesci a ricordare quando è successo qualcosa, perché il tempo si confonde. Diventa un ricordo di un evento." Questo mi dimostra che il tempo è un'illusione. È giorno nel paese in cui ti trovi ed è notte a casa in Arkansas. O, in alcuni casi, è oggi qui e domani (o ieri) là. Tutto questo deve essere preso in considerazione quando si cerca di comunicare con il mondo "reale" che hai lasciato. Dimostra veramente che il tempo non ha senso (anche se siamo intrappolati in esso).

Così, nel bel mezzo di tutto questo, stavo cercando di finire questo libro. Stavo usando ogni briciolo di tempo libero che riuscivo a trovare tra un evento e l'altro per lavorare sul mio piccolo computer portatile nella mia stanza d'albergo. Dio sia Lodato per la nuova tecnologia. Ora non devo più viaggiare con risme di manoscritti da modificare. Tutto può essere fatto con una piccola chiavetta USB.

Ricordo ancora le mie prime avventure nel mondo dell'informatica quando ho acquistato il mio primo pc negli anni '80. Ho scritto i miei primi cinque libri con la vecchia macchina da scrivere manuale, per poi passare alla macchina da scrivere elettrica. A quei tempi conoscevamo il vero significato di "taglia e incolla". La nuova invenzione del computer è stata come una rivoluzione miracolosa. Non dovevo riscrivere ogni pagina se trovavo un errore. Non c'era il rischio di pasticciare con i ritorni a capo e l'arrotolamento della carta. Ma ho trovato una buona ragione per non fidarmi di quei primi computer di nuova concezione. Si mangiavano troppo spesso le mie parole e le digerivano al punto da diventare introvabili (tranne che nella mia testa). Molte volte, dopo aver lavorato per ore su un capitolo, spingevo il pulsante "salva" e uscivo dalla stanza con le dita incrociate. Non sapevo se l'avrebbe salvato o se avrebbe deciso di mangiarselo. In quest'ultimo caso vedevo le mie parole fluttuare all'infinito nel limbo. Lo stampavo immediatamente perché c'era sempre il rischio che sparisse in qualsiasi momento. Perlomeno sarebbe stato in forma cartacea e avrei potuto toccarlo. Il peggio che poteva succedere era che avrei dovuto digitare di nuovo il tutto, ma era al sicuro. Ora molti dei miei libri possono essere memorizzati su una piccola flashdrive lunga solo pochi centimetri. Sono sicura che molti altri miracolosi modi di immagazzinare informazioni sono in fase di sviluppo. Ma a causa delle mie prime esperienze con i computer negli anni '80 sono ancora sospettosa, quindi metto tutto su carta il prima possibile.

Così durante questo viaggio del 2011, feci tesoro di ogni momento in cui riuscivo ad isolarmi e lavorare al libro. Ho scoperto che il modo migliore per finire un libro è stare rinchiusa in una stanza d'un paese straniero. La TV era tutta in lingua straniera, quindi non serviva a niente cercare di guardarla. L'unica finestra della stanza si affacciava sui tetti, quindi non avevo nemmeno un bel paesaggio a distrarmi. Quindi potevo immergermi totalmente nel progetto. Mia figlia continuava a dire: "Non voglio metterti altra pressione, ma quel libro deve essere finito per quando torniamo a casa in novembre".

Durante questo viaggio attraversammo molti paesi diversi, la maggior parte dei quali ho sempre desiderato visitare. Avevo una tale attrazione per alcuni, che ero sicura di aver avuto una vita passata in quei luoghi. Eppure, quando arrivavo in loco, rimanevo delusa. Le antiche rovine sono sparse in tutta la città e il moderno sovrasta l'antico. Sono solo questo: rovine. Sono oscurate e sembrano fuori posto tra gli edifici moderni e il traffico frenetico. Alcune rovine, come Stonehenge e New Grange, sono staccate ed isolate. Tuttavia, anche con loro, sono solo rovine o semplici scheletri di ciò che dovevano essere in origine. Anche la Sfinge e la Grande Piramide non sono come ci si potrebbe aspettare. La città del Cairo arriva fino a loro e anche loro sono semplici gusci e rovine di ciò che erano una volta. Mi aspettavo di sentire qualcosa nel Colosseo a Roma, ma è seduto nel bel mezzo della città con bancarelle di souvenir e cibo tutto intorno alle mura. E' circondato da un traffico frenetico e da turisti rumorosi. Anche la maestosità del Taj Mahal non era proprio quello che mi aspettavo. È un bellissimo edificio, ma l'estrema povertà d'India arriva fino alle porte d'entrata. Il Partenone ad Atene è bello, ma e' solo una mera ombra di quello che era una volta. Ora e' una rovina parzialmente ricostruita, seduta su una collina sopra la città. Anche Maccu Picchu è speciale e ha un'energia potente, eppure anche questa è solo una rovina. Ovunque io sia stato, le guide turistiche dicono sempre la stessa cosa: "Non sappiamo come sono stati costruiti. Non ne conosciamo la vera funzione. Non sappiamo... non sappiamo". Spesso la loro spiegazione ufficiale è poco plausibile.

Le mie regressioni in vite passate spese in queste zone, hanno più senso e forniscono più informazioni. Sono sempre affascinata dal lavoro degli archeologi e dal loro tedioso sforzo di riportare il passato alla luce del giorno. Senza di loro non avremmo alcuna indicazione delle meraviglie del passato, se non da antichi documenti. Eppure credo che ciò che hanno scoperto sia solo una piccola parte di ciò che rimane ancora nascosto sotto le sabbie del tempo, sotto le acque degli oceani e nel profondo delle montagne. C'è molta storia e conoscenza antica che probabilmente non sarà mai scoperta. Eppure so che esiste all'interno dell'incredibile computer chiamato "mente", a cui siamo in grado di accedere attraverso l'ipnosi di trance profonda. Questo è ciò che rende il mio lavoro come reporter e ricercatore di conoscenze perdute così eccitante. Non so mai cosa la prossima seduta rivelerà o svelerà. A me non importa se può essere dimostrato o no, perché non sto cercando di convincere nessuno. Il mio lavoro è quello di fargli aprire la mente ad altre possibilità e probabilità. Altri possono concentrarsi sulla parte del dimostrare. Il mio lavoro è quello di aprire nuovi mondi di conoscenza.

Per tutta la mia vita ho avuto un'inspiegabile attrazione per qualsiasi cosa antica, specialmente egizia e romana. Da bambina divoravo vecchi libri su questi argomenti, ma non mi interessava il testo. Ero affascinato dalle immagini, specialmente quelle degli antichi geroglifici. A scuola ero molto entusiasta della storia antica e mi disinteressavo quando si passava alla storia moderna. Ricordo che ero estremamente affascinato da Pompei. Lessi il libro "Gli ultimi giorni di Pompei" di Sir Edward George Buliver-Lytton, e ci feci una relazione per la scuola. Quando ne fu fatto un film (in bianco e nero a quei tempi), rimasi delusa perché era lontano dalla storia del libro. Da bambina ne vidi una vecchia copia nella vetrina di una vecchia libreria dove vivevo, a St. Luis. Desideravo ardentemente una copia tutta mia, ma i soldi erano scarsi durante la Depressione. Riuscii a risparmiare un dollaro (soprattutto consegnando bottiglie di Coca-Cola scartate e trovate nel vicolo. Erano due centesimi a bottiglia). Camminai per molti isolati per vedere se fosse sufficiente a comprarla. (A quei tempi, ai bambini era permesso avere avventure. Si poteva camminare, pattinare o andare in bicicletta dove si voleva. Non c'era la paura che è stata radicata nei bambini di oggi). Ricordo ancora l'amara delusione, quando scoprii che la vecchia libreria era chiusa da anni. Così il mio prezioso libro dovette rimanere in vetrina, irraggiungibile.

Così potete immaginare il mio entusiasmo durante questo viaggio in Europa nel settembre 2011, quando ho scoperto che avrei avuto qualche giorno libero a Roma e che uno dei tour guidati sarebbe durato tutto il giorno per visitare: Pompei. Sarei stata in grado di vederla con i miei stessi occhi. Avrebbe suscitato qualche ricordo? Inoltre sapevo che avrei incluso alcune regressioni di vite passate in uno dei miei libri e volevo vedere se il luogo corrispondeva a quello che i miei clienti avevano descritto. Mio marito l'aveva vista negli anni '50 quando era di stanza a bordo della USS Randolph, una portaerei, che si fermava nel porto di Napoli per qualche giorno di riposo. Disse che era solo un mucchio di rovine e portò a casa un libretto di foto di statue ecc., che erano state scavate. Ovviamente, per lui non aveva lo stesso significato che aveva per me.

Così, dopo un lungo viaggio in autobus da Roma, arrivammo alla stessa scena di tutte le altre attrazioni: rovine (splendidamente scavate e ricostruite), bancarelle di souvenir, traffico e centinaia di turisti. Si vedeva il Mediterraneo e il Vesuvio sputava ancora fumo, presagendo la possibilità di un'altra eruzione, ma la grandezza di Pompei era inghiottita dal moderno. C'è sempre la possibilità che io possa aver sperimentato una vita passata lì, a causa dell'estrema e inspiegabile attrazione, ma sul posto non ho provato proprio nulla.

Questo s'accorda al detto: "Non si può tornare a casa". Anche in questa vita, quando sono tornata dov'ero cresciuta a St. Louis, tutto era cambiato. Gli edifici erano stati demoliti, un'autostrada era stata costruita attraverso il mio vecchio quartiere, tutto sembrava più vecchio e più sporco. Niente assomigliava ai ricordi che porto nella mia mente. Così è con i ricordi delle vite passate, le cose non sono come le ricordiamo. Le vediamo in un modo nella regressione e in un altro modo nella realtà. Non si può davvero tornare a casa. Penso che la cosa più vicina sia la sensazioni di déjà-vu. In Europa tutto è così vecchio che molte delle vecchie strutture rimangono ancora. In America, quando qualcosa ha cento anni, viene spesso abbattuto e al suo posto viene costruito un parcheggio. In Europa rimangono ancora edifici vecchi di centinaia d'anni. Un amico mi ha detto che una volta è entrato in un'antica cattedrale (ancora attiva) in Inghilterra e ha provato un senso di tristezza travolgente. Trovò un angolo isolato e si sedette a piangere per molto tempo. Non riusciva a capire cosa gli stesse successo, ma so dal mio lavoro di regressione che quel luogo aveva probabilmente innescato il ricordo di una vita passata.

Ho già riportato una delle mie esperienze all'inizio di questo libro. Quel ricordo venne rievocato quando ero ad Atene, ma quella storia era associato ad una regressione di vita passata. Un'altra mi è capitata spontaneamente in Inghilterra. Stavo camminando verso l'entrata della Torre di Londra, che avevo gia' visto molte volte con vari amici. Questa volta stavo camminando facendo attenzione e cercando di evitare i ciottoli irregolari. Guardando i miei piedi ho intravisto che indossavo un lungo e semplice abito marrone e scarpe morbide. Ho sentito nella mia testa: "Era molto più difficile quando dovevi indossare quel tipo di scarpe". Era come se la voce stesse scherzando e si riferisse al fatto che quelle scarpe non avevano la suola. La visione svanì rapidamente, ma ebbi l'impressione che venivo regolarmente alla Torre di Londra. Non ero uno dei prigionieri, ma avevo la sensazione di essere una serva, forse una sguattera o qualcosa di simile, una vita semplice. L'intera impressione durò solo pochi minuti e svanì rapidamente. Eppure mi lasciò un'impressione duratura perché è raro per me sperimentare tali visioni.

Quindi penso che sia vero, non possiamo tornare a casa. Quindi penso che sia vero, non possiamo tornare a casa. E non ne abbiamo davvero bisogno. Possiamo vedere che ci rende solo tristi, perché non possiamo riesumare le stesse sensazioni. Non possiamo riportare indietro le stesse persone e rivivere di nuovo quelle esperienze. Può essere fatto solo attraverso la regressione e poi sappiamo che non possiamo rimanere lì nel passato (anche in questa vita). Possiamo solo prendere queste esperienze e usarle per rendere questa vita presente migliore e più significativa.

Qualche anno fa in America, c'era una serie televisiva in cui prendevano delle famiglie e le isolavano in una semplice capanna senza alcuna comodità moderna. Dovevano vivere esattamente come la gente viveva un paio di centinaia di anni fa. Dovevano coltivare il loro cibo, prepararlo, foraggiarlo nei boschi, tagliare la legna per riscaldarsi e imparare a filare la stoffa per fare i propri vestiti. Perfino Creare candele per la luce, ecc.. Le famiglie facevano a gara per vedere chi riusciva a farlo e chi poteva continuare più a lungo prima di cedere e voler tornare al mondo moderno. Sembrava una buona idea, ma c'erano cose di cui non si teneva conto. La gente in passato doveva vivere in quel modo perché era l'unico modo per sopravvivere. Non conoscevano altro. Ma le famiglie moderne erano state esposte per tutta la vita a cose più avanzate, quindi sapevano che le cose potevano essere fatte diversamente, in modo più efficiente. Continuavano a voler cambiare le cose perché sapevano di poterlo fare e sapevano come farlo. Non si può togliere dalla mente qualcosa che è già stato imparato. Così, quando guardiamo al passato, spesso lo guardiamo con occhi moderni. Non potremo mai sapere logicamente come pensavano, quali emozioni provavano, come erano realmente le loro vite, amenoché non usiamo il livello profondo di ipnosi che uso io. Questo è un vero e proprio viaggio nel tempo, dove la persona torna indietro attraverso un tunnel temporale e diventa l'altra personalità in tutto e per tutto. Questa vita presente non esiste più nella loro mente, quindi non può influenzare il loro pensiero e i loro ricordi. Sono lì in quel periodo di tempo e sperimentano la storia mentre sta accadendo.

Diverse persone mi hanno offerto enormi somme di denaro per portarle attraverso molte vite passate in diverse sedute. Chiesi loro perché volevano farlo. Mi dissero che era solo una curiosità, solo una cosa divertente, solo qualcosa da fare. Questo non è lo scopo del mio lavoro. Non è un'esperienza per soddisfare la curiosità. E' una terapia seria, progettata per aiutare ad alleviare problemi fisici, karmici e di altro tipo che stanno interferendo con la crescita dell'individuo. Ho notato che di solito una persona che vuole sperimentare molte vite passate come intrattenimento, non è soddisfatta della sua vita attuale. Stanno cercando una forma di fuga. Alcuni di queste, si soffermeranno su chi erano in quella vita e su ciò che gli è successo, invece di vivere quella presente. Lo scopo del mio lavoro è quello di far loro scoprire la causa dei loro problemi, capirli e incorporare la conoscenza in quella attuale in modo che possano viverla al meglio delle loro capacità. Questa è la ragione per cui hanno scelto di essere sulla Terra nel momento presente, per vivere la vita e capirla, non per fuggire da essa. Quindi rifiuto sempre queste offerte, perché sono controproducenti. "Loro" molte volte dicono che al soggetto non e' stata mostrata una vita passata durante la seduta, perché non hanno bisogno di vivere nel passato, ma di concentrarsi sul presente e sul futuro. Concentrarsi sul passato, ti tiene solo legato al passato e inibisce un'ulteriore crescita dell'anima.

C'è un detto che dice: "Se dimentichi gli errori del passato, sei destinato a ripeterli". Questo è il valore dello studio della storia. Ma vedo anche questa affermazione come riferita al karma, nazionale oltre che personale, perché c'è anche un karma tra nazioni, paesi. In questa difficile scuola della Terra uno dei requisiti è quello di seguire una lezione o un corso e se non lo fai correttamente o non impari la lezione, allora devi ripeterla di nuovo, finché non la passi ed accedi al grado successivo. All'universo non importa quanto tempo ci metti, hai un'eternità davanti. Ma perché impiegare un'eternità per imparare una lezione, un'eternità per essere bloccati allo stesso grado, mentre gli altri vanno avanti. Penso che l'obiettivo sia quello di imparare il più velocemente possibile e laurearsi a breve. Imparare dalle lezioni del passato e non doverle ripetere. Poi possiamo passare alle meraviglie delle molte altre scuole che la Sorgente ha progettato per noi.

E così arriviamo di nuovo alla fine di un'altra serie di sedute che spero abbiano compromesso il pensiero di alcuni, attorcigliato qualche altra mente come un pretzel o acceso una scintilla di curiosità riguardo all'esistenza, là fuori, di possibilità mai considerate prima. Se è così, allora ho fatto il mio lavoro di reporter, investigatrice e ricercatrice di conoscenze perdute. Quindi ci lasciamo per ora, mentre medito le innumerevoli pile di casi che saranno messi nei libri futuri. Forse sarò in grado di aprire qualche altra mente nel processo. Ma nel frattempo, continuate a cercare, continuate a fare domande, continuate a pensare e a cercare la vostra verità. Là fuori c'è più di quanto si possa credere e in questo momento eccezionale, le porte si stanno aprendo mentre viene portata avanti una conoscenza sempre più importante ed incomprensibile. Continuate a pensare con la vostra testa. Le porte si stanno aprendo e non vi sarà mai dato più di quanto non possiate gestire. Fidatevi, credete ed esplorate!

Biografia dell'Autore

Dolores Cannon, una ipnoterapeuta regressiva e ricercatrice del paranormale che documenta la conoscenza perduta. Nata nel 1931 a St. Louis, Missouri, studiò e visse a St. Louis fino al matrimonio nel 1951 con un ufficiale di marina. Per 20 anni successivi viaggiò in tutto il mondo come la tipica moglie di un ufficiale e si dedicò alla famiglia. Nel 1970 il marito venne licenziato come veterano disabile e si ritirarono sulle colline del Arkansas. A quel punto ebbe inizio la sua carriera di scrittrice, vendendo i suoi articoli a vari giornali e riviste. Lavora sull'ipnosi dal 1968 ed esclusivamente con la terapia di vite passate e regressioni dal 1979. Dopo aver studiato i vari metodi di ipnosi, iniziò a sviluppare la sua tecnica personale che le permise di raccogliere la quantità più elevata d'informazioni dai suoi clienti. Dolores ha insegnato la sua tecnica d'ipnosi in tutto il mondo.

Nel 1986 ha allargato le sue ricerche nel canpo degli UFO. Ha portata termine studi di sospetti atterraggi UFO ed investigato i Cerchi nel Grano Inglesi. La maggior parte del suo lavoro, in questo campo, ha a che fare con la raccolta di prove e testimonianze attraverso l'ipnoterapia, di individui che sospettavano d'essere stati rapiti.

Dolores è stata un'oratrice internazionale che offerto seminari in tutti i continenti del mondo. I suoi quindici libri sono stati tradotti in diverse lingue. Ha presenziato in programmi radio e televisivi in tutto il mondo. Articoli riguardo ai suoi testi sono apparsi in diversi giornali e riviste Statunitensi ed Internazionali. Dolores è stata la prima Americana e la prima straniera a ricevere il "Orpheus Award" in Bulgaria, per il più alto grado d'avanzamento nella ricerca dei fenomeni psichici. Ha ricevuto riconoscimenti per il suo eccezionale contributo e alla carriera, da diverse organizzazioni che si occupano di ipnosi. Dolores ha una famiglia molto numerosa che la tiene saldamente in equilibrio tra il mondo "reale" della sua famiglia e il mondo "invisibile" del suo lavoro.

Se desiderate corrispondere con Dolores in merito al suo lavoro, alle sue sessioni private o ai suoi corsi di formazione, siete pregati di inviare la vostra richiesta al seguente indirizzo. (Si prega di allegare una busta autoaffrancata per la sua risposta). Dolores Cannon, P.O. Box 754, Huntsville, AR, 72740, USA

O all'email decannon@msn.com o attraverso il suo Website: ozarkmt.com

Other Books by Ozark Mountain Publishing, Inc.

Dolores Cannon
A Soul Remembers Hiroshima
Between Death and Life
Conversations with Nostradamus, Volume I, II, III
The Convoluted Universe -Book One, Two, Three, Four, Five
The Custodians
Five Lives Remembered
Jesus and the Essenes
Keepers of the Garden
Legacy from the Stars
The Legend of Starcrash
The Search for Hidden Sacred Knowledge
They Walked with Jesus
The Three Waves of Volunteers and the New Earth
Aron Abrahamsen
Holiday in Heaven
James Ream Adams
Little Steps
Justine Alessi & M. E. McMillan
Rebirth of the Oracle
Kathryn Andries
Cat Baldwin
Divine Gifts of Healing
The Forgiveness Workshop
Penny Barron
The Oracle of UR
Dan Bird
Finding Your Way in the Spiritual Age
Waking Up in the Spiritual Age
Julia Cannon
Soul Speak – The Language of Your Body
Ronald Chapman
Seeing True
Jack Churchward
Lifting the Veil on the Lost Continent of Mu
The Stone Tablets of Mu
Patrick De Haan
The Alien Handbook
Paulinne Delcour-Min
Spiritual Gold
Holly Ice
Divine Fire
Joanne DiMaggio
Edgar Cayce and the Unfulfilled Destiny of Thomas Jefferson Reborn
Anthony DeNino
The Power of Giving and Gratitude
Carolyn Greer Daly
Opening to Fullness of Spirit
Anita Holmes
Twidders
Aaron Hoopes
Reconnecting to the Earth
Patricia Irvine
In Light and In Shade
Kevin Killen
Ghosts and Me
Donna Lynn
From Fear to Love
Curt Melliger
Heaven Here on Earth
Where the Weeds Grow
Henry Michaelson
And Jesus Said – A Conversation
Dennis Milner
Kosmos
Andy Myers
Not Your Average Angel Book
Guy Needler
Avoiding Karma
Beyond the Source – Book 1, Book 2
The History of God

For more information about any of the above titles, soon to be released titles, or other items in our catalog, write, phone or visit our website:
PO Box 754, Huntsville, AR 72740|479-738-2348/800-935-0045|www.ozarkmt.com

Other Books by Ozark Mountain Publishing, Inc.

The Origin Speaks
The Anne Dialogues
The Curators
Psycho Spiritual Healing
James Nussbaumer
And Then I Knew My Abundance
The Master of Everything
Mastering Your Own Spiritual Freedom
Living Your Dram, Not Someone Else's
Gabrielle Orr
Akashic Records: One True Love
Let Miracles Happen
Nikki Pattillo
Children of the Stars
Victoria Pendragon
Sleep Magic
The Sleeping Phoenix
Being In A Body
Charmian Redwood
A New Earth Rising
Coming Home to Lemuria
Richard Rowe
Imagining the Unimaginable
Exploring the Divine Library
Garnet Schulhauser
Dancing on a Stamp
Dancing Forever with Spirit
Dance of Heavenly Bliss
Dance of Eternal Rapture
Dancing with Angels in Heaven
Manuella Stoerzer
Headless Chicken
Annie Stillwater Gray
Education of a Guardian Angel
The Dawn Book
Work of a Guardian Angel
Joys of a Guardian Angel
Blair Styra
Don't Change the Channel
Who Catharted
Natalie Sudman
Application of Impossible Things
L.R. Sumpter
Judy's Story
The Old is New
We Are the Creators
Artur Tradevosyan
Croton
Jim Thomas
Tales from the Trance
Jolene and Jason Tierney
A Quest of Transcendence
Paul Travers
Dancing with the Mountains
Nicholas Vesey
Living the Life-Force
Dennis Wheatley/ Maria Wheatley
The Essential Dowsing Guide
Maria Wheatley
Druidic Soul Star Astrology
Sherry Wilde
The Forgotten Promise
Lyn Willmott
A Small Book of Comfort
Beyond all Boundaries Book 1
Beyond all Boundaries Book 2
Stuart Wilson & Joanna Prentis
Atlantis and the New Consciousness
Beyond Limitations
The Essenes -Children of the Light
The Magdalene Version
Power of the Magdalene

For more information about any of the above titles, soon to be released titles, or other items in our catalog, write, phone or visit our website:
PO Box 754, Huntsville, AR 72740|479-738-2348/800-935-0045|www.ozarkmt.com

www.ingramcontent.com/pod-product-compliance
Lightning Source LLC
Chambersburg PA
CBHW071934220426
43662CB00009B/907

* 9 7 8 1 9 5 0 6 0 8 4 5 4 *